KB185186

수치심 버리기 연습

수치심 버리기 연습

학습당한
가짜 감정으로부터
내 삶을 되찾는 법

데번 프라이스 | 신소희 옮김

UNLEARNING SHAME

디플롯

헤더에게.

내가 여전히 괜찮은 척하느라 허덕이던 시절,

진정한 나를 찾아가라고 말해줘서 고마워요.

당신의 당당한 솔직함과 따뜻한 우정 덕분에

나와 세상을 갈라놓던 장벽을 무너뜨릴 수 있었어요.

당신과 편지를 주고받으면서 나는 작가가 되었답니다.

수치심은 자신에게

이런저런 설명들이 붙는 걸 싫어한다.

우리가 그에 관해 이야기하는 순간,

수치심은 수그러들기 시작한다.

마치 그렘린들이 빛에 치명타를 입는 것처럼,

언어와 이야기는 수치심에 환한 빛을 비춰

수치심을 제거한다.

— 브레네 브라운Brené Brown

차례

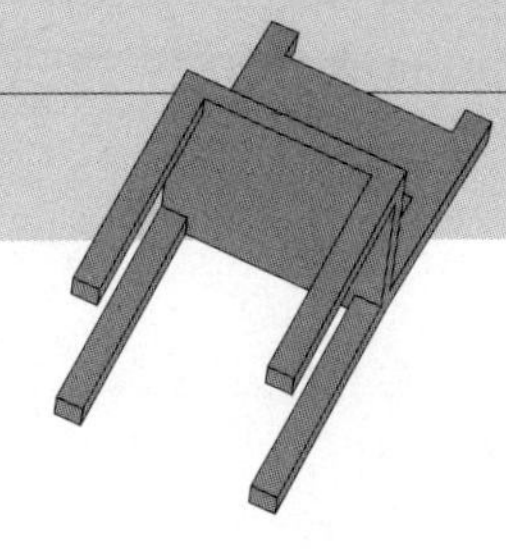

2부 자책을 멈추고 마음의 근육 기르기

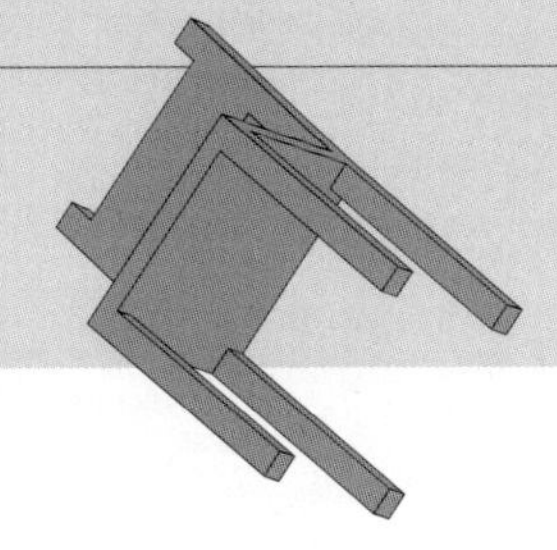

일러두기

- 옮긴이주는 괄호에 넣고 '옮긴이'로 표시했다.
- 원문에서 이탤릭으로 강조한 것은 굵은 글씨로 표기했다.
- 단행본·신문·잡지 등은《 》로, 논문·작품·편명 등은〈 〉로 표기했다.

들어가며

수치의 시선에 나를 맞추던 시간들

좋은 일이 생기거나 내게 필요한 것을 요청할 때마다 나는 공포와 수치심에 휩싸인다.

2014년에 박사 과정을 마친 후, 나는 당시 애인이었던 닉과 함께 텍사스주 오스틴으로 주말여행을 떠났다. 내가 이룬 성취를 축하하며 술을 마시고 관광을 즐기고 연주회에도 갈 예정이었다. 닉은 평소라면 엄두도 못 낼 고급 식당의 코스 메뉴까지 예약해둔 터였다. 하지만 나는 여행을 한순간도 즐기지 못했다. 닉이 내가 박사 학위를 받았다고 사람들에게 자랑스레 말할 때마다 나는 내 성취를 깎아내리려 애썼다. 매번 사람들의 관심을 다른 곳으로 돌리며 학위 이야기를 끝내려고 발버둥 쳤다. 예약한 식당에 가서는 세 자릿수 음식 값에 기겁해서 코스 요리를 먹는 내내 울었고, 마음이 가라앉길 바라며 계속 술만 퍼마셨다. 그리고 만취해서도 여전히 죄책감에 짓눌려 흐느끼며 시내를 돌아다녔다. 닉은 어안이 벙벙해진 채 나를 뒤따라왔다. 하지만 내가 왜 그러는지 설명하기는커녕 아무 말도 할 수 없었다. 그저 어딘가 거꾸러져 죽고 싶다는 생각뿐이었다.

지긋지긋한 자기혐오와 절망의 시간

무슨 일이 있었던 걸까? 내가 왜 그랬을까? 어째서 스스로 달성한 업적을 자랑하지 못했을까? 내게 일어난 좋은 일들을 누릴 자격이 없다고 느꼈기 때문이다. 나는 10대 시절부터 박사 학위를 받고 싶었다. 학계에서 성공하면 안전해지고 사회적으로 인정받으리라 믿었으니까. 대학원에 다니는 동안 대부분은 고립된 채 고군분투해왔고, 어딘가에서 사랑과 인정을 받길 갈망하면서도 과연 그런 곳을 찾을 수 있을지 의심스러워했다. 학위를 받고 직장을 구하고 나를 응원해주는 애인을 만나 오래 사귀면서도 마음 한구석에서는 내가 여전히 예전 그대로라는 걸 알았다. 어설프고 불행하고 비참한 사람, 이 세상에 내게 맞고 편안한 자리가 있으리라고는 상상할 수도 없는 사람. 나는 평생 성취와 인정을 좇아왔다. 성공하고 인정받으면 나 자신을 사랑할 수 있으리라고 믿었다. 그런데 막상 모든 외적 목표를 달성하고 나니 내 마음은 더욱 공허해졌다.

나는 여전히 내가 싫었다. 인생이 확 바뀌리라는 희망 아래 전념할 목표가 사라지니 오히려 내 존재가 더욱 무의미하게 느껴졌다. 장기적 커리어를 계획할 수도 없었고, 닉과 함께 늙어가는 내 모습도 그려볼 수 없었다. 앞으로의 나날이 휑하고 기나긴 공허로 다가왔다. 내가 의미 있는 일을 전혀 해내지 못했으며 앞으로도 그럴 것 같았다.

이 지긋지긋한 자기혐오와 절망감은 2년 후 내가 마침내 트랜스젠더라는 사실을 받아들였을 때 되돌아왔다. 트랜스 여성 친구 세라에게 커밍아웃을 한 직후에는 마음이 훈훈하고 뿌듯했으며 자기 긍정으로 벅차올랐다. 내가 앞으로 나아가고 있다는 생각에 설렜고 이제야 어떤 사람이 되고 싶은지 알 것 같았다. 하지만 그런 뿌듯함은 앞으로 일어날 일들을 떠올리자마자 사라져버렸다. 나는 사람들에게 나를 새로운 이름과 성별 대명사로 불러달라고 요청해야 했다. 사람들이 내 말을 오해하기라도 한다면 나 자신에게 솔직해지겠다고 모든 관계를 망쳐버리는 사회적 대죄를 짓는 셈이었다. 머리 모양뿐 아니라 옷차림도 싹 바꾸고 수술까지 받을 생각도 했지만, 이 모든 것이 용서받을 수 없는 사치처럼 느껴지기도 했다. 남성호르몬을 투여하고 싶은 마음은 굴뚝같았으나, 그러면 몸이 점점 더 건장해지고 체모와 여드름이 늘어나면서 사람들을 혼란에 빠뜨릴 터였다. 내가 오랫동안 쌓아온 직업적 페르소나가 손상되고 나의 끔찍한 본모습이 적나라하게 드러날 것이었다.

무엇보다도 내가 남성이 되면 이성애자 남성 파트너인 닉이 나를 계속 좋아할 리 없었다. 난 그의 가족들이 반겼던 지적이면서도 차분하고 예쁘장한 여자 친구가 아니게 될 테니까. 내 정체성은 불편한 방해물이 되겠지. 나를 전혀 모르는 사람들도 내 몸의 변화를 눈치챌 거야. 어쩌면 내가 사랑하는 사람들조차 내 곁에 있기를 부끄러워할지 몰라. 내가 구축해온 번듯한 삶은 무너지고 말겠지.

나 자신에 대한 비틀어진 망상 때문에 애인과 가족이 사랑하는 사람을 죽여버린 기분이었다. 성 확정처럼 기괴하고 불편한 것을 원하는 나 자신이 싫었다. 그래서 내가 바라는 일을 최대한 몰래 하려고 애썼다. 몇 달에 걸쳐 아무에게도 말하지 않고 혼자서 법원에 다니며 이름과 성별 변경 절차를 밟았다. 다른 사람의 승인을 받기 전에 저질러버리지 않으면 영원히 실행하지 못할 일이었으니까. 남몰래 테스토스테론 투여를 시작했고, 아침이면 닉과 함께 쓰는 침실 벽장에 (문자 그대로) 숨어들어 안드로겔(젤 형태의 남성 호르몬 대체 요법 약품.—옮긴이)을 몸에 발랐다. 수요일 저녁 지역 성 소수자 지원 센터에서 열리는 젠더퀴어 지원 모임에 참석할 때마다 아는 사람의 눈에 띌까 두려워하며 슬그머니 들어갔다. 그러다 마침내 파트너와 가족에게 커밍아웃하려고 시도했을 때는 자꾸 말을 돌리고 변명하고 울기만 했다. 결국은 소리 내어 말할 수가 없어서 문자로 커밍아웃해야 했다. 내가 이런 짓을 하게 만드는 **괴상하고 변태적인** 욕구에서 벗어나고 싶었다.

성 확정 절차를 밟고 난 몇 년 후에는 잠시 '탈성전환'을 시도하기도 했다. 사람들이 아는 과거의 내 모습, 귀엽고 친근한 이성애자 여성으로 돌아가고 싶었다.[1] 팬데믹 때문에 감정적으로 가장 힘들었던 시기였다. 트랜스젠더 친구들과도 전부 멀어졌고 그간 쌓아온 공동체 의식도 사라졌다. 남은 사람이라고는 거의 10년을 함께해온 파트너 닉뿐이었는데, 그는 내 성 확정 절차가 진행될수록 점점 더 차가워지고 멀어졌다.

다시 여성스러운 몸을 만들면 닉에게 사랑받을 거라고 생각했다. 보수적인 어머니의 냉랭하고 어색한 태도도 사라질 터였다. 나의 모든 문제는 내 잘못이라고, 내가 아닌 다른 사람이 되려고 애쓰지 말아야 한다고 나 자신을 타일렀다.

하지만 소용없었다. 그런 수치심은 아무리 유혹적이고 강력해도 거짓에 지나지 않았으니까. 자기혐오와 비밀들은 내가 성장하고 행복해질 잠재력을 억누를 뿐이었다. 내가 트랜스젠더로서 겪은 고통은 스스로 초래한 것이라고 생각했지만, 사실 고통의 원인은 내가 피해자이면서도 저항할 수 없었던 성별 이분법, 자본주의, 이성애주의 등의 완강한 체제에 있었다.

내가 나쁘다고 말하는 끔찍한 감정

나는 항상 내 욕구와 감정이 과하다고 생각했다. 이런 결함을 벌충하려면 근면하고 고상하며 눈에 거슬리지 않는 사람이 되어야 한다고 믿었다. 내가 어떤 성취를 거두거나 긍정적인 관심을 받을 때마다 내게 친숙하고 소중하며 나보다 많은 관심을 받아야 마땅한 사람들을 떠올리게 된다. 너무나도 많은 친구들이 외상 후 스트레스 장애, 빈곤, 인종차별, 동성애 혐오, 성차별로 고통받고 있다. 이 세상 어디를 돌아봐도 나로서는 해결할 수 없는 사회문제들이 가득하다. 내가 아무리 다른 사람들을 보살피고 세상에 유익한 일을 하려고 해도, 좀 더 다정하고 성숙한 사람이 되려고 노력해도 내가 갚을 수 있는 건 미미할 뿐이고 빚은 끝없이 쌓여가는 것만 같다.

내가 그렇게 느끼는 이유는 여러 가지다. 1990년대에 벽장closet(남들에게 성 정체성을 숨긴 상태를 가리킨다.—옮긴이) 속 성 소수자 청소년이었던 나는 역겹고 방탕하다는 낙인이 찍혀 비난받는 에이즈 환자들을 목격했다. 약물 남용 방지 교육에서는 중독자들과 수감자들이 "단호히 거절"하지 못했으니 곤경에 처하는 게 당연하다고 배웠다. 공익 광고와 교과서는 환경 파괴가 "쓰레기를 버리고 물을 낭비하는 사람들" 때문이라고 가르쳤다. 동성 결혼 반대 운동이 전국을 휩쓸던 청소년기에 내가 다니던 고등학교에서 내 시위를 막으려 했을 때, 그 어떤 공공기관도 나를 보호해주지 않으리라는 걸 느꼈다. 아무리 성 소수자의 권리를 호소해도 아랑곳 않는 보수적인 가족 또한 나를 좌절시켰다. 나는 그 누구에게도 의지할 수 없었다. 내가 믿을 수 있는 존재는 나 자신뿐이었다.

나는 가치와 의미가 있는 삶을 살려면 강인한 의지력을 발휘하고 완벽을 지향하며 스스로를 책임져야만 한다고 배워왔다. 물론 아무리 많은 노력과 미덕을 쌓아도 내가 가치 있는 사람이라고 느끼기에는 역부족일 것이다. 개인적 책임감만으로는 파괴적인 사회구조의 문제를 극복할 수 없기에, 내게 유리한 정산 결과는 영원히 나오지 않을 것이다.

많은 사람들이 그렇듯 나 역시 체제적 수치심Systemic Shame에 시달리고 있다. 내가 처한 상황은 전부 내 탓이며 이런 상황을 극복할 방법은 나의 선행과 노력뿐이라는 강력한 자기혐오성 신념 말이다. 수치심 자체는 불편하긴 해도 지극히 정상적인 감정이다. 철학자들은 항상 수치심의 작용을 분석하는 데 관심이 많았던 것으로 보이며, 역사를 통틀어 다양한 문화권에서 수치심의 기제와 수치심을 느끼는 사람의 태도 및 관점을 자세하게 서술한 글을 발견할 수 있다. 최대한 간단히 설명하자면, 수치심은 내가 잘못을 저질렀다는 느낌 정도가 아니라 나의 끔찍하고 혐오스러운 본질을 숨겨야 한다는 감정이다. 수치심을 느끼는 사람은 대체로 의욕이 떨어지고 남들 앞에서 위축되며 무기력하다. 우울증이나 번아웃에 빠진 사람처럼 활기가 없고 집중력이 떨어지며, 자신이 가치 있고 사랑받을 수 있다는 생각을 되찾기 위해 더 많은 휴식과 사회적 지지가 필요할 수 있다.

수치심 자체도 해롭지만, 체제적 수치심은 가혹하거나 고통스러운 경험을 떠올릴 때 느끼는 회한보다 더욱 치명적이다. 체제적 수치심은 단순한 감정이 아니라 누가 도움받을 자격이 있는지, 누가 사회적 피해를 책임져야 하는지 판단하는 신념 체계이기 때문이다. 수치심이란 내가 나쁘다고 알려주는 끔찍한 감정일 수밖에 없다. 그러나 체제적 수치심은 특정 집단 전체가 나쁘다고 암시하며, 나 자신의 선택과 정체성이 내가 구제받을 수 있는 집단에 속하는지 아니면 선천적으로 나쁜 집단에 속하는지 끊임없이 남들에게 보여주는 신호라고 가르친다. 일상에서 수치심을 느낀 사람은 자신의 행동을 돌아보고 고치거나, 혹은 어떤 식으로든 나아지려고 구체적으로 노력함으로써 그런 감정을 다잡을 수 있다. 하지만 체제적 수치심은 내가 어떤 행동을 하든, 아무리 나 자신을 사랑할 수 있길 바란다 해도 하루하루 새롭게 벌어지는 내면의 상처다. 우리가 아무리 열심히 일하고 윤리적으로 살려고 애써도, 우리 문화 곳곳에 도사린 체제적 수치심은 이렇게 속삭인다. 우리는 게으르고 이기적이고 역겹고 믿을 수 없는 존재이며, 우리 삶의 모든 문제는 바로 우리 자신 때문이라고.

소외된 사람이 억압을 해결할 책임은 자기 자신에게 있다고 생각하는 것도 강력하고 절망적인 체제적 수치심 때문이다. 개인이 트랜스젠더 혐오, 인종차별, 노동 착취, 전 지구적 기후변화, 공중 보건 문제와 같은 불의에 '충분히' 맞서 싸우지 않은 자신을 탓하는 것도 체제적 수치심에 따른 감정적 대가라고 할 수 있다. 우리가 직접 역사적 불평등을 해결해야 한다는 믿음, 구매하고 소비하는 물건들로 윤리성을 드러내려는 행동, 그 어떤 도움도 받지 않으려는 태도 또한 체제적 수치심의 결과다. 체제적 수치심은 구석구석 파고들어 우리가 어떻게 서로를 대해야 할지, 어떻게 더 살기 좋고 사회적으로 정의로운 세상을 만들어갈 수 있을지에 관한 거의 모든 대화를 오염시킨다.

체제적 수치심은 좀처럼 아물지 않는 감정적 상처인 한편, 세상의 작용에 관한 지독히 해로운(그리고 우리를 항상 초조하고 불행하게 만드는) 관념이기도 하다. 체제적 수치심은 도덕이 단순하고 절대적이라는 청교도적 신념, 그리고 모든 사람은 완전히 독립적이어야 한다는 미국의 오랜 이상과 밀접하게 연결되어 있다. 체제적 수치심은 미국 문화와 역사에 깊이 뿌리박혀 있기에 정치 토론, 공익 및 상업 광고, 교과서, 참석이 권장되는 워크숍과 교육 프로그램, 우리가 즐기는 영화와 그에 관한 대화, 심지어 우리 자신과 친구들의 행동에 대한 판단에서도 나타난다.

체제적 수치심에 따르면 개인은 최대한 노력하고 항상 '올바른' 결정을 내려야 의미 있는 변화를 이뤄낼 수 있다. 장애인은 자신의 장애를 남들에게 뒤처지는 '핑계'로 삼아서는 안 되며, 가난한 사람은 스스로 열심히 일해야만 가난에서 벗어날 수 있다. 체제적 수치심에 따르면 여성은 자신감 있는 화법을 익히고 적극적으로 뛰어듦으로써 직장 내 성차별을 극복할 수 있고, 흑인은 말투를 절제함으로써 업계에서의 인종차별을 극복할 수 있다.[2] 흑인 여성이 이 두 가지 상반된 조언을 동시에 따를 수 없어서 힘들어 하면, 체제적 수치심은 그가 충분히 강인하지 않거나 반대로 너무 '분노해서' 문제라고 탓한다.

체제적 수치심에 따르면 세계적 팬데믹은 기업의 잔혹함과 정부의 태만이 아니라 이기적인 사람들 때문에 발생한 것이다. 대규모 총기 난사는 백인 우월주의자나 기타 혐오자의 행동이 아니라 사악하고 정신적으로 병든 사람들이 생각 없이 저지르는 짓이다. 체제적 수치심은 우리의 모든 행동이 도덕적 무게를 지니는 만큼 개인의 습관, 선택, 구매에 집착해야 한다고 외친다. 체제적 수치

체제적 수치심에 빠진 사람의 특징

- ☐ 항상 나에게 비판적인 사람들의 시선으로 나를 바라본다.
- ☐ 이미 지나간 문제, 심지어 비교적 사소한 문제에 대해서도 '제대로' 결정했더라면 모든 게 달라졌으리라고 아쉬워하느라 시간을 낭비한다.
- ☐ 혼자 있을 때만 긴장을 풀고 진정한 내가 될 수 있다고 느끼지만, 혼자 있을 때조차도 특정한 생각이나 감정은 스스로 용납하지 못한다.
- ☐ 나의 정체성이나 외모, 경험에 남들이 갖다 댈지 모를 부정적 잣대를 지나치게 의식하고 그런 편견이 증명될까 두려워서 자신의 행동을 꼼꼼히 검열한다.
- ☐ 세계에서 일어나는 충격적인 사건 앞에 무기력해지고 죄책감과 공포를 느끼면서도 그런 뉴스를 강박적으로 확인한다.
- ☐ 앞으로 만족스럽거나 가치 있는 삶을 살아갈 수 있으리라고 상상하기 어렵다.
- ☐ 내가 무거운 의무를 짊어졌다고 느끼지만, 한편으로 평생 해온 모든 일이 부질없는 것 같다.
- ☐ 아무도 나의 '진정한' 모습을 알아봐주고 좋아해주지 않을 것 같다.
- ☐ 나 자신에 대해 기본적으로 불신하고 혐오를 느낀다.
- ☐ 모든 일을 혼자서 해내려 하며, 일처리가 느리거나 도움을 요청하면 실패한 것 같다.

심에 따르면 우리가 내리는 결정 하나하나가 세상의 운명을 좌우한다. 우리가 아무리 불의에 신경 쓰고 타인을 배려해도, 체제적 수치심은 항상 우리가 지향하는 가치를 실천하지 못한다고 다그칠 것이다. 더 많이 노력하라고, 남들을 위해 더 애쓰라고, 더 열심히 일하라고.

너무나 많은 사람들이 체제적 수치심에 빠져 있으며, 나 역시 마찬가지다. 살아남을 자격을 얻으려고 발버둥 치면서도, 나 자신에 대한 혐오와 아무도 나를 진심으로 좋아하거나 응원하지 않을 거라는 생각에서 벗어나지 못한다. 나만 이런 게 아닐 것이다. 이런 사고방식은 우리의 정치 담론을 완전히 황폐화시켰다. 사회구조를 실제로 변화시킬 방법은 무엇인지, 그런 변화를 위해 함께 싸우려면 무엇이 필요한지 생산적 대화를 나눌 수 없어졌다.

체제적 수치심에 빠진 사람의 특징을 앞 페이지에 체크리스트로 정리했다.

체제적 수치심은 사회 모든 분야에 만연해 있다. 기후변화, 성차별, 의학의 탈을 쓴 비만 혐오, 세계적 팬데믹에 이르기까지 체제적 수치심에서 자유로운 사회문제는 드물다. 현재의 경제구조와 공적제도에서는 더 많이 고통받는 사람일수록 이 모든 게 개인의 잘못이라고 믿기 쉽다. 하지만 단언컨대 딱히 억압받는다고 느끼지 않는 사람도 체제적 수치심에서 자유로울 수는 없다. 자본주의와 환경 파괴의 폭력에 따른 피해는 인류 전체의 삶을 무너뜨리기 때문이다. 체제적 수치심은 우리뿐 아니라 지구에서 살아가는 거의 모든 사람들이 똑같이 고통받는다는 사실을 인식하지 못하게 한다. 모두가 힘을 모아 기존 사회구조의 개선을 요구하거나 새로운 대안을 마련하는 대신 두려움과 자기혐오에 빠져 서로를 밀어내게 한다.

나 하나가 세상에 미치는 악영향

몇 년 전 매우 양심적이고 걱정이 많은 친구 게리와 함께 장을 보러 간 적이 있다. 게리의 집에서 열릴 파티를 준비하기 위해서였다. 장을 보러 가는 내내 게리는 정신없이 자신의 일거수일투족에 대한 사과와 변명을 늘어놓았다. 그가 홀푸즈에 가는 것은 그곳이 집에서 가장 가까운 식품점이며 차를 타고 3킬로미터쯤 떨어진 알디에 가기보다는 걸어가는 쪽이 환경에 좋기 때문이었다. 하지만 도시 젠트리피케이션과 밀접하게 연관된 프랜차이즈를 이용하려니 죄책감이 든다고 했다. 게다가 홀푸즈는 직원들을 혹사하기로 악명 높은 아마존 산하 기업이기도 했다.

게리는 배낭에 재사용 가능한 에코백을 가득 넣고 왔다. 그럼에도 일회용 비닐봉지를 몇 개 더 사야 할 것 같아서 끙끙대며 괴로워했다. 농산물 매장에서는 잘려 있는 수박을 고르면서 관절염 때문에 통으로 된 수박은 직접 자르기는커녕 집까지 들고 갈 수도 없다고 했다. 그러고는 생분해성 일회용 포크 묶음을 집어 들며 관절염이 심해져 설거지하기가 힘들 때 필요한 물건이라고 설명했다. 나는 게리가 어려워하는 집안일을 도와주고 싶었지만, 우리 집에서 5킬로미터나 떨어진 그의 아파트를 정기적으로 찾아가기는 어려운 것도 사실이었다. 나는 차가 없고 대중교통을 이용하면 멀미하니까. 게다가 낮에는 거의 매일 내게는 버거울 정도로 빡빡한 일정이 있었다. 우리 둘 다 어쩔 수 없는 상황인 듯했다.

우리는 무거운 마음으로 식품점 통로 사이를 오갔다.

게리가 내게 감시받는 것처럼 느낄까 봐 속상했다. 내가 게리의 선택을 평가하는 꼴이 된 게 싫었다. 한편으로 부끄러워하며 안절부절못하는 게리가 답답한 마음도 없지 않았다. 나 자신의 결정과 한계가 새삼 부끄럽게 느껴지기도 했다. 게리도 커다란 일회용 스타벅스 종이컵을 들고 찾아온 **내** 모습에 실망한 게 아닐까? 자기를 도와주지 못하는 내가 나쁜 친구라고 생각할까? 게리가 사실상 다를 바 없는 탄산수 두 종류를 골똘히 들여다보며 코카콜라 공장에서 생산되지 않은 것을 고르려고 애쓰는 동안, 나는 그에게 이렇게 소리치고 싶었다. "이 게임에서 이길 수는 없어, 게리! 우리가 뭘 고르든 달라질 건 없다고!" 게리의 도덕적 신중함이 내게 방어적인 태도를 취하게 했다. 내 쪽에서 아무래도 상관없는 척하면 우리 둘 다 쓸데없는 고민을 피할 수 있을 것 같았다.

게리는 자신의 결정 하나하나가 미치는 영향에 집착함으로써 기후변화의 위협에 대처하려 했다. NBC 시트콤 〈굿플레이스〉의 예민하고 도덕적 갈등에 시달리는 철학자 치디 아나곤예처럼, 게리도 자신의 모든 구매와 이동에 따르는 광범위한 사회적 영향을 고려하려고 애썼다. 하지만 게리처럼 신중하고 박식한 사람이 식품점에서 신념을 지키려 해도 정작 선택 가능한 윤리적 상품이 없을 때가 많다. 〈굿플레이스〉의 아나곤예는 결코 윤리적으로 옳은 결정을 내리지 못하는 우유부단한 신경쇠약 환자다. 그렇다 보니 마실 우유 하나를 고르는데도 공황 상태에 빠진다. 아몬드밀크는 동물권 관점에서는 우유보다 나을지 모르지만, 아몬드를 재배하는 데 많은 물이 필요하기에 마찬가지로 환경을 훼손시킨다. 라이스밀크의 원료인 쌀은 아몬드보다 재배 과정에 물이 적게 들지만 온실가스는 훨씬 더 많이 나온다. 게다가 양쪽 모두 환경을 생각지 않는 부도덕한 기업들의 제품인 만큼 환경에 해롭기는 매한가지다. 결국 무엇이 '올바른' 구매인지 정답은 존재하지 않는다.

이 시트콤의 등장인물들은 가상의 지옥에 사는 '죄인'이다. 아나곤예가 지옥에 떨어진 것은 그의 우유부단함이 주변 사람들을 괴롭혔을 뿐 아니라 의미 없는 헛수고였기 때문이다. 그는 어머니가 수술받는 날 병원에 가야 할지, 아니면 집주인의 조카에게 휴대전화 사용법을 알려주기로 한 약속을 지켜야 할지 망설이다가 결국 어머니를 보러 가지 못한다. 그는 크고 작은 온갖 문제를 끙끙대며 고민하느라 쓸데없이 에너지를 낭비한다.

가상 인물인 아나곤예나 내 친구 게리나 체제적 수치심 때문에 모든 결정의 윤리적 무게를 신중하게 재어본다는 점에서 마찬가지다. 반면 나는 제품에 탈진하지 않도록 신경을 꺼버리는 편이다. "자본주의하에 윤리적 소비는 없다"라는 말을 처음 접한 것은 10여 년 전 소셜네트워크 서비스인 텀블러Tumblr에서였는데, 이 문구는 곧 죄책감과 낙담에 빠진 사람들의 좌우명이 되었다. 나는 이 문구와 그에 담긴 절망감을 구실 삼아 내가 만드는 쓰레기에 대한 수치심이나 잡다한 지출에 대한 근심을 잊으려 했다. 물론 홀푸즈는 엄청난 양의 쓰레기를 배출하고 직원들을 착취하지만,

길모퉁이 구멍가게 주인도 직원을 박대하기는 마찬가지라고. 자본주의하에 윤리적 소비나 선한 선택지란 없으니 그냥 포기하는 게 낫다고. 하지만 그런 행동은 해결책이 아니라 내면에서 꿈틀대는 불편함을 묵살하는 데 지나지 않았다.

게리가 식품점에서 겪은 갈등은 내게 새삼 현실을 직면하게 했다. 우리 앞의 모든 상품은 실존하는 여러 사람들이 재배하고 수확하고 포장하고 배송하고 진열한 것이지만, 그들 모두 자신이 갇힌 구조에 거의 아무 영향도 미치지 못한다는 사실을. 물론 나도 익히 알고 있는 이야기였지만, "자본주의하에 윤리적 소비는 없다"와 같은 상투적 문구가 오히려 그런 현실을 은폐하는 듯했다. 홀푸즈 쇼핑객들도 모두 세상에 유익하고 의미 있게 살아가려 애쓰는 사람들일 터였다. 그런데 이들의 소비를 실현시키는 노동자들은 고용주의 행동과 환경 정책을 전혀 통제할 수 없었다. 어디를 둘러보든 최대한 열심히 일하면서도 아무리 애써봤자 자신을 가둔 구조를 바꿀 수 없음을 깨달은 사람들이 보였다. 내 마음이 도저히 용납할 수 없을 만큼 많은 사람들의 고통이 산적해 있었다.

게리와 장 보러 가기 며칠 전에 X(구 트위터)에서 화제가 된 내용이 있다. 홀푸즈가 껍질 벗긴 오렌지를 플라스틱 용기에 담아 판매하는 데 대한 비난이었다.[3] "어째서 오렌지 본연의 생분해 포장을 제거하고 일회용 플라스틱에 넣는 거지? 사람들은 어떻게 그런 상품을 구매할 만큼 **게으르고 낭비적일까**? 그런 사람들 때문에 태평양이 쓰레기 섬들로 가득한 거야."

홀푸즈나 아마존과 같은 기업은 과다 포장으로 엄청난 양의 종이와 플라스틱을 낭비하며[4] 이에 대한 비판은 의미 있는 일이다.[5] 하지만 낭비성 상품을 구매한 소비자 개인을 비난한다면 진짜 잘못이 누구에게 있는지 놓치게 된다. 안타깝게도 우리는 체제적 수치심으로 인해 너무나 자주 이런 함정에 빠진다. 광범위한 문제를 드러내는 사소한 사례 앞에서 그 문제의 본보기처럼 보이는 사악하고 게으른 개인을 비난해버리는 것이다.

껍질을 벗겨 플라스틱 용기에 넣은 오렌지를 사는 사람에게도 나름대로의 사정이 있다. 게리처럼 신체장애가 있는 사람은 식사 준비를 도와줄 가족이 없다면 개별 포장 식품에 의존하기 쉽다. 독박 육아로 바쁜 양육자는 기저귀 가방 안이 번잡해지거나 더럽혀지지 않도록 음식을 빠르고 간편하게 담아갈 수단이 필요할 수 있다. 미리 포장된 음식은 대가족을 위한 대량 조리 과정을 간소화해주기도 한다.

더 나은 세상에서라면 게리 곁에는 그 대신 수박을 자르거나 설거지를 도와줄 사람이 있을 테고, 아이를 돌보는 양육자가 혼자서 식사를 준비할 필요도 없으리라. 하지만 십중팔구는 그런 도움을 받을 수 없다. 모두가 너무 바쁘고 고립되어 있으며 경제적 여유가 있는 사람도 드물다. 우리는 사랑하는 이들에게 그들이 마땅히 누려야 할 자원을 베풀 여력이 없다. 그렇다 보니 대부분은 무리해서라도 옳다고 생각하는 일을 실천하거나, 아니면 간신히 하루하루를 버텨내는 데 그친다.

우리의 이런 곤경에서 이득을 보는 것은 홀푸즈뿐이다. 장애인의 삶을 편리하게 해주고 접근성을 높여주는 상품에는 장애 운동가들이 '불구세crip tax'라고 부르는 상당한 차등 가격이 추가되곤 한다.[6] 윤리적이고 지속 가능한 방식으로 생산했다는 상품도 다른 상품보다 훨씬 비싸고 실제로는 그리 윤리적이지 않은 경우가 많다. 소비자 개인은 지역 사회의 지원 부족을 자신의 소비로 벌충해야 하며, 그리하여 늘어난 소비량에 대한 수치심도 고스란히 떠맡는다.

정의를 향한 발걸음

우리가 어디를 보든 책임감 있게 행동하라고, 구조적 문제를 해결하려면 올바른 개인적 선택을 하라고 촉구하는 메시지를 발견하게 된다. 광고는 지속 가능한 소비를 권하면서 한편으로 필요하지도 않은 조잡한 상품을 사라고 꼬드긴다. 차량 공유 애플리케이션은 몇 달러 더 내고 에너지 고효율 차량을 타라고 권하면서 자동차 회사들로 인한 막대한 환경 피해는 은폐한다.[7] 샌프란시스코와 시카고, 로스앤젤레스와 같은 도시에서는 비닐봉지를 쓰는 쇼핑객에게 세금을 부과하는 한편, 아마존처럼 환경오염을 유발하는 기업의 세금은 대폭 깎아준다.[8]

우리 하나하나가 세상에 미치는 악영향을 따지다 보면 많은 사람들이 수치심에 빠지게 된다. 환경 문제에서만 그런 것이 아니다. 지역 공제회에 '충분한' 금액을 기부하지 못하면 내가 인색하고 이기적인 사람처럼 느껴지고, 지난 수십 년간 지역 사회에 대한 정부의 지원이 급감했다는 사실은 잠시 잊게 된다.[9] 길거리에서 털 많고 엉덩이가 큰 내 몸을 이상하게 쳐다보는 사람이 있으면, 수 세기에 걸친 성별 이분법 규범이 문제임을 알면서도 내 모습이 너무 '괴상'해졌다는 수치심을 느낀다. 미묘하게 어색하거나 눈에 띄는 신경다양성 때문에 직장에서 차별받고 해고당한 친구들의 이야기를 들으면 내게 그들을 보호해줄 힘이 없다는 게 수치스럽다. 나 역시 내가 '올바르게' 행동함으로써 불의를 바로잡고 억압에서 벗어나고 세상을 구할 수 있다고 믿고 싶다. 하지만 당연하게도 불평등과 불공정은 그런 식으로 해소되지 않는다.

체제적 수치심은 내가 실제로 불의를 야기하는 법률과 경제적 유인에 집중하는 대신 주변 사람들에게 느끼는 사소한 실망에 집착하게 한다. 내 고용주인 예수회가 성 확정 의료비 지급을 거부하고 미국 곳곳에서 트랜스젠더의 호르몬 대체 요법이 금지되는 상황에서도, 나는 과중한 업무로 인해 내 성별 대명사를 항상 잘못 쓰는 동료를 원망하느라 시간을 낭비한다. 우리 동네에 쓰레기통이 부족해서 쓰레기를 버리려면 몇 블록을 걸어가야 한다는 걸 알면서도, 나도 모르게 맥주 캔을 길바닥에 버린 이웃을 비웃거나 조롱할 때도 있다. 내 사고가 제대로 작동하지 않을 때면 인류에 희망이나 연민을 느끼기가 어렵다.

체제적 수치심은 모든 소외되고 취약한 사람들의 삶에 영향을 미친다. 여기서 '소외되고 취약한 사람들'은 매우 광범위한 의미로 쓰였다. 이 책을 읽고 있는 당신은 스스로 통제할 수 없는 경제적·환경적 요인에 취약할 가능성이 높다. 노동 착취, 생활비 상승, 세계적 팬데믹, 기후변화와 같은 문제들로 삶이 뒤흔들리지만, 당신이 이런 위협을 막기 위해 할 수 있는 일은 거의 없다고 느낄 것이다. 공과금도 내기 어려운 판이지만 도저히 요리할 기력이 없어서 저녁마다 배달 음식을 먹다 보면, 당신이 가난하고 배고픈 건 전부 스스로의 무책임 탓이라고 비난하는 목소리가 머릿속에서 들려올 수도 있다. 당신이 겪는 어려움은 남들이 부딪힌 어려움에 비하면 아무것도 아니라고 생각할지도 모른다. 하지만 그런 고립된 무력감이야말로 당신과 지구에 살아가는 거의 모든 사람을 묶어주는 공통분모다.

많은 사람들이 활기찬 공동체를 이루어 서로 돌보고 지구를 보살피는 정의로운 세상에서 살아가기를 꿈꾸다가도 체제적 수치심의 함정에 빠져 그 꿈을 순순히 포기한다. 우리는 순간적인 선택, 사소한 구매, 일상적인 습관의 도덕성에 집착한다. 이 영화를 보는 것이 페미니즘적인가? 이 자연 방목 소고기를 사는 것이 환경에 이로운가? 나를 소개할 때 성별 대명사를 제시해야 할까? 나는 충분히 노력하고 있나? 내 친구들은? 체제적 수치심은 이처럼 불안한 상태로 살아가라고 종용한다. 그리고 우리가 불안에 떠는 동안, 실제로 우리의 문제를 책임져야 할 강력한 집단들은 대부분 무혐의 처분을 받는다.

미국의 법과 건국 신화는 개인이 자신의 운명을 선택할 수 있으며 마땅히 그래야 한다는 생각에 기반하고 있다. 취약한 집단이 고통받고 자유와 자원을 박탈당해도, 그 모두가 자초한 일이며 그들 스스로 노력했다면 막을 수 있었다는 식으로만 서술된다.

예를 들어 노예 제도가 폐지된 직후의 풍자만화들은 막 풀려난 흑인들을 배상금만 노리는 "게으른" 사기꾼으로 묘사했다.[10] 아프리카인들이 고향에서 납치당해 자율성과 이름, 가족사를 빼앗기고 노예가 되었으며 자손 대대로 수백 년간 무급 농업 노동에 내몰렸다는 사실은 중요하지 않았다. 배상을 반대하는 사람들에게 중요한 것은 노예제에서 해방된 흑인들이 백인과 재정적·교육적으로 동등한 지위에 오를 만큼 '충분히' 노력하지 않는다는 사실뿐이었다.

한 세기 이후 로널드 레이건Ronald Reagan 행정부는 살아남기 위해 복지 제도나 식량 배급 카드에 의존하는 미혼모를 무책임한 '복지 재벌'로 묘사했다. 도움을 받아야 할 사람들이 또다시 보조금만 노리는 기회주의자로 매도당한 것이다. 이런 빈곤 여성 중 일부는 무방비한 성관계를 가졌거나 약물을 복용했거나 고소득 일자리를 찾기 위해 '충분히' 노력하지 않았으니 지원받을 자격이 없다고 평가되었다.[11]

오늘날에도 장애 수당으로 먹고사는 사람이라면 누구나 이 제도의 단물을 빨려고 꾀병을 부린다며 비난받는 위험에 처할 수 있다. 휠체어 사용자가 다리를 살짝 움직이거나 자세를 바꿔 앉는 영상이 소셜 미디어에 공개되면 수천 명이 몰려와서 사실 그는 이동 보조기구가 '필요'하지 않다거나 그리 중증도 아니라면서 욕한다.[12] 가짜 장애인 신화는 언론에서 마르고 닳도록 우려먹는 이야깃거리로, 〈로 앤 오더: 성범죄 전담반〉에서 〈명탐정 피카츄〉에 이르기까지 수백 편의 TV 프로그램과 영화에 동원되었다.[13] 스크린에 등장하는 장애인 캐릭터는 입체적 인간성과 현실감이 있는 인간으로 묘사되기보다 처음부터 자신의 상태를 속인 사기꾼으로 밝혀질 가능성이 높다.

소외 집단은 자신의 일거수일투족이 '충분히' 노력하지 않았거나 신뢰할 수 없다는 증거를 찾기 위해 면밀히 감시당한다는 것을 일찍부터 깨닫는다. 연구에 따르면 많은 장애인들이 증세가 얼마나 심하든, 사회적으로 얼마나 배제되어 있든 간에 스스로 건강을 관리하고 긍정적 태도를 갖기 위해 더 노력해야 한다고 생각하는 것으로 나타났다. 장애인이 겪는 고난을 자기 탓으로 돌리면 다른 장애인을 만나거나 그들과 함께 커뮤니티를 형성하려고 시도할 가능성도 줄어든다는 것을 우리는 경험을 통해 알고 있다.[14] 사회가 강요하는 자기혐오는 고립으로 이어지고 수치심을 더욱 부추길 뿐이다.

우리 문화는 체제적 수치심에 빠진 사람에게 어떤 해결책을 제시할까? 노력, 자기희생, 개인적 성취, 그게 전부다. 언론 매체는 자동차를 살 돈이 없어서 매일 도보로 34킬로미터를 출퇴근하는 남성의 놀라운 고행이나[15] 경주에서 힘겹게 우승하여 장애를 '극복'한 하반신 마비 운동선수를 '감동적인' 사연으로 제시한다.[16] 이처럼 드물고 극단적인 성취에 대한 찬양은 다른 모든 고통받는 사람들에 대한 기대치를 높인다.[17] 이런 사연들은 어째서 가난하거나 장애가 있는 사람은 예외적으로 뛰어나야 살아남을 수 있는지 묻는 대신, 개인이 충분히 노력하기만 하면 무엇이든 해낼 수 있다고 선전한다. 실제로는 모든 사람이 그만큼 노력할 수 없는데도 말이다.

물론 사회가 그들의 정체성에 부여한 수치심을 내면화한 집단은 장애인만이 아니다. 지난 수십 년간의 여러 실증 연구는 미국의 흑인들이 인종차별을 내면화하여 심각한 고통에 시달리고 있음을 보여준다.[18] 흑인들은 수세기 동안 불평등을 겪으면서도 전부 그들 자신의 잘못과 게으름 탓이라고 비난받았는데, 안타깝게도 이런 외부로부터의 혐오를 내면화하지 않고 버티기는 거의 불가능하다. 흑인들이 대중 매체에서 접하는 부정적 자아상을 믿게 되면 우울증, 불안, 알코올 및 약물 남용, 사회적 고립, 낮은 자존감, 고혈압에 시달릴 수 있으며 심혈관 질환이나 당뇨병에 걸릴 수도 있다. 인종차별에 따르는 수치심은 단순한 고통을 넘어 삶의 질을 떨어뜨리고 심지어 수명을 단축시키기도 한다.

수감된 흑인 청소년의 태도에 관한 최근 연구에 따르면 이들 대부분은 백인 우월주의가 자기 삶에 부정적 영향을 미쳤다고 인식하지만, 인종차별을 인식한다고 해서 연구자들이 말하는 절절한 '자기 비하' 감정이 줄어들지는 않는다.[19] 이들은 구조적 인종차별 앞에 무력감을 느끼면서도 한편으로 인종차별에 잘 대처하지 못한 자신을 책망했다. 체제적 수치심은 이런 식으로 사람들에게 영향을 미친다. 사람들을 압도하고 권한을 빼앗아가는 동시에, 그들이 올바른 선택을 하려고 충분히 노력하지 않아서 그런 처지가 되었다고 믿게 한다.

또 다른 연구에 따르면, 개인이나 그가 속한 집단에 부정적 고정관념이 따라붙을 경우 그런 고정관념이 부당하다고 인식하는 개인도 심리적으로는 큰 타격을 입는다고 한다.[20] HIV에 대한 낙인을 연구한 필 허친슨Phil Hutchinson과 라지스리 다이리야완Rageshri Dhairyawan은 그 낙인이 부당함을 아는 HIV 양성인도 남들의 편견 앞에 자존감이 위축되게 마련이라는 사실을 확인했다. 사람들이 나와 악수하길 거부하고 지역 사회에서 나를 피한다면, 혈청 상태가 피부나 타액을 통해서는 전달되지 않는다거나 나의 체내 바이러스 양이 미미하다는 사실은 중요하지 않게 느껴진다. 어찌됐든 남들이 보는 나는 오염되고 결함 있는 사람, 알아서 조심하지 않았기에 비난받아 마땅한 사람일 테니까. 허친슨과 다이리야완은 수치심이 "자신에 대한 타인의 판단(또는 도덕적 잣대에 따른 인식)을 받아들이는 것"이라고 설명한다.[21] 사람들에게 '더러운' 또는 '위험한' 존재로 여겨지는 고통은 그 판단이 부당하다는 사실을 알더라도 덜해지지 않는다.

고정관념과 체제적 수치심의 무게를 논할 때, 끊임없이 비난받는 소외 집단의 삶과 상대적 특권을 누리며 체제적 수치심에서 대체로 자유로운 사람들의 삶을 대조할 수밖에 없다. 흑인 혐오나 동성애 혐오와 같은 구조적 억압에 직격당하는 집단의 체제적 수치심이 더욱 치명적이고 위험하다는 점은 부인하기 어렵다. 그러나 체제적 수치심에 따르는 고립감, 자책감, 사회적 비난은 정도는 다를지언정 맥락은 동일하며, 그 누구도 체제적 수치심에서 자유롭지 못하다는 사실을 인식해야 이 거대한 사회적 질병이 개선될 수 있다는 것도 사실이다.

업무와 육아를 병행하지 못한다는 수치심에 빠진 교외의 백인 여성이나 그가 가사 도우미로 고용한 훨씬 더 불우한 여성이나 똑같은 사회에서 살아간다. 두 여성 모두 육아와 청소를 맡으리라는 성차별적 기대에서 자유롭지 못하며, 지치고 고단하고 (정도의 차이는 있지만) 상대적으로 적은 임금을 받는다. 두 여성 모두 교외 생활에 따른 고립과 접근성 결여, 아이를 돌보면서 공적 역할을 수행한다는 어려움과 씨름해야 한다.[22] 두 여성의 생활수준과 사회적 권력의 크기가 전혀 다르며 한 여성이 다른 여성을 통제할 수 있음에도, 그들이 같은 고난을 공유한다는 건 사실이다. 부유층 백인 어머니의 고민을 특권적이고 무의미한 것으로 치부한다면 우리 앞에 놓인 더 큰 사회적 퍼즐의 중요한 조각을 놓치게 된다. 한 여성의 고통이 '충분히 심각하지' 않아서 진지하게 받아들일 수 없다고 말하는 셈이니까. 누군가 충분히 피해자답지 않다는 것은 체제적 수치심의 전형적 논리다. 진정한 연대를 구축하려면 모든 사람의 싸움에는 근거가 있음을 인식해야 한다. 나아가 어떤 사람의 투쟁은 훨씬 더 다양한 교차성을 지니며, 고통받는 사람 또한 다른 사람에게 고통을 가할 수 있다는 점도 인정해야 한다.

체제적 수치심에 따르면 모든 개인은 크나큰 특권을 누리든 혹은 심하게 소외되었든 간에(그리고 모든 사람은 소외당하는 동시에 특권을 지닌다) 자신의 상황을 극복하고 책임감 있게 행동하려 노력하지 않는 존재다. 예를 들어 장애인의 접근성 부족에 대한 비판은 비장애인에게 쓸데없는 불평이나 응석으로 여겨지며, 트랜스젠더의 의료 서비스 요구는 '젠더 비판론자'에게 하찮고 사치스러운 투정으로 치부된다. 체제적 수치심에 관한 대화는 반드시 다중으로 소외된 집단의 요구를 중심으로 진행되어야 하는데, 그래야 우리 모두가 공유하는 취약성을 더욱 잘 이해할 수 있기 때문이다. 그렇다고 해서 다른 사람들의 어려움이 중요치 않다는 뜻은 아니다. 우리가 공유하는 문제의 해결책을 논의하려면 우선 우리의 고통에 근본적으로 동일한 원인이 있다는 걸 인식해야 한다.

앞서 언급한 교외 거주 백인 여성이 자신의 고단한 삶은 '나쁜 엄마'거나 '나쁜 노동자'라서가 아니라 역사적 맥락이 있는 과로와 성차별 때문임을 인식한다면, 자신에게 필요한 것과 자신이 고용한 도우미의 복지가 연결되어 있다는 점도 깨달을 것이다. 과연 이렇게 사는 게 맞는지 의구심을 느끼고, 항상 완벽한 양육자이자 신뢰할 수 있는 전문가가 되려고 허덕이는 삶이 자신의 아이와 가사 도우미 모두에게 해롭다는 사실을 인식할 수 있으리라.

물론 그 여성에게 이런 깨달음의 순간이 찾아오지 않을지도 모른다. 우리의 논의가 상대적으로 더 부유하고 영향력 있는 이들에 대한 동정심에서 출발하거나 끝날 수는 없다. 하지만 두 여성 모두 같은 고민과 억압에 처한 집단의 일원임을 이해하는 것이 중요하다. 《도움이 된 것들: 산후 우울증에 관하여Things That Helped: On Postpartum Depression》의 저자 제시카 프리드먼Jessica Friedman이 썼듯 "모성은 정치적 범주"니까.[23] 취약하고 억압받는 집단은 자신이 정치적 범주에 속해 있다는 사실을 깨닫고 나서야 정의를 향한 발걸음을 내딛기 시작한다.

억압받는 사람들이 자기가 체제적 수치심의 표적임을 인식하지 못하고 서로의 삶과 선택을 개인적 관점에서만 바라본다면, 소속감을 느끼고 공동체를 위해 더 나은 것을 요구하기가 불가능해진다. 결국 미국의 많은 선거에서 부유층 백인 여성은 십중팔구 보수 정치인에게 표를 던지며, 그런 정치인 대부분은 모든 여성에게(그리고 모든 성 소수자에게) 해로운 사회 정책을 만들지 않는가. 이런 식으로 투표하는 여성들은 흔히 자신의 부와 특권을 보호하기 위해 그럴 수밖에 없었다고 변명한다. 미국 초창기의 백인 참정권자들이 흑인과 유색인종, 빈곤층 여성의 해방보다 자신의 투표권과 재산 소유권을 중시했던 것처럼 말이다. 만약에 부유층 백인 여성들이 성차별을 개인의 능력과 돈이 아니라 성 정체성을 떠나 신체 자율성과 정치적 대표성, 공정한 자원 접근성을 누리는 세상을 만듦으로써 막아내야 한다고 생각하게 된다면 상황은 크게 달라질 것이다.

연결된 세상으로 나아가기

내가 이 책을 쓰기로 결심한 이유는 어떻게든 체제적 수치심에서 벗어날 길을 모색하고 싶었기 때문이다. 끝없이 완벽을 추구해봤자 도움이 되지 않았고, 내 문제를 개인적 실패로 받아들이면 더 비참하고 외로워질 뿐이었다. 내게도 살아갈 자격이 있음을 증명하려고 필사적으로 노력할수록 나를 둘러싼 다양한 사람들과 삶의 양상에서 더욱 멀어지고 공허해졌다. 이제 나 자신을 받아들이는 데 있어서는 많이 나아졌지만, 아직도 시시각각 내가 미처 몰랐던 수치심의 원인을 발견한다. 게다가 이런저런 인간 유형에 대한 부정적 신념과 내가 남들에게 어떻게 보일까 하는 두려움으로 여전히 경직된 행동을 보이게 된다. 이 악순환에서 벗어나고 싶다. 집착과 증오로 내면을 응시하길 멈추고 관심과 신뢰로 바깥을 내다보고 싶다.

체제적 수치심을 이해하고 모두가 수치심에서 벗어날 길을 찾기 위해 심리학 논문을 검토하고, 수치심의 문화사를 조사하고, 여러 치료사와 코치와 노조원들과 대화했다. 체제적 수치심을 떨쳐내려 애쓰는 소외 집단과 면담하고, 이 문제와 씨름하여 생산적 해결책을 찾아낸 활동가들에 관해서도 읽어보았다. 이 모든 자료를 바탕으로 체제적 수치심이 어떻게 작용하며 어디서 비롯되는지, 왜 그리 많은 사람들이 자신과 타인을 비난해야 마땅하다고 생각하는지 이해할 이론을 개발했다. 수치심에 근거가 있다는 우리의 생각과 달리, 실제로는 수치심이 아무런 효과도 없다는 증거가 넘쳐난다. 수치심이 행동을 변화시키는 효과적 동기일 수 없다는 것은 심리적, 문화적, 심지어 생리학적으로도 입증되었다. 그럼에도 수치심은 꾸준히 사회적 분리와 통제의 도구로 동원되고 있지만, 이를 곧이곧대로 받아들여서는 안 된다.

체제적 수치심이 온 세상에 만연한 현실에도 불구하고, 구조적 문제로 우리 자신을 탓할 필요는 없다. 기후변화, 소득 불평등, 사회적 인종차별, 트랜스젠더 혐오 폭력, 세계적 팬데믹 앞에 무기력해지거나 낙담하지 않아도 된다. 우리는 삶에 의미가 있다고 믿을 수 있으며, 서로 보살피고 가치를 실현하고 세상을 개선하며 다방면으로 연결된 커뮤니티를 구축할 수 있다. 나는 직접 연구와 면담을 바탕으로 연결성과 의미를 지닌 세상을 모색할 다양한 도구를 개발했다. 이 책 후반부에서는 개인적, 대인 관계적, 나아가 지구적 차원에서의 체제적 수치심을 치유하는 과정에 집중할 것이다.

하지만 체제적 수치심을 떨쳐낼 방법을 알아보기 전에 그 작용 방식과 현대 문화가 체제적 수치심에 집착하는 원인을 이해할 필요가 있다. 어째서 우리는 자꾸 개인에게 구조적 부당함의 책임을 지우려고 할까? 왜 이토록 많은 사람들이 죄책감과 무력감에서 벗어나지 못하는 걸까? 우선 체제적 수치심이 어떻게 많은 사람들을 사로잡고 옭아매는지 살펴보자.

1부

수치심의 문법들

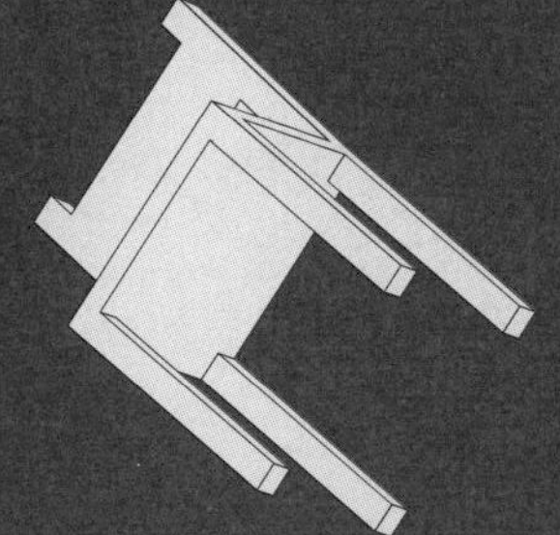

망가진 사람은 없다. 실패자도 없다.

우리의 기대에 미치지 못하고 실패한 것은 시스템이다.

우리는 이 사실을 인식하고 나서야

함께 더 나은 무언가를 만들어갈 수 있다.

1장 나만 변하면 된다는 사회

엘렌은 보스턴 외곽에서 10대 딸 제나와 함께 사는 싱글 맘이다. 지난 5년간 정신건강 문제를 겪는 청소년을 지원하는 단체의 운영비 마련을 위한 보조금 신청 업무를 해왔다. 얼마 안 되는 여가 시간에도 자원봉사로 해당 단체의 블로그와 소셜 미디어 콘텐츠를 작성한다. 거의 매일 밤늦게까지 보조금 신청서에 오류가 없나 재확인하고, 짬을 내어 단체의 인스타그램 계정에 새로 올릴 게시물을 편집한다. 그러고는 다음 날 재단과의 회의에 참석하고 딸을 등교시키기 위해 아침 6시에 알람을 맞춰놓고 잠자리에 든다.

"내가 이렇게 애쓰는 건 다른 아이들이 잘못되지 않길 바라서예요." 엘렌은 눈물을 흘리며 딸 제나의 자해 경험을 언급한다.

엘렌은 이혼한 지 1년 반쯤 지나서 딸이 제 몸을 칼로 긋거나 불로 지지기 시작했다는 걸 알았다. 얼마나 오래전부터 일어난 일인지는 아직도 잘 모른다. 제나의 몸에 난 상처를 처음 발견한 것은 이웃사람이었다. 이후 몇 년간 엘렌의 생활은 심리 치료 예약, 심리 검사, 정신건강 수련회, 가족회의, 병원 진료로 점철되었다. 엘렌은 딸의 문제를 더 빨리 눈치채지 못했다는 수치심을 떨쳐내기 위해 비영리 단체에 투신했다.

“다른 아이들을 우울증과 고통에서 구해내기 위해 뭐든 내가 할 수 있는 일을 해야죠. (단체가) 지원하는 모든 아이들에게서 제나의 모습을 보곤 해요. 내 딸보다 더 도움을 받지 못했던 아이들이에요.”

하지만 장시간의 자원봉사 활동은 엘렌과 제나의 관계를 회복해주지 못했다. 오히려 엘렌의 업무 스트레스로 제나와의 사이는 더 멀어진 듯했다. 제나가 또 자해했다는 걸 알게 될 때마다 엘렌은 자책감에 휩싸였고, 그런 엄마를 보는 제나의 기분도 우울해졌다. 엘렌이 고통을 잊을 길은 업무에 몰두하는 것뿐이었다. 그런다고 해서 자해하는 아이들을 모두 구해낼 수는 없었고, 엘렌이 자기 책임이라고 느꼈던 불행이 ‘해결’되지도 않았다.

“끝없는 악순환의 연속이었어요. 이미 일어난 일에 대한 괴로움을 떨치려고 노력했는데 상황만 더 나빠졌죠.” 하지만 엘렌은 이제 악순환에서 벗어날 준비가 되었다고 말한다. 더는 보기 괴롭다는 이유로 제나의 상처를 외면하진 않겠다고, 과거로 돌아가고 싶다는 헛된 희망으로 삶을 망치지는 않겠다고 말이다. 엘렌이 가장 바라는 것은 모녀가 단 한순간이라도 수치심을 내려놓고 다시 가까워지는 것이다.

뉴욕의 바람둥이를 잡아라

2022년 초 틱톡에는 '웨스트엘름 케일럽West Elm Caleb'이라는 남성 이용자에 관한 동영상이 넘쳐났다. 뉴욕에 사는 많은 여성들이 자기만을 위한 플레이리스트를 만들어주고 칭찬과 관심을 퍼붓다가 성관계 이후 사라져버린 매력적이고 다정한 남성과의 실망스러운 만남을 폭로했다. 댓글로 서로의 경험을 상세히 비교하다 보니 그들 모두 가구 업체 웨스트엘름에서 일하는 케일럽이란 남자에게 당했다는 사실이 밝혀졌다.

소셜 미디어에서 케일럽을 비난하는 캠페인이 펼쳐졌다. 수많은 소셜 미디어 이용자들이 케일럽의 주소를 추적하고 고용주에게 연락하여 그를 해고시키려 했다. 케일럽의 얼굴 사진과 링크드인 프로필이 누구나 볼 수 있도록 공개되었다. #WestElmCaleb이라는 해시태그와 함께 수천 개의 동영상이 게시되었다. 그의 치사한 행위에 보복이 따를 것이라며 윽박지르거나, 그의 행동과 메시지를 분석하여 정신적 폭력의 징후를 찾거나, 여성들에게 그와 같은 '애정 폭격' 유형의 포식자 구별 방법을 알려주겠다는 동영상도 있었다.[1] #WestElmCaleb 해시태그는 한 달 만에 8500만 건 이상의 조회수를 기록했다.

케일럽이 저지른 최악의 범죄라고 해봤자 여성이 요청하지 않은 누드 사진을 보낸 것이었다. 그와 데이트한 여성들이 진술한 나머지 행동은 데이트 애플리케이션에서는 매우 전형적인 지질한 짓거리일 뿐이다. 케일럽은 많은 여성들에게 똑같은 스포티파이 플레이리스트를 보내면서 매번 당신만을 위해 만든 것이라고 말했다. 도시 곳곳에서 많은 사람을 만나 어울리면서도 여성들에게는 자기가 데이트 애플리케이션을 거의 쓰지 않는다고 거짓말했다. 상대에게 애정이 넘치고 정말로 관심이 있는 것처럼 굴면서도 성관계만 맺고 나면 두 번 다시 메시지를 보내지 않았다. 이 모든 행동이 술집이나 파티에서 욕먹고 지탄받을 짓인 건 사실이다. 하지만 틱톡 이용자들에게 케일럽은 흔한 개자식이 아니라 여성을 가스라이팅하는 애정 폭격 가해자가 되었다.[2]

인터넷 문화 유튜버 세라 Z는 이 사태를 분석한 비디오 에세이를 통해 틱톡 이용자들이 왜 그토록 열심히 케일럽을 저격했는지 추측했다.[3] 그는 케일럽이 성차별, 성적 대상화, 데이트 애플리케이션에서의 부정직 등 더 큰 사회문제를 상징하는 존재가 되었다고 말한다.

"케일럽은 그와 비슷한 모든 남성을 대표하는 아이콘이 되었다. 당신은 몇 주씩 데이트하다가 갑자기 잠수해버린 X새끼를 혼내줄 수는 없었지만, 이 케일럽이라는 남자를 욕하고 조롱할 수는 있다."

여성들의 진술에 따르면 케일럽은 가구 디자이너라는 그럴싸한 직업을 가진 키 크고 매력적인 외모의 백인 남성이다. 그가 누릴 사회적 특권을 고려하면 체제적 수치심의 경험을 보여주는 전형적 인물로 제시되기는 어려울 것이다. 하지만 그가 자신의 잘못을 넘어서는 사회문제를 사적으로나 공적으로나 책임져야 한다고 지목받은 건 사실이다. 그의 성관계 상대들과 그를 증오하는 누리꾼들을 보면 성차별과 수치심이 사람들에게 미치는 영향이 얼마나 광범위한지 알 수 있다.

케일럽은 많은 여성들의 기대와 낭만적 희망을 이용했고, 그들 중에는 유색인종도 있었다. 소셜 미디어에서 처음으로 그에 관해 폭로한 미미 쇼Mimi Shou는 특히 다른 아시아 여성들에게 경고하러 나섰다고 말했다.[4] 케일럽 사태에 참여한 소셜 미디어 이용자 대다수는 비슷한 남성과 연관된 자신의 경험을 언급하거나 다른 여성들을 '보호하기' 위해 목소리를 낸 여성이었다.

특정한 학대 패턴을 한 번 이상 겪었거나 성차별과 같은 구조적 억압에 짓눌린 사람에게, 이 모든 것의 적당한 표상을 찾아 공격하는 일은 정말로 짜릿하다. 지극히 거대하고 형체 없는 고통도 갑자기 실체가 있는 것처럼 느껴지기 때문이다. 심리학 연구에 따르면 인간들 대부분은 성적 대상화나 성차별과 같은 추상 개념을 보다 다루기 쉬운 구체적 용어로 대체하려는 욕구가 강하다.[5]

사회심리학의 한 종류인 해석 수준 이론에 따르면, 어떤 가치를 객관적이고 전체적인 차원에서 생각하는 것(관념적 해석)과 단기적이고 실리적인 차원에서 생각하는 것(구체적 해석)은 심리적으로 완전히 다르다. 해석 수준 이론 연구는 모호하고 추상적인 목표('성차별에 저항하기')를 한층 구체적이고 소박한 해결책('온라인 테스트로 암묵적인 성차별 확인하기')으로 대체하면 더 쉽고 편안하게 받아들여진다는 것을 보여준다.[6] 개인의 행동에 초점을 맞추면 거대한 체계적 문제도 통제 가능한 것처럼 느껴진다.[7] 특히 추상적인 무력감만 가득할 때 뭐든 행동을 하면 자신이 강한 존재라고 느낄 수 있다. 심지어 사소하거나 장기적으로는 무의미한 행동이라도 말이다.

해석 수준 이론으로 보면 케일럽을 공개 저격한 여성들의 감정을 이해할 수 있다. 여성 개인은 많은 남성들이 자신을 이용하고 잠수해버리는 문화를 바꿀 수 없지만, 전혀 모르는 어느 개자식의 행동을 자기 일처럼 받아들이며 비난함으로써 악행을 막는 데 공헌했다고 느낄 수 있다. 데이트 애플리케이션에서 연락을 끊고 잠수하는 행위가 엄밀히 '폭력'으로 간주되진 않지만, 피해자가 다른 생존자를 돕고 향후의 폭력을 예방함으로써 치유되는 경우가 많은 건 사실이다.[8] 따라서 평생 성적 대상화에 시달린 사람이라면 케일럽과 데이트한 모든 여성들에게 자신의 상처를 투사하고 자신과 그들을 광범위한 페미니스트 커뮤니티로 여길 수 있다. 하지만 세라 Z가 동영상에서 지적했듯이 "이런 행위는 여성 전체에게 아무런 이익도 되지 않는다". 남성 개인을 저격하여 해고시킨다고 해서 문화가 바뀌지는 않는다. 그런 행위가 여성을 학대할 가능성이 가장 높은 남성, 즉 친척이나 파트너나 직장 동료로부터 벗어나는 데 필요한 경제적 힘이나 사회적 지지를 이끌어내지도 못한다.[9] 열광적인 비난 동영상이 쏟아져도 이득을 보는 것은 틱톡과 광고주들뿐이다.

나도 종종 온라인에서 케일럽을 저격한 사람들과 비슷하게 행동하고 있다는 걸 깨닫는다. 동성애자 트랜스젠더인 나는 미국에 만연한 동성애 및 트랜스젠더 혐오로 상처받는다. 숨 막히는 공포를 억누르기 위해 미국 전역에 확산되고 있는 트랜스젠더 혐오를 보수적인 내 어머니와 친척들 탓으로 돌리기도 했다. 그분들은 혐오 세력의 주동자가 아니라 무지한 개인일 뿐인데도 말이다. 어머니는 항상 성 소수자에게 관용적이라고 자처해왔으며 자신이 공화당에 투표하는 것은 오직 경제적 이유 때문이라고 말했지만, 정치적 선택을 내릴 때마다 결국 내가 속한 커뮤니티를 공격하는 유력 인사들 편에 섰다. 거의 모두 공화당 지지자인 내 친척들도 마찬가지다. 그들 대부분은 나를 비교적 점잖게 대하지만, 한편으로 나와 내가 사랑하는 사람들의 삶을 계속 악화시키는 정치인이 선출되어도 괜찮다거나 심지어 선출되어야 마땅하다고 생각한다.

나는 고통과 분노에 사로잡혀 가족들을 비난하고 욕을 퍼부어댔다. 우리 가족의 정치적 견해를 성토하는 편지와 에세이를 썼고, 가족과 제대로 대화해보지도 않고서 그런 글들을 지면에 발표했다. 어머니에게 전화를 걸어 한 시간 넘게 흐느끼며 소리치기도 했다. 어머니가 자신의 행동이 내게 미친 영향을 조금이라도 수치스러워한다면 결국 자신의 잘못을 깨달으리라고 믿었으니까. 어찌 보면 내가 진정 바라는 건 나 자신이 망가졌고 날 위해 만들어지지 않은 세상에 갇혀 있다는 느낌이 사라지는 게 아닐까. 성장기 내내 벽장 속에 숨어 느끼던 고통이 사라졌으면 좋겠다. 나는 내면에 도사린 지독한 체제적 수치심을 떨쳐내려고 어머니와 가족을 비난한다. 나로서는 세상을 바꿀 수 없기에 내 고통을 표상하는 개인에게 화살을 돌린다.

케일럽 같은 경솔한 남성들이 성차별이나 데이트 애플리케이션의 비인격적 특성과 같은 사회문제의 산물이라면, 개인에게 책임을 묻는다고 상황이 근본적으로 해결되지는 않는다. 마찬가지로 내 어머니와 친척들의 정치 성향이 수십 년간 언론에서 유포해온 거짓 정보와 온라인 혐오 세력의 영향을 받았다면, 그들의 무지를 탓한다고 상황이 크게 바뀌진 않을 것이다. 내가 몇 년이나 그렇게 해왔지만 달라진 게 없지 않은가.

사실 개인을 비난하는 데 너무 많은 정신력을 쏟다 보면 다른 사람들도 계속 똑같은 피해를 입는 이유를 찬찬히 생각해보기 어려워질 수 있다. 하지만 많은 사람들이 이 점을 간과한다. 수치심이 현대 문화에 워낙 단단히 뿌리를 내렸다 보니 타인을 도덕적으로 비난하는 것이 올바른 행동처럼 여겨지기 쉽다. 게다가 자신의 정체성 때문에 극심한 체제적 수치심을 느끼다 보면 그 수치심을 타인에게 전가하는 것도 당연하게 느껴진다. 혹은 자신이 받은 상처를 타인에게도 그대로 전달하고 싶을 수도 있다. 세상이 나아지리라는 희망이 없으면 다른 사람들도 나처럼 힘들기를 바라게 되니까.

어머니를 비난하는 행위가 무의미한 줄 알면서도, 나는 오랫동안 어머니에 대한 분노를 떨쳐낼 수 없었다. 하지만 어머니의 행동에 상처받아 마음이 약해질 때 그런 행동이 우리를 멀어지게 한다고 설명하면 어머니도 공감하며 달리 행동할 가능성이 높다는 것도 경험을 통해 알고 있다. 어머니와 내가 공유하는 정치적 관심사를 인정하면 가능성은 더욱 높아진다. 어머니나 나나 현재의 정치 체계가 우리를 대변하지 못한다고 느낀다. 우리 둘 다 대부분의 사람들이 경제적으로 붕괴 직전에 있다고 인식한다. 우리 둘 다 지구를 걱정하고 인종차별과 성차별이 사라지길 바라며, 좀처럼 정치적 견제를 받지 않는 많은 권력자들의 성폭력을 혐오한다.

어머니와 나는 이런 문제들의 해결책에 대해 의견이 일치하지는 않지만, 그래도 많은 가치관을 공유한다. 나는 최근 몇 년간 내게 해로운 정책을 펼치는 보수주의자에게 투표하느니 차라리 기권하시라고 어머니를 설득했다. 어머니도 내 의견에 수긍하며 남은 평생 투표를 하지 않겠다고 약속했다. 내가 기대했던 것보다 더 큰 진전이었다. 이 경우 우리는 솔직한 대화를 통해 휴전에 도달할 수 있었지만, 나는 아직도 (어머니의 행동에 대한) 분노와 (내 정체성에 대한) 자기혐오에 휩싸여 어머니와의 거리를 좁히는 데 실패하곤 한다.

체제적 수치심은 이런 식으로 많은 사람들을 짓누른다. 체제적 수치심에 따르면 사회를 변화시킬 책임은 개인에게 있기에, 우리는 다른 사람들이 '노력하지 않는다'는 부정적 감정에 빠진다. 이런 감정이 우리의 연대를 방해한다. 체제적 수치심은 우리를 이렇게 만든 체제를 직시하는 대신 우리의 고통을 자신과 다른 개인들의 탓으로 돌리게 한다.

이 장에서는 체제적 수치심이란 무엇인지 정의하고, 이 개념이 세상에서 어떻게 작용하는지 더 깊이 살펴보겠다. 우리는 체제적 수치심 때문에 사회가 가하는 모든 압박과 비난을 개인적으로 받아들이게 된다고 앞에서 언급한 바 있다. 하지만 케일럽과 우리 가족의 사례로 알 수 있듯이 체제적 수치심은 내면의 고통에 그치지 않으며 외부로 발산되어 타인과의 관계, 심지어 인류 전체에 대한 관점에도 영향을 미친다.

눈덩이처럼 커지는 감정

체제적 수치심은 고통스럽고 사회적인 감정이다. 세상을 어떻게 변화시킬 것인지에 대한 신념 체계이기도 하다. 수치심은 매우 깊고도 광범위한 감정이기에 모든 사람에게 세 단계로 영향을 미칠 수 있다.

1단계 개인적 수치심 자신의 정체성과 한계, 실패했다는 느낌에 따른 자기혐오감.

그에 따른 영향 다른 사람을 피하게 된다. 남들의 평가가 두려워서 그 누구도 나를 온전히 받아들일 수 없다고 믿으며 사람들을 멀리한다. 그러다 보면 대인 관계적 수치심이 생겨난다.

2단계 대인 관계적 수치심 타인은 위험하고 믿을 수 없는 존재이며, 사람들은 기본적으로 부도덕하고 게으르고 이기적이라는 믿음.

그에 따른 영향 다른 사람의 행동을 준엄하게 평가하게 된다. 남들에게 평가받기를 두려워하는 것과 똑같은 원리 때문이다. 사람들에게 마음을 열기가 무서워서 극단적인 독립성을 추구하며 자기 보호와 안전에만 집중하게 된다. 고립과 개인주의로 인해 타인의 도움을 받아들이거나 더 넓은 커뮤니티와 협력하여 체계적으로 불의를 해결하기가 어려워진다.

3단계 지구적 수치심 인류가 이기적이고 냉담하고 도덕적으로 '나쁜' 이들로 가득하기에 구제받을 가치가 없다는 믿음. 단절감과 무력감에 빠져 인생에는 진정한 보람이나 의미가 없다고 생각하게 될 수 있다.

그에 따른 영향 만사를 냉소적으로 보며 커뮤니티와 인간관계를 개선하려는 노력을 멈춘다. 세상의 모든 문제가 개인의 나쁜 행동 때문에 발생한다고 확신하며, 우리 말고도 고통받는 많은 사람들이 자유로워질 길을 상상하지 못한다.

우리는 체제적 수치심의 세 단계를 동심원, 즉 개인적 수치심이라는 핵에서 시작하여 눈덩이처럼 커져나가는 그림으로 생각

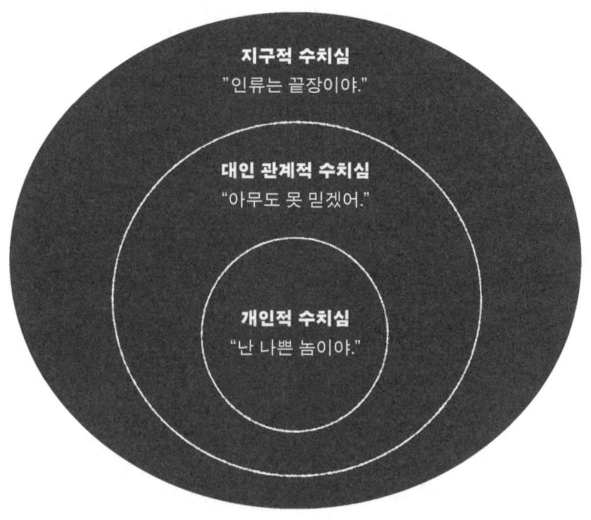

할 수 있다.

앞으로 몇 단락에 걸쳐 이 세 단계를 자세히 설명하겠다. 내면에서 발생한 체제적 수치심이 외부로 퍼져나가서 끔찍한 사회적·정치적 여파를 일으키는 과정을 살펴보자. 어린 시절에는 개인적 수치심을 가장 직접적으로 느낀다. 교육과 성장 과정, 친구나 이웃이 무심코 던진 말, 가족이 선의로 늘어놓는 훈계, 심지어 우리가 소비하는 대중 매체도 수치심을 자극한다. 이렇게 거부당하고 사회적으로 평가받는 경험은 티끌 모아 태산이 되듯 내면에 쌓이며, 어떤 이들이 어떤 식으로 거부당하고 평가받는지 인식함에 따라 더욱 광범위한 세계관으로 발전한다. 우리가 성장하여 자신에 대한 수치심을 어느 정도 떨쳐내고 나서도 체제적 수치심의 세계관은 내면에 남아 있을 수 있다. 그리하여 우리의 협소한 사교 범위에 속하지 않은 사람은 믿을 수 없다거나, 사회 운영 방식을 개선해봤자 소용없다고 생각하게 된다. 이렇듯 체제적 수치심은 어린 시절의 개인적·내적 경험에서부터 비롯되지만, 그로 인한 상처는 절대 혼자서 치유할 수 없다.

"난 나쁜 놈이야"

체제적 수치심은 자기혐오와 자책감에서 시작된다. 자신의 본성이 이기적이고 나약하고 부도덕할까 봐 두려워하는 사람은 남들에게 속내와 욕구를 숨기고 어떻게든 선해 보이려고 필사적으로 애쓰게 된다. 하지만 본모습을 감추려고 노력할수록 진정한 사랑과 포용을 경험할 가능성은 줄어든다.

개인적 단계의 체제적 수치심은 어린 시절부터 싹튼다. 부당한 선입견에 갇히거나 소외된 사람들은 일찍부터 스스로를 미심쩍은 눈으로 바라보게 된다. 하지만 비교적 평범하거나 남들과 다르다는 낙인이 찍히지 않은 아이에게도 이상적인 외모와 행동과 성취에 관한, 나아가 사랑받는 사람이 되려면 끝없이 노력하고 희생해야 한다는 유해한 메시지가 쏟아진다. 예를 들어 나는 내가 트랜스젠더이자 자폐인임을 깨닫기 훨씬 전부터 부모가 외롭고 우울해 보인다고 느꼈다. 아버지가 새로운 사람들을 만나고 취미 활동을 하며 인생 경험을 쌓는 대신 오직 나만을 친구이자 심리

치료사처럼 여기며 속내를 털어놓는다는 것도 깨달았다. 나는 아직 어렸지만, 아버지를 정서적으로 보살피고 격려하면 나도 애정과 안정감을 얻을 수 있으며 이미 엉망진창인 가족 관계를 나 자신의 걱정이나 눈물로 흐려서는 안 된다는 걸 금세 깨달았다. 아버지가 울면 온 세상이 멈춰버리는 것 같았고, 내가 얼른 아버지를 달래며 어떻게 도와드리면 될지 귀 기울여 알아내야 했다. 하지만 내가 울면 모두들 화를 냈다. 나는 지금까지도 울음을 터뜨릴 때마다 내가 너무 '이기적'이라는 수치심에 사로잡힌다.

심리학자이자 치료사인 린지 깁슨Lindsay Gibson이 《감정이 서툰 어른들 때문에 아팠던 당신을 위한 책》에서 자세히 설명했듯이, 많은 아이들이 과거의 나와 비슷하게 살아간다. 나처럼 감정적으로 미성숙한 부모 슬하에서 자란 사람은 지나치게 겸손하고 자신의 기분과 욕구를 의심하며 마음속의 어떤 생각도 남들에게 드러내면 안 된다고 느끼기 쉽다. 깁슨이 말하는 감정적으로 미성숙한 부모가 딱히 자식을 학대해서 파괴적 영향을 미치는 것도 아니다. 많은 경우 그들의 문제는 감정적 대처 요령이나 건전한 경계 설정을 배우지 못하고 감정적 지원이 결핍되어 자식 외에는 친구가 없다고 느낀다는 것뿐이다.

내 부모의 외로움도 체제적 수치심의 결과였다. 두 분 모두 눈에 띄지 않는 장애로 종종 지치고 괴로워했지만 그래도 '일반인'인 척하면서 살아갈 수 있었다. 두 분 모두 힘들고 보람 없는 노동에 종사하며 돈 때문에 끊임없이 불안해하고 무력감을 느꼈다. 우리가 살던 클리블랜드 교외는 급격히 낙후되고 직업적 기회와 인구가 줄어드는 중이었기에 좋은 기회나 연줄을 찾기가 더더욱 어려웠다. 게다가 두 분 모두 엄청난 정신적 상처를 숨기고 있었지만 누구에게도 도움을 요청하지 않고 그 부담감을 어린 자식에게 떠넘겼다.

부모는 주택 담보 대출을 받을 수 있었고 자동차 두 대, 아이 둘, 반려동물 두 마리가 있는 백인 교외 거주자였다. 하지만 이 모든 특권에도 경제적 기회 부족, 교육 및 육아에서의 한정적 선택지, 적절한 심리 치료를 받을 수 없는 환경, 수십 년 전까지 거슬러 올라가는 가족 문제로 인해 체계적 고통에 시달릴 수밖에 없었다. 그들의 자식인 나도 이런 상황에 타격을 받았고 그 모든 게 나라는 개인의 잘못이라고 생각했다. 학교에서 시키는 대로 학습하지 못한다고 불이익을 받는 아이들, 강박적으로 다이어트를 하는 엄마 곁에서 자신의 몸을 구석구석 비판적으로 뜯어보게 되는 여자아이들, 부유한 가정의 아이들과 자신을 비교할 수밖에 없는 가난한 가정의 아이들, 그 밖에도 자신이 부족하다고 느끼도록 길들여진 다른 여러 집단이 비슷한 상황에 처한다. 체제적 수치심은 모든 문제가 개인의 악행 때문이라고 가르치는 신념 체계이며 개인이 통제할 수 없는 힘 앞에서 고통받는 사람들의 삶을 뒤흔들고 그들의 인식을 왜곡한다.

아이들은 사회의 암묵적 규칙을 파악하는 데 능숙하다. 그런 규칙을 배워야 양육자에게 거부당하거나 버림받지 않기 때문이다. 많은 미성년자에게 순응은 말 그대로 생사를 가르는 문제다. 아이들은 자신이 의존하는 세력과 유대 관계를 형성해야 살아남을 수 있으며, 생후 18개월에서 24개월이면 성별에 대한 선입견을 배우고[10] 2세쯤에는 인종적 선입견을 학습한다.[11] 그리고 만 3세에 이르면 성별이나 인종적 기대를 위반했을 때 스스로 알아차리고 부끄러워하는 징후를 보인다.[12]

아이들은 자신이 속한 문화가 잔인하거나 불공평하더라도 자연스럽게 그런 관점을 인지하고 받아들이는 듯하다. 사회가 돌아가는 방식 중에는 아이들이 직접 배우지 않는 것이 많으며 그중 상당수는 지극히 당연시되어 우리 자신도 좀처럼 의식하지 못한다. 예를 들어 우리는 아기가 태어날 때부터 성별에 따라 구분한다. 성별에 따라 화장실을 따로 쓰게 하고, 다른 옷을 입히며, 학교에서는 여학생과 남학생을 짝지어 줄 세운다. 왜 그러는지 아이들에게 알려주는 경우는 드물며, 우리 자신도 이유를 잘 모를 것이다. 아이들의 성별 구분은 그냥 당연한 것으로 받아들여진다. 우리가 호흡하는 공기처럼 눈에 띄지 않지만 온 세상에 퍼져 있는 사회 규칙이다.

아이들이 이런 무언의 기대에 부응하려면 머릿속으로 빨리 규칙을 파악하고 자기 목숨이 걸린 것처럼 순응해야 하며, 대부분은 실제로 그렇게 한다. 성별 경계를 넘나드는 아이들은 그들을 조건 없이 받아들여야 마땅한 어른들에게 비난받거나 심지어 학대당하기도 한다. 그러니 많은 아이들이 학교에 들어갈 무렵이면 공격적으로 성 역할을 단속하고 나서는 것도 놀라운 일은 아니다. 아이들은 '여성스럽게' 춤추는 남자아이를 비웃고 '남성적인' 여자아이에게 혐오감과 반감을 표함으로써 차마 입 밖에 낼 수 없을 만큼 신성한 규칙을 수호하고 있다고 믿는다.

심리학자 로런스 허슈필드Lawrence Hirschfield가 《인종과 인종차별, 아동 발달을 위한 안내서Handbook of Race, Racism, and the Developing Child》에 썼듯이, 꼭 편협한 환경에서 자라야만 편파적 관점을 갖는 것은 아니다. 이민자 부모에게서 태어난 아이가 부모의 억양이 아니라 현지 억양으로 말하는 법을 배우듯, 반인종주의자나 페미니스트 부모가 키운 아이도 인종차별과 성차별, 트랜스젠더 혐오 등 우리 문화의 다양한 편견을 흡수한다. 그래서 체제적 수치심을 떨쳐내기가 그토록 어려운 것이다.

내 단짝 친구 켈리는 비만 해방 운동가로, 저체중 찬양 문화에서 벗어나 내면의 비만 혐오를 해소하려고 오래전부터 노력해왔다. 자신의 두 자녀에게도 뚱뚱하든 말랐든 사랑받고 존중받을 가치가 있음을 가르치려고 애썼다. 자신을 비롯해 뚱뚱한 사람들의 몸을 찬미하는 사진과 시각예술 활동도 하고 있다. 하지만 이 모든 노력도 켈리의 아이들이 사회의 비만 혐오에 감염되는 것을 막지는 못했다.

어느 날 켈리는 비디오 게임을 하는 큰딸을 지켜보고 있었다. 그때 딸이 자기 캐릭터는 절대 뚱뚱하게 만들지 않겠다고 말했다.

"난 뚱뚱한 캐릭터가 싫어요." 켈리의 딸은 캐릭터 조정 화면을 조작하며 딱 잘라 말했다. "엄마 몸은 괜찮아요. 하지만 난 뚱뚱해지기 싫어요. 원래 뚱뚱한 사람은 더 싫고요."

"어른이 나한테 그렇게 말했다면 정말로 실망했을 거야. 하지만 나는 딸에게 화를 내는 대신 왜 그렇게 말했는지 물었어. 왜 뚱뚱한 몸이 나쁘다고 생각하느냐고. 그랬더니 다들 뚱뚱한 사람을 푸대접하니까 자기가 뚱뚱하면 슬플 거라고 말하는 거야. 그 말을 들으니 나도 뭐라고 대답하면 좋을지 모르겠더라. 난 아이들에게 모든 몸은 좋은 거라고, 모든 사람을 존중해야 한다고 가르치려 애썼는데도, 큰애가 네 살쯤 되니까 두 아이 모두 뚱뚱한 몸은 나쁘다고 말하기 시작했어."

수치심은 아이들의 감정과 행동에 막대한 영향을 미친다. 유치원생 여자아이들이 수학은 '남자들' 과목이라는 고정관념에 부딪히면 초조해하고 수학 성적이 떨어진다는 것은 많은 연구자들이 거듭 관찰해온 사실이다.[13] 이런 효과는 성인 여성에게도 똑같이 나타나지만, 실제 수학 능력과는 무관하다. 수학을 좋아하는 여성들도 성차별적 고정관념을 겪으면 성적이 떨어진다. 마찬가지로 흑인 아동은 인종별 지능에 대한 고정관념을 지나치게 의식하기 쉬우며, 이는 표준 학력교사 성적을 떨어뜨리는 요인으로 작용한다.[14]

흔히 '고정관념 위협' 효과라고 하는 이 현상은 고정관념에 직면한 사람이 좋은 성적을 거두려고 할 때 더 치명적일 수 있다. 중요하고 상징적 의미가 있는 시험일수록 실패할지 모른다는 두려움은 더욱 커진다.[15] 고정관념 위협을 광범위하게 조사해온 연구자들은 사회적 위치 때문에 부정적 고정관념에 처하거나 비난을 받는 집단이라면 고정관념 위협을 피할 수 없다는 사실을 발견했다. 여학생은 과학과 수학 분야에서 배제되어온 기나긴 역사로 인해,[16] 라틴계는 백인보다 교육 과정을 이수하는 데 오래 걸릴 것이라는 선입견 때문에,[17] 하층 계급 출신은 면접처럼 스트레스가 심한 과업을 수행해야 할 때 고정관념의 위협에 처한다. 그 밖에도 비슷한 사례가 무수히 많다.[18] 많은 연구가 보여주듯이, 자신에 대한 고정관념이 불공평하다고 인식하는 사람도 고정관념 위협으로 인해 행동 방식과 자아상이 비뚤어질 수 있다.

연구에 따르면 흑인 여자아이들은 성차별적·인종차별적 고정관념에 맞서기 위해 완벽주의와 성취를 신봉하게 되기도 한다.[19] 많은 개인이 이런 방식으로 체제적 수치심을 해소하려고 시도한다. 사회에서 자신의 정체성이 존중받기 어렵거나 자신의 본성이 나쁘다는 가치관을 주입당한 사람은 최대한 인상적인 인물이 됨으로써 고정관념을 과잉 보상하고 인정받으려 한다.

흑인 여성은 미국에서 가장 고학력 집단이며[20] 가장 많은 사업 이익을 내는 집단이기도 하다. 그럼에도 비슷한 직종에 종사하는 백인 여성과 남성, 그리고 흑인 남성보다 임금이 낮으며 가장 박봉에 시달리는 집단이기도 하다.[21] 개인의 노력만으로는 내면화된 수치심이나 억압을 해소할 수 없다는 분명한 증거다. 체제적 수치심은 소외된 사람들에게 사회적 위치를 극복하려면 위대

개인적 수치심 특징

- ☐ 종종 나 자신이 지독히 부정적으로 느껴진다.
- ☐ 남들에게서 나와 비슷한 점을 볼 때 역겹거나 수치스럽다.
- ☐ 내가 정말로 좋은 사람이 되는 건 불가능하다.
- ☐ 선행을 하고 나서도 자부심을 느낄 수 없다.
- ☐ 실수하지 말고 더 나아져야 한다고 항상 자신을 다잡는다.
- ☐ 날 도와줄 사람은 없으니 모든 일을 나 혼자 해내야 한다.
- ☐ 내 행동이 남들에게 어떻게 보일지 끊임없이 걱정한다.

한 업적을 거두고 놀랍도록 강하고 성실해지라고 가르치지만, 사실 개인이 노력하고 자신을 사랑하는 것만으로는 아무것도 해결되지 않는다.

개인적 단계의 체제적 수치심을 어떻게 확인할 수 있을까? 위의 간단한 체크리스트를 통해 당신이 느끼는 개인적 수치심을 돌아볼 수 있다.

"아무도 못 믿겠어"

개인적 단계의 체제적 수치심은 대부분 두 번째이자 중간 단계인 대인 관계적 수치심으로 발전한다. 자신에 대한 부정적 견해와 태도를 내면화하면 반사적으로 남들에게도 똑같은 비판적 잣대를 갖다 대게 된다.

사랑받을 수 있다는 희망을 버렸거나 스스로 사랑받을 자격이 없다고 생각하면 다른 사람들과 거리를 두는 게 옳다고 생각하기에 이른다. 자신을 미워하는 사람일수록 타인에게 도움을 요청할 가능성도 낮아진다. 공중보건 및 정신건강과 관련된 낙인을 살펴보면 이 사실을 확인할 수 있다. 세라 클레멘트Sarah Clement와 동료들은 기존에 발표된 연구 140여 건을 체계적으로 검토한 결과 정신질환을 수치스러워하고 자기가 잘못해서 걸린 것이라고 믿는 사람은 치료받거나 도움을 요청할 확률이 낮다는 사실을 발견했다.[22] 약물 중독[23]과 가정폭력[24]을 겪는 사람이 도움을 요청하지 못하는 이유를 살펴봐도 비슷한 결론에 이른다.

체제적 수치심은 모든 개인이 고되게 일하고 한껏 괴로워해야 잘살 수 있다는 지극히 개인주의적인 세계관을 제시한다. 그리하여 누군가 관심을 보이거나 도움의 손길을 내밀면 침해와 모욕을 당한 것처럼 느끼게 한다.

내가 이 책을 쓰면서 면담한 사람 중 하나인 코너는 초등학생 때 잠시 노숙자로 지냈다고 말했다. 부모와 함께 세 가족이 예전 집에서 몇 킬로미터 떨어진 국립공원에 작은 텐트를 치고 몇 달간 복작대며 살았던 것이다. 하지만 코너의 아버지는 이런 상황을 받아들일 수 없었다. 같은 교회 신도들이 문제를 알아차리고 코너에게 음식이나 샤워할 곳이 필요한지 묻자, 아버지는 분노하여 앞으로 온 가족이 교회에 나가선 안 된다고 소리쳤다.

"아버지는 이민 2세대였고 자립적이어야 한다는 의무감이 있었어요. 만약 내가 다른 사람에게 음식을 받았다면 아버지에겐 엄청난 타락으로 보였겠지요."

다행히도 코너 가족은 얼마 후 다시 일어설 수 있었지만, 그의 부모는 맹렬한 보수주의자가 되었다. 원래 우파 성향이긴 했지만 노숙 생활을 청산하고 나서는 노숙자의 존재와 복지 제도가 국가적 수치인 것처럼 매도하기 시작했다.

"우리는 텐트에서 살았지만 재기할 수 있었고 그 사실을 끝까지 숨기며 자존심을 지켰으니 다른 사람들도 그래야 마땅하다는 거였죠. 그게 우리 집 가풍이었어요."

코너의 부모는 노숙이라는 고통스러운 경험을 수백만 명과 공유하고 있음을 인정하기보다 자신과 다른 노숙자들 간에 선을 그으려고 했다. 차마 말할 수 없을 만큼 수치스럽고 비참했던 시기를 떠올리게 하는 사람들을 똑바로 바라보지 못하고 외면했다.

자기 자신을 수치스러워하고 책망하다 보면 다른 사람들도 믿을 수 없다고 생각하기 쉽다. 나 역시 공원에서 시끄럽게 구는 아이를 방치하는 양육자를 보면 그가 전날 밤 늦게까지 일했거나 독박 육아 중일지도 모른다는 생각은 못 하고 무신경한 부모라며 흉볼지 모른다. 고등학생 시절의 친구가 팬데믹 기간에 조촐한 파티를 열었다며 사진을 올리면, 코로나바이러스가 확산된 것이 그 친구의 책임인 것처럼 비난할 수도 있다. 지역과 연방 정부가 나를 보호하지 못한 그 모든 경우들을 고려하는 것보다도 친구를 탓하는 것이 더 만족스럽게 느껴지기 때문이다. 대인 관계적 단계의 체제적 수치심은 어떤 문제에 대해 구조적 실패가 아니라 남들의 게으름, 부주의, 무관심을 탓하게 한다.

우리와 공통된 정체성이나 경험을 지닌 사람을 비난하고 원망하는 것도 대인 관계적 단계의 체제적 수치심 때문이다. 그들은 우리가 혐오하도록 길들여진 우리 자신의 특성을 반영한다. 영화배우 조니 뎁Johnny Depp은 2022년 봄에 전 부인 앰버 허드Amber Heard를 명예훼손으로 고소했다. 허드가 스스로 성폭력 생존자라고 말했다는 이유였다. 당시 수많은 성폭력 생존자가 전형적인 체제적 수치심의 사례를 보여주었다.[25] 수많은 가정폭력 생존자들이 온라인에 몰려들어 뎁을 옹호했고, 댓글과 실시간 채팅으로 허드가 "모든 피해자들을 욕되게 한다"고 주장했다.[26]

안타깝게도 이런 사례는 드물지 않다. 많은 피해자 여성들이 세상은 정의롭고 공정하며 올바른 선택을 한다면 폭력에 처할 일이 없다고 믿는다.[27] 대부분의 사람들이 그렇게 생각하도록 배우며 자란다. 예를 들어 대학교의 '강간 예방' 교육은 흔히 사람들이 폭행당하지 않도록 대학에서 취할 수 있는 조치보다도 잠재적 피해자의 자기 방어 조치에 초점을 맞춘다.[28] 학대당한 경험으로 체제적 수치심에 시달리는 여성은 자기가 허드 같은 여자와는 다르다는 걸 증명하고 싶어서 허드의 이런저런 흠결을 꼬투리 잡을 수도 있다.

허드와 뎁의 싸움을 녹음한 파일에서 허드는 뎁을 조롱하고 비웃으며 자기가 그를 때렸다고 인정한다. 허드는 약물을 사용할 뿐 아니라 자신이 버림받았다고 느끼면 질투심과 분노를 터뜨

대인 관계적 수치심 특징

- ☐ 누군가 내게 괜찮은지, 잘 지내는지 물으면 당황하고 짜증나서 계속 방어적인 태도를 취한다.
- ☐ 내가 보기에 다른 사람들은 자기 앞가림도 제대로 못한다. 그러니 무슨 일이든 내가 알아서 처리하는 편이 낫다.
- ☐ 나와 같은 정체성 집단(인종, 성별, 계급, 성적 지향 등의 정체성을 공유하는 사람들)의 일원이 다른 사람들에게 '나쁘게' 보일 고정관념대로 행동하는 게 싫다.
- ☐ 주변 사람들은 하나같이 내 상황을 몰라준다.
- ☐ 나 같은 사람에 대한 남들의 고정관념이 사실일까 봐 두렵다.
- ☐ 사람들은 대체로 교훈을 얻지 못하고 똑같은 실수를 반복하는 것 같다.
- ☐ 다른 사람들과 함께 있으면 숨이 막힌다. 혼자 있을 때만 마음이 편하며 남들의 평가에서 자유롭다고 느낀다.

리는 듯하다. 이른바 호감 가는 피해자가 아닌 것이다. 안타깝게도 많은 폭력 생존자들은 이런 흠결을 지적할 준비가 되어 있다. 연구에 따르면 성폭행 사건의 상세한 설명을 들은 여성 상당수가 피해자가 아니라 가해자에게 이입한다. 그들은 피해자에게 이입하면 위험하다고 느끼기 때문이다.[29]

대인 관계적 단계의 체제적 수치심은 우리의 내면을 남들에 대한 병적이고 뒤틀린 분노로 채운다. 우리는 자신을 잔혹하게 대하듯이 타인에게도 잔혹해지는 법을 배운다. 우리가 항상 완벽하게 행동할 수는 없으며 위험을 전부 막아낼 수도 없다고 일깨워 주는 모든 취약함과 불완전함의 징후를 혐오한다.

앞 페이지의 간단한 체크리스트를 통해 당신이 대인 관계적 단계의 체제적 수치심을 느끼는지 확인해보자.

"인류는 끝장이야"

지구적 단계의 체제적 수치심에 빠지면 인류 전체가 '나쁜' 존재이며 서로 협력하여 더 나은 사회를 건설할 가능성은 희박하다고 생각하게 된다. 앞서 두 단계의 체제적 수치심에서 비롯된 불신, 피해자 비난, 고립을 사회 전반에 광범위하게 적용하는 것이다.

지구적 단계의 체제적 수치심이 작용함에 따라 사람들은 기후변화나 세계적 팬데믹과 같은 문제를 개인적 선택의 관점에서 논의하게 된다. 우리는 지구적 문제를 개인적 관점에서 보도록 **길들여졌다**. 대기업과 거의 모든 정부가 실제로 기온을 상승시키고 치명적인 바이러스를 퍼뜨리는 법률과 경제적 유인 대신 개개인의 습관에 주목하라는 메시지를 보내기 때문이다.

만화가이자 작가인 셸비 로먼Shelby Lorman은 에세이 〈나는 팬데믹 저격수였다〉에서 자신이 코로나바이러스를 퍼뜨릴 행동을 하는 개인들을 비난함으로써 팬데믹 스트레스에 대처하려 했다고 서술한다. 2020년 봄에는 친구들의 소셜 미디어 게시물을 샅샅이 뒤지며 철저히 비난받아야 마땅한 위태로운 결정과 무책임한 짓들을 찾아내려 했다.

"팬데믹이 터지고 나서 몇 달 동안, 나는 줄곧 시트콤 〈필라델피아는 언제나 맑음〉에서 용의자 게시판을 빨간 실로 뒤덮는 찰

리처럼 살았다.[30] 누가 믿을 만하고 누가 신뢰할 수 없는지 시시각각 평가했다."

로먼은 소규모 모임을 갖거나 마스크를 제대로 쓰지 않는 사람들을 질책하는 소셜 미디어 게시물을 올렸다. 실제로 코로나바이러스 방지에 도움이 되는 정보를 공유할 때도 매번 비난하는 어조로 글을 맺곤 했다. "당신은 실패했다. 그 이유를 알려주겠다. 제1장(100장까지 이어질 예정)." 로먼은 자신뿐 아니라 많은 친구들이 '도덕적으로 우월한' 위치에서 발언하는 데 만족감을 느꼈다고 말한다. 하지만 시간이 지나고 정부와 기업이 더 많은 생명을 희생시킬 수 있는 결정을 거듭하는 걸 보면서 과연 개인을 탓하는 일이 유효한지 의심스러워졌다고 한다.

"감당하기 어려운 상황과 내가 통제하고 이해할 수 있는 사소하고 상대적인 과실 사이에서 생각이 완전히 바뀌었다."

이 미묘한 변화의 사례를 통해 지구적 단계의 체제적 수치심이 우리를 불안한 **동시에** 냉담하게 만든다는 것을 알 수 있다. 지구적 수치심에 따르면 세계의 모든 문제는 개인의 잘못 때문이다. 이런 식으로 생각하게 되면 "인류야말로 진짜 바이러스"[31]라는 결론을 내리거나 기후 대재앙으로 인류가 멸종해야 **마땅하다**고 믿는 것도 놀랍지 않다. 과격하게 들릴지도 모르지만 지구 전체의 문제에 관해 대화하다 보면 경악할 만큼 자주 듣게 되는 주장이다. 사회과학자들과 환경운동가들은 지구를 구하려면 인간 대다수가 죽어야 하며 죽는 게 **마땅하다**는 에코파시즘의 부상을 오래도록 경고해왔다.[32] 코로나 초기처럼 위태로운 시기에는 이런 사상이 언론 매체와 온라인에서 더 인기를 끌기 쉽다.[33] 주변의 온갖 고통이 나쁜 사람들의 어리석거나 사악한 결정으로 생겨난 것이라면 인류는 도덕적 심판을 받아도 싸다는 것이다.

엘렌은 모든 자해 아동을 구해야 한다는 책임감으로 딸의 자해에 따른 자책감을 이겨내려다가 깊은 우울증에 빠졌다. 자기 주변에도 말없이 고통받는 아이들이 숨어 있을 거라고, 하지만 정신건강 지원을 받지 못하는 모든 아이들을 돕기란 불가능하다고 생각하면 한없이 무기력해졌다. 가족의 개인적 비극이 그로서는 어쩔 수 없는 더욱 큰 사회적 병폐의 표상처럼 되어버렸다. 이 세상의 고통이 너무 크다 보니 슬픔과 자기혐오에서 벗어날 길을 찾기가 불가능해 보였다.

"아이러니하게도 그런 고민 때문에 나도 제나만큼 우울해졌어요. 아무도 이 아이들에게 도움이 될 수 없었고, 나 역시 마찬가지였어요. 이 세상에 희망이라고는 없는 것 같았죠."

개인의 행동만이 세상을 바꿀 수 있지만 그 어떤 행동도 이미 늦었다고 믿는다면 정신적으로 지독하게 우울해질 수밖에 없다. 지구적 단계의 체제적 수치심은 냉소적이고 절망적인 감정, 일체의 희망과 심지어 삶 자체에 대한 거부감으로 치달을 수 있다.

다음의 간단한 체크리스트를 통해 당신이 지구적 단계의 체제적 수치심을 느끼는지 확인해보자.

지구적 수치심 특징

- ☐ 현재 세계의 큰 문제는 사람들 대부분이 무신경하다는 것이다.
- ☐ 내가 진정으로 가치 있게 살아갈 수 있다고 상상하기 어렵다.
- ☐ 내가 정말로 '좋은 사람'이 되려면 지켜야 할 의무들을 수행하기가 불가능하다고 느낀다.
- ☐ 좀처럼 인류애를 느끼지 못한다.
- ☐ 나는 의미 있는 커뮤니티에 소속되지 못했다.
- ☐ 내 인생이 무엇을 위해 존재하는지, 내게 진정으로 중요한 것이 무엇인지 모르겠다.
- ☐ 현재 인류가 겪고 있는 온갖 끔찍한 일들이 당연하다고 생각할 때가 있다.

인생이 반드시 이럴 필요는 없다

앞의 몇 단락은 내가 봐도 정말 암울하게 느껴진다. 하지만 여기서 잠시 쉬어가며 짚어봐야 할 점이 있다. 체제적 수치심은 어디에나 만연하고 우리에게 많은 피해를 입히기도 했지만, 우리가 반드시 그 속에서 살아갈 필요는 없다. 인류 역사 대부분과 다양한 문화권을 통틀어 봐도, 이런 방식으로 사회문제에 접근하거나 수치심을 숙고했던 사람은 많지 않다. 게다가 우리가 경험하는 체제적 수치심의 각 단계를 여러 강렬한 감정으로 중화시킬 수도 있다. 체제적 수치심을 상쇄할 몇 가지 대안을 표로 제시해보았다.

체제적 수치심의 단계	건전한 감정적 대안
개인적 수치심	급진적 자기 수용
	연민
	객관성
	즐거움
	만족감
대인 관계적 수치심	유연함
	신뢰
	동일시
	호기심
	자긍심
지구적 수치심	겸허함
	희망
	함께 슬퍼하기
	함께 기뻐하기
	협력
	삶의 목적 발견

체제적 수치심이 전 세계인의 감정적 고통을 유발하게 된 것은 기껏해야 수백 년밖에 되지 않았으며, 그런 수치심이 우리의 정치 담론을 지배한 것도 겨우 수십 년 사이의 일이다. 소외 집단

내 개인이 자기혐오, 사회적 고립, 지구적 비관주의에 빠지지 않고 세상을 탐색하거나 기후변화, 인종차별과 같은 구조적 문제에 관심을 갖는 것은 오늘날에도 충분히 가능하다. 근래에는 개인의 선택을 비난하는 데 의존하지 않은 덕에 더 성공적이었던 중요한 사회 운동이 많았다. 또한 개인에게 완벽이라는 불가능한 잣대를 들이대지 않고 소외 집단의 모순적 양상을 있는 그대로 받아들여 응원하는 건전하고 활기찬 커뮤니티가 세계 도처에 생겨났다. 이 책의 후반부에서는 이런 사회 운동과 집단에서 교훈을 얻도록 하겠다.

2장에서는 체제적 수치심의 기원과 그 사회적 기반의 형성에 관해 살펴보자.

2장 개인에게 수치를 떠넘긴 역사

1920년대 초 미국에서는 새로운 공중보건 위기가 발생했다. 역사상 최초로 자동차를 구입한 사람들 다수는 안전한 운전 방법을 배우지 못했다. 미국 대부분의 주에서는 1935년 전후에야 운전면허 제도가 도입되었기 때문이다. 게다가 당시 미국의 도로는 대부분 자동차가 아니라 마차나 보행자에 맞게 만들어져 있었다. 비좁은 도로에 준비되지 않은 운전자가 급격히 증가하면서 교통사고와 사망자도 증가했다. 교통사고 사망자는 1910년부터 1915년까지 약 1600명에서 6800명으로 증가했고, 1915년부터 1920년까지는 거의 두 배에 가까운 1만 2155명으로 급증했다.[1] 역사학자 피터 노턴Peter Norton의 보고에 따르면 피해자 대부분은 보행자였고 그중 상당수가 아이와 노인이었다.

자동차가 등장하기 전에 사람들은 도로 한복판을 걸어 다니고 길가에 모여 대화하거나 물건을 거래했으며, 아이들이 길가를 뛰어다녀도 내버려두었다.[2] 하지만 자동차가 등장하면서 모든 것이 바뀌었다. 불과 몇 년 만에 도로는 공원과 같은 다용도 공공장소가 아니라 빠르게 달리는 거대한 기계의 전유물이 되었다.

처음에 대중은 교통사고 급증에 대해 자동차 산업을 비난했다. 당시의 정치 풍자만화에는 시체 더미 위로 굴러가는 자동차나, 자동차 그릴에서 흘러나와 여성과 아이의 목숨을 앗아가는 저승사자의 오싹한 모습이 그려져 있다.[3]

"평화의 공포는 전쟁의 공포보다 더 끔찍해 보인다." 1924년 11월 23일 자 《뉴욕타임스The New York Times》 1면 기사 내용이다. "자동차는 기관총보다도 훨씬 파괴적인 기계 장치로 급부상했다."[4]

이런 메시지는 자동차 판매에 좋지 않았다. 도시를 확장하고 자동차가 우선시되는 공간으로 재구성하려던 개발업자들에게도 마찬가지였다. 그래서 미국 전역의 자동차 제조업체들은 정부에 압력을 넣기 시작했다. 보행자 사망 사고에서 자동차의 역할을 축소하고 교통사고를 당한 **개인의** 책임을 강조하기 위해서였다. 문제는 자동차의 급속한 확산과 이를 뒷받침할 넓은 도로나 인도가 부족하기 때문이 아니었다. 자동차 제조업계와 운전자가 거의 규제받지 않는다는 점도 아니었다.[5] 진짜 문제는 자동차 업계가 만들어낸 신조어, 즉 보행자의 **무단횡단**jaywalking[6]이었다.

1920년대 중반에 자동차 업계 단체들은 미국 전역을 돌아다니며 국회의원들과 만났다. 무단횡단을 처벌 가능한 범죄로 규정하고 무단횡단자의 부상과 사망을 본인의 책임으로 돌리는 교통 조례를 제안하기 위해서였다.[7]

노턴에 따르면 "자동차가 나온 직후에는 보행자가 운전자를 피할 것이 아니라 운전자가 알아서 보행자를 피해야 했다".[8] 하지만 새로운 교통 조례가 통과되자 법적 위치가 바뀌었다. 보행자에게 자동차를 조심하는 '올바른 행동'에 대한 법적 의무가 생긴 것이다. 1920~1930년대의 공공 안전 포스터는 무단횡단자를 무모하고 무식한 어릿광대로 묘사했다. 1925년 미국자동차서비스협회는 무단횡단을 한 아이를 공개 모의재판에 처했다. 아이는 수백 명의 디트로이트 학생들 앞에서 망신을 당하고 칠판 청소를 처벌로 선고받았다.[9]

교통 체제의 실패에 대한 책임은 그로 인해 가장 큰 피해를 입은 이들에게 전가되었다. 이후로 미국 기업과 정부는 흡연부터 안전벨트 착용, 백신 접종, 총기 구매에 이르기까지 모든 문제를 무단횡단과 비슷한 방식으로 처리했으며 거의 항상 성공해왔다. 피해자를 비난하는 체제적 수치심의 논리가 기꺼이 받아들여진 것은 다양한 역사적·문화적 원인 때문이다.

사회적 낙인과 수치심

수치심shame이라는 단어는 '가리다, 숨기다'를 뜻하는 원시 인도유럽어 어근 스켐skem에서 나왔다.[10] 수치스러워하는 사람은 동서고금을 통틀어 외면하거나 숨거나 남들과 거리를 두는 모습으로 그려진다.[11] 이는 이 책에서도 여러 번 언급될 주제다. 수치심이란 자신을 주변 사회로부터 분리하고 숨기는 것이다.

고대 그리스와 로마, 중국, 중세 유럽의 문헌에서 수치심은 자신이 나쁘다는 내적 감정, **나아가** 자신이 특정한 행동을 했기에 공동체에서 경멸받을 것이라는 인식으로 묘사된다. 수치심은 항상 개인의 사회적 위치와 밀접한 관계가 있다.[12] 역사를 통틀어 아이나 노예, 하층 계급 또는 카스트에 속하는 사람은 수치심을 느끼는 집단으로 묘사될 가능성이 성인이나 자유인보다 높았다.[13] 수치스러워하는 사람의 구부정한 어깨, 타인의 시선을 외면하는 모습, 수수한 옷차림 등은 사회적 위치가 낮음을 드러낸다. 역사적으로 빚을 진다는 것은 수치심을 짊어지는 것이기도 했으며[14] 채무자는 자동적으로 채권자보다 더 낮은 사람이 되었다.

사회적 낙인과 수치심은 항상 연결되어왔다. 낙인stigma이란 단어는 원래 사람들이 범죄자를 영원히 알아볼 수 있도록 그의 피부에 새기는 표식을 의미했다.[15] **낙인찍기**는 누군가를 규칙 위반자이자 수치심을 느껴야 마땅한 사람으로 표시하는 물리적 행위였다. 중세 시대에 마을 광장에서 도둑에게 차꼬를 씌워 전시하거나, 16~17세기 영국에서 입이 험한 여성에게 재갈을 물렸던 것도 이와 비슷한 종류의 공개적 망신 주기였다.[16] 아주 오래전부터 인간 사회에는 선을 넘은 사람이 공개적으로 지목당하고 처벌받아야 한다는 생각이 존재해왔다.

역사 속의 많은 철학자들은 인간이 수치심을 느껴야 나쁜 행동을 자제할 수 있다고 믿었다. 공자가 남긴 글의 약 10퍼센트가 사회 규범을 지키려면 수치심을 느끼도록 교육받아야 한다는 내용이었다.[17] 아리스토텔레스는 수치심이 고통스러울 수 있지만 유치하거나 부도덕한 충동을 억누르는 데 유익하다고 주장했다. 인간은 부도덕한 동물이기에 수치심을 통해 최악의 욕망을 억제해야 한다는 생각은 인류 역사에서 반복적으로 나타난다. 모든 인간의 내면에 존재하는 거칠고 충동적인 이드id가 수치를 알고 규칙을 지키는 초자아의 통제를 받아야 한다는 지그문트 프로이트Sigmund Freud의 주장도 그런 사례다. 인간에게 수치심이 필요하다는 믿음은 오래전부터 많은 사회에 존재해왔지만, 기독교[18]가 생겨나고 농업과 산업의 발달로 소득 불평등이 심화되면서 더욱 뚜렷해졌다.[19] 대체로 불평등하고 계층화된 문화일수록 수치심에 의존하는 경향을 확인할 수 있다.

재산 축적과 수치심의 상관관계

역사학자 피터 스턴스Peter Stearns의 《수치심의 간략한 역사Shame: A Brief History》는 공동생활과 수렵 채집을 벗어나 농경, 사유 재산 축적, 고립과 불평등으로 나아간 문화권에서 수치심이 더욱 널리 확산되었다고 서술한다.[20] 보통 상호 의존적이고 평등한 사회일수록 수치스럽게 여겨지는 행동도 적다. 그러나 사람들이 여러 집단으로 쪼개지고 계급 분리가 일어나기 시작하면, 그들을 적당한 사회적 위치에 붙잡아두는 도구로써 수치심이 등장한다. 결국 수치심은 체계화되어 해당 문화의 주요 신념 체계이자 가르침, 법률로 자리 잡는다.

스턴스에 따르면 평등주의 문화권일수록 성관계나 노출에 대한 수치심이 덜하며, 식량과 자원 채집에서 '제 구실'을 못한 공동체 구성원을 공개적으로 처벌하는 일도 적다. 유럽의 식민지 개척자들은 처음으로 북미 대륙을 침략했을 때 많은 원주민 문화에 유럽 기독교 문화와 같은 공개적 망신 주기 관습이 존재하지 않는다는 사실을 발견했다. 그들은 당황하고 혼란스러워했지만, 원주민이 도덕적으로 열등한 탓이라고 해석했다.[21] 반면 많은 원주민 철학자들은 유럽 문화의 준엄한 평가와 불평등이 비인간적이라고 인식했다.[22]

스턴스는 수치심이 농경 사회 "구석구석에 스며들어 있다"고 설명한다.[23] 식량을 집단적으로 채집하는 문화권보다[24] 개인별로 재배하는 문화권에서 수치심이 더욱 부각되는 이유가 있다. 수렵과 사냥에서는 머릿수가 중요하다. 개인이 사냥에 성공할 확률은 매우 낮고 순전히 운에 달려 있다. 가장 열심히 노력하는 사냥꾼이 가장 큰 짐승을 잡는 것은 아니며, 심지어 아무것도 잡지 못할 수도 있다. 수렵 채집 사회에서는 모두가 협력하고 노력의(그리고 행운의) 결실을 공유해야 먹고살 수 있다.[25]

대부분의 농경 문화권에서는 노력과 수치심이 전혀 다르게 받아들여진다. 왜일까? 우선 많은 인류학 연구가 보여주듯이 농부는 수렵 채집인보다 훨씬 더 오래 일해야 먹고살 수 있기 때문이다.[26] 농경 사회는 수렵 채집 사회보다 기근과 영양실조의 위험이 더욱 크며 유아 사망률도 훨씬 더 높다.[27] 한편 농부는 수렵 채집인보다 아이를 많이 낳는 경향이 있는데, 어느 정도는 공짜 노동력으로 활용하기 위해서다.[28] 식량을 구하기 위한 수렵과 채집 과정은 보통 비위계적인 반면, 농사에서는 땅을 가는 사람과 관리하거나 소유하는 사람의 신분이 명확히 구분되는 경우가 많다. 그리하여 인류 사회가 농경으로 전환하는 과정에서 불평등의 씨앗이 뿌리를 내리게 되었다. 평등주의 문화권에서는 사생활의 비중이 적고 부의 편중이 덜하여 은밀히 지켜야 할 것뿐 아니라 수치심으로 사람들의 행동을 통제할 이유도 줄어든다. 인류학자 대니얼 스미스Daniel Smith와 동료들이 《네이처Nature》에 기고한 글에 따르면, 많은 수렵 채집 사회에서는 사람들을 망신 주거나 부정적 본보기로 전시하는 대신 이야기로 중요한 가치를 전승하고 사회적 협력을 장려한다.[29] 모든 구성원이 서로 알고 정기적으로 모여 음식과 축하를 나누는 사회에서는 사회 규범을 전파하기가 훨씬 수월하다.[30]

농경 사회와 산업 사회는 대체로 수렵 채집 사회보다 규모가 크고 분산되어 있기에 사회 규범을 전파하기가 쉽지 않다. 그리하여 감금, 추방, 낙인찍기, 망신 주기 등을 통해 강제로 사회 가치를 주입한다. 중세 유럽에서는 빚을 갚지 않거나 치안을 어지럽히거나 노동을 거부하거나 물리적 폭력을 휘두르는 사람을 처벌하기 위해 교도소와 요양소가 등장했다. 사회 규범을 위반하는 사람은 공동체의 보살핌과 돌봄을 받는 대신 숨겨야 하는 존재가 되었다.[31] 정신**장애인**이라는 개념 또한 비슷한 시기에 등장했다.[32]

수치심 기반 문화의 특징	평등주의 문화의 특징
경쟁	협력
극심한 빈부 격차	비교적 덜한 빈부 격차
사유 재산	공공 혹은 공유 재산
고립	상호 연결
익명성	서로 알아봄
엄격한 행동 규범	유연한 행동 규범
규범 위반자를 '망가지고' '병든' 사람으로 취급	규범이 꾸준히 의문시되고 재평가됨
관료제와 법률로 집단 질서 유지	논쟁, 토론, 사회적 교육으로 집단 원칙 유지
다양성 부정	다양성 인정 혹은 포용
성性에 대해 부정적	성에 대해 중립적이거나 긍정적
고통은 윤리적이고 쾌락은 죄악시됨	쾌락과 휴식을 찬미하고 슬픔을 공유함

채무자와 범죄자, 정신질환자는 모두 같은 시설에 수용되었고 비슷한 도덕적 질병을 앓는다고 여겨졌다. 어떤 사람들은 선천적으로 병들어 있기에 지역 사회에서 격리되어야 한다는 생각이 점점 더 널리 퍼졌다.

중세 시대의 이런 변화로 인해 기독교는 더욱더 수치심을 중시하게 되었다. 초기 기독교인들은 모든 사람에게 자비를 베풀어야 한다고 믿었지만, 중세 기독교의 가르침은 수치심으로 사회적 위계를 강화하고 사람들을 줄 세울 필요성에 의존했다.[33] 성 아우구스티누스Augustinus에서 마르틴 루터Martin Luther에 이르는 기독교 지도자들은 사람들이 속죄하고 사회 규범을 따르게 하려면 수치심이 필요하다고 설교했다.[34] 이 시기에는 공개적인 망신 주기 의식과 처벌이 대유행했고, 문헌과 책자에 **수치심**이라는 단어가 쓰인 횟수도 이전 세기에 비해 세 배에서 여섯 배나 더 늘어났다.[35]

스턴스에 따르면 빈부격차가 심한 문화는 여성의 성생활을 비난할 가능성도 높다. 개인이 많은 부와 재산을 소유할 수 있는 사회일수록 이를 상속받을 사람을 통제하려 들기 때문이다. 중세 유럽 사회가 여성의 순결이나 결혼과 공식 상속인을 주선하고 문서화하는 데 점점 더 집착하게 된 것도 그런 이유 때문일 것이다.[36] 재산 소유권, 세금 납부, 시민권, 사회 계급 등을 파악하기 위한 온갖 새로운 법률 제도도 이 시기에 등장했다. 이를 통해 수치심과 관료주의가 결합되어 점점 더 분열되어가는 사회의 질서 유지에 활용되었음을 알 수 있다.

계층화와 망신 주기 문화가 유럽을 휩쓸고 지나간 중세 시대 이후에도 수치심은 사라지지 않았다. 수치심은 법조계와 교회에서 계속 중요한 역할을 했고 빈곤, 중독, 질병과 같은 사회적 병폐의 원인을 설명하는 핵심 요소가 되었다. 이런 가치관은 급기야 청교도들이 수치심의 도덕적 위력에 대한 신념을 문화의 근간으로 삼으면서 전성기를 맞았다.

효과적인 사회적 통제 수단

북미를 식민화한 청교도들은 개인적 책임을 무엇보다 중요시하는 종교적 극단주의자였다. 그들은 자기 절제와 자기 부정을 궁극의 미덕으로 여겼으며 수치심이 성생활과 육아, 직업윤리에 이르기까지 삶의 모든 영역에서 바르게 행동할 동기를 부여한다고 믿었다.[37] 미국의 강력한 체제적 수치심은 바로 이런 청교도들의 가르침과 실천에서 비롯되었다.

청교도들은 고립된 공동체를 이루어 살았고 약하거나 게을러 보이는 사람을 배척했다. '올바르게' 행동하지 않고 제 구실을 하지 못하면 따돌림당했다. 초기 기독교는 공동체 형성과 상호 지원의 중요성을 가르쳤지만, 17세기 청교도들은 정반대의 가치 체계를 채택했다. 청교도들은 자립이야말로 선한 사람의 표식이며 도움이 필요하다는 것은 타락의 징표라고 믿었다. 경제사학자 R.H. 토니R.H. Tawney가 썼듯이, 청교도들은 가난을 "연민하고 구제해야 할 불행이 아니라 규탄해야 할 도덕적 실패"로 여겼다.[38] 그들은 또한 누구나 최대한 부를 축적할 도덕적 의무가 있으며 자선은 인간을 나약하게 만든다고 믿었다.

수치심과 관련된 청교도들의 관행에서 특히 흥미로운 점은 이런 관행이 비효율적이라는 온갖 증거에도 불구하고 매우 오래 지속되었다는 것이다. 청교도 공동체는 고립되고 자립에 집착한 탓으로 난관과 굶주림을 겪었다. 유아 사망률이 증가했고[39] 빈곤과 영양실조가 만연했다.[40] 청교도들은 육아 과정에서 아이들이 작은 어른처럼 행동하기를 기대했고, 성장기 아이들에게 어른처럼 꼿꼿하게 앉아 있으라고 강요하기도 했다. 아이들이 그런 명령에 따르는 건 발달상 불가능하다는 걸 알면서도 처벌하고 질책하고 망신을 주었다.[41] 놀랍게도 정말로 많은 사람들이 수치심을 사회적 통제 수단으로 삼으며, 그래도 효과가 없으면 더욱 큰 수치심이 필요하다는 결론을 내린다.

미국 문화는 개인이 노력해야 선한 사람이 될 수 있다는 청교도 사상에 기초한다.[42] 미국의 법과 국가적 신화, 미국인이 소비하는 매체들은 누구나 강한 의지력을 발휘하여 열심히 일하면 성공할 수 있다는 생각에 근거하고 있다. 이런 이데올로기 때문에 구조적 인종차별, 능력주의, 가부장제 등 개인의 성공을 가로막는 제도적 장벽을 논의하기가 어렵다.

오늘날에도 미국에는 청교도적 신념에 동조하는 사람이 다른 나라보다 훨씬 더 많다.[43] 미국인들은 세상이 기본적으로 공정하며 조국의 법률 및 경제 체제가 정의롭다고 믿을 확률이 다른 나라 사람들보다 높다.[44] 성 관념도 다른 나라 사람들보다 보수적이며,[45] 원치 않은 임신을 했거나 성병에 걸린 사람은 무책임하다고 생각할 가능성이 높다.[46]

많은 미국인들은 청교도 선조들과 마찬가지로 육아에서도 다른 나라 사람들보다 징벌적 방식을 택하며, 종종 아이에게 욕하고 꾸짖는 것은 물론 때리기도 한다.[47] 체포당하고 수감되는 국민의 비율도 대부분의 나라보다 훨씬 더 높다. 미국인의 45퍼센트는 수감된 직계 가족이 있으며 흑인의 경우 이 수치는 63퍼센트까지 치솟는다.[48] 체벌과 감금은 사람의 행동을 더 나은 방향으로 변화시킬 수 없으며[49] 아이든 어른이든 정신적 외상과 불안과 수치심이 커질 뿐이라는 수십 년간의 심리학 연구 결과에도 불구하고 말이다.[50]

사회문제가 징벌적 방식으로 해결된 적은 없는데도, 많은 사람들은 여전히 수치심이 해답이라고 믿는다. 수치심은 미국의 종교사와 문화에서 큰 부분을 차지할 뿐 아니라 법률, 경제, 교육, 형법 제도에도 스며들어 있다.

심리학자들은 청교도주의가 의식에 미친 영향을 수십 년간 연구하여 1970년대에 청교도 직업윤리 척도를 개발했다. 이는 청교도적 사고방식을 측정하는 공신력 있는 척도로,[51] 개인의 사회관과 정치 성향을 유의미하게 예측할 수 있기에 오늘날까지도 연구자들에게 인기가 높다. 청교도 직업윤리 척도가 높은 사람들은 실업수당이나 복지 혜택을 받는 사람을 경멸하고[52] 자신의 직업에 헌신적이다.[53] 이들은 유죄 판결을 받은 범죄자에게 지금보다 장기형을 선고해야 한다고 믿으며[54] 선입견이나 구조적 불평등을 해소하기 위해 정부가 개입해서는 안 된다고 생각한다.[55] 청교도 직업윤리 척도가 높은 사람들은 이 세상이 공정하다고, 의미 있게 살려면 무엇보다도 열심히 일해야 한다고, 여가를 즐기거나 도움을 요청하는 사람은 나약하고 부도덕하다고 믿는다.

청교도 직업윤리 척도

아래 나열된 문장들을 읽고 각 문장에 찬성하는 정도를 점수에 따라 5(매우 찬성), 4(찬성), 3(보통), 2(반대), 1(매우 반대)로 표시해보자.

근면성

- □ 직장에서 성공하지 못한 사람들은 대체로 충분히 노력하지 않았을 것이다.
- □ 직장에서 최선을 다하는 데 큰 만족감을 느낀다.
- □ 노력은 거의 항상 성공을 보장한다.
- □ 열심히 일할 의지와 능력만 있다면 거의 누구나 성공할 가능성이 높다.
- □ 인생에 성공하지 못한 사람들은 십중팔구 게을러서 그런 것이다.
- □ 노력하기 싫어하는 사람들은 대부분 성격에 문제가 있다.

독립성

- □ 저금리 대출은 무절제한 소비로 가는 지름길이다.
- □ 자수성가한 사람이 타고난 부자보다 윤리적일 가능성이 높다.
- □ 쉽게 번 돈은 대체로 어리석게 쓰인다.
- □ 대부분의 사람들은 열심히 일하기만 하면 잘살 수 있다.

여가

- □ 여가 시간이 늘어나면 삶이 무의미해질 것이다.
- □ 대부분의 사람들은 수익도 생기지 않는 오락거리에 너무 많은 시간을 들인다.
- □ 오랫동안 일하지 않으면 불안해진다.
- □ 사람들은 즐기거나 휴가 갈 생각만 하고 더 열심히 일할 생각은 하지 않는다.

자기 수양

- ☐ 특정한 즐거움을 희생하면 더 성공할 수 있을 것이다.
- ☐ 고통은 삶을 더욱 의미 있게 만든다.
- ☐ 힘든 업무에도 열성적으로 임해야 남들보다 앞서갈 수 있다.
- ☐ 가장 어려운 일이 지나고 보면 가장 보람찬 일일 수 있다.

결과 해석

18~90점이며, 응답자의 평균 총점은 약 61점이다.[56] 특정 하위 척도에 4와 5가 많을수록 해당 가치에 더 찬성하는 것이다

*해당 표는 H.L. 미렐스H.L. Mirels와 J.B. 개릿J.B. Garrett의 연구(1971)를 참조했다.

청교도 직업윤리 척도는 근면성, 독립성, 여가, 자기 수양이라는 네 가지 하위 척도에 대한 사고방식을 측정하는 총 19개 항목으로 이루어져 있다. 설문지를 통해 당신이 청교도적 가치관을 얼마나 내면화했는지 살펴보자.

설문지를 읽으면서 자신의 성장 과정을 돌아보고 이런 가치들에 관해 양육자나 교사에게 배운 내용을 떠올려 봐도 유익할 것이다. 평소에는 위의 문장들에 대체로 동의하지 않더라도 자신이나 타인에게 실망했을 때면 직관적으로 또는 감정적으로 수긍하게 될 수 있다. 이 장 뒷부분에서는 이런 사고방식이 다양한 사회문제에 대한 의견에 어떤 영향을 미치는지 살펴보겠다. 하지만 일단은 위의 내용을 염두에 두고 역사를 돌아보면서 개인의 책임과 독립성에 대한 집착이 꾸준히 나타난다는 데 주목하자.

시장과 도덕이 만나는 지점

뿌리 깊은 청교도주의 역사로 인해 미국에서 공공의 위기는 항상 개인의 문제로 치부되어왔다. 예를 들어 건국 이후 100년이 넘도록 의사 자격에 대한 정부 규제가 전무했으며 의과대학에 대한 감독도 없었다.[57] 평판 좋은 의사를 선택하는 것은 환자 개인의 책임이었다.[58] 물론 대부분의 사람들은 의사를 고용할 여력이 없었지만, 이 역시 정부가 해결할 문제로 여겨지지 않았다. 적합한 의료 서비스를 결정할 권한은 전부 소비자 개인에게 떠맡겨졌으며 그나마 부유한 사람만이 행사할 수 있는 권리였다.

공중보건 철학자 대니얼 뷰챔프Daniel Beauchamp는 미국이 시장 정의를 전제로 사회 위기에 접근한다고 썼다.[59] 시장 정의에 따르면 개인의 권력은 오직 재산에서 나오며, 그 권력을 행사할 방법은 실제 투표가 아니라 '지갑으로 투표하는 것', 즉 소비자 선택의 자유를 행사하는 것뿐이다. 시장 정의의 논리하에서는 취약 계층을 보호하기 위해 정부가 개입해선 안 되며, 더 큰 공동체의 이익을 위해 부유층에 세금을 부과하거나 대기업을 규제해서도 안 된다. 모든 문제는 개인이 책임감 있게 행동하고 자신의 돈을 현명하게 사용함으로써 해결해야 한다.

뷰챔프는 시장 정의가 사회 정의의 완전한 대척점에 있다고 말한다. 사회 정의 문제란 개인의 선택만으로는 위험을 줄일 수 없는 문제다. 예를 들어 지역 사회 전체의 대기를 위협한 스모그로 채우는 대규모 발전소가 있다고 해보자. 발전소 근처에 산다면 유독성 공기를 흡입하지 않겠다고 **선택**할 수 없다. 일부 주민은 이사를 갈 여유가 있겠지만, 모든 주민이 짐을 싸서 발전소로부터 달아나기는 어려울 것이다. 대기 오염은 지역 전체에 뚜렷한 피해를 입힐 것이고, 병원은 환자로 가득 찰 것이며, 주민들의 출근도 어려워질 것이다.

뷰챔프에 따르면 이런 상황에 처한 사람들은 결국 공해가 개인의 의지뿐 아니라 집단적이고 체계적인 해결책이 필요한 문제임을 인식할 것이다. 주민들은 발전소에 반대하는 시위를 조직하거나, 발전소에 질병과 장애를 보상해달라고 소송을 제기할 수 있다. 대중의 압력이 충분하다면 정부가 나서서 발전소에 공기 필터를 설치하도록 강제할 수도 있다. 이런 집단행동 과정을 통해 공해는 시장 정의 문제에서 사회 정의 문제로 전환된다.

유감스럽게도 대부분의 공중보건 문제에는 위험을 겪는 사람과 그렇지 않은 사람을 구분하는 개인적 선택의 요소가 존재하게 마련이다. 따라서 집단적 해결책을 찾고 사회 정의를 실현하기가 한층 더 어려워진다. 또 다른 주요 대기 오염원인 담배 연기를 예로 들어보자. 담배 업계는 담배를 제조하고 광고하고 치명적인 화학 물질로 채운 책임이 있다. 또한 연방 정부는 1918~1970년대 군인들에게 담배를 무료 배급함으로써 수백만 명을 니코틴 중독에 빠뜨렸다.[60] 이와 같은 외적·구조적 원인에도 불구하고 모든 흡연자가 물리적으로 담배 연기를 몸속에 집어넣기를 **선택**한 것은

공중보건에 대한 시장 정의와 사회 정의의 접근 방식 차이	
시장 정의	**사회 정의**
건강은 개인의 책임이다.	건강은 공동체의 책임이다.
자원 접근성은 지불 능력에 따라 결정된다.	필수 자원은 모든 사람에게 제공된다.
정부 규제가 제한적이거나 존재하지 않는다.	정부 규제가 필수적이다.
개인의 의지가 도덕성을 결정한다.	공동체의 복지가 도덕성을 결정한다.
모든 사람은 자기 자신에 대해서만 책임이 있다.	모든 사람의 행동은 서로에게 영향을 미친다.
누군가 고통받는다면 돈이나 의지가 부족하기 때문이다.	누군가 고통받는다면 사회가 잘못되었기 때문이다.

*해당 표는 뷰챔프의 연구(1976)를 참고했다.

사실이며, 그들은 자기 선택의 결과를 책임지라고 요구받는다.

뷰챔프에 따르면 "시장 정의는 대기를 오염시키는 공장으로 인한 피해와 담배 및 주류 산업으로 인한 피해를 근본적으로 구분한다. 후자의 경우 피해를 입은 사람들이 '자발적으로' 그러길 선택했다고 인식하기 때문이다".[61]

뷰챔프가 시장 정의에 관해 서술하기 시작한 1970년대는 담배 업계에 대한 정부의 규제가 강화되던 시기였다. 흡연과 암의 연관성을 더는 부정하기 어려워진 상황에서, 담배 업계는 사회 정의에 따른 규제와 벌금 증가를 피하려고 발버둥 쳤다. 그들이 택한 전략은 흡연을 자발적 선택으로 보는 시장 정의의 관점에 의지하는 것이었다. 그들은 소비자가 자신의 선택에 대해 도덕적 **비난**을 받아야 마땅하다며 체제적 수치심을 내세웠다.

위험을 감수할 자유

1965년 미국 의회는 모든 담배에 흡연의 위험성을 경고하는 라벨을 부착하라는 '담배 표시 광고법'을 통과시켰다. 이 법이 발효되기 1년 전에 연방 정부는 담배가 건강에 이롭다는 광고를 금지했다. 이 두 가지 정책 변화가 이루어지는 데 오랜 시간이 걸렸다. 의학 전문가들은 적어도 1950년대 초부터 흡연이 폐암을 유발한다는 사실을 알고 있었으며, 담배 회사 경영진도 마찬가지였다.[62] 그러나 담배 업계는 수년 동안 이 사실을 숨겨왔다. 의사들에게 흡연을 홍보하고, 건강 위험에 대한 통계 수치를 왜곡하고, 특정 담배 브랜드가 다른 담배 브랜드보다 안전하다고 광고하는 데 수백만 달러를 쏟아부었다. 하지만 1960년대에 이르러 마침내 이런 행위가 금지된 것이다.

더는 흡연의 위험성을 부인할 수 없게 되자 담배 업계는 개인적 선택의 자유를 강조하기 시작했고[63] 흡연에 위험이 따른다는 건 누구나 **아는** 사실이라고 주장했다(그 사실을 아무도 모르게 하려고 오랫동안 애써왔음에도 말이다). 담배를 끊고 싶은 사람은 (담배 회사에서 직접 개발한 금연 핫라인을 포함해서) 다양한 지원 수단을 이용할 수 있다고도 했다.[64] 관련 사실과 자료가 전부 소비자에게 공개되자 담배 업계는 누구나 자신의 결정에 따르는 '위험'을 감수할 자유가 있다고 나섰다. 이 시기의 담배 광고는 흡연을 자유, 남성성, 강인하고 독립적인 이미지와 연결시켰다. 어느 누구의 지시도 받지 않고 원하는 대로 자유롭게 살아가는 금욕적 카우보이 말보로맨이 그 대표적 사례다.[65]

흡연이 건강에 위험하다는 증거가 계속 늘어남에 따라 미국 전역에서 점점 더 강력한 금연법이 통과되었다. 1980~1990년대에 이르자 병에 걸린 흡연자들은 담배 업계를 원흉으로 지목하며 소송을 제기하기 시작했다. 부정적 이미지에서 탈피해야 했던 담배 업계는 역사를 돌아보고 1920년대에 '무단횡단' 개념을 만들어낸 자동차 업계에서 힌트를 얻었다.

담배 업계는 자유를 찬양하는 대신 병에 걸린 개인을 비난하는 메시지를 내보내기 시작했다.[66] 예를 들어 1992년 대법원의 시펄로니 대 리겟 소송에서 변호인 로버트 노스립Robert Northripp은 담배 업계가 로즈 시펄로니Rose Cipollone나 그와 비슷한 사람들의 사망에 책임이 없다고 주장했다. 시펄로니는 담배가 위험하다는 것을 알았고 '순한' 담배만 피웠지만, 어쨌든 평생 흡연을 했으니까. 《뉴욕타임스》에 따르면 노스립은 이렇게 말했다.

우리의 입장은 다음과 같습니다. 시펄로니처럼 현명하고 교육 수준이 높으며 독립적인 인물이 흡연은 폐암을 유발한다고 믿으면서도 흡연을 즐겼다면, 그것은 시펄로니의 선택입니다. 우리가 그의 생각을 멋대로 추측할 수는 없습니다.[67]

개인적 책임론은 심지어 아이들에게도 적용되었다. 1996년에 R.J. 레이놀즈 담배 회사 대표 찰스 하퍼Charles Harper는 금연 운동가와의 인터뷰에서 이렇게 말했다. "나는 누구의 흡연권도 제한하지 않겠습니다. 연기가 자욱한 방에 있기 싫은 아이들은 알아서 나가겠지요."[68]

물론 담배 업계는 결국 많은 소송에 패소했고 강력한 규제를 받게 되었다. 하지만 이들의 개인적 책임론은 법안 통과를 수년에서 수십 년까지 지연시켰고, 윤리적 가치관이 흐려진 많은 미국인들은 폐암과 기타 합병증에 따른 사망의 책임 소재를 혼란스러워하게 되었다. 여론 조사에서 흡연자를 약탈적 산업의 희생자가 아니라 생각 없고 무책임한 사람으로 보는 응답자가 점점 더 늘어났다.[69] 여러 연구에 따르면 이미 금연한 사람도 흡연 경험이 전혀 없는 사람보다는 부정적으로 여겨졌다. 마치 발암 물질을 사용하기로 선택한 행위가 그들을 사회적으로 오염시킨 것처럼 말이다. 또한 흡연자들은 흡연에 대한 낙인 때문에 금연이 더 어려워졌다고 응답했다(의사에게 담배를 피운다고 솔직히 말하기가 어려워지면 결국 의료비가 늘어나게 된다).[70]

질병을 개인의 탓으로 돌린 담배 업계의 전략은 매우 성공적이었으며 문화적 담론에 큰 영향을 미쳤다. 다른 업계도 곧바로 이 추세에 주목했다. 1990년대부터는 여러 업계가 그들의 잘못으로 인한 문제에 대해 소비자 개인을 비난하기 시작했다.

개인에게 책임 떠넘기기

1990년대 들어 미국 대중은 트랜스지방 고함유 식품이나 설탕이 많이 든 탄산음료와 포장 스낵이 건강에 미치는 영향을 점점 더 염려하게 되었다. 1995년에 공중보건 연구자들은 빈곤층 상당수가 식품점과 신선한 농산물로부터 멀리 떨어져 산다는 데 주목하여 **식품 사막**food desert이라는 용어를 만들었다.[71] 식음료 업계는 거센 비난뿐 아니라 세금 증가 및 규제 강화의 위기에 처해 있었다. 그래서 그들은 자동차 업계나 담배 업계와 똑같은 전략을 채택했다. 이런 상황이 전부 무책임하고 탐욕스러운 사람들 때문이라면서 개인을 비난하고 체제적 수치심을 부추긴 것이다.

1990년대에 식음료 업계 대표들은 트랜스지방과 설탕[72]이 건강에 위험하다는 건 '상식'이라고 주장하기 시작했다. 흡연의 공중보건학적 위험성은 오래전부터 잘 알려져 있다고 주장한 담배 업계와 똑같은 방식이었다. 다들 무엇이 좋은 영양소인지 잘 알고 있으니 굳이 정부가 개입하여 식품 생산 방식을 바꿀 필요가 없다고 말이다.

네슬레와 같은 기업은 육류 및 유제품 업계와 함께 연방 정부에 로비를 했고, 그 결과 식품 피라미드를 수정하여 자사 제품을 홍보할 수 있었다.[73] '무지방' '다이어트에 좋은' '균형 잡힌 아침 식사 메뉴'로 포장된 식품이 점점 더 늘어났으며, 개인의 건강은 자유로운 음식 선택과 섭취로 결정된다는 사고방식이 강화되었다.[74] 공익 광고와 뉴스 보도는 대중에게 건강한 식습관과 어린이를 위한 올바른 식품 구매를 권장했다. 낮 시간대 토크쇼인 〈리키 레이크〉와 〈모리 포비치 쇼〉에서 비만인과 빈곤층은 음식과 옷차림에 대해 비난을 받았고, 뚱뚱한 아이의 부모는 아동 학대범 취급을 받으며 공개적으로 망신당했다.[75]

1990년대에 어린 시절을 보낸 나는 〈모리 포비치 쇼〉에서 비만 전문의가 덩치 큰 유아(거의 대부분 흑인이었다)의 부모를 성토하곤 했던 것을 아직도 생생히 기억한다. 부모의 잘못 탓에 아이가 심장 질환, 호흡 곤란, 조기 사망의 위험에 처했다고 말이다. 많은 여성들과 아이들이 카메라 앞에서 질책을 받으며 흐느꼈고, 대부분의 시청자는 역겹다는 표정으로 그들을 지켜보았다.

이런 영상에 담긴 메시지는 분명했다. 심장병이나 고혈당 문제는 게으르고 폭식하는 사람들 때문이며 이들의 식생활을 개선하려면 망신을 주어야 한다는 것이다. 유감스럽게도 이런 사고방식은 많은 의사들이 이미 빈곤층, 과체중, 흑인 환자에 대해 품고 있던 편견과 거의 일치했다. 이들은 부주의하고 무책임하며 의사의 지시를 따르지 않기에 습관을 바꾸지 않으면 건강이 나빠질 것이며 그래도 싸다는 생각이었다.[76] 안타깝게도 많은 연구에 따르면 의사와 일반인 모두가 여전히 이런 편견을 가진 것으로 나타났다.[77] 이제는 식음료 업계 규제에 관한 논의가 진전되고 의학적 비만 혐오의 여파가 더욱 뚜렷하게 지적받고 있다. 그럼에도 과체중, 흑인, 빈곤층에 대한 대중의 낙인은 전혀 약화되지 않았으며 이런 편견에 영향을 받는 사람들의 건강 역시 개선되지 않았다. 과체중, 흑인, 빈곤층 환자는 여전히 심각한 의료 접근성 격차에 직면해 있으며, 체제적 수치심 때문에 운동이나 예방적 건강관리에 대한 동기 부여 효과가 떨어진다는 점도 예전이나 지금이나 마찬가지다. 당신이 아픈 건 전부 본인의 게으름과 경솔함 탓이라는(게다가 그 '게으름'을 극복하고 건강을 개선할 가능성도 없다는) 메시지를 평생 귀에 못이 박히도록 듣는다면 당신도 그렇게 믿게 될 것이다.[78]

화석 연료 업계 또한 1990년대에 체제적 수치심 접근법을 채택하여 휘발유 사용에 따르는 환경오염의 책임을 운전자 개인에게 돌리기 시작했다.[79] 엑손모빌과 같은 기업은 담배 업계의 전술을 면밀히 연구하여 모방했다. 화석 연료 회사들은 광고를 통해 소비자에게 운전을 줄이고 탄소 발자국을 추적하며 친환경 제품을 사라고 권장했다.[80] 에너지 효율이 높은 건조기나 재사용 가능한 에코백 등 올바른 '녹색' 제품을 구매함으로써 소비자가 이미 저지른 환경 피해를 상쇄할 수 있다는 사고방식을 퍼뜨렸다. 다시 말해 기존의 소비에 대한 수치심을 해소하기 위해 더 많이 소비

하도록 유도한 것이다.[81]

유감스럽게도 심리학 연구에 따르면 많은 소비자들이 실제로 이런 논리에 넘어가 '부정적 발자국 효과'를 믿기 시작했다. 개인이 도덕적으로 '착한' 구매를 통해 '나쁜' 구매를 무효화할 수 있다고 말이다. 물론 이런 믿음은 사실이 아니다. 많은 경우 에너지 효율이 높은 새 가전제품이나 에코백을 구입하는 것이 원래 갖고 있던 물건을 사용하는 것보다 환경에 훨씬 악영향을 미친다. 하지만 사람들이 지갑으로 투표하도록 교육받고 소비에 도덕적·상징적 가치가 부여되는 경제 체제하에서는 '착한' 물건을 사는 것이 능동적 변화를 일으킬 유일한 방법처럼 느껴지게 마련이다. 이렇게 보면 체제적 수치심은 단지 기업의 책임을 덜어주는 것만이 아님을 알 수 있다. 지구의 미래를 염려하고 불안해하는 일반인들이 속죄하기 위해 매장으로 달려가서 화석 연료 회사의 주머니를 채우는 데 기여하게 만든 것이다.

1990년대 말에 이르자 체제적 수치심은 불평등과 위기에 대한 일반적인 접근법이 되었다. 2000년대로 접어들면서 상황은 더욱 암울한 방향으로 흘러갔다. 미국 전역에서 끔찍한 총기 난사 사건이 빈번하자 총기 로비스트들은 자기네 산업을 옹호하기 위해 개인에게, 특히 정신질환이 있는 사람에게 책임을 돌리기 시작했다.[82]

1999년에 일어난 콜럼바인 총기 난사 이후, 총기 규제 반대론자들은 범인인 에릭 해리스Eric Harris와 딜런 클리볼드Dylan Klebold의 비디오 게임과 음악 취향, 항우울제 처방을 이들의 반사회성과 악함을 보여주는 증거로 내세웠다. 뉴스 매체와 대중도 미끼를 덥석 물어 청소년들이 트렌치코트를 입고 매릴린 맨슨Marilyn Manson의 음악을 듣고 항우울제를 복용하는 것의 위험성을 장황하게 토론했다. 범인들과 옷차림이나 관심사가 비슷했던 내 또래 친구들이 '트렌치코트 마피아'를 닮았다는 이유로 괴롭힘당한 기억이 난다. 심지어 교사들도 친구들을 의심스럽게 바라보았다. 대부분 나처럼 수줍음 많고 어색해하는 자폐인일 뿐이었는데도 말이다. 그들은 마땅한 이유도 없이 심하게 비난받고 일거수일투족을 주시당하며 큰 상처를 입었다. 총기 난사범의 매체 이용 습관과 정신건강은 면밀히 조사받았지만, 백인 우월주의에 대한 공감(집단 폭력에 대한 태도에 게임보다 더 큰 영향을 미쳤을 것이 분명한데도)은 조용히 묻혀버렸다.

사악한 개인과 정신질환을 탓하는 것은 전미총기협회NRA의 전형적 수법이 되었다. 2012년 12월 샌디훅초등학교에서 총기 난사 사건이 일어난 후, 웨인 라피에르Wayne LaPierre NRA 회장은 "망상증에 빠진 살인자" 때문이라며 정부에 국가 정신질환자 등록부를 만들라고 촉구했다.[83] 이미 부당한 공포의 대상이 된 집단에 심각한 낙인과 수치심까지 짊어지도록 강요한 것이다. 총기 로비스트들은 2012년 콜로라도주 오로라의 영화관에서 일어난 총기 난사 사건[84]과 가브리엘 기퍼즈Gabrielle Giffords 하원의원 암살 미수도 정신질환자 탓으로 돌렸다.[85]

2014년 엘리엇 로저스Elliot Rogers가 캘리포니아주 아일라비스타에서 총기로 여섯 명을 살해했을 때, 언론은 로저스의 자폐를 범행 원인으로 지목했다.[86] 2023년 내슈빌 외곽의 커버넌트 스쿨 총기 난사 사건에 대해서도 자폐가 (트랜스젠더와 함께) 비난 대상이 되었다.[87] 2022년의 NRA 콘퍼런스는 텍사스주 유밸디의 롭초등학교에서 일어난 총기 난사 직후에 열렸다. 이 자리에서 총기 옹호론자들은 '나쁜' 사람들과 정신질환이 총기 난사의 진짜 원인이라고 주장했다.[88] NRA는 총기 난사를 절망과 혐오에 빠지고 총기를 구하기 쉬운 사회가 아니라 정신질환에 따른 현상으로 설명함으로써 현재의 위기에 대한 책임을 효과적으로 회피할 수 있었다. 또한 정신질환 및 장애를 폭력과 연결시킴으로써 이미 상처받고 외로워하는 신경다양인들의 낙인을 더 강화시켰다.

고통으로 내몰린 사람들

나는 자폐성 장애인으로서 오랫동안 내가 보통 사람들과 다르다는 걸 지독히 수치스러워하며 살아왔다. 한편 직업적 이유로 정신건강에 대한 낙인이 신경다양인에게 미치는 영향을 면밀히 연구해오기도 했다. 그렇다 보니 총기 난사 사건이 나처럼 정신질환과 장애가 있는 사람들 때문에 일어난다는 이야기를 들으면 마음이 찢어진다.

경험적 연구에 따르면 정신질환이 있는 사람은 폭력의 가해자보다 피해자가 될 가능성이 훨씬 더 높다.[89] 정신질환자가 절도, 성폭력, 구타, 경찰의 폭행을 당할 확률도 매우 높아서[90] 정신질환이 있는 사람의 거의 **절반**이 평생 이런 폭력 행위 중 하나 이상을 경험한다. 반면 폭력 범죄 중 정신질환 진단을 받은 사람이 가해자인 경우는 3퍼센트에 그친다.[91]

내가 이런 통계 수치를 제시해야 한다는 사실조차 터무니없게 느껴진다. 소외된 개인으로 이루어진 집단 전체를 위험하다고 낙인찍는다면 그들이 학대당할 가능성은 더욱 높아지지 않겠는가. 신경다양인은 심각한 착취, 빈곤, 노숙, 가정폭력을 겪고 있지만[92] 우리가 이를 예방하기 위한 공적 혜택이나 지원을 받는 것에 반대하는 사람들이 많다.[93] 신경전형인들은 신경다양인을 불평꾼, 거짓말쟁이, 위험한 괴물로 여기며 우리를 보는 순간 본능적으로 거부감을 느낀다.[94]

정신질환자가 '위험하다' '부정직하다' '사악하다'는 대중의 선입견은 신경다양인의 삶을 뒤흔들어 놓을 수 있다. 팟캐스트 '모두에게 대답해드립니다Reply All'의 진행자 스루티 핀나마네니Sruthi Pinnamaneni는 정신질환에 대한 낙인으로 종신형에 처해진 자폐인 살인 용의자 폴 모드로스키Paul Modrowski의 사연을 전했다. 모드로스키 사건의 담당 판사 샘 아미란테Sam Amirante는 인터뷰에서 모드로스키가 "살인자처럼 보였기" 때문에 종신형을 선고하기로 결정했다고 인정했다. 모드로스키는 재판 내내 남들과 눈을 마주치지 않았고

법정 분위기가 험악해질 때도 꼼짝 않고 앞만 바라보며 앉아 있었다.[95] 아미란테 판사는 모드로스키가 양심의 가책을 느끼지 못하는 냉혈한 살인자라서 그렇게 행동한다고 판단했다. 하지만 이는 사실 자폐인에게서 흔히 보이는 행동이며, 당황하거나 목숨이 위태롭다고 느낄 때면 더욱 그렇다.

체제적 수치심이 지배하는 사회에서는 정체성이나 지위와 상관없이 누구나 모든 사회문제가 개인의 나쁜 행동 때문에 발생한다고 배우기 마련이다. 따라서 모두가 의지력을 더 많이 발휘하고 수치심에 더 많이 의존하며 자신과 남들이 더 나은 결정을 내리도록 강요해야 한다고 생각하게 된다. 하지만 다음 장에서 살펴볼 통계는 확연히 다른 결론을 보여준다. 바로 수치심으로는 문제를 해결할 수 없다는 것이다.

당신의 수치심은 어디서 비롯되었나

이 장에서는 체제적 수치심의 기원을 역사적·문화적 차원에서 논의했다. 마지막으로 당신의 체제적 수치심은 어디서 비롯되었는지, 광범위한 사회문제를 개인 탓으로 돌리게 하는 사회적·문화적 힘이 얼마나 다양한지 생각하는 시간을 가져보자.

내가 어린 시절부터 퀴어는 변태고 자폐인은 혐오스럽다는 사회적 메시지를 받아들였다는 건 이미 언급한 바 있다. 나는 이런

체제적 수치심에 관하여

나의 수치심은 어디서 비롯되었는가? 나는 무엇에 체제적 수치심을 느끼는가? 다음 자기 성찰 활동을 수행하고 빈칸에 답을 적어보자.

- 어렸을 때 '탐욕스럽다' '이기적이다'라고 배운 집단이 있는가? 어떤 집단인가?

- 어렸을 때 '위험하다' '예측할 수 없다' '끔찍하다'라고 배운 집단이 있는가? 어떤 집단인가?

- 어렸을 때 '믿을 수 없다' '거짓말쟁이다'라고 배운 집단이 있는가? 어떤 집단인가?

- 위의 집단들과 당신에게 공통점이 있는가? 있다면 어떤 것인가?

- 성장기에 남들이 당신을 '탐욕스럽고' '끔찍하고' '게으르고' '믿을 수 없는' 사람으로 본다고 느낀 적이 있는가? 그 경험을 서술해보자.

- 성장기에 어른들에게 중독, 빈곤, 폭력 범죄와 같은 문제의 원인이 무엇이라고 들었는가?

- 청소년기에 어른이나 다른 아이들에게 공개적으로 망신을 당한 적이 있는가? 그들은 나에게 어떤 불공평한 잣대를 들이댔는가?

선입견으로 평생 괴로워했고 내 주위로 높은 장벽을 둘러쳐가며 사람들을 멀리하려 했다. 당신도 인종차별, 성차별, 능력주의, 비만 혐오, 트랜스젠더 혐오 등의 부당함을 경험했다면 여러모로 자기 비하적 메시지를 내면화했을 가능성이 높다. 설사 당신이 나름대로 특권층이라 해도, 수치심이 해결책이라고 권하는 문화와 경제 체제하에서 자랐을 가능성이 높은 건 마찬가지다.

앞 페이지 표의 질문들에 대답하면서 당신의 체제적 수치심은 어디서 비롯되었는지 심사숙고해보자.

이 책의 뒷부분에서는 이런 문화적 길들이기 과정을 자세히 살펴보고, 체제적 수치심의 해로운 메시지를 떨쳐내는 데 유용한 도구를 소개할 것이다. 하지만 체제적 수치심을 극복하려면 무엇보다도 자기혐오와 자기비판을 내려놓아도 괜찮다고 진심으로 믿어야 한다. 따라서 3장과 4장에서는 수치심이 성장과 변화, 체계적 문제 해결에 무익한 이유를 풍부한 사회과학 증거로 확인하고, 체제적 수치심이라는 신념 체계의 근본적인 논리적 결함을 살펴보도록 하자.

3장 우리를 실패자로 만드는 가치관들

2장에서는 체제적 수치심의 정치적·경제적 역사와 그런 역사가 개인의 내면에 남긴 유산을 살펴보았다. 3장에서는 역사적으로 체제적 수치심이 지탱해온 핵심 가치를 더 깊이 파헤치면서 체제적 수치심이 어떻게 작용하는지, 그로 인해 어떻게 사회문제에 관한 담론이 황폐화되고 우리의 자아상이 오염되는지 자세히 설명하겠다.

체제적 수치심은 단순한 자책감이 아니다. 세상이 어떻게 변화하며 의미 있고 도덕적인 삶이란 어떤 것인지에 관한 가치관이기도 하다. 그러나 체제적 수치심은 완벽주의, 개인주의, 소비주의, 부, 개인적 책임을 어떤 가치보다도 우선시함으로써 우리가 세상을 개선하는 대신 현 상태를 유지하도록 길들인다. 또한 이런 가치에 온전히 부합하는 사람만이 도덕적이라고 설교함으로써 우리를 고립감과 불신에 빠뜨리고, 연대함으로써 더욱 풍요롭게 살아갈 상상력을 완전히 차단해버린다.

따라서 이 장에서는 체제적 수치심의 핵심 가치와 그에 따르는 온갖 모순과 이중 구속을 살펴보기로 하자. 그 과정에서 다양한 자기 성찰 도구를 통해 체제적 수치심이 우리의 일상과 사고에 어떻게 작용하며 우리에게서 얼마나 많은 것을 빼앗아가는지 파악해보겠다.

완벽주의

2020년 12월, 팝 가수이자 플루티스트 리조Lizzo는 열흘 동안 '스무디 디톡스'를 했다는 글을 인터넷에 올렸다가 수천 명에게 맹비난을 받았다.[1] 팬들은 리조가 다이어트를 함으로써 비만 해방 운동을 '배신'하고[2] 위험한 체중 감량 방식을 홍보하여 사람들의 목숨을 위태롭게 했다고 비난했다.[3] 며칠 후 리조는 논란을 해명하고 나섰다. 살을 빼려거나 팬들에게 식이요법을 홍보하려고 올린 것이 아니며, 자신을 비만 해방 운동가로 생각하지도 않는다고 말이다.

리조가 자신의 몸과 관련된 선택으로 사람들에게 비난받은 것은 처음이 아니다. 그해 초에는 운동하는 동영상을 올렸다가 많은 팬들이 실망을 표하자 살을 빼려던 게 아니라고 해명한 적도 있었다. 그런 한편 플러스 사이즈이면서도 자기혐오를 드러내지 않는 여성 유명인이라는 이유만으로 뚱뚱함을 '미화'한다며 데뷔 이후로 거의 항상 대중의 비난을 받아오기도 했다.[4]

2023년 8월 1일에는 리조의 백댄서였던 세 사람이 소송을 제기했다. 리조가 적대적이고 성적으로 부담스러운 근무 환경을 조성했으며 그들의 몸을 헐뜯었다는 것이다. 이 소송을 통해 리조의 정체성이나 신체 사이즈를 정치 성향과 동일시해서는 안 된다는 점이 더욱 뚜렷이 드러났다. 리조가 뚱뚱한 여성이라고 해서 비만 해방을 신조로 삼거나 그에 따라 살아왔다는 보장은 없다. 다만 신체적 정체성 때문에 그와는 전혀 별개인 이상의 대변자처럼 여겨진 것이다.

하지만 리조가 자신감 있는 태도를 보이면 비만 혐오자들에게 과체중을 장려한다는 비난을 받는 것도 사실이다.[5] 리조에 대해 "동맥 경화는 아름다울 수 없다"고 평한 리얼리티 쇼 〈더 비기스트 루저〉의 진행자 질리언 마이클스Jillian Michaels처럼 말이다. 한편 리조가 운동을 하거나 과일과 채소를 먹는 영상을 올리면 일부 열성팬들은 그가 자기 긍정에 실패했다고 욕한다. 리조가 타인을 부당하게 대하면 팬들은 그가 리조라는 '브랜드'에 투영된 이상과 완벽히 부합하지 않는다며 경악한다. 이런저런 이유로 인해 리조는 타인에게 해를 입히거나 자신의 신체에 대해 사적인 결정을 내리는 사람이 될 수 없다. 그 대신 비만 혐오, 성차별, 여성 혐오 등 미국의 모든 편견을 드러내면서 이런 문제에 대응하는 모범 사례가 되어야 한다.

체제적 수치심은 소외 집단의 선택 하나하나를 정치화하고 그들의 전 존재를 대중의 비판 대상으로 만든다. 그들의 일거수일투족은 파헤쳐져 평가받고 도덕적 가치가 부여된다. 사실 어떤 면에서는 거의 모든 사람의 선택이 체제적 수치심에 의해 정치화된다. 그래서 누구든 식품점에서 물건을 사거나 쓰레기통에 알루미늄 캔을 버릴 때 수치심에 빠질 수 있다. 하지만 억압받는 사람들은 자신의 모든 선택이 평가받는 것을 피할 길이 없다. 소외 집단의 삶과 몸은 체제적 수치심에 의해 그 자체로 정치적인 것이 되기 때문이다. 체제적 수치심에 따르면 소외된 개인일수록 항상 완벽하게 행동해야 한다는 압박에 처한다. 그의 존재는 그가 겪어온 모든 불의의 상징이며, 그가 겪은 억압을 해소할 책임은 전적으로 그 자신에게 있으니까.

상대적 특권층에 속한 개인은 체제적 수치심으로 비난받는 소외 집단의 구성원과 똑같은 행동을 해도 의심받거나 망신당하지 않는다. 날씬한 백인 유명인들은 자신의 운동 습관과 단식 요법을 터놓고 이야기한다. 그들이 몸무게가 늘었다거나 그로 인해 자존감이 손상되었다고 고백하면 잡지 기사와 온라인 댓글로 그들의 '용감한' 고백에 대한 칭찬이 쏟아진다. 하지만 뚱뚱한 흑인 여성이 이런 발언을 한다면 공중보건을 부정하는 **동시에** 과체중인 자신을 부정하는 셈이다.[6] 그는 플러스 사이즈 흑인이라는 이유만으로 자신 이상의 무언가를 대변하며 남들보다 더 도덕적이어야 한다고 여겨진다.

비슷한 맥락에서 내 주변의 트랜스 여성들은 종종 터무니없이 완벽할 것을 요구받곤 한다. 나는 2010년대 초반에 성 정체성을 모색하면서 블로그 플랫폼 텀블러를 통해 많은 트랜스젠더 친구를 만났다. 이후로 10년 동안 내가 팔로우한 거의 모든 트랜스 여성이 차례차례 성범죄 혐의로 기소되었다. 십중팔구는 그가 범인이라는 증거도 없었다. 내가 아는 거의 모든 트랜스 여성에게 이런 일이 일어났고, 그중 상당수는 공인이나 정치인도 아니었다. 하지만 트랜스젠더를 혐오하는 사람들에게는 트랜스젠더의 **존재** 자체가 '타락'을 상징하는 듯했다.

지난 수십 년간 대중 매체는 트랜스 여성을 아동과 시스젠더(출생 시의 지정 성별과 본인이 정체화하는 성 정체성이 일치한다고 느끼는 사람.—옮긴이) 여성을 강간하기 위해 여성인 척하는 위험한 '남성'으로 묘사해왔다. 이런 낙인과 체제적 수치심 때문에 사람들은 트랜스 여성 개인의 일거수일투족을 무자비하게 분석하며 그가 위험하거나 변태적이라는 증거를 찾으려 한다. 트랜스 여성이자 퀴어 비평가, 작가인 애나 밸런스Ana Valens가 자신의 경험을 통해 깨달은 것처럼, 온라인에서 유명해진 거의 모든 트랜스 여성은 결국 이런 성차별과 폭력적 트랜스젠더 혐오로 상처받게 된다. 심지어 동료 트랜스젠더들도 이런 비난에 가담한다.[7] 트랜스젠더 개인이 '모범'을 보임으로써 전체 집단이 더 존중받았으면 하는 바람에 시스젠더보다 더 엄격한 잣대를 갖다 대는 것이다. 하지만 설사 개인이 완벽해진다고 해도 평등이나 안전을 보장받을 수는 없다. 소외된 개인이 아무리 노력하고 자기 검열을 해도 그의 삶은 정치화되게 마련이다.

연구에 따르면 체제적 수치심의 이중 잣대는 소외된 개인의 인생 초기부터 영향을 미친다. 2021년 〈인지와 감정Cognition and Emotion〉

저널에 실린 논문은 어른들이 동년배인 흑인과 백인 아이를 볼 때 전자를 후자보다 손위로 인식한다고 보고했다.[8] 이처럼 왜곡된 인식은 더 무거운 의무 부여로 이어진다. 흑인 아이는 동년배 백인 아이보다 더 어른스럽게 행동할 것이며 양육이나 보호, 지도가 덜 필요할 것으로 여겨진다.[9] 우리 사회는 흑인 아이에게 훨씬 적은 것을 주면서 더 많은 것을 성취하라고 요구한다. 이처럼 비현실적인 기대에 부응하지 못하는 흑인 아이는 망신을 당하거나 나아가 폭력적으로 처벌받기도 한다.

같은 논문에 따르면 어른들은 흑인 아이가 분노의 감정을 드러내지 않아도 백인 아이보다 더 화난 것처럼 인식하는 경향이 있다. 흑인 아이의 경우 단순한 무표정도 적대감의 표현으로 여겨지는데, 다시 말해 흑인 아이는 억지웃음을 지으며 행복한 척해야 간신히 무해해 보일 수 있다는 의미다. 또 다른 자료에 따르면 흑인 아이는 교사에게 더 고분고분하고 협조적일 것으로 기대되며 조금이라도 선을 벗어나면 처벌받을 가능성이 더 높다.[10] 이 모든 경향은 유치원에서부터 이미 나타난다.

전국 페미니스트 단체 회원들의 대화 양상을 연구한 오드라 누루Audra Nuru와 콜린 아렌트Colleen Arendt는 백인 여성 운동가들이 흑인 여성 운동가들의 '말투'를 거듭 지적한다는 사실을 발견했다.[11] 흑인 여성이 집단 내의 인종차별 사례를 지적하면 백인 여성은 참으라거나 '진정하고' 좀 더 차분하게 말하라고 훈계했다. 연구자들은 흑인 여성의 행동이 사람들에게 '분노'로 인식되는 임계치가 백인 여성의 경우보다 훨씬 낮다는 사실도 발견했다. 백인 여성은 비꼬거나 불쾌감을 표현해도 사람들의 반감을 사지 않았지만, 흑인 여성은 흥분한 기색만 비쳐도 적대적인 태도로 간주되었다.

체제적 수치심은 소외 집단의 행동을 다른 집단의 행동보다 훨씬 더 엄격히 분석하게 하며 결과적으로 그들의 행동에서 더 많은 흠결을 발견한다. 백인들은 흑인들이 무엇을 원하는지 편견 없는 어조로 설명해주기만 한다면 자기들도 더욱 열심히 인종차별에 맞서 싸울 것이라고 말한다. 흑인들의 어조에서 작은 흠결이라도 집어낼 수 있다면 그들의 말을 진지하게 받아들이지 않을 구실이 생기는 셈이다. 우리는 완벽에 집착함으로써 현상을 유지할 구실을 얻어낸다. 다음 페이지의 질문들을 통해 당신이 지닌 이중 잣대와 체제적 수치심이 요구하는 불공평한 완벽주의 기준을 생각해보자. 개인이 소외되는 방식은 매우 다양하며, 어떤 면에서는 특권을 누리는 사람도 또 다른 면에서는 이중 잣대를 사용할 수 있다는 데 유념하자.

당신도 인종차별, 계급 차별, 비만 혐오, 동성애 혐오 등 편견에 부딪힌 적이 있다면 이런 이중 잣대 아래 하루하루를 살아가는 데 익숙할 것이다. 심지어 상대적 특권층에 속하는 개인이라도 자신을 가둔 강력한 체제보다 더 큰 책임을 지고 흠잡을 데 없이 행동해야 한다고 느낄 것이다. 직장의 최고경영자가 당신의 근무 시간을 축소하거나 소속 부서 인원을 감축하더라도, 당신은 피고용자로서 여전히 모든 업무를 완수할 책임이 있다. 연방 정부가

이중 잣대 생각해보기

다음은 소외된 개인이 흔히 겪는 이중 잣대의 예시다. 공감 가는 문장에 표시하고 이런 이중 잣대가 내 삶에 어떤 영향을 미쳤는지 적어보자.

- 남들은 생각을 마음대로 말할 수 있지만 내게는 목소리를 낼 공간이 주어지지 않았다. 이런 이중 잣대가 나에게 어떤 영향을 미쳤는가?

- 남들의 감정은 언제나 진지하게 받아들여지지만, 내 감정을 드러내면 다들 내가 과민하거나 오해했다고 말한다. 이런 이중 잣대가 나에게 어떤 영향을 미쳤는가?

- 내가 아무리 많은 일을 떠맡아도 항상 나더러 충분히 노력하지 않는다며 못마땅해 하는 사람이 있다. 이런 이중 잣대가 나에게 어떤 영향을 미쳤는가?

- 남들이 실수하면 반드시 누군가 도와주려 나서지만, 내가 실수하면 비난만 받는다. 이런 이중 잣대가 나에게 어떤 영향을 미쳤는가?

- 남들은 느긋하게 인간적으로 행동해도 되지만, 내게는 '실수'가 용납되지 않기에 매 순간 모든 언행에 조심해야 한다. 이런 이중 잣대가 나에게 어떤 영향을 미쳤는가?

코로나 검사 또는 백신 접종 관련 예산을 삭감한다면, 위험을 줄이기 위한 비용은 각 개인이 떠맡게 된다.

개인주의

체제적 수치심은 이 세상에서 변화의 주체는 개인뿐이라고 말한다. 이런 세계관에 따르면 사회적 압력은 악행을 해명할 수 없으며, 사회적 병폐를 이해하는 데 도움이 될 경제적 유인이나 법적 배제는 존재하지 않는다. 체제적 수치심에 따르면 폭력 범죄는 세상에 무질서하고 비열한 사람이 너무 많아서 일어나며, 절도는 가난이나 박탈감이 아니라 개인의 탐욕 때문에 발생한다. 이런 문제를 초래하는 구조적 요인을 언급하면 도덕성이 부족하거나 변명 불가능한 행위를 '변명'하는 사람이라고 비난받을 수 있다. 이로써 한 가지를 알 수 있다. 사람들이 해결해야 할 광범위한 위기를 인식했을 때 책임을 떠넘길 대상을 찾으려 하는 가장 큰 이유가 바로 체제적 수치심이라는 것이다. 우리는 더 큰 사회문제를 상징하는 개인을 비난하는 것만이 유의미한 변화를 이끌어낼 방법이라고 아무 근거도 없이 믿어버린다.

심리학이나 자기 계발 도서의 애독자라면 에이미 커디Amy Cuddy의 책을 읽었을 가능성이 크다. 커디가 유명해진 것은 무엇보다도 2012년 테드TED 강연 때문일 것이다. 6500만 명 이상 시청한 이 강연에서 커디는 교통사고로 외상성 뇌 손상을 입은 이후의 난관을 이야기했다.[12] 부상 이후의 학부와 대학원 생활은 쉽지 않았다. 인지 능력을 크게 잃어서 성공할 수 있을지도 미지수였다. 하지만 커디의 멘토이자 심리학자인 수전 피스크Susan Fiske가 건넨 격려의 말이 모든 것을 바꿔놓았다. 피스크는 커디에게 아무리 불안해도 모든 강연 요청을 받아들이라고, 자신감 있는 척하다 보면 언젠가는 정말로 자신감을 느낄 거라고 조언했다. 커디는 피스크의 조언이 효과적임을 실감하면서 이른바 '파워 포즈'의 장점을 연구하게 되었고, 당당하고 자신만만하게 똑바로 선 자세로 자신감을 가장할 수 있다는 결론을 내렸다.

테드 강연에서 커디는 면접과 같이 긴장되는 상황 몇 분 전에 파워 포즈를 취하면 자신감이 높아지고 생리적 스트레스 반응이 감소하며 업무 성과가 향상된다는 연구 결과를 설명한다. 커디에 따르면 파워 포즈는 긴장감이 심한 상태에서 과소평가되는 데 익숙한 여성과 유색인종에게 특히 유용할 수 있다. 커디의 테드 강연은 이 분야의 걸작이라고 할 만하다. 개인적이면서도 과학적이고, 명쾌하고 긍정적인 해결책을 제시하며, 자신감도 불어넣어준다. 커디의 파워 포즈는 성차별과 인종차별, 장애에 대해 단순하고 실천 가능한 해결책을 제시한다. 더 당당하게 서 있기만 하면 된다. 특권을 지닌 백인 남성처럼 행동하면 성공하는 데 필요한 용기를 끌어낼 수 있다. 나도 커디의 테드 강연이 인상적이라고 느꼈기에 내 사회심리학 강의에서 언급하곤 했다.

하지만 커디의 연구 대부분은 큰 문제가 있었다. 다른 과학자들이 그의 연구 결과를 재현할 수 없었던 것이다.[13] 커디의 인기가 높아지면서 그의 연구 방식에 대한 의혹도 깊어졌다.[14] 그의 통계 기법 중 다수에 문제가 제기되었다. 결국 커디의 연구 협력자가 사실을 공개하고 나섰다. 테드 강연에 써먹을 만한 놀라운 결과를 얻기 위해 해당 분야에서 이른바 '의심스러운 연구 프로토콜Questionable Research Protocols, QRP'로 알려진 방식들을 사용했다고 말이다.[15]

QRP란 동일한 잠재적 결과를 여러 차례 테스트하되 '효과가 있는' 경우에만 결과를 보고하고, 원하는 결과가 나올 때까지 추가 데이터를 수집하고 분석 내용을 재확인하며, 연구 방법론의 핵심 요소는 알리지 않고, 유의미하고 발표 가능한 결과가 나올 때까지 목적이 분명하지 않은 '낚시성 실험'으로 다양한 변수를 던져 넣는 등의 방식을 말한다. 이 방식은 노골적인 데이터 날조만큼 심각한 윤리적 문제는 아니지만 그럼에도 연구 결과의 타당성을 훼손시킬 수밖에 없다. 그리고 QRP를 광범위하게 규칙적으로 사용한 과학 논문이라면 총체적으로 더욱 큰 의구심이 제기될 수밖에 없다.

커디의 연구 협력자가 사실을 폭로했을 당시 사회심리학은 마침 재현 위기에 처해 있었다. 언론에 소개되고 책으로 출간된 여러 유명한 심리학 실험 결과가 다른 과학자들에 의해 재현되지 못하면서 데이터 사기꾼, 가짜 과학자, QRP 사용자들이 만천하에 드러나고 있었다. 그렇게 커디도 순식간에 주류 언론의 총아에서 대중 심리학의 여러 문제를 상징하는 존재로 전락했다. 학술지도 대중 언론도 하나같이 커디와 그의 연구를 비난했다. 커디는 악성 메시지와 살해 협박을 받기 시작했다. 전문가 동료들은 커디와 거리를 두려고 했다. 재현 위기를 다룬 블로그에는 커디가 뇌 손상 탓에 과학 연구를 제대로 할 수 없기 **때문에** 연구 결과를 조작했다는 무리한 추측성 글이 올라오기도 했다.[16]

커디는 훗날 어느 콘퍼런스에서 이렇게 고백했다. "나는 사회심리학을 사랑하지만 이젠 여기가 편안하지 않네요. 내 자리가 아닌 것 같아요. 아무도 내 편을 들어주지 않아요."[17]

커디에 관한 폭로가 나온 당시에는 나도 정의가 구현되었다고 느꼈다. 나는 재현 위기에 실망했고 내 일과 연구 분야에 대한 신뢰를 급격히 잃어가고 있었다. 심지어 내 연구 중에도 다른 과학자들이 재현하지 못한 것이 있었다. 마침 다른 사람이 모든 비난을 떠맡게 된 것을 보니 안도감이 느껴졌다. 커디의 일관성 없는 연구 수행과 놀라운 연구 결과는 내가 부러워하면서도 은근히 나보다 못하게 여겼던 여러 초생산적 출세주의 심리학자들을 연상시켰다. 게다가 커디를 보면 학계에서 살아남으려고 발버둥 치면서도 태연한 척하던 초조하고 어색한 내 모습이 떠올랐다. 그런 커디가 거짓말쟁이 사기꾼이라고 망신당하는 걸 보니 기분이 좋았다. 나 자신은 어떻게든 피하고 싶었던 망신이었으니까.

하지만 결국 이런 상황 해석에는 많은 문제가 있었다. 커디는 의도적으로 거짓말을 하거나 데이터를 조작하진 않았다. 사실 당시에 커디의 행동은 이례적인 것이 아니었다. 그가 채택한 의심스러운 연구 방식도 정상적으로 간주되었다. 2012년에 L.K. 존L.K. John, G. 로웬스타인G. Loewenstein, D. 프렐렉D. Prelec이 사회심리학자들을 대상으로 실시한 설문조사 결과, 그중 66.5퍼센트가 경력의 여러 지점에서 QRP를 사용한 적 있다고 인정한 것으로 나타났다.[18] 사실 의심스러운 연구 방식 중에서도 가장 흔했던 것이 바로 내가 대학원에 다닐 때 적극적으로 **사용하도록 훈련받은** 방식이었다. 내 연구 멘토 중 하나가 나를 통계 분석 프로그램 앞에 앉혀놓고 새로운 데이터 집합에 대해 '낚시성 실험'을 수행하는 꼼수를 단계별로 알려주었다. 이 밖에도 다양한 꼼수가 내가 일한 여러 연구실에서 전수되었지만 아무도 이의를 제기하지 않았다. 내가 대학원생 1학년이었을 때는 유명 학술지 편집장이 전국 규모 콘퍼런스에서 대놓고 QRP를 승인하기도 했다. QRP는 사회심리학의 저변을 이루는 체계적 문제점이었다. 하지만 대중이 이를 비판하기 시작하자마자 모든 책임은 '나쁜' 심리학자 개인에게 돌아갔다.

비난받기 시작하자 커디는 자신의 연구에 대한 모든 재현 시도와 조사에 협조했다. 연구 방식과 분석에 관한 질문에 솔직히 대답했고, 이의를 제기하는 연구자들에게도 전문적이고 공명정대하게 대응했다. 하지만 그것만으로는 충분하지 않았다. 그는 재현 위기의 주범으로 지목되었으며 체제적 수치심의 직격탄을 맞게 되었다.

"(커디는) 젊은 사회심리학자로서 기존의 게임 규칙에 따랐고 대승리를 거두었다. 그런데 갑자기 규칙이 바뀌었다."[19] 수전 도미

너스Susan Dominus는 《뉴욕타임스》 기고문에서 이렇게 썼다.

체제적 수치심은 거의 모두가 비윤리적으로 행동하게 만드는 동기와 규범을 무시하고 그런 '나쁜' 행동이 진공 상태에서 일어난 것처럼 몰고 간다. 하지만 이런 동기와 규범의 구조를 진정으로 바꾸고 싶다면 집단 전체가 책임을 져야 한다.

사회심리학자들이 정말로 의심스러운 연구 프로토콜을 근절하고자 한다면, 문제 행위를 한 개인을 공격하는 데 그칠 것이 아니라 이런 관행의 근본 원인을 찾아야 한다.[20] 사회심리학자들이 오랫동안 연구 결과를 조작해온 데는 여러 구조적 이유가 있다.

많은 과학자들이 QRP에 의존하는 이유 중 하나는 최대한 많은 연구를 발표해야 한다는 강한 압박 때문이다. 논문을 발표하지 않으면 교수로 임용되거나 종신 재직 자격을 얻을 기회도 줄어든다. 그런데 대부분의 학술지는 유의미한 결과가 나온 논문만 게재한다. 다시 말해 연구자가 예측했던(적어도 예측했다고 **주장하는**) 결과를 실제로 확인한 논문 말이다. 논문을 많이 발표한 연구자는 더 많은 연구비를 지원받고 대학원생 조교의 노동력을 무상으로 제공받으며, 콘퍼런스와 언론에서도 큰 관심을 받는다. 연구 결과가 충분히 흥미롭다면 이런 명성은 유료 강연과 출간으로 이어진다. 따라서 과학자들이 최대한 많은 '성공적' 연구 결과를 내고 논문을 쓰게 하는 강력한 유인이 생긴다. 처음부터 놀라운 결과를 예상한 것처럼 거짓말하고, 그런 결과를 내려고 시도했다가 실패한 횟수는 숨기는 것이다.

커디와 같은 사례가 반복되지 않게 하려면 커디처럼 행동하는 사람에게 보상을 줄 것이 아니라 과학자들이 실제로 보였으면 하는 행동을 장려하는 방법밖에 없다. 즉 발표한 논문 수가 아니라 연구의 질이나 협업 능력에 따라 과학자를 평가해야 한다. 또한 유의미하지 않은 결과를 발견한 연구자에게도 보상이 있어야 한다. 가설을 증명하지 못한 실험도 과학적 가치가 있다는 점에서는 가설을 확인한 실험과 마찬가지니까. 그리고 초보 연구자, 특히 유색인종, 여성, 장애인 연구자가 수년에 걸쳐 탄탄한 연구 프로그램을 구축할 수 있도록 지속적으로 보조금을 제공해야 한다. 수련 단계의 과학자들이 다양한 연구 프로그램을 마련할 시간과 수단을 확보한다면 성급하고 엉성한 결과를 쫓을 필요가 없을 것이다.

이와 같은 하향식 해결책으로 QRP 사태를 끝낼 수 있는데도, 체제적 수치심은 내분과 갈등으로 학계의 주의를 분산시키고 있다. 특히 소외된 집단일수록 공격받고 상징적 희생양이 될 가능성이 높다. 뇌손상을 입은 여성인 커디가 QRP 사태의 상징이 된 것은 우연이 아니다. 존 바그John Bargh처럼 더 나이 들고 유명한 남성 사회심리학자도 커디만큼 많은 연구에서 신뢰도가 떨어지는 것으로 밝혀졌지만, 그를 향한 대중과 전문가들의 비난은 미약했다.

우리는 부끄럽거나 막막하거나 좌절감에 빠지면 그 감정을 다른 사람 탓으로 돌리려고 한다. 다음 페이지의 질문들을 통해 당신이 인생의 어려운 문제들에 대한 수치심과 책임을 어떻게 남에게 전가하는지 돌아보자.

상징적 희생양에 관하여

당신은 수치심을 어떻게 해소하는가? 다음 질문들을 읽고 빈칸에 답을 적어보자.

- 자신이 다른 사람을 더 큰 문제의 상징으로 이용하진 않는지 돌아보자. 내 삶을 힘들게 하는 문제들을 떠올리게 해서 보기만 하면 열받고 짜증나는 사람(들)이 있는가?

- 그런 사람(들)이 누구인지 적어보자. 그(들)의 어떤 행동이 거슬리는지도 열거해보자.

- 나와 그(들)의 공통점은 무엇인가? 나와 그 사람(들)이 공유하는 개인적 특성이나 생활 양상을 열거해보자.

- 그 사람(들)이 왜 그렇게 행동한다고 생각하는가? 그런 행동으로 얻을 수 있는 몇 가지 이점을 적어보자.

- 남들이 나를 그 사람(들)과 비슷하게 볼까 봐 두려운가? 어떤 면에서 그런가?

이런 질문들을 생각하다 보면 나도 내가 직면한 구조적 스트레스를 주변 사람들 탓으로 돌리곤 한다는 걸 깨닫는다. 공화당 의원들의 행동 때문에 보수 성향인 내 어머니에게 화를 내고, 과학적 진실성보다 자신의 미래 경력을 우선시하는 동료들에게 경멸감을 느끼는 것이다. 하지만 잠시 멈춰서 시야를 넓혀보면 내가 원하는 건 단순히 신경에 거슬리는 개인을 응징하는 일이 아님을 알게 된다. 나는 의료 서비스와 신체적 자율성을, 당당하고 정직하게 임대료를 지불할 방법을 원한다. 그리고 내가 탓하는 사람들도 똑같은 것들을 원하지 않겠는가. 이렇게 생각하면 상처받고 실망하기는 마찬가지여도 좀 더 관대하게 행동할 수 있다. 또한 내가 실패자로 단정했던 사람이 아니라 우리를 실패자로 만든 구조에 초점을 맞추게 된다.

소비주의

"자꾸만 양성애자 플래그 색상의 액세서리와 옷을 사게 돼. 내가 양성애자임을 세상에 알려야 한다는 강박 때문에 힘들어. 아무리 물건을 사도 내가 충분히 퀴어스럽지 않다고 느껴져."

내 친구 캐리스는 한 남성과 건강하고 행복한 장기 연애 중인 양성애자 여성이다. 하지만 남자 친구와 함께 외출하면 소외감을 느낀다. 캐리스는 퀴어 커뮤니티에서 인정받기를 원하며 양성애자로서의 성적 지향을 중심으로 자기 정체성과 삶을 구성하기 바란다. 하지만 현재로서는 정체성을 확인할 방법이 소비밖에 없는 것 같다. 퀴어 코드가 들어간 액세서리를 구매하고 착용하는 것 말이다.

"사소한 행위지만, 이런 식으로라도 퀴어 동료들과 눈을 맞추고 서로 웃으며 인사할 수 있으면 좋겠어. 하지만 그들이 내 눈을 피하더라도 원망하지는 않아. 그들에겐 내가 이성애자로 보일 테니까."

퀴어들은 동성애와 트랜스젠더에 대한 체계적 혐오로 인해 고립되곤 한다. 우리의 정체성이 꾸준히 지워지거나 역겨운 가해자로 단정되는 세상에서 서로를 찾아 나서고 자신을 공개적으로 드러내기란 여전히 어렵다. 체제적 수치심은 외롭고 보이지 않는 삶의 해결책으로 소비와 개인 브랜딩을 제안한다. 다른 성 소수자들을 포용하고 퀴어 친구를 사귀고 커뮤니티를 만들고 자신이 원하는 섹스와 인간관계를 누리기보다, 올바른 물건을 구매하고 올바른 방식으로 꾸미는 데서 퀴어 정체성이 부여하는 개인적 힘과 자부심을 찾으라고 권한다.

"나는 내 존재를 알리고 싶다는 조용한 절망감으로 자부심 자판기에 돈을 쏟아붓고 있어." 캐리스는 이렇게 말한다. 그게 해결책이 아니란 건 알지만, 진정한 소속감을 주는 커뮤니티가 부재하다 보니 소비밖에 방법이 없다고 느낀다는 것이다.

나도 캐리스와 비슷하게 느끼던 때를 기억한다. 이성애자 남성과 연애할 때는 내가 원했던 것만큼 '극단적인' 성확정을 할 수 없었다. 내가 남자처럼 보이고 남자처럼 산다면 그가 떠날 수도 있다는 걸 알았기에 그 대신 상상의 영역에서 정체성을 수행했다. 게이 캐릭터로 온라인 비디오 게임을 하고 남성 동성애를 다룬 팬 픽션(예를 들어 NBC 드라마 〈한니발〉의 한니발과 윌이 나오는)을 읽으며 많은 시간을 보냈다. 트랜스젠더 플래그 색상의 성별 대명사 배지와 팔찌를 잔뜩 사서 강박적으로 착용하고 다녔다. 배지가 재킷에서 떨어지거나 팔찌가 세탁으로 변색될 때마다 가까운 퀴어 서점이나 잡화점으로 달려가 구할 수 있는 모든 액세서리를 새로 사왔다. 그런 것들을 달고 다니지 않으면 벌거벗은 기분이었으니까.

하지만 그렇게 프라이드 액세서리를 잔뜩 달고 다녀도 외로움과 수치심은 전혀 줄어들지 않았다. 내가 남성임을 알면서도 사회에서 여성으로 살아가고 있다는 위화감도 사라지지 않았다. 오히려 퀴어 공간에 나가서 퀴어와 트랜스젠더 친구들을 사귄 것이 더 유익했다. 내게는 퀴어 동료들과 함께하는 즐거운 시간이 절실했다. 서로의 꿈을 이야기하고, 상실을 애도하고, 갈등을 해소하고, 여가 활동을 즐기다 보면 형언할 수 없던 상처도 아물어가는 듯했다. 게다가 성 확정 치료를 시작하면서 내 몸이 내겐 아무 문제도 없다는 외적 증명으로 치장해야 할 불완전한 그릇이 아니라 내 집처럼 느껴졌다. 동성애자 남성으로서 세상을 누비며 술집과 헌팅 장소에서 다른 게이들을 만나고, 낯선 사람과 섹스하고 춤추며 그 장소의 일원으로 대우받기 시작하자 프라이드 액세서리나 성별 대명사 배지에도 관심이 없어졌다. 내가 진정으로 원하는 삶을 살게 되니 소비로 정체성을 드러낼 필요가 없어진 것이다.

정체성 확립 과정에서 나와 비슷한 경험을 한 퀴어 동료들의 이야기를 들어보니, 퀴어로 살지 못하고 벽장 속에 숨어 지내던 시절에는 어떤 방식으로든 자기 정체성을 소비하고 표현하고픈 강박을 느꼈다고 한다. 특히 외진 시골에 고립되거나 동성애를 혐오하는 가족 및 파트너가 있는 이들에게는 상징적 퀴어 정체성이 유일한 위안이었다. 하지만 게이로 살지 못한다는 공허감은 결코 소비로 채워지지 않았다. 현실에서 게이로 살아가려면 타인과의 유대가 필요하다.

체제적 수치심은 사람들이 자기 정체성과 신념 체계를 드러내는 상품에 돈을 쓰도록 부추긴다. 여성의 권리와 생식 건강이 맹렬히 공격받으면 페미니스트로 자처하는 사람들은 연분홍색 '보지 모자'를 쓰거나 '남성의 눈물'이라고 적힌 머그잔을 꺼낸다. 도널드 J. 트럼프Donald J. Trump가 대통령에 당선되자 정의감에 고무된 진보주의자들은 소셜 미디어에서 재킷에 안전핀을 달자는 게시물을 퍼뜨렸다.[21] 무슬림 혐오나 유색인종 혐오 범죄가 일어났을 때 피해자들에게 나는 '안전한' 사람이라고 알릴 수 있도록 말이다. 반인종주의자들은 인종차별로 인한 경찰 폭력 뉴스가 전국을 휩쓸 때마다 '흑인의 생명도 소중하다Black Lives Matter, BLM' 티셔츠와 팔찌를 착용하여 자신의 신념을 알리려고 한다.

하지만 유감스럽게도 심리학 연구에 따르면 BLM 셔츠나 안전핀을 착용하는 상징적 행동이 항상 사회적으로 무해한 것은 아니며, 경우에 따라서는 오히려 더욱 유의미한 행동에 나설 가능성을 낮추기도 한다. 심리학자들이 '도덕적 면허 효과Moral Licensing Effect'라고 부르는 현상 때문이다.[22] 남들에게 자신의 고결한 도덕적 정체성을 보이려고 상징적 조치를 취하면 '좋은 사람'이 되고 싶은(좋은 사람처럼 **보이고** 싶은) 내적 욕구가 채워지며, 그런 상태는 상당히 오래 지속될 수 있다. 이미 자신의 선함을 증명하여 도덕적 '면허'를 얻었으니 거짓말을 하거나 속임수를 쓰거나 증오 범죄를 목격해도 개입하지 않고 가만히 앉아 있어도 된다는 것이다.[23] 정체성과 소비를 동일시하다 보면 우리의 가치관과 도덕성을 우리가 **할 수 있는** 일과 연결하여 생각하지 못하게 된다.

심리학자들은 도덕적 면허 효과로 인해 친환경주의,[24] 반인종주의, 페미니즘 행동에 참여하려는 사람들의 의지가 줄어들 수 있다는 사실을 관찰했다.[25] 체제적 수치심은 도덕적 정체성을 돈으로 살 수 있다고 말하지만, 개인 브랜딩 강화에 집중하다 보면 더 큰 문제를 위해 싸울 추진력을 잃게 된다. 유감스럽게도 현대 사회에서는 소비만이 신념을 표현할 수 있는 선택지인 것처럼 느끼기 쉽다.

미래지향적이고 환경 친화적인 이미지를 내세우려는 업체들은 흔히 재사용 가능한 에코백을 계산대 옆에 비치해놓고 팔거나 소비자에게 무료로 나눠준다. 개인 소비자는 에코백을 들고 다니는 것이 진보적이고 친환경적인 사고방식의 상징이라고 여길 수 있으며, 깜박하고 매장에 에코백을 가져오지 않으면 죄책감을 느낄지도 모른다. 안타깝게도 이는 모두 잘못된 생각이다. 2021년 8월 《뉴욕타임스》에 실렸듯이, 면 에코백 하나를 생산하려면 54년 동안 매일 똑같은 에코백만 들어야 구매가 정당화될 정도로 많은 자원이 들어간다고 한다.[26]

저널리스트 그레이스 쿡Grace Cook에 따르면 에코백 열풍이 시작된 것은 2007년 영국 디자이너 안야 힌드마치Anya Hindmarch가 "나는 비닐봉지가 아니야"라는 문구가 찍힌 면 가방을 만들면서였다.[27] 이 가방은 영국의 식품점 고객들에게 엄청난 인기를 끌었다. 많은 사람들이 줄을 서 가며 이 가방을 사서 액세서리 겸 일종의 사회적 상징으로 들고 다녔다. 급기야 에코백 생산에 따르는 환경 훼손이 연구되기 시작하자, 하인드마치는 발상을 전환하여 재활용 플라스틱으로 새로운 가방을 만들고 "나는 비닐봉지야"라는 문구를 찍었다. 체제적 수치심과 부정적 발자국 효과 덕분에, 식품점은 에코백 구매에 대한 소비자의 죄책감을 이용해 또다시 플라스틱 가방을 판매할 수 있었다.

소비자로서 우리는 온갖 친환경 및 지속 가능 제품을 선택할 수 있지만, 장기적으로는 그 어떤 제품도 우리가 실제로 변화를 일으킬 힘을 주지 못한다. 우리가 충분히 노력하지 않는다는 수치심을 일시적으로 떨쳐버리게 해줄 뿐이다. 게다가 체제적 수치심은 우리가 구매하는 것과 우리 자신을 동일시하고 소비야말로 우리의 신념을 표명할 수단이라고 믿게 함으로써 애초에 생태계 파괴를 책임져야 할 바로 그 기업들의 돈줄이 된다.

상징적 소비에 관하여

다음 질문들을 읽고 빈칸에 답을 적어보자.

- 죄책감이나 수치심을 느끼면서도 소비하는 기업이 있는가? 어떤 기업인가? 그렇게 느끼는 이유는 무엇인가?

- 일상적으로 꾸준히 구매하지만 나의 이미지를 훼손할 것 같은 제품이 있는가? 어떤 제품인가? 어째서 그 제품을 소비하는 게 나쁘다고 생각하는가?

- 그 기업이나 제품의 소비를 중단하지 못하는 이유는 무엇인가?

- 수치심을 느끼면서도 즐기는 텔레비전 프로그램이나 영화, 뮤지션이 있는가?

- 남들에게 비난받지 않으려면 숨겨야 할 것 같은 소비 습관이 있는가? 어떤 습관인가? 어떤 방법으로 숨기는가?

- 구매 또는 소비 습관을 통해 자신의 정체성이나 신념을 드러내려 한 경험이 있는가? 어떤 경우였는가?

앞 페이지의 질문들을 통해 소비와 당신의 관계를 돌아보고, 체제적 수치심이 당신의 습관에 어떤 영향을 미치는지 생각해보자.

우리가 구매와 소비 습관의 도덕성을 따지는 것은 어디까지나 선한 의도 때문이다. 결국 대부분의 사람들은 일상생활에서 이 세상에 긍정적 영향을 미치고 싶어 한다. 이는 바람직한 충동이다. 자신의 삶이 무의미하다고 느끼길 바라는 사람은 없을 테니까. 하지만 체제적 수치심은 구매력이야말로 사회적 영향의 가장 큰 원동력이라고 확신하게 하며, 매일의 사소하고 무수한 결정 속에서 우리를 깊은 죄책감에 빠뜨려 우리가 직면한 문제의 좀 더 집단적인 해결책에 주목하지 못하게 한다.

부富

온라인 잡지 《지저벨Jezebel》의 편집자였던 코아 벡Koa Beck은 《백인 페미니즘White Feminism》에서 여성 해방 운동이 "개인의 자율성과 부, 끊임없는 자기 최적화, 우월함"에 대한 열망으로 훼손되어왔다고 설명한다.[28] 벡이 말하는 백인 페미니즘은 다른 여성, 특히 가난하거나 피부색이 짙거나 소외된 여성과의 연대보다 개인의 성취를 중요시한다. 체제적 수치심도 이와 비슷한 사고방식에서 힘을 얻는다.

백인 페미니스트들은 체제적 수치심을 퍼뜨리는 데 적극적으로 가담해왔는데, 그에 따르는 여러 경제적 동기 때문이었다. 20세기 초의 부유한 백인 여성 참정권 운동가들은 투표권을 얻기 위해 최대한 고결하고 현 체제를 위협하지 않는 모습을 지향했다. 그들은 남성 혐오나 급진주의를 추종하는 것처럼 보이지 않으려고 전통적 가족주의와 가정생활에 대한 헌신을 강조했다. 다시 말해 여성은 사회에 너무 많은 것을 요구해서는 안 되며 힘 있는 남성이 위협이나 두려움을 느끼지 않도록 최선을 다해야 한다는 체제적 수치심을 내면화한 것이다.

수전 B. 앤서니Susan B. Anthony와 엘리자베스 캐디 스탠턴Elizabeth Cady Stanton 같은 저명한 백인 여성 참정권 운동가들은 투표권뿐 아니라 광범위한 경제 및 인종 평등 정책을 바랐던 흑인과 라틴계 페미니스트들을 침묵시켰다.[29] 여성 해방 운동가들이 **분노**에 찬 **과격** 세력으로 보일까 봐 두려워서 유색인종 페미니스트들을 조직에서 배제하고 퍼레이드와 시위 뒤편으로 밀어냈다. 백인 여성들이 투표권을 얻는 데 성공하자 유색인종 여성들의 바람은 무시당했다. 백인 여성들의 페미니즘은 빈곤, 가정폭력, 아동 노동 착취, 제조업계 여성 노동자들의 사망 등 여성들을 해치는 다양한 문제를 해결하려는 것이 아니라 어디까지나 그들 개인의 투표권을 위한 것이었다.

그로부터 수십 년이 지난 1977년, 흑인 레즈비언 활동가 단체 컴버히 리버 컬렉티브Combahee River Collective는 주류 백인 페미니스트들이 여전히 흑인 여성들과 그들의 관심사를 외면한다고 논평했다.[30] '2세대 여성주의(1960년대 미국에서 시작되어 서구세계 전체로 퍼진 문화적·급진적 여성 해방 운동.—옮긴이)' 백인 페미니스트들은 부당하고 과도한 권력과 부의 축적을 허용한 경제적·사회적 힘(인종차별을 포함한)에 맞서 싸우는 데는 애초부터 관심이 없었다. 백인 여성에게 해방이란 단지 재산을 소유하고 사람을 고용하거나 해고하고 원하는 것을 구매할 기회를 의미했다. 그러나 흑인 여성이 해방되려면 흑인 페미니스트 미셸 월리스Michele Wallace가 말했듯 "전 세계와 싸워야 했다".[31]

백인 페미니즘은 성차별, 인종차별, 트랜스젠더 혐오, 경제적 불공정의 복잡한 회로에 맞서 전 세계와 싸우는 대신 열심히 노력해서 '여걸'이 되라고 제안한다. 그야말로 체제적 수치심에 근거한 사고방식이다. 다리털을 밀고, 남편의 성을 쓰고, 화장을 하고, 아이를 키우면서 직장에서 승진하려고 애쓰는 것의 장단점을 계산하는 것이다('다 가진' 여성이 되려면 십중팔구 저임금 노동자인 다른 여성들의 도움을 받아야 한다). 소비와 태도, 말투, 패션과 관련된 모든 결정은 페미니즘적일 수 있고 반페미니즘적일 수도 있으며, 항상 올바른 선택을 하는 여성만이 '승리'할 수 있다.

"백인 페미니즘은 당신을 변화의 주체로 내세우며, 당신 개인의 욕구가 모든 혁신의 접점이라고 말한다. 당신에게 필요한 것은 더 나은 아침 일과, 메일 작성법, 정장 치마, 콘퍼런스, 뉴스레터뿐이다." 벡은 이렇게 썼다.

반면 백인 페미니즘에 따르면 여성이 실패하는 것은 스스로의 잘못 때문이다. 성격이 너무 신경질적이거나, 너무 얌전하거나, 너무 예민해서다. 아이를 너무 일찍 낳았거나, 외모에 지나치게 신경 쓰거나, 잘못된 남성을 배우자로 선택했기 때문이다. 페미니즘을 제대로 실천하지 않는 여성은 수치심을 느껴야 한다.

이런 사고방식은 여성에게 무척 해롭다. 심리학 연구에 따르면 자신이 페미니스트라고 생각하는 여성은[32] 분유 수유[33], 제모[34], 성관계, 즐겨 듣는 대중음악[35]에 이르기까지 모든 선택에 수치심을 느끼기 쉽다. 2020년 연구에 따르면 많은 페미니스트 여성들이 팬데믹 기간에 더 많은 육아 및 가사 노동을 떠맡게 된 것을 굴욕스럽게 느꼈다고 한다. 여성들은 팬데믹으로 직업 경력과 학업에 큰 타격을 입었지만[36] 백인 페미니즘은 이에 대한 대책을 거의 제시하지 못했다. 세계적 위기에 따른 강제적 변화는 실제로는 결코 선택이 아니었음에도 왠지 반페미니즘적 '선택'처럼 느껴졌다.[37]

성 평등을 개인적 선택과 수치심의 문제로 이해하면 젠더 규범에 관한 생산적 대화는 불가능하다. 예를 들어 내가 오랫동안 안타깝게 지켜보아왔듯이, 여성 직장인이 화장을 해야 한다는 사회적 기대에 관한 논의는 화장을 '선택'하는 것이 성차별을 강화시키는 반페미니즘적 행위인가, 아니면 대담하고 당당한 여성적 저항인가 하는 싸움으로 변질되어왔다. '화장 전쟁'은 여전히 인스타그램과 텀블러[38] 등의 소셜 미디어에서 무수한 댓글을 양산하고 있으며, 여성들은 어느 쪽을 선택하든 비난받는다며 답답한 마음을 토로한다. 2020년 《뉴욕타임스》에는 전직 뷰티 기자였던 제시카 드피노Jessica DeFino의 글이 실렸다. 팬데믹으로 많은 여성들이 지금껏 고수해야 했던 시간 낭비적 미용 습관을 의문시하게 되어 다행이며, 매니큐어가 더는 필수적이지 않게 된 것을 환영한다는 글이었다.[39] 많은 사람들이 드피노에게 분노와 비난을 퍼부었는데, 대부분 그와 같은 여성들이었다. 그들은 드피노가 여성 스스로 결정할 자유를 지지하지 않으며 여성 경영자가 대다수인 수백만 달러 규모의 산업을 공격한다고 비난했다.

여성은 아이를 낳을지, 남편의 성을 따를지, 파트너와 재산을 합칠지, 성형수술을 받을지 결정할 때도 촘촘한 비판에 처한다. 이런 영역에서는 종종 여성에게 특정한 선택을 유도하는 사회적·법적 압력이 존재하지만, 이를 지적하면 성차별적이며 여성의 자유로운 선택을 가로막는 행동으로 여겨지기 쉽다. 체제적 수치심 탓에 여성들은 성차별적 기준에 대한 비판이 그런 기준을 따른 자신의 행동에 대한 비난이라고 인식한다. 선택지가 제한되거나 강제적일 때 사람들은 자신과 자신의 선택을 동일시한다. 체제적 수치심은 이런 식으로 우리의 소비가 도덕적 문제이며 개인의 선택만이 변화를 가져올 수 있다고 가르친다.

개인적 책임

체제적 수치심은 강력한 사회 운동을 탈선시키고 무력화하는 데 매우 효과적이다. 사람들이 대규모 단체를 이루어 법적 제도나 정부, 고용주의 변화를 요구하기 시작하면, 권력자들은 체제적 수치심을 이용하여 집단이 심사숙고한 끝에 내놓은 요구를 개인적 책임에 대한 호소로 대체한다. 체제적 수치심은 변화가 우리의 내부에서 시작되어야 한다고 타이른다. 인종차별은 개인이 편견을 버리면 해결되고, 불공평한 외모 기준은 여성이 자신감을 가져야만 개선될 수 있으며, 총기 폭력은 모든 정신질환자가 치료를 받아야 사라진다는 식이다. 사회문제를 진정으로 우려하는 개인이 자신의 태도와 무지를 돌아보는 것은 바람직한 변화의 출발점이 될 수 있다. 하지만 체제적 수치심 때문에 사회문제의 진정한 원천을 폭넓게 이해하는 대신 개인의 책임에 집착하게 된다면 이야기가 달라진다.

미니애폴리스의 소규모 정신건강 비영리단체에서 사회복지사로 일하던 브랜슨은 젠더퀴어로 커밍아웃하자마자 트랜스101(트랜스젠더에 관한 이해를 넓히는 목적의 교육 프로그램.—옮긴이)과 관련된 모든 문제에서 조직 내 자문이 되어달라는 요청을 받았다. 전무이사는 브랜슨을 이사회와의 비공개 회의에 초대했다. 회의에서는 성 확정 치료 절차에 관한 온갖 질문이 쏟아졌고, 대명사 '그들them, they(여성도 남성도 아닌 논바이너리가 자신을 가리키는 성별 대명사.—옮긴이)'을 쓰는 사람들의 타당성을 변호해달라는 요청도 있었다(브랜슨은 성 확정 치료를 받지 않았고 대명사 '그him, he'를 쓴다). 브랜슨이 단체 내의 모든 의료인에게 트랜스젠더 고객의 요구에 대응할 수 있게 교육하는 워크숍을 '자발적으로' 준비하고 진행해야 한다는 이야기도 나왔다.

"내 전문 분야는 자해 환자나 빈곤층 가족과 협력하는 거예요. 나는 이런 토론을 이끌 적임자가 아닌 것 같아요."

브랜슨의 고용주는 향후에 직원의 성 확정을 수월하게 해줄 절차를 마련하기보다 브랜슨 혼자서 필요한 모든 지식과 자원을 준비해주길 바랐다. 하지만 더 큰 문제는 브랜슨이 다른 모든 트랜스젠더와 젠더퀴어 문제를 대변하는 상징적 존재로 이용당하고 있다는 점이었다. 그리고 바로 그 지점에서 체제적 수치심은 가장 강력한 힘을 발휘했다. "많은 대화를 나눈 끝에 트랜스젠더 문제에 관해서는 컨설턴트를 고용하라고 단체를 설득할 수 있었어요. 그런데 컨설턴트는 기나긴 젠더 관련 용어 목록을 검토한 후 모든 직원이 메일 서명에 성별 대명사를 넣으라고 지시하죠. 그러고는 '**성전환자**라는 단어 말고 **트랜스젠더**라는 단어를 써라'는 식으로 말합니다. 내가 알기로는 **성전환자**라는 단어를 선호할 사람들이 있는데도요! 우리 고객들은 가난하고 그중 상당수는 신원 증명서가 없는 유색인종이에요. 진료를 예약하고 사회복지 기관을 찾는 데 도움이 필요하죠. 그들은 고작 성별 대명사가 들어간 메일 서명을 원하는 게 아니라고요."

브랜슨이 이런 인식 차이를 호소하자 관리자는 그가 '불화'를 일으키며 발전을 방해한다고 말했다. 브랜슨은 모든 고객과 협력 외주 업체에 커밍아웃하진 않겠다는 결정에 대해서도 비난받았다.

"나는 내가 돌보는 이들을 배려하고 그들이 좋은 경험을 하길 원해요. 내가 젠더퀴어임을 드러낸다고 그들이 안전해지지는 않아요. 성 소수자 양육자를 차별하는 위탁 양육 기관을 상대할 경우 내가 커밍아웃하면 고객의 상황이 나아지는 게 아니라 오히려 악화될 수도 있어요. 내 상황도 마찬가지고요."

브랜슨의 경험은 내가 장애 인권운동가로서 목격한 것과 비슷하다. 자폐인에 관해 쓰고 활동하다 보니 많은 조직에서 신경다양인 직원을 더 잘 수용할 방법을 강연해달라고 요청한다. 강연하기 전에 나는 최대한 많은 조사를 하고 긴 제안서를 작성하여 조직 측에 제출한다. 예를 들어 모든 직원에게 재택근무 선택지와 유연근무제를 제공하고, 장애인 증명서를 갖추지 못한 직원도 관련 편의시설을 쉽게 이용할 수 있어야 한다는 것이다. 이와 관련하여 자폐인에게 필요한 몇 가지 정책 변화도 언급하고 싶다. 우리는 법적 자율권이나 양육권을 빼앗길 위험 없이 장애를 드러낼 수 있어야 하며, 우리의 해외 취업을 가로막는 원인인 자폐에 대한 부정적 사회인식도 개선되어야 한다. 이는 장애인 차별에 대한 근본적이고 제도적인 해결책이지만 안타깝게도 많은 기업이나 대학, 비영리 단체는 이런 제안을 달가워하지 않는다.

그 대신 조직 운영자들은 강연 내용을 개인에게 유용한 조언들로 채워달라고 요청한다. 장애와 관련하여 불쾌감을 줄 수 있는 용어라든지, 자폐인 **직원**이 업무량을 더 잘 관리할 방법 말이다.

이런 조언도 가치 있을 수는 있다. 하지만 건강보험에 자폐 진단을 포함시키는 것처럼 **조직**이 취해야 할 변화를 언급하면 관리자들의 눈빛이 어두워졌다가도 누군가 '스펙트럼에 속한'이라는 표현을 사용해도 괜찮은지 질문하는 순간 다시 밝아진다는 건 명백한 사실이다. 한번은 직원 감시 소프트웨어(키로거key-logger나 화면 추적기) 사용이 자폐인 직원에게 해로운 이유를 설명하기 시작하자 인사 담당자가 안절부절못하며 내 말을 끊어버렸고, 채팅창에서 해당 프로그램 사용에 관해 불만을 토로하던 직원들의 목소리도 싹 사라졌다. 특정 부류의 직원에게 해로운 제도적 양상을 논의하기가 불가능해진 것이다. 조직이 자폐인에게 듣고 싶었던 것은 이곳에서 일하게 되어 정말 자랑스럽다는 미사여구뿐이었다.

교수로서 나는 인종 정의를 위한 집단적 압력이 체제적 수치심에 의해 개인의 책임을 중시하는 훨씬 사소하고 미약한 노력으로 희석되어가는 과정을 실시간으로 지켜보았다. 많은 조직은 인종차별에 있어 많은 비용이 드는 적극적 운영 방식 변화보다 개인적 접근법을 우선시한다. 내가 소속된 로욜라대학교도 마찬가지였다. 2020년 내내 여러 학생 연합 조직이 캠퍼스 경비대와 시카고 경찰청의 제휴를 중단하라는 로비 활동에 나섰다. 학생들은 시카고 경찰의 끔찍한 인종차별적 폭력 행위와 캠퍼스에서 흑인 학생들이 괴롭힘당한 사례를 지적하며 명백한 제도 변화를 요구했다.

대학은 시카고 경찰을 보내 학생 시위대를 체포한 다음[40] 반인종주의 교육에 매진하겠다는 공개 성명을 발표했다. 이후 모든 교직원에게 자신의 인종적 편견을 돌아보는 데 초점을 맞춘 워크숍에 참석하라고 독려하기도 했다. 워크숍에 참여한 사람들은 강의계획서에 유색인종 학자를 몇 명 포함시켰는지 세어보라는 요청을 받았다. 강의 계획서에 유색인종 학자를 더 많이 포함시키는 것은 분명 의미 있는 노력이다. 하지만 내가 속한 교육기관은 흑인 학생에 대한 그들의 처우와 여러 분야에서 흑인 학자가 부족한 상황의 연관성을 모르는 듯했다. 학생이 학내 농구 경기에 참석하려 했다는 이유로 경찰에게 괴롭힘당하는 로욜라대학교에서 어떻게 젊은 흑인 학자로 성공할 수 있겠는가.[41] 같은 기간에 로욜라대학교의 흑인 사정관이 "특히 유색인종과 관련된 적대적이고 유독한 분위기"를 이유로 사임하기도 했다.[42]

내가 목격한 상황이 결코 드물지 않다는 걸 안다. 나는 그간 다양한 공공·민간 기관에서 여러 학자 및 다양성 컨설턴트와 협력해왔으니까. 2020년 시위 당시 많은 고용주들이 직원 개인에게 내면의 인종차별을 돌아보라고 독려하는 방식으로 대응했지만, 조직 차원에서 흑인 직원에게 더 많은 급여를 지급하거나 리더십을 부여하거나 적대적 문화를 바꾸려는 조치는 취하지 않았다. 안타깝게도 조직이 인종차별 해소를 위해 노력할 때는 대체로 흑인과 라틴계 직원들에게 추가 급여도 없이 솔선수범할 것을 기대한다는 연구 결과가 있다.[43]

비영리 기관이든 영리 기관이든 흑인 직원은 인종차별에 대한 조직 내 대화를 촉진하고 조직에서의 인종 정의에 관한 백인 동료의 질문에 응답할 것을 요구받곤 한다. 본인이 그런 활동에 관심이 있든 없든 말이다.[44] 데이터에 따르면 백인 학생이 다수인 학교의 흑인 학생도 똑같이 과중한 정서적 부담을 떠안게 된다.[45] 체제적 수치심은 피해자의 고통을 그의 탓으로 돌린다. 그러니 조직 내 인종차별이 점점 더 많은 측면에서 흑인 직원이나 학생들의 노력으로 해결할 문제로 인식되는 것도 놀라운 일은 아니다.[46]

물론 백인의 자기 성찰과 일상적 인종차별에 관한 논의도 중요하다. 하지만 개인 소비자가 식품점에서 구매 품목에 집착한다고 기후변화를 막을 수 없듯이, 백인 개인이 자신의 감정에 집착해서는 사회적 인종차별을 끝낼 수 없다.

정말로 상황이 개선되기 바란다면 구체적이고 구조적인 변화를 요구할 수 있다. 인종 구분 없는 임금 평등을 위해 싸울 수 있고, 흑인 교직원이 백인 교직원보다 장기 및 종신 계약을 맺을 가능성이 훨씬 낮다는 사실을 알릴 수 있다. 흑인과 라틴계 및 이민자 학생에게 불리한 표준 시험 요건을 취소해달라고 학교에 건의할 수도 있다.[47] 조교 및 대학원생 노조를 지원할 수도 있다. 학내 노동자 중에도 가장 소외된 이 집단의 급여와 복리후생이 개선되어야 모두의 근무 환경이 나아질 테니까. 물론 나는 여러 흑인 시민의 고통과 죽음에 책임이 있는 시카고 경찰청과의 제휴를 중단하라고 대학에 요구하는 학생들 편이기도 하다.[48] 안타깝게도 체제적 수치심 접근법은 사람들이 개인적 감정과 반응에만 매달리며 더 큰 변화를 위한 집단 조직화는 아예 생각하지 못하게 한다.

체제적 수치심 접근법은 이미 효과가 없음이 증명되었다.《하버드 비즈니스 리뷰Harvard Business Review》에서 수십 년간의 다양성 및 포용성 연구를 검토한 결과, 이런 개입의 긍정적 효과는 기껏해야 며칠밖에 가지 못한다는 게 밝혀졌다. 실제로 반인종주의 워크숍을 진행한 조직은 이후에 흑인과 라틴계 직원을 관리직에 배치하기가 **더** 어려워진 경우가 많았다.[49] 연구에 따르면 이런 워크숍의 존재 자체가 제도적 인종차별에 대한 비판을 법적으로 차단할 수 있다고 한다. 인종차별이라는 기계 자체를 해체하기보다 인종차별자라는 톱니바퀴 몇 개를 탓하기가 더 수월하다. 수백 년간 공고하게 굳어진 문제에 직면하기보다는 체크만 하면 되는 빈칸에 집중하는 쪽이 심리적으로도 더 만족스러울 것이다("귀하의 웹사이트에 인종 평등 정책을 추가하세요!" "강의 계획서에 유색인종 학자를 더 포함시키세요!").[50]

우리의 법과 경제 체제는 부와 교육, 사망률에 있어 인종과 성별, 능력주의에 따른 격차를 벌리기 위해 수백 년간 분주하게 움직여왔다. 이 기계의 작동을 되돌리기는커녕 속도를 늦추려고만 해도 광범위한 법적·경제적 변화가 필요하다. 대부분의 기업은 이런 과정에 투자해도 이윤을 얻지 못한다. 인종차별 배상을 연방 차원에서 **연구**하기 위한 법안조차 20년 넘게 국회에서 계류 중이다.[51] 현 경제 체제에서 이익을 얻는 사람들은 끊임없이 현상 유지를 위해 로비하고 있으며, 그 방법 중 하나는 개인을 끈질기고 압도적인 수치심에 빠뜨리는 것이다.

다음 장에서 살펴보겠지만, 안타깝게도 수치심은 변화를 추진하는 데 전혀 도움이 되지 못한다. 오히려 냉담함과 두려움으로 우리를 압도하여 포괄적 문제의 장기적 해결책을 고민하기 어렵게 만든다.

공동의 가치에 대하여

수치심이 건강한 변화나 협력의 동기를 부여할 수 없음을 보여주는 여러 연구 자료를 살펴보기 전에, 잠깐 쉬어가며 우리가 가장 소중히 여기는 가치들을 되돌아보면 유익할 듯하다. 이 장에서 요약했듯이 체제적 수치심은 완벽주의, 개인주의, 소비주의, 부, 개인적 책임과 같은 가치를 우선시한다. 협력과 인내, 관대함, 성장, 친절과 같은 가치를 더 중요시하는 사람들에게 체제적 수치심 접근법은 부적합할 수밖에 없다. 우리가 서로 아끼고 돕는 가족과 공동체를 만들거나 소중한 이들이 살아가며 겪는 고통을 달래주고 싶다면 체제적 수치심은 해로울 뿐이며 무엇보다도 절실한 해결책과 공동의 치유에서 멀어지게 할 것이다. 그러니 잠시 시간을 내어 잠재적 가치 목록을 검토하고, 우리가 지닌 신념이 체제적 수치심의 해로운 가르침과는 전혀 다르다는 것을 확인하자.

당신에게 중요한 가치는 무엇인가?

체제적 수치심에는 다섯 가지 핵심 가치가 있다.

완벽주의 부단하고 완벽한 노력과 성취만이 중요하다.
개인주의 나는 모든 일을 온전히 나 혼자서 해낸다.
소비주의 우리의 정체성은 우리가 구매하고 소유하는 물건에 달려 있다.
부 중요한 힘은 타인을 움직일 수 있는 경제력뿐이다.
개인적 책임 변화는 개인의 의지와 힘을 통해서만 일어난다.

하지만 우리는 각자 삶에서 가장 중요한 가치를 결정할 수 있다. 개인은 다음과 같은 가치들을 중요시할 수도 있다.[52]

모험 | 진정성 | 예술 | 배려 | 연결 | 용기 | 자유 | 유연성 | 용서 | 짜릿함 | 감사 | 성장 | 친밀감 | 발명 | 정의 | 사랑 | 개방성 | 즐거움 | 인내 | 호혜성 | 존중 | 자기 인식 | 영성 | 숙련도 | 신뢰

당신에게 중요하다고 생각되는 가치 다섯 가지를 선택하고(위 목록을 참고해도 좋고, 스스로 생각해내도 괜찮다) 그 각각이 자신에게 어떤 의미인지 적어보자.

가치 1

가치 2

가치 3

가치 4

가치 5

4장 수치심의 심리학

엄마가 식당에서 와인을 주문하는 모습을 처음 본 건 내가 다섯 살 때였다. 나는 괴로워서 어쩔 줄 모르다가 와인 잔이 나오자마자 울음을 터뜨렸다. "엄마, 약물은 안 돼요!" 엄마가 이렇게 **나쁜** 짓을 했다는 게 믿기지 않았다.

1990년대에 유년기를 보낸 나는 약물 남용 예방교육D.A.R.E.에 경도되어 있었다. 1980~1990년대 미국 전역에서는 약물을 거부하기만 하면 중독될 일이 없다고 아이들에게 가르치는 D.A.R.E. 프로그램이 대유행했다. 담배 업계의 '개인적 책임' 메시지를 다른 업계에서도 채택했던 것과 같은 맥락이다.[1]

D.A.R.E. 프로그램은 보통 학교 수업 시간에 진행되었으며 경찰관이 직접 지도했다. 경찰관들은 아이들에게 다양한 약물의 비속어 명칭과 효과를 알려주고, 그런 약물이 사람들(주로 경찰 수배 명단에 오른 사람들)에게 미치는 영향을 목격한 대로 이야기하고, 아이들이 약물 거부를 연습할 수 있도록 다양한 촌극을 진행했다. 이 프로그램에 참여한 시절을 돌이켜보면 무엇보다도 약물에 중독되어 현실 감각을 잃고 자신이나 타인을 해친 사람들의 끔찍한 사연들이 가장 먼저 떠오른다. 한 경찰관이 대체 담배처럼 역

겨운 것을 왜 피우려 하는지 모르겠다며 비웃던 모습도 생생하게 기억난다. 그는 담배의 매력을 전혀 모르겠다는 태도를 보이면서도 한편으로 담배가 얼마나 유혹적이고 인기 있는지 가르치고 있었다.

D.A.R.E.는 중독에 단순하고 개인적인 해답을 제시했다. 항상 올바른 결정을 내려라. 사악한 유혹에 저항하라. 선한 일을 택함으로써 남들과 다른 사람이 되어라. D.A.R.E.로 인해 나는 약물 사용을 수치스러울 뿐 아니라 사악한 행위로 여기며 자랐다. 내 부모는 우리 집에 술을 두지 않으셨기에 술 취한 어른을 보면 혼란스럽고 두려웠다. 엄마의 가장 친한 친구 캐럴 아주머니가 평생 흡연을 해왔다는 걸 알고서는 당황스러웠다. 엄마는 어떻게 그처럼 나쁜 짓을 하는 사람을 내 곁에 둘 수 있을까?

D.A.R.E.는 빈곤, 정신적 외상, 만성 통증, 실업과 같은 요인이 약물 사용에 미치는 영향을 인정하지 않았다. 제약회사가 바르비투르산과 이후에는 오피오이드 진통제에 중독된 사람들을 만들어냈다는 것도, 중독자들이 확실한 지원만 받으면 안정을 되찾고 약물 사용을 자제할 수 있다는 것도 언급하지 않았다. 게다가 더 많은 사람을 수감하는 것 말고는 그 어떤 사회적 해결책도 제시하지 않았다. 그야말로 개인적이고 도덕적인 체제적 수치심에 기초한 접근법이었다.

1990년대에 같은 교육을 받은 내 또래 대부분은 이미 알겠지만, D.A.R.E.는 끔찍할 만큼 효과가 없었다.[2] 연구 결과에 따르면 이 프로그램에 참여한 학생들의 약물에 관한 지식과 시각, 행동은 참여하지 않은 또래 학생들과 비슷하거나 오히려 더 불량한 것으로 나타났다.[3] D.A.R.E.가 약물 사용에 관해 부정확한 통념(예를 들어 대마초는 더 강한 약물에 손대게 만드는 '초기 약물'이라는 주장)을 많이 퍼뜨렸다 보니, 프로그램에 참여한 학생들이 이전보다 오히려 더 **미흡한** 지식을 갖게 되기도 했다.[4]

최악의 경우 D.A.R.E.로 인해 오히려 약물에 관심이 **많아지기도** 했다. 약물이 엄청나게 매력적이고 인기 있는 것이라고 인식하게 된 아이들이 많았기 때문이다.[5] D.A.R.E.는 약물 사용자 대부분은 의지가 약하며 약물 사용을 중단했다가 인간관계에서 소외될 수도 있다고 가르쳤다. 또한 금욕을 흑백논리와 도덕적 이분법의 문제로 제시했다. 모든 약물을 항상 거절할 수 있을 만큼 의지가 강하거나, 아니면 단 한 번의 굴복으로 의존과 수감, 폭력의 구렁텅이에 빠지거나. D.A.R.E.는 약물 사용자에 대한 사회적 낙인을 강화시켰다. 이 프로그램에 참여하면 약물 중독자를 나약하고 부도덕한 사람으로 보거나 재발한 사람을 (사실 재활 과정에서 매우 흔한 단계인데도) 실패자로 여길 가능성이 더 높아졌다.[6]

더 많은 연구 자료에 따르면 D.A.R.E.로 인해 많은 흑인과 라틴계 학생들이 소외감에 빠지고 낙인찍혔다고 느꼈다.[7] 이 프로그램은 교육자나 중독 전문가가 아닌 경찰관이 진행했는데, 그중 상당수가 약물을 사용하는 사람이나 그들의 동기에 관해 부정확하고 인종차별적인 견해를 드러냈다.[8] 내가 다닌 학교에서도

D.A.R.E. 담당 경찰관이 약물 중독으로 아기를 국가에 빼앗긴 '크랙crack(코카인을 가리키는 속어.—옮긴이) 맘'에 관해 인종차별적 고정관념을 드러낸 기억이 난다.[9] 그 때문에 나와 같은 학년의 어느 다인종 학생은 반 친구들에게 '크랙 베이비'라고 불리게 되었으며, 이후로도 한참 그 별명을 들어야 했다.

D.A.R.E에 효과가 없다는 사실은 초창기부터 뚜렷이 드러났다. 그럼에도 D.A.R.E는 1990년대 내내 미국에서 가장 인기 있는 약물 사용 예방 프로그램으로서 수억 달러의 공적 자금을 지원받았고[10] 50개국 이상의 다른 국가에서도 시행되었다.[11] 하지만 이 프로그램의 효과를 증명하는 학술 연구는 단 한 건도 나오지 않았다.

학교 관리자들이나 국회의원들은 D.A.R.E.의 효과가 증명되지 않았다는 데 신경 쓰지 않았다. 체제적 수치심이 지배하는 세상에서 중독이라는 광범위한 사회문제의 해결을 위해 중독자를 지목하는 것은 직관적으로 합당해 보였다. 심장 및 간 질환 증가, 대량수감, 높은 유아 사망률, 빈곤의 악순환을 사회적으로 어떻게 예방할지 논의하기보다는 약물 사용자 집단을 겨냥하는 편이 더 쉬웠다. 1970년대의 범죄 예방교육 '감방 수업Scared Straight'은 D.A.R.E.에 많은 영향을 미쳤으며, D.A.R.E.와 같은 맥락에서 범죄와 폭력을 거부하는 것은 개인의 몫이라고 어린이들에게 가르쳤다. 이후 데이터를 통해 범죄 예방 효과가 없다고 밝혀졌지만[12] 그럼에도 대중의 큰 호응을 얻었다는 점 또한 D.A.R.E.와 마찬가지였다. 감방 수업에 관한 다큐멘터리는 에미상과 오스카상을 받았으며[13] 감방 수업을 거친 아이들이 오히려 체포될 가능성이 **높다**는 사실을 연구자들이 밝혀낸 뒤로도 한동안 학교에서 상영되었다.[14]

D.A.R.E와 감방 수업의 꾸준한 인기는 우리 문화가 얼마나 수치심에 짓눌려 있는지 보여주는 한편, 수치심이 개인의 행동을 바꾸거나 사회 위기를 예방하는 데 도리어 역효과만 낸다는 증거이기도 하다. 수치심은 우리를 무력하게 만든다. 의욕을 꺾고 고립시킨다. 전염병이나 기후변화와 같은 대규모 사회문제에 수치심의 잣대를 갖다 대면 우리는 두려움에 빠져 계속 그 잣대에 의존하게 된다. 이 장에서는 수치심의 심리학을 탐구하고, 수치심에 의존하는 것이 무의미할 뿐 아니라 자멸적인 이유를 보여주는 연구들을 살펴보겠다. 또한 수많은 반증에도 불구하고 왜 체제적 수치심이 자꾸 우리를 미혹하는지 알아볼 것이다.

나는 소망한다, 내게 금지된 것을

내가 D.A.R.E. 프로그램에 참여할 무렵, 아버지는 쓰레기통 뒤나 동네 곳곳의 한적한 공원에 숨어 담배를 피우고 있었다. 내가 태어나면서 담배를 끊었다고 우겼지만 이후로도 16년 넘게 몰래 피워온 것이다. 나는 10학년 때 수업을 빼먹고 담배를 피우러 친구들과 공원에 갔다가 아버지를 보았다. 아버지는 담뱃갑을 들고 당황한 표정으로 나무 사이에 서 있었다.

수치심은 아버지의 인생관 전체를 일그러뜨렸다. 아버지는 죽을 때까지 뇌성마비와 발작 장애를 숨겼다. 어린 내게 아버지의 '추한' 빨간 머리와 큰 코를 물려받지 않아서 다행인 줄 알라고 입버릇처럼 말하기도 했다. 중년이 되어 당뇨병에 걸려서도 단 음식을 숨겨두고 밤늦도록 폭식했지만 가족과 의사에게는 줄곧 그런 식습관을 숨겨왔다. 남몰래 은행 계좌를 만들고 불륜에 탐닉했으며 아무에게도 마음을 열지 않았다. 아버지는 내가 열여덟 살 때 당뇨로 혼수상태에 빠져 돌아가셨지만, 워낙 사회적으로 고립되어 있었기에 며칠이 지나도록 아무도 아버지의 시신을 발견하지 못했다.

"네 아버지는 비밀을 좋아했지." 어머니는 이렇게 말했다. 하지만 나는 아버지가 수치심에 강박적으로 탐닉했다고 생각한다. 아버지가 돌아가신 뒤 심리 치료사들의 명함이 집 안 곳곳에서 무더기로 발견되었지만, 우리가 아는 한 아버지는 그중 누구에게도 연락하지 않았다. 아버지는 수치심 때문에 고독하고 혼란스러운 자신을 세상과 단절시켰고, 결국 그로 인해 죽어갔다.

나도 20대 초반에 비슷한 행동을 했다. 남몰래 담배를 피우면서 금기를 깨뜨리는 짜릿함을 만끽하는 동시에 자제력이 부족하다는 자괴감에 시달렸다. 지금까지도 내가 왜 그랬는지 모르겠다. 자기혐오로 인해 중력에 이끌리듯이 위험하고 비밀스러운 짓을 저질렀다고 말할 수밖에 없다. 아버지가 그랬듯 나 역시 폭식하는 한편 지쳐 떨어질 때까지 운동을 했다. 항상 모두가 잠들고 한참 지난 한밤중에. 남몰래 습관적으로 자해를 하고 온라인에서 익명으로 낯선 사람을 만나 섹스하기도 했다(종종 오싹하도록 위험한 상황도 겪었다). 섭식장애가 심해져서 생리가 끊겨도 아무에게도 말하지 않았고, 갑자기 기절하면 과로 탓이라고 둘러댔다(물론 그렇게 변명한 것도 수치심 때문이었다). 극심한 자기혐오는 자기 파괴적 충동을 억누르는 데 전혀 도움이 되지 않았으며, 오히려 그 충동을 부추겨서 가장 불건전한 방식으로 욕구를 충족시키도록 몰고 갔다.

수치심에는 강력한 힘이 있다. 어떤 활동을 완전히 금지해버리면 왠지 더 하고 싶어지게 마련이다. 격렬한 수치심은 어떻게 필요한 것을 구할지 합리적으로 판단하지 못하게 만들고, 그 대신 충동적이고 무절제한 방식으로 욕구를 채워 기분만 더 나빠지게 한다.

공인 영양사 미셸 앨리슨Michele Allison이 자신의 블로그 '뚱뚱한 영양사'에 쓴 것처럼, 사람들에게 '나쁜' 음식을 끊으라고 설교하면 폭식이나 '음식 중독'을 유발할 가능성만 더 높아진다.[15] 앨리슨 본인도 뚱뚱한 몸과 식습관으로 끊임없이 수치심을 느끼며 살아왔기에 이를 잘 알고 있다.

"나는 단것에 집착하는 편이었다. 어린 시절부터 과자는 암암리에 금지된 음식이었다. 과자를 너무 좋아하는 내가 나쁜 사람인 것 같았다. 나는 절대로 과자 먹는 걸 통제할 수 없으리라고 생각했다."[16]

앨리슨은 성인이 되어 체중을 줄이려고 식이 제한을 하면서 특정한 음식이 '나쁘다'는 믿음만 더 굳어졌다고 썼다. 설탕이 사악하고 중독적인 음식이라는 믿음은 자기 암시적 예언이 되어 설탕을 세상에서 가장 치명적인 존재로 만들었다. 주류 언론은 흔히 설탕의 위험성에 대한 공포를 보여주지만,[17] 설탕이 건강에 미치는 위험은 대체로 과장되었으며[18] '설탕 중독'이 정말로 존재한다는 증거는 없다. 실제로 《유럽 영양학 저널European Journal of Nutrition》에 실린 기사에 따르면 자제력을 잃고 설탕을 폭식할 가능성은 설탕 섭취를 엄격하게 제한한 사람에게서만 나타났다.[19]

이 발견은 칼로리를 엄격하게 제한하는 사람일수록 자제력을 잃고 폭식할 가능성이 높다는 여러 섭식장애 연구 결과와 일치한다.[20] 폭식의 주요 예측 변수는 중독이 아니라 박탈감이다. 설탕이나 케이크, 감자튀김을 먹고 싶어 하는 자신을 질책할수록 이런 음식에 대한 통제력이 떨어지고 배고픔은 더 심해진다.

앨리슨은 설탕을 나쁜 것으로 치부하지 않으면서 오히려 중독적인 갈망이 사라졌다고 블로그에 썼다. 무조건 거부하라는 D.A.R.E. 방식을 버리고 그 대신 먹고 싶은 것을 마음 편히 먹기로 했다. 자기 몸이 원하는 것과 배가 고프다는 느낌에 편견 없이 귀 기울이기 시작했다. 그러다 보니 어느새 단 음식이 예전만큼 당기지 않게 되었다.

"이제는 과자를 먹어도 기분이 나쁘지 않다.[21] 가끔은 한꺼번에 너무 많이 먹었다 싶어서 속상할 때도 있지만 그냥 그런가 보다 한다. 나 자신을 비난하는 수치심의 소용돌이에 휘말리지 않는다. 그러고 나면 하루나 몇 끼니 동안은 저절로 덜 먹게 되거나, 영양 불균형을 해소할 수 있는 다른 종류의 음식이 당기게 마련이니까."

앨리슨은 고객에게 이른바 '정상적 식사'를 권장한다. 섭식장애 치료 전문가들이 '직관적 식사'라고 부르는 것과 여러모로 비슷한 식이요법이다. 두 가지 방식 모두 자기 몸에 무엇이 필요한지 알려주는 본능을 믿고, 자신이 느끼는 욕구나 이따금 저지르는 '실수'를 자책하지 않는 것이다. 직관적 혹은 정상적 식사 방식에 따르면 금지된 음식이 없고 배고픔을 참을 이유도 없기에 다이어트나 강박적이고 무질서한 식습관으로 건강을 해칠 위험이 확 줄어든다. 반면 체제적 수치심은 우리가 스스로 건강을 관리할 수 있으며 '나쁜' 결정을 했다면 그 결과를 책임져야 한다고 말한다. 우리는 건강에 '위험'하다고 알려진 행동을 할 때 수치심과 죄책감을 느끼기 쉽다. 고칼로리 디저트에 '악마의'라는 홍보 문구가 따라붙는다는 사실만 봐도 다이어트 문화가 청교도적 도덕성과 밀접하게 연관되어 있으며 신체적 충동에 대한 두려움에 근거한다는 걸 알 수 있다. 하지만 어떤 행동이 유혹적이고 나쁘다고 알려질수록 그 행동과 관련해 현명한 결정을 내리기는 더 어려워진다. 그래서 다이어트로 체중이 줄어든 사람보다 **늘어난** 사람이 더 많다는 것이다.[22] 금지된 음식은 섭식장애가 있는 사람에게도 감정 기복과 강박적 식습관을 유발하는 주요 원인이 되기 쉽다.[23] 음식을 수치심과 연결시키면 음식과의 관계만 망가질 뿐이다.

반면 배가 고프다는 몸의 신호에 귀 기울이고 직관적 식사를 하는 사람은 욕구를 억제하거나 제한하는 사람보다 더 건강하고[24] 체중도 일정하게 유지되는 편이다. 신체는 자체 조절에 익숙하다. 며칠 동안 탄수화물 위주로 배부르게 먹고 나면 저절로 채소, 신선한 과일, 섬유질을 갈망하게 된다. 반대로 당분이나 지방을 너무 오래 섭취하지 않으면 뇌는 이런 영양소를 필요한 만큼 섭취할 때까지 갈망한다. 하지만 우리가 식욕이나 허기를 수치스러워하면 이처럼 효과적으로 작용하는 반자동 시스템이 정지해버린다.

일부 연구에 따르면 칼로리 섭취를 줄였다는 **믿음**만으로도 공복 호르몬인 그렐린ghrelin이 더 활발하게 분비된다고 한다. 심리학자 앨리아 크럼Alia Crum과 동료들이 실시한 실험에서 '저칼로리'로 표시된 셰이크를 마신 참가자들은 그렐린 분비가 급증하여 더 배고파진 반면, '고칼로리'로 표시된 셰이크를 마신 참가자들은 그렐린 분비가 감소했다.[25] 사실은 양쪽 다 똑같은 셰이크였는데도 말이다. 다시 말해 칼로리를 제한하고 있다는 **생각**만으로도 허기가 심해질 수 있다는 것이다. 이런 식으로 설탕의 악영향에 집착하고 거부해야 한다는 생각에 매달리면 수치심에 사로잡혀 설탕을 더 많이 먹고 죄책감에 시달리게 된다.

우리 문화에서 수치심과 관련된 다른 행동도 마찬가지다. 콘돔을 사용하지 않은 성관계를 예로 들어보자. 이런 행동 자체가

자제력 상실

내가 두려워하는 욕구는 무엇인가? 다음 질문들에 대한 답을 빈칸에 적어보자.

- '자제할 수 없다'고 느끼는 음식, 물건, 성적 경험이나 그 밖의 흥미진진한 활동(쇼핑이나 도박, 자해 등)이 있는가? 어떤 것인가?

- '자제할 수 없는' 상태란 어떤 것이라고 생각하는가?

- 강박적으로 먹거나 도박하거나 약물을 사용할 때 어떤 감각을 느끼는가?

- '자제력을 상실'했을 때 어떤 생각이 드는가?

- 특정한 감정을 느끼게 되면 '자제력을 상실'한다고 말하는 사람들이 많다. 다음은 잠재적 유발 요인의 간략한 목록이다. 어떤 상황에서 쉽게 자제력을 상실하는지 공감 가는 항목에 표시해보자.

  ☐ 스트레스받을 때

  ☐ 내 몸과 단절되었다고 느낄 때

☐ 지쳤을 때
☐ 배고플 때
☐ 외로울 때
☐ 자극이나 흥분이 부족할 때
☐ 아무것도 기대되지 않을 때
☐ 나 자신이 미울 때
☐ 과거의 기억이나 정신적 외상이 떠올랐을 때
☐ 내 마음대로 할 수 있다는 걸 보여주고 싶을 때
☐ 앙갚음하고 싶을 때
☐ 화가 날 때
☐ 그 외

- 박탈감은 강박 행동의 주요 예측 변수 중 하나다. 어떤 면에서 박탈감을 느끼는가? 다음 중 해당되는 항목에 표시해보자.

☐ 음식
☐ 즐거움
☐ 관심
☐ 돈
☐ 안락
☐ 짜릿함
☐ 타인의 인정
☐ 사생활
☐ 내 몸에 대한 통제력
☐ 자기표현
☐ 신체 접촉
☐ 애정
☐ 그 외

- 허기나 권태감, 피곤함 같은 감정을 억누르거나 밀어내려고 애쓰는 일이 잦은가? 다음 중 공감 가는 항목에 표시해보자.

☐ 식사를 최대한 미루곤 한다.
☐ 통증이 심해지고 나서야 다쳤거나 아프다는 걸 알아차린다.
☐ 내 수면 시간이 너무 길다고 느낀다.
☐ 사소한 물건 하나도 매번 구매할지 말지 고민한다.
☐ 불편한 감정이 생기면 이런저런 구실을 갖다 대며 억누르려고 한다.
☐ 집중이 깨진다는 이유로 화장실에 가는 것을 미루기도 한다.
☐ 나는 욕심이 너무 많다.
☐ 식사와 수면, 휴식 시간을 줄여도 버틸 만하다 싶으면 흐뭇하고 뿌듯해진다.

도덕적으로 나쁠 건 없지만, '자제력을 잃고' 지나치게 즐기는 것에 대한 두려움은 자기 암시적 예언이 된다. 수치심은 우리가 처한 상황과 충족하고자 하는 욕구에 관해 솔직하게 소통하지 못하게 할 뿐이다. 앞 페이지의 질문들을 통해 당신이 무엇을 원하는지, 어떤 욕구를 '자제력을 잃을까 봐' 억누르고 있는지 살펴보자.

체제적 수치심은 많은 사람들에게 끊임없이 노력하며 항상 최대한 올바르고 '도덕적인' 결정을 내려야 살아남을 자격이 있다고 종용한다. 이런 금욕적 사고방식은 우리 몸에 필요한 것을 받아들이지 못하고 기본적인 신체 기능과 욕구조차도 수치스러워하게 한다. 몇 년 전 한 심리치료사가 근무 중이라면 소변을 보러 가기 전에 "잠시 참아봐도" 괜찮다는 인스타그램 게시물을 올린 적이 있다. 이 게시물은 어디까지나 선의로 작성되었지만, 결국 배뇨를 논쟁의 여지가 없는 인간의 기본 욕구가 아니라 유쾌한 '자기 관리' 행위로 포장하여 신체 기능은 극복 가능한 방해물이라는 우리 문화의 터무니없는 가치관을 만천하에 드러냈을 뿐이다. 이런 사례만 봐도 체제적 수치심이 우리를 자신의 몸과 욕구에서 심각하게 단절시켰음을 알 수 있다. 우리는 밥 먹는 것을 '죄스럽게' 느끼고 소변보는 것을 무분별한 방종으로 여기게 되었다.

수치심과 자기 관리

많은 연구를 통해 증명되었듯이, 수치심을 느끼는 사람은 자신을 보살필 가능성이 낮아진다. 수치심은 자기 효능감, 즉 자신이 뭔가를 해낼 수 있다는 확신을 떨어뜨린다.[26] 수치심에 빠진 사람은 자신의 행복을 위해 싸울 기력과 동기를 잃고, 그런 행동이 장기적으로 유익하리라는 믿음도 잃는다. 체제적 수치심의 또 다른 기이한 역설이다. 사람들은 자신의 어려운 상황을 도덕적으로 책임지라고 요구받을수록 진료 예약, 운동, 알코올 중독 치료, 콘돔 사용과 같은 '올바른' 행동을 하지 못하게 된다.

수치심에 빠진 사람들은 자신의 몸에 정성과 주의를 기울일 **자격**이 없다고 생각하게 된다. 당뇨병 환자가 자신의 질병이나 식습관을 수치스러워하면 혈당 체크를 게을리하고[27] 질환 관리 교육 프로그램에도 덜 참여하게 된다.[28] 자괴감에 짓눌린 약물 중독자는 과다 복용 예방약을 소지할 가능성이 낮아진다.[29] 정신건강 낙인이 찍힌 우울증 환자는 자신의 증상을 다른 사람에게 알릴 가능성이 급감하며 같은 이유에서 자살 위험도 훨씬 높아진다.[30] '건강에 해로운' 또는 '나쁜' 행동을 한 사람들에 대한 비난이 얼마나 자주 도움 요청과 적극적 예방 치료를 가로막는지 살펴보면 도저히 그런 행동이 유익하다고 생각할 수 없게 된다.

어린 시절 내게 D.A.R.E.를 강요했던 바로 그 오하이오 공립교육 제도가 열여섯 살이 되자 순결 서약서에 서명하도록 압박한 것은 우연이 아니다. 대학생 기독교 공연단이 우리 학교에 와서 금욕의 미덕과 섹스의 사악함을 설파했다. 공연자들은 빨간색 종이컵 하나를 돌리며 우리 반 남학생 모두에게 컵 안에 침을 뱉으라고 했다. 그러고는 뿌옇고 끈적끈적한 거품투성이 침으로 가득한 컵을 반 전체가 들여다보게 했다. 난잡한 여자로 살면 이렇게 되는 거라고 그들은 말했다. 게이 섹스는 또 어떤가? 항문에 하는 것은 결코 사랑으로 이어질 수 없는 혐오스럽고 폭력적인 행위였다. 우리에게 이런 이야기를 하는 그들의 얼굴은 혐오감으로 일그러져 있었다. 이성애자 친구들은 대부분 깔깔 웃어대거나 비웃을 뿐이었다. 내 친구 하나가 항의하며 안전한 성관계와 퀴어 성 정체성에 관한 교육 자료를 배포하려 했지만 교장에게 저지당하고 말았다.

금욕만을 설교하는 교육자들은 우리에게 성에 대한 수치심을 불어넣는 것이 10대 임신, 성병, '죄악'과의 성스러운 전투라고 믿었으리라. 하지만 자신의 욕망을 두려워해야 한다는 그들의 가르침 때문에 많은 친구들이 콘돔을 챙기거나 피임약을 복용하여 안전한 성관계를 준비할 수 없게 되었다. 우리가 어떤 사람이고 무엇을 좋아하는지 알아내기 위해 자신의 몸과 성 정체성을 탐구하지도 못했다. 그 대신 많은 친구들이 그들을 존중하지 않는 상대와 충동적이고 자학적인 성관계를 가졌다. 일터에서 만난 성인과 눈이 맞거나, 익명으로 인터넷에서 만난 사람과 남몰래 혹은 야외에서 섹스를 했다. 너무 어린 나이에 임신하거나 연상의 남성과 결혼했다가 가정폭력을 당한 또래 친구들도 있었다. 하지만 체제적 수치심에 따르면 우리가 어떤 피해를 입든 간에 전부 스스로의 나쁜 행동에 대한 처벌일 뿐이었다.

우리의 경험을 뒷받침하는 많은 연구들이 있다. 종교와 수치심에 근거한 성교육이 비생산적이라는 사실은 거듭 증명되어왔다. 고결한 금욕과 위험하고 '죄스러운' 섹스라는 흑백논리를 주입하여 10대가 안전한 섹스를 할 가능성을 전반적으로 낮추기 때문이다.[31] 자신의 성 정체성을 수치스러워하는 퀴어들은 콘돔이나 PrEP(HIV에 노출되기 이전부터 감염을 예방해주는 방식이다) 등의 예방 조치나 성병 감염에 관해 공개적으로 대화하기를 꺼린다. 제릴린 래드클리프Jerilyn Radcliffe와 동료들이 흑인 퀴어 남성의 성 건강 습관과 태도를 연구한 결과, HIV로 더 심한 낙인이 찍힌 남성일수록 술이나 약에 취해 콘돔이나 PrEP 없이 충동적으로 성관계를 맺을 가능성이 더 높았다.[32] 자기혐오로 욕망을 억눌러온 퀴어 남성들은 술이나 약에 취해서만 "자제력을 상실"하고 그들이 갈망했던 행위를 즐길 수 있었다. 2010년대 초 캐나다에서 PrEP가 처음 출시되었을 때, 연구자들은 많은 게이 남성들이 이 약을 복용하기를 수치스러워하며 남들에게 숨겨야 한다고 생각한다는 것을 발견했다.[33] 수치심은 건강 관리를 독려하는 대신 오히려 의사결정 과정을 방해하고 기본적 예방 조치에서도 전전긍긍하며 고민하게 만든다.

다음 표는 당신이 살아가면서 부끄럽다고 느꼈던 욕망과 습관을 되돌아볼 수 있는 몇 가지 질문들로 구성되었다. 당신의 환상, 두려움, 행동을 객관적으로 생각해보거나 적어도 자기 비판적 감정을 느끼는 즉시 알아차리려고 해보자. 특히 뭔가를 느끼거나 원해서는 **안 된다**는 감정에 주목하자. 정말로 원하는 일인데도 차마 입 밖에 낼 수 없다면 수치심을 느낀다는 명백한 징후다. 우리는 기진맥진하거나 술에 취했을 때, 또는 아무도 우리의 언행을 기억하지 않을 낯선 환경에서만 마음속 깊이 억눌러온 욕망을 터놓고 말할 수 있다. 이런 질문들에 대답하다 보면 평소 드러내지 못한 욕망을 표출하는 데 도움이 될 것이다.

내 경우 부끄럽게 느껴지는 감정을 인정하고 받아들이려면 지쳐서 고민하기 힘들거나 뒤끝이 없을 것 같은 상황이어야만 한다. 한번은 그날 처음 만난 사람과 밤새워 술집 안뜰에서 술을 마시다가 깊이 숨겨왔던 성적 환상을 고백한 적이 있다. 한밤중에 남몰래 관련된 포르노 영상을 구글 검색하고 자기혐오에 빠진 적

부끄러운 욕망

우리는 살아가면서 진정으로 원하는 것을 수치심 때문에 스스로 혹은 남들에게 인정하지 못한다. 자신의 충동과 환상을 직면하기가 창피하거나 두려워서 마음속에 강력한 방어막을 치고 그것들을 막아내려 한다. 다음 질문들을 통해 미처 인식하지 못한 욕망에 관해 생각해보자.

- 마음속에서 어떤 생각과 욕망을 쫓아내려고 한 적이 있는가? 그런 생각이 떠오를 때면 어떤 기분이 드는가? 다음 문장들을 완성해보자.

  "나는 ______________________________하고 싶어 하면 안 돼."

  "내가 ______________________________하고 싶다고 인정한다면 (이상한/ 기분 나쁜/ 불쌍한/ 역겨운/ 그 외) 사람이 될 거야."

  "하루만이라도 마음대로 할 수 있고 내가 아는 그 누구에게도 들키지 않는다면 나는 ______________________________하고 싶어."

  "누가 내게 묻지 않고서도 내가 ______________________________하고 싶은 걸 알아줬으면 좋겠어."

은 있었지만, 그때까지는 어느 누구에게도 발설한 적 없는 환상이었다. 그런데 나와 잘 아는 사이도 아니었던 상대방이 취기를 빌어 자기는 연상의 여성이 좋다고 고백하기 시작했다. 마치 그로서는 결코 용납할 수 없을 끔찍하고 음란한 비밀을 이야기하듯이 말이다.

나는 술에 취해 피곤했지만 낯선 이의 고백에 왠지 마음이 편해졌다. 40~50대 여성에게 매력을 느끼는 걸 그토록 부끄러워하다니 어이가 없었다. 그러고 보면 내 욕망도 그렇게 끔찍한 건 아닐지도 모른다는 생각이 들었다. 그리하여 난생 처음 그 남자를 상대로 내 환상을 소리 내어 이야기할 수 있었다. 내가 원하는 게 무엇인지 말로 표현하고 나니 이제는 섹스 파트너나 믿을 수 있는 친구들에게도 충분히 그 이야기를 할 수 있을 것 같았다. 그리고 이후로 1년도 안 되어 20년 넘게 마음속 깊이 숨겨온 욕구를 실현하게 되었다.

온종일 내 진심과 갈망을 꾹 참는다 해도 잠자리에 누우면 그런 마음이 마구 쏟아져 나온다는 사실도 깨달았다. 그런데 내가 그토록 부끄러워하는 욕망들은 보통 누군가에게 안기거나 다정한 말을 듣거나 보살핌받고 싶다는 나쁠 것 없거나 심지어 바람직한 감정이다. 체제적 수치심에 짓눌리면 어떤 식으로든 응석 부리고 싶은 마음이 부도덕하게 느껴지고, 정말로 원하는 것을 요구하기가 두려워서 아무런 행동도 못하게 된다.

수치심은 우리를 마비시킨다

수치심 때문에 스스로를 돌보거나 '책임감 있게' 행동하지 못하는 것은 우리 마음속에 내재된 생물학적 원인 때문이다. 이를 이해하려면 수치심이 어떤 감정이며 인류 진화의 초기에 어떤 역할을 했는지 살펴봐야 한다.

인지 및 사회 심리학에서는 감정을 **접근 기반** 감정과 **회피 기반** 감정으로 구분하여 설명하기도 한다.[34] 접근 기반 감정(희망·사랑·호기심·분노·슬픔 등)은 다른 사람에게 다가가고 현실에 적극적으로 참여하도록 유도한다. 접근 기반 감정을 느끼면 동공이 확장되고 후각이 예민해지며 시간이 느리게 가는 것처럼 느껴진다. 이 모두가 적을 물리치거나 팔을 뻗어 누군가를 껴안거나 자원을 찾는 데 도움이 된다. 접근 기반 감정은 옥시토신 분비를 증가시켜 친사회적 행동, 공감,[35] 유대감, 나아가 포옹을 촉진하지만[36] 한편으로 같은 집단을 편들고 다른 집단에 더 큰 편견을 보이게 한다.[37]

옥시토신과 그에 따르는 접근 기반 감정은 본질적으로 초기 인류가 소속감과 우호 관계를 발견하고 위협적으로 인식되는 외부인에게서 자기 집단을 지키는 데 도움이 된 것으로 보인다. 접근 기반 감정을 느끼는 사람은 공동체를 보호하고 기존 관계를 다지며 그로부터 도움받기를 원한다. 또한 자신에게 그렇게 할 권한과 동기가 충분하다고 느낀다.

반면 회피 기반 감정(혐오감, 냉담, 절망 등)은 몸을 위축시키며 다른 사람에게서 떨어지게 만든다.[38] 동공이 축소되고 기력이 급감하며 옥시토신 분비가 감소한다.[39] 공격성이 줄어들고 유대감과 소속감도 약해진다. 남들에게 도움을 요청하려는 마음이나 그런 행동이 유익할 것이라는 믿음도 사라지고 만다. 회피 기반 감정이 **어째서** 이런 식으로 작용하는지에 관해서는 다양한 설명이 있지만, 가장 유력한 이론은 이 감정이 에너지를 보존하고 절망적 상황에서 자신을 보호하는 데 유용하다는 것이다.[40] 도움을 요청하거나 공격자를 막아내려 해도 소용이 없게 되면, 상황이 나아질 때까지 숨어서 살아남기 위해 신체가 위축되고 무기력 상태에 빠질 수 있다.[41]

다음의 표는 접근 기반 감정과 회피 기반 감정에 각각 따르는 행동과 대처 전략을 요약한 것이다.

발달심리학자 에드워드 트로닉Edward Tronick의 '스틸 페이스Still Face' 실험은 회피 기반 감정이 어떻게 작용하는지 보여주는 오싹한 사례다. 이 실험에서 부모들은 유아기 자녀를 말없이 무표정하게 응시하라는 지시를 받았다. 아기가 주의를 끌려고 무슨 짓을 하더라도 몇 분 동안 무반응으로 일관해야 했다. 실험에 처한 아기는 처음에는 묵묵부답인 부모의 관심을 이끌어내려고 온갖 다양한 접근 기반 몸짓을 취한다. 부모가 쳐다봐주기를 바라며 방 안에 있는 물건을 가리키거나 웃고 미소 지으며 귀여워해달라고 손을 뻗기도 한다. 이런 노력이 수포로 돌아가자 많은 아기들은 마구 뒹굴고 울어대며 고통스러워했다. 분노와 슬픔은 모두 접근 기반 감정이지만 행복보다 더 절박한 감정이라는 데 유의하자. 아무 반응도 없이 멍하니 바라보기만 하는 부모의 시선 아래, 아기는 결국 감정적으로 '공허'하고 무기력해진다. 모든 접근 시도가 실패하면서 포기하고 회피 상태에 빠지는 것이다. 연결되고자 하는 어린아이의 간절한 열망이 냉담한 절망으로 바뀌어가는 과정은 차마 지켜보기 어려울 정도다.[43] 수치심에 시달리는 사람들은

접근 기반 감정과 회피 기반 감정		
감정 유형	**감정 예시**	**행동 예시**[42]
접근 기반	분노	공격자에게 맞선다.
	행복	좋은 소식을 친구와 공유한다.
	슬픔	울면서 안아달라고 부탁한다.
	자부심	자신의 성취를 자랑한다.
	호기심	새로운 취미나 기술을 배운다.
회피 기반	절망	불편한 주제나 논쟁에 관심을 끊는다.
	두려움	스트레스가 심한 사회적 상황을 피한다.
	냉담	취미나 관심사에 흥미를 잃는다.
	혐오감	새로운 음식을 맛보거나 낯선 곳에 찾아가지 않는다.
	수치스러움	민감한 문제를 가족이나 친구에게 숨기거나 거짓으로 말한다.

이런 절망적 단절감을 너무나 잘 알고 있다.

수치심은 강력한 회피 기반 감정이다. 수치심을 느끼는 사람은 신체적·감정적으로 위축될 뿐 아니라[44] 한층 더 수동적이고 순종적인 자세를 취한다.[45] 고개를 떨어뜨리고 양손으로 목을 감싸며 차마 다른 사람의 얼굴을 바라보지 못한다. 수치심에 빠지면 옥시토신 수치가 떨어지면서 더 쉽게 당황하고, 집중해서 새로운 정보를 처리하는 데도 애를 먹는다. 수치심을 느끼면 자신의 몸과

감정에 둔감해지고 솔직한 마음을 숨기게 된다는 연구도 있다.[46]

인류 역사 초창기에는 수치스러운 감정을 시각적으로 드러냄으로써 갈등을 줄일 수 있었을 것이다. 마치 개가 싸우고 나서 꼬리를 다리 사이에 집어넣고 몸을 움츠리는 것처럼 말이다. 하지만 인간이 상호 의존적 공동체 생활을 하지 않게 된 현대에 수치심은 오히려 역효과를 낼 수 있다. 남들에게 거리를 두는 행위는 화해보다 고립을 유발하게 된다. 감정 연구자 준 탕니June Tangney가 거듭 발견한 바에 따르면, 수치심을 느끼는 사람은 잘못을 저지른 상대에게 보상할 가능성이 낮아지고 과거의 행동을 부정하거나 회피하기 쉽다.[47] 이는 수치심이 의미 있는 변화로 이어지지 않는 또 다른 이유와 연결된다. 수치심은 사람들을 단절시키고 서로 응원해주는 커뮤니티를 분열시킨다. 이와 같은 수치심의 부정적 영향은 다음 단락에서 살펴볼 것이다.

수치심은 지극히 원초적인 감정인 만큼 신체 전반에 다양한 영향을 미친다. 다음 연습을 통해 수치심이 유발하는 신체 감각을 돌이켜보면 이후로 수치심이 닥쳐오는 순간을 인지하고 적극적으로 막아내는 데 도움이 될 것이다.

이 목록만 봐도 알 수 있듯이 수치심의 생리적 영향은 때로 매우 역설적이다. 수치심은 신경성 활력을 불어넣지만 한편으로 의욕을 떨어뜨리고 주변 환경에 대한 반응을 둔화시키기도 한다. 수치심은 신체적 긴장을 유발하지만 결코 편안한 해방감은 주지 않는다. 그러나 수치심을 느끼는 것이 투쟁-도피 반응과 유사한 경

수치심의 신체 감각

지독히 수치스러웠던 과거의 기억을 떠올려보자. 혹은 현재 수치스럽다고 느끼는 문제도 좋다. 수치심이 유발하는 신체적 불편감에 주목하자. 수치심을 느낄 때 나타나는 신체 감각과 행동을 표시해보자. 목록에 없는 항목이 있으면 마음대로 추가해도 좋다.

- ☐ 정신이 혼미하고 집중력이 저하된다.
- ☐ 눈을 심하게 깜빡이거나 사방을 두리번거린다.
- ☐ 눈을 내리깔거나 평소보다 다른 사람을 쳐다보기가 어렵다.
- ☐ 눈썹을 찌푸린다.
- ☐ 관자놀이가 당기거나 머리가 아프다.
- ☐ 얼굴이 뜨거워지거나 붉어진다.
- ☐ 턱과 목이 뻣뻣해진다.
- ☐ 얼굴을 가리거나 고개를 돌려 외면한다.
- ☐ 말이 안 나오거나 단어가 생각나지 않는다.
- ☐ 울음을 터뜨린다.
- ☐ 멍하니 허공을 응시한다.
- ☐ 기진맥진해서 눕고 싶거나 머릿속이 텅 비어버린다.
- ☐ 어깨가 구부정해진다.
- ☐ 팔짱을 낀다.
- ☐ 속이 쓰리거나 더부룩하다.
- ☐ 뱃속이 울렁거린다.
- ☐ 심장 박동이 빨라진다.
- ☐ 가슴이 답답하다.
- ☐ 숨이 가빠진다.
- ☐ 초조하거나 안절부절못한다.
- ☐ 뭔가를 찢거나 부수거나 강하게 움켜쥐고 싶어진다.
- ☐ 다리를 몸에 붙이고 웅크리거나 꼬고 앉는다.
- ☐ 발가락이 안으로 말리거나 발에 쥐가 난다.

☐ 앉거나 서 있을 때 몸을 움츠려 '작게' 만든다.
☐ 신체적으로 동요하거나 일어나서 '도망치고' 싶어진다.
☐ 외부 자극에 대한 반응이나 응답이 느려진다.
☐ 활동을 시작하기가 어렵고 꼼짝 못 하게 갇혀버린 느낌이다.
☐ 그 외

험임을 상기하고 '스틸 페이스' 실험이 끝났을 때 유아들이 보인 반응을 생각해보면, 이런 다양한 반응이 결국 일관된 방향으로 합쳐진다는 것을 알 수 있다. 수치심은 우리를 고통에 빠뜨리는 동시에 그 고통을 해소하려고 애써도 소용없다는 신호를 보낸다. 개인과 나아가 공동체가 치유되려면 이런 절망감을 이겨내고 필요한 도움을 요청해야만 한다. 하지만 수치심에 빠지면 내면의 모든 본능이 그 정반대로 행동하라고 다그친다.

나를 고립시키는 것

2020년 초, 철학 및 문화 유튜버 내털리 윈Natalie Wynn은 화제의 영상 에세이 〈수치심〉을 통해 레즈비언으로 커밍아웃했다. 이 동영상에서 윈은 수년 동안 억지로 남성과 데이트를 해왔다고 이야기한다. 남성에게 매력을 느끼지는 못했지만, 성적으로 매력적이라고 평가받는 이성애자 남성과 팔짱을 끼고 다니면 주변 사람들에게 자신이 매력적인 여성임을 증명할 수 있었다. 반면 자신이 레즈비언이라고 생각하면 역겹고 짐승 같은 존재가 되는 것 같았다. 윈에게 커밍아웃은 오랫동안 상상할 수도 없는 일이었다.

윈은 자신이 강박적 이성애, 즉 컴펫comphet을 겪어왔다고 말한다.[48] 컴펫이란 가상의 남성이나 만날 수 없는 연상의 남성에게 호감을 갖는 한편 남몰래 여성 친구나 지인에게 성적 환상을 품는 것으로, 많은 레즈비언 여성들이 공감하는 경험이다. 컴펫하는 레즈비언들은 원하지도 않는 이성애 섹스를 강행하고, 실제 성적 지향을 꽁꽁 숨기며, 자신에게 진정 즐거운 경험은 거부한다.[49]

컴펫은 몇 가지 이유로 레즈비언에게 특히 흔한 것으로 보인다. 첫째, 여성은 일반적으로 남성의 관심을 우선시하고 남성과의 관계에 따라 자신을 정의하도록 교육받기 때문이다. 남성의 성을 따르고 그와의 사이에서 아이를 낳는 것은 여성의 삶과 존재를 결정짓는 순간으로 여겨지며, 그럴 생각이 없는 여성은 세상에서 자기 자리를 찾는 데 난관을 겪을 수 있다. 여성의 성적 쾌락은 심각하게 과소평가되어 있기에 많은 퀴어 여성은 이성애자나 게이 남성처럼 포르노, 자위, 성적 환상을 통해 정체성을 탐구할 기회를 갖지 못한다. 영화나 텔레비전에서 레즈비언을 묘사하는 관습적 방식도 문제다. 레즈비언 캐릭터는 종종 폭력적이고 통제적이며 질투심 많고 이성애자 여성이 보기에 끔찍할 만큼 '소름 끼치는' 모습으로 그려진다.[50] 이런 모든 이유로 인해 레즈비언은 평균적으로 게이 남성보다 훨씬 나이 들어서 커밍아웃하며[51] 다른 여성에게 다가가 데이트를 신청하길 불안해하고 망설이게 된다.

윈의 경우 트랜스 여성이라는 자신의 정체성을 끔찍하게 수치스러워했기에 컴펫에 대한 수치심도 한층 더 복잡해졌다.[52]

"두 가지 문제가 복합적으로 작용해. 첫째, 나는 트랜스젠더인 게 부끄러워. 둘째, 내가 레즈비언인 게 부끄러워. 그리고 1 곱하기 2는 그냥 2지만, 난 트랜스젠더 레즈비언이라는 게 정말로 무지무지 부끄러워. 가끔은 내가 괴물처럼 느껴져. 이 사회에 설 자리가 없는 돌연변이 같아."[53]

트랜스 여성은 수십 년 동안 대중 매체에서 악당 취급을 받아왔다. 영화나 텔레비전에서 볼 수 있는 트랜스 여성은 애초에 여성으로 인식되지도 않는 경우가 많다. 그들은 자신의 이익을 위해 여성인 척하는 부정직하거나 망상증에 걸린 '남성'이다. 고전 영화에서는 앨프리드 히치콕Alfred Hitchcock의 〈사이코〉에서 어머니의 옷을 입고 어머니의 인격을 받아들여 잔혹 살인을 저지르는 노먼 베이츠를 예시로 들 수 있다. 영화 속의 가장 악명 높은 트랜스젠더 혐오성 캐릭터는 아마도 〈양들의 침묵〉에 등장하는 제임 검일 것이다.[54] 검은 스스로 트랜스젠더라고 밝히며 성 확정 수술도 받았지만, 영화의 대사와 문장은 그를 타락한 '남자'로만 묘사한다. 영화에서 검은 젊은 여성들을 납치 및 살해하여 그들의 피부로 여성복을 만들려고 한다. 검의 캐릭터는 그야말로 트랜스 여성에 대한 대중 매체의 모든 부정적 고정관념을 한꺼번에 보여준다. 그는 진짜 여성이 아니고, 망상증 환자이며, 위험하고 폭력적이다. 그와 다른 여성들의 친밀한 관계는 진실한 것이 아니라 '진짜' 여성이 가진 것을 훔치려는 변태적 시도일 뿐이다.

이런 비유를 한번 알아차리고 나면 어디서나 발견하게 된다. 〈에이스 벤츄라〉의 주요 악당은 이성애자 남성을 '기만하는' 트랜스 여성 살인마다. 〈미스터 로봇〉에서도 모든 것을 막후에서 조종하는 악당은 과거의 남성 페르소나를 떨쳐버리려고 발버둥 치는 사악한 트랜스 여성이다. 텔레비전에서는 〈프렌즈〉 〈두 남자와 1/2〉 〈로 앤 오더〉 〈패밀리 가이〉 〈퓨처라마〉, 그리고 당황스럽게도 〈케이크 보스〉(주문 제작 케이크 제과점을 배경으로 한 리얼리티 예능 프로그램.—옮긴이)에까지 트랜스 여성이 '사실은 남자'란 걸 숨기고 모두를 속였다는 충격적 '폭로'가 등장한다.[55]

수십 년간 대중 매체에서 악마 취급당한 트랜스 여성들은 심각한 타격을 입었다. 트랜스 여성의 우울증, 약물 사용, 자해, 섭식 장애, 사회 불안은 점점 더 증가하는 추세다.[56] 트랜스 여성(특히 유색인종)은 매우 높은 비율로 성폭력, 구타, 학대, 심지어 살인까지 당하고 있다. 우리 사회에 만연한 트랜스 여성에 대한 체계적 혐오는 사람들이 트랜스 여성을 바라보고 대하는 방식에 영향을 미치며, 트랜스 여성의 자기 인식과 자아상도 오염시킨다.

동영상에서 윈은 트랜스젠더 혐오자들이 운영하는 사이트인 4챈이나 키위팜스에 올라온 글들을 정기적으로 읽는다고 말한다. 이런 웹사이트에서는 사용자들이 트랜스젠더(특히 트랜스 여성)의 외모와 태도, 정체성을 무자비하게 헐뜯고 이들에게 폭력을 행사하는 망상을 공유하기도 한다. 윈은 이런 유해한 의견들을 내면화하여 주변의 다른 트랜스 여성들에게 적용한다. 그 역시 트랜스 여성을 체형과 얼굴, 목소리, 옷차림에 따라 판단한다. 트랜스 여성의 태도와 관심사, 존중받을 만하고 여성스러운 시스젠더 여성처럼 '보이려고' 노력하는지(또는 노력하지 않는지) 여부에 따라 마음속으로 평가하는 것을 멈추지 못한다.

윈은 이렇게 행동하는 자신이 싫고 이런 반응은 잘못되었다는 생각을 동영상에서 분명히 밝히고 있다. 하지만 그 역시 자신이 소속된 집단에 대한 부정적 견해를 좀처럼 떨쳐낼 수 없는 듯하다. 윈의 개인적 수치심은 외부로 퍼져나가 대인 관계적 수치심이 되었고, 그의 고통을 가장 잘 이해해줄 바로 그 여성들을 공격하기 시작했다. 윈은 트랜스 여성들 가운데서 커뮤니티를 발견하고 서로의 정신적 외상을 치유하며 사회에서 인정받도록 함께 노력하길 원했지만, 오히려 점점 더 위축되는 것 같다고 말한다. 좀 더 최근 동영상에서 윈은 그가 사는 도시의 트랜스젠더 커뮤니티에서는 데이트 상대를 찾거나 친구를 사귀기가 무척 어렵다고 솔직히 털어놓는다.

나 역시 윈의 모순적 감정과 외로움에 가슴 아프도록 공감한다. 나는 트랜스 남성이 되기 전에도 퀴어 남성성에 이끌렸지만 그런 자신에게 거부감을 느꼈다. 내가 세련되고 여성스러운 게이 남성을 처음 만난 것은 어린 시절 클리블랜드의 이탈리아 식당에서였다. 갑자기 그 사람 주변이 환해지는 것 같았고, 젤을 발라 완벽하게 손질한 머리 모양과 섬세하고 부드러운 손목 놀림에서 눈을 뗄 수 없었다. 나는 오래전부터 영화 속의 게이 캐릭터를 동경해온 터였지만(〈미세스 다웃파이어〉에서 하비 피어스타인Harvey Fierstein이 연기한 인물과 〈라이온 킹〉에서 제러미 아이언스Jeremy Irons가 연기한 스카를 가장 좋아했다) 식당에서의 그 순간까지는 게이 남성이 '실존'한다는 걸 실감하지 못했다. 게이 남성이 정말로 존재한다는 걸 알게 되니 왠지 기분이 좋아졌지만 그때는 나 자신도 게이일 수 있다는 사실을 깨닫지 못했다.

나는 영화나 비디오 게임 속의 여성스러운 게이 남성 캐릭터와 자신을 동일시하곤 했다. 10대에서 20대 초반까지는 몇 번이나 게이 남성에게 반하기도 했다. 마음속으로는 나도 게이 남성이라는 사실을 알고 있었지만, 내가 거친 사회화에 따르면 게이인 **동시에** 트랜스 남성일 수는 없었다. 그건 두 배로 부도덕하고 두 배로 괴상한 일이었으니까.

수십 년 동안 나는 성적 혼란에 빠진 이성애자 여성, 게이 남성과의 우정을 사랑으로 착각하는 한심한 '패그 해그fag hag(동성애자 남성과 친해지고 싶어 하는 이성애자 여성.—옮긴이)'로 자처해왔다. 거부당하는 게 두려워서 내가 짝사랑했던 게이 친구들에게 매몰차게 굴기도 했다. 다른 트랜스 남성들을 만나기 시작했을 때는 머릿속으로 그들의 결점, 즉 내가 잘못되었다고 생각하거나 용납할 수 없는 '여성적' 특성들을 열거하곤 했다. 또한 강박적으로 키위팜스 같은 트랜스젠더 혐오 사이트에 들어가서 나와 내가 실제로 알고 지내는 트랜스젠더들이 세간에 어떻게 보이는지 묘사된 끔찍하고 악의적인 글을 정독하곤 했다.[57]

1장에서 수치심의 내면화로 소통할 수 없게 된 엘렌과 딸 제나의 사연을 소개한 바 있다. 엘렌은 제나가 자해한 것을 발견할 때마다 자책감에 심한 말을 퍼붓거나 과로로 몸을 축냈고, 그러면서 자기도 모르게 딸에게 엄마를 상처 입힌다는 자책감을 느끼게 했다. 결국 제나는 자신의 속마음과 자해 습관을 엘렌에게 더 철저히 숨기게 되었다. 두 사람 모두 고립감과 우울증으로 허우적대고 있었는데도, 수치심은 서로를 확연히 갈라놓았다. 엘렌이 자멸적 상태를 벗어나고 딸과 자신의 문제를 해결할 방법을 찾기까지 오랜 시간이 걸렸다.

다음 질문을 통해 당신의 마음속에 숨어 있는 부정적 믿음을 성찰해보자. 그런 믿음이 당신의 내면에, **나아가** 타인에 대한 시선에 어떤 영향을 미치는지도 생각해보자.

체제적 수치심은 우리를 공동체에서 단절시키고, 자기혐오에 빠져 우리와 비슷한 모든 사람들을 비난하고 응징하게 한다. 안타깝게도 체제적 수치심의 악영향은 그걸로 끝이 아니다. 체제적 수치심은 자아 개념을 갉아먹고 타인과의 유대를 약화시킬 뿐 아니라, 세상과 인류 전체에 대한 관점을 파괴하고 실존적 두려움을 불어넣어 더 나은 미래를 상상할 수 없게 한다.

내면화·외면화된 수치심

다음 질문들에 대한 답을 빈칸에 적어보자.

- 나는 어떤 소외 집단, 취약 집단, 불공평한 선입견에 시달리는 집단에 속해 있는가? '여성' '성 소수자' '흑인 남성' '간성(생식에 있어 전형적인 여성이나 남성과 다른 해부학적 구조를 지닌 경우.—옮긴이)'처럼 정체성 집단일 수도 있고, '폭력 생존자' '대학 미진학자' '이민 1세대' '휠체어 사용자'처럼 특정한 경험을 지닌 집단일 수도 있다.

- 이 집단의 구성원에게 적용되는 흔한 고정관념을 나열해보자. 가능하다면 5~10가지를 적어보자.

- 위의 답변 중에 가장 괴롭거나 부끄럽게 느껴지는 고정관념에 동그라미를 치자.

- 남들이 내게서 확인할까 봐 걱정되는 고정관념에 밑줄을 긋자.

- 같은 집단의 다른 구성원들에게 당황하거나 짜증스러웠던 적이 있는가? 그들의 어떤 행동 때문에 그런 감정을 느꼈는가?

- 세간에 따르면 내가 속한 집단에서 '존중받을 만한' 구성원이 된다는 것은 어떤 의미인가? 어떤 모습과 태도와 옷차림과 행동거지가 '요구'되는가?

- 같은 집단의 구성원들에게 외부인에 대해서보다 더 엄격한 기준을 적용하는가? 어떤 면에서 그런가?

그린워싱 세상에서의 수치와 공포

환경학 교수 제니퍼 자케Jennifer Jacquet는 《수치심의 힘》에서 어린 시절 참치잡이 그물에 걸려 질식사한 돌고래 사진을 본 이후로 계속 괴로웠다고 썼다.

"뭐라도 해야겠다고 생각했다. 겨우 아홉 살에 1980년대의 새로운 통과의례로 여겨졌던 경험을 거친 것이다. 소비자로서의 죄책감을 덜어내는 방법 말이다. 나는 우리 가족에게 참치 통조림을 사면 안 된다고 주장했다. 나 말고 다른 아이들도 마찬가지였다."[58]

대중의 비판이 쏟아지자 하인즈와 같은 식품 기업들은 '돌고래 안전' 참치를 판매하기 시작했다. 그로부터 수십 년이 지난 2021년 3월, 《내셔널 지오그래픽National Geographic》은 세계 3대 참치 통조림 업체가 오랫동안 가짜 '돌고래 안전' 마크를 사용해온 혐의로 집단 소송에 직면했다고 보도했다.[59] 이는 최근 기업의 그린워싱 사례 중 하나일 뿐이다. 그린워싱이란 '환경에 안전한' 제품을 제시함으로써 소비자의 체제적 수치심에 호소하고 기업의 환경 파괴에 대한 책임을 흐리는 전략을 말한다.

1980년대 말과 1990년대 초에 그린워싱은 소비 경제를 장악했다. **유기농**, **지속 가능**, **재활용 가능**, **윤리적 공급** 등의 수식어가 붙은 제품이 점점 더 많이 판매되었다.[60] 이런 수식어는 십중팔구 검증되지 않은 허위거나 기술적으로 모호한 표현이었다. 예를 들어 현재로서는 지속 가능한 방식의 재활용 기술이 존재하지 않는데도 삼각형 재활용 마크가 있는 제품이 많다.[61] 하지만 마케팅 측면에서 볼 때 이 모든 라벨의 역할은 일시적으로 소비자의 수치심을 덜어주는 것뿐이었다. 이런 전략은 지난 수십 년간 매우 효과적이었다. 탄소 발자국 효과에 대한 연구 결과에서 알 수 있듯이, 너무 많은 물건을 구입하고 화석 연료를 태우고 세상의 종말을 가져올 활동에 적극적으로 가담했다는 막중한 죄책감을 덜어줄 사소한 조치(또는 소비)를 찾는 데 혈안이 된 양심적 소비자들이 넘쳐난다.

많은 사람들이 자케처럼 어린 시절 환경운동가가 되기를 꿈꾸며 부모에게 칫솔질하는 동안에는 수도꼭지를 잠그라거나 열대우림 환경 친화적 초콜릿을 사달라고 요청했을 것이다. 하지만 무수한 그린워싱을 목격해오면서 아무리 탄산음료 병뚜껑을 끊어내고 물을 아껴도 소용없다는 사실을 알게 되었다. 환경 보호에 헌신적인 사람들조차 최근 몇 년간 점점 더 절망감을 느끼고 의욕을 잃어가는 것도 당연하다.[62]

체제적 수치심은 크게 두 가지 방식으로 기후 정의(그 밖에도 전염병이나 자연재해 등 여러 지구적 문제의 해결)를 위한 투쟁을 방해한다.

- 우리가 어떡하든 변화를 이끌어낼 수 없다는 절망감.[63]
- 세상을 구하기에는 너무 늦었다는 믿음.

전자는 개인의 습관에 집착하고 올바른 물건을 구매함으로써 생태 파괴를 상쇄하려는 필사적 노력으로 나타난다. 후자는 그보다도 수치심의 집단적·지구적 표현에 가깝다. "인간이야말로 진짜 바이러스다"라거나 "우리는 죽어 마땅하다"는 주장은 이런 수치심을 드러낸다. 체제적 수치심은 우리가 겪는 고통이 전부 우리 탓이라고 가르치지만, 기후변화처럼 실존을 위협하는 문제에 대해서는 온전히 종말론적 관점을 취한다.

석유 기업 브리티시 페트롤리엄은 2004년 '탄소 발자국carbon footprint'이라는 용어를 대중에게 소개하고 개인용 탄소 발자국 계산기를 만들어 홍보했다. 이산화탄소 수치 상승과 기름 유출 등 환경 재난에 대한 책임을 회피하기 위한 조치였다.[64] 이런 조치는 실제로 효과가 있었다. 이제는 개인의 출퇴근 방식이나 온라인 쇼핑 습관이 환경에 얼마나 해로운지 계산할 수 있는 탄소 추적 애플리케이션도 나와 있다.[65] 소비자의 65퍼센트는 지속 가능한 쇼핑을 하고 싶다는 의사를 밝혔지만, 실제로 그럴 수 있었다고 답한 것은 26퍼센트 정도였다.[66] 우리의 선의보다는 우리를 둘러싼 정교한 의무와 경제적 동기의 네트워크가 더 중요하다는 이야기다.

내가 대학원에 다닐 때는 사회심리학계에서 '에코길트ecoguilt'가 화제였다. 에코길트란 자신의 행동이 친환경적 행동에 대한 스스로의 도덕적 기준에 부합하지 않는다는 불안감이다.[67] 사회심리학자들은 에코길트가 재활용에 매진하고, 환경 단체에 더 많이 기부하고, 퇴비를 만들고, 물을 아끼고, 대중교통을 이용하고, 재사용 가능한 에코백을 갖고 다닐 동기를 부여할 수 있는지 실험해왔다.[68] 하지만 그들이 발견한 것은 에코길트를 겪은 사람들 대부분이 앞으로 환경에 더 많이 기여하고 싶다는 **욕구**를 표현한다는 데 그쳤다는 사실이다. 이런 사람들은 또한 탄소 발자국 효과를 의식하며 '착한' 구매로 '나쁜' 행동을 상쇄하려고 노력할 가능성이 높았다.[69] 연구자들이 친환경 건축에 관한 수천 개의 온라인 게시물 내용을 분석한 결과, 많은 사람들이 친환경 건축을 종교적인 언어로 서술한다는 점이 드러났다.[70] 게시물을 올린 사람들은 환경 문제를 개인의 '죄'로, 기후변화나 자연 재해 같은 영향을 일종의 우주적 형벌로 묘사했다.

에코길트 연구는 10년 넘게 다방면으로 진행되어왔지만, 흥미롭게도 에코길트 때문에 사람들이 더 환경 친화적으로 행동하게 되었다고 증명해낸 연구는 단 한 건도 없다. 연구자들에 따르면 에코길트를 겪은 사람들은 환경에 이로운 일을 더 많이 하고 **싶지만**(심리학자들은 이를 '행동 의도'라고 부른다) 실제로 그렇게 할 방법이 없다고 말한다는 것이다. 예를 들어 M.J. 비싱-올슨M.J. Bissing-Olson, K.S. 필딩K.S. Fielding, A. 아이어A. Iyer가 2016년 실시한 연구에 따르면 환경에 해로운 결정을 내린 적이 있다는 죄책감이 이후 친환경적으로 행동할 가능성을 떨어뜨린다고 한다. 사람들이 이후에도 친환경적으로 행동하도록 촉구하는 유일한 요인은 과거에 재활용이나 퇴비화 등 친환경적 활동을 했다는 인식에서 나온 활력과 행복감뿐이었다. 에코길트 연구가 흥한 지 거의 10년이 지난 지금, 강가 쉬리다르Ganga Shreedar를 비롯한 이 분야의 주요 연구자들은 에코길트를 겪은 사람들이 감정적으로 환경 문제를 외면하게 될 수 있다고 지적한다. 마치 비만이나 성병으로 수치심을 느낀 환자들이 자신의 질환을 외면하듯이 말이다.[71] 연구원 엘리사 알톨라Elisa Aaltola는 에코길트가 "도덕적으로 해로운 수치심"의 한 형태라고 말하기도 했다.

리베카 솔닛Rebecca Solnit은 최근 《가디언The Guardian》에 기고한 글에서 이렇게 썼다. "나라는 개인의 미덕처럼 보이는 일들도 어느 정도는 집단행동이 있었기에 가능했다. 내가 자전거를 타고 다니며 볼일을 볼 수 있는 것은 지난 수십 년 동안 도시 전역의 자전거 도로 조성을 추진하여 사람들이 더 안전하게 두 바퀴로 이동할 수 있게 해준 샌프란시스코 자전거 연합 덕분이다."[72] 자전거 도로, 지속 가능한 전력, 적절한 재활용 제도가 없는 도시에서는 대부분의 사람들이 '올바르게' 행동하고 싶어도 그럴 수가 없다.

환경 피해 대부분이 대기업과 정부로 인해 발생한다는 점을 고려하면, 개인의 행동 의도에 초점을 맞춘 친환경 연구 전체가 첫 단추를 잘못 끼웠다고 말할 수밖에 없다. 시간이나 금전 여유가 있는 모든 개인이 바로 내일부터 비건 채식을 하겠다고 결심하더라도, 우리는 여전히 소고기 산업에 매년 400억 달러(한화 약 55조 3500억 원)에 가까운 보조금이 지급되며[73] 신선식품이 반생태적으로 유통되어 다량으로 버려지는 세상에서 살아갈 것이다.[74] 내가 평생 쓰레기를 분류해서 재활용하더라도 재활용한 쓰레기

대부분이 결국 땅에 묻힌다는 사실은 변하지 않는다(추가 운송과 분류 과정을 거치면서 더 많은 연료가 소비될 뿐이다).[75] '그린 뉴딜'과 같은 체계적 계획(미국의 탄소 배출량을 해마다 조금씩 줄여 2050년까지 순 배출량 제로를 달성하는 것이 목표다)은 대중에게 좋은 반응을 얻었지만, 기업이 상당한 대가를 치러야 하는 만큼[76] 정치적으로는 추진하기가 매우 어려울 것이다.

체제적 수치심은 수십 년 동안 개인의 행동에 근거한 환경 구제의 환상을 판매해왔다. "여러분만이 산불을 예방할 수 있습니다. 절제하고, 재사용하고, 재활용하세요." 그리고 그런 환상이 우리에게 남긴 것은 지구의 미래에 대한 끝없는 두려움과 지독한 무력감뿐이다.

체제적 수치심이 우리에게 불어넣는 무력감은 완전히 의도적일 가능성이 크다. 정치 이론가 마크 피셔Mark Fisher가 《자본주의 리얼리즘》에 썼듯이, 영원한 경제 성장은 불가능한 만큼 실제로 착취와 자본주의의 종말을 상상하기보다 세계가 붕괴 직전이라고 믿는 쪽이 더 쉬울 수 있다.[77] 피셔와 데이비드 그레이버David Graeber, 프레더릭 제임슨Frederic Jameson 같은 이론가들은 세상의 종말이 가까웠다는 믿음이 변화를 거부하는 기업과 정부를 압박하는 데 오히려 역효과라고 주장했다. 어차피 우리 모두가 죽을 운명이고 죽어도 싸다고 생각한다면, 탄소 배출량을 줄이거나 노동착취 공장에서의 아동 노예제를 종식시키거나 새로운 생활 방식을 상상해봤자 아무 의미가 없을 테니까.

하지만 인류가 아무리 수치심과 공포에 빠지고 종종 저주받았다고 느낀다 해도, 이렇게 자멸의 길을 갈 필요는 없다. 기후변화, 공중보건 위기, 경제적 불공평, 백인 우월주의와 같은 문제를 효과적으로 해결하려면 자신을 용서하고, 타인에 대한 믿음을 회복하고, 구조적 변화를 위해 싸우는 공동체를 세울 방법을 찾아야 한다. 수치심이 정답이라는 우리 문화의 끈질긴 세뇌와 달리, 우리는 이렇게 살아갈 필요가 없다.

지금까지는 체제적 수치심이 어떻게 우리를 여러모로 갉아먹고 뿔뿔이 흩어놓는지 여러 페이지에 걸쳐 살펴보았다. 하지만 이제는 암울함을 벗어나 해결책과 치유를 찾아가야 한다. 이 책의 후반부에서는 치료사, 공중보건 연구자, 작가, 활동가와 면담하며 수치심을 벗어난 인간적 치유 방식에 관해 이야기할 것이다. 또한 다양한 정체성을 지닌 소외되고 취약한 사람들을 만나 그들이 어떻게 수치심을 풀어내고 처리하는지 물어볼 것이다. 나는 이 모든 활동을 통해 체제적 수치심의 대척점을 파악할 뼈대를 개발했다. 체계적 문제로 개인을 탓하는 것의 반대는 우리 모두가 스스로 통제할 수 없는 광범위한 구조적 힘의 연결망에 피해를 입는다는 인식이다. 우리는 타인을 인간적 나약함에 따라 판단하기보다 있는 그대로 한껏 포용하는 동시에 자신의 불완전하고 진정한 자아를 받아들여야 한다. 이처럼 개인과 공동체의 치유를 위한 다층적이고 역동적인 접근법을 나는 '확장적 인식expansive recognition'이라고 부르겠다. 다음 장에서는 확장적 인식이란 무엇이며 어떻게 키울 수 있는지 살펴보자.

2부

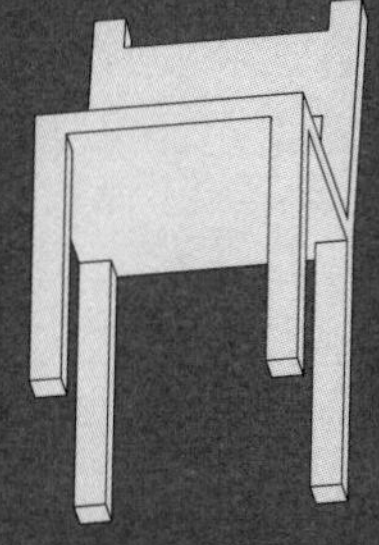

자책을 멈추고
마음의 근육 기르기

최고의 성과든 최악의 결정이든

전적으로 우리만의 책임은 아니다.

우리 삶이 끝나도 우리 삶의 이야기는 끝나지 않는다.

우리는 작지만 아름다운 하나의 파편일 뿐이다.

5장 이어지는 마음

엘렌은 몇 년이나 고민한 끝에 자신과 딸 제나의 수치심에 완전히 새로운 방식으로 접근하기로 결정했고, 어느 날 오후 제나에게 한 번만 치어리딩 연습에 빠져달라고 부탁했다(제나도 엄마와 마찬가지로 지나치게 움직여 우울증에 대처하려고 했다. 제나의 경우 온갖 과외 활동과 자원봉사에 열중했다는 점만이 달랐다). 모녀는 제나가 어릴 때 놀러가곤 했던 공원으로 발걸음을 옮겼다. 엘렌은 딸과 나란히 벤치에 앉아서 자신이 엄마로서의 모든 역할에 실패한 것 같다는 두려움을 털어놓았다.

"네가 자해를 시작한 건 다 엄마 탓이야. 모든 게 내가 네 아빠에게 이혼하자고 요구하면서 시작된 일이잖니. 넌 엄마를 용서할 수 없겠지. 그래도 엄마가 정말 미안하다는 말은 하고 싶구나."

딸은 고개를 들더니 놀란 얼굴로 눈을 껌벅이며 엄마를 바라보았다. 엘렌은 그때 제나가 한 대답을 생생히 기억한다.

"엄마, 아니에요. 이혼과는 아무 상관도 없어요. 오히려 나로서는 다행이었어요. 두 분 다 행복하길 바랐으니까요. 학교가 문제였어요. 학교에서 너무 심한 스트레스를 받았기 때문에 자해를 한 거예요."

엘렌은 내게 그런 가능성은 생각도 못 했다고 말했다.

"(제나는) 표준 시험 제도가 무척 엄격해진 세대였거든요. 본인도 정말로 좋은 학교에 가고 싶어 했는데, 막상 들어가니 힘들었던 거죠. 난 질문하기를 무서워하다가 상황을 완전히 오해했던 거예요."

엘렌은 마침내 자기가 최악의 양육자라는 두려움에서 벗어났고, 두 사람이 어떻게 스트레스에 대처할 수 있을지 딸과 솔직하게 대화하기 시작했다. 한 가지는 확실했다. 엘렌이 일을 줄여야 한다는 것이었다. 엘렌은 오랫동안 깨어 있는 모든 시간을 쏟아부었던 비영리 단체를 그만두고 컨설턴트로서 기부금 신청서를 작성하기 시작했다. 수입이 훨씬 많고 시간도 한층 적게 드는 일이었다. 저녁과 주말에 하던 자원봉사 활동도 그만두었다. 그리고 제나와 합의하여 고등학교 과정은 집에서 마치도록 하자고 결정했다.

"언스쿨링unschooling은 우리 가족에게 생각도 못 한 선물이었죠."

언스쿨링이란 학생 스스로 학습을 주도하고 하루를 어떻게 보낼지 결정하는 교육 방식이다.[1] 구체적 방식은 사람마다 조금씩 다르지만, 부모와 교사가 학생에게 특정한 방식으로 학습하거나 성취하도록 강요하는 대신 학생의 목표에 맞는 자원과 사회적 기회, 활동을 찾도록 돕는 아동 중심의 자율적 실천이라는 점이 핵심이다. 엘렌은 일을 대폭 줄이고 외부의 압력을 덜어내며 딸의 언스쿨링에 집중함으로써 마침내 모녀가 행복해졌다고 말한다.

"제나는 자기 삶을 통제할 수 없을 때 자해를 했어요. 자기 삶과 몸을 통제하게 되니 그럴 필요가 없어졌죠."

언스쿨링을 통해 제나는 자기가 동물 돌보기를 좋아한다는 사실을 깨달았다. 그래서 공부를 하는 한편 뒷마당에 작은 닭장을 들여놓고 닭을 키운다. 남는 달걀은 지역 푸드뱅크에 기부할 생각인데 식품 안전법상 문제가 없는지 엄마와 함께 알아보는 중이다. 대학교 원서를 채우기 위한 자원봉사와 과외 활동도 대부분 그만두고, 본인이 좋아서 하는 개 산책 봉사만 계속하고 있다.

이런 변화로 인해 엘렌도 한결 숨통이 트였다. 엘렌은 딸을 고통스럽게 한 자신의 죄를 보상하기 위해 자해 아동을 최대한 많이 구해내는 것이 자기 인생의 소명이라고 믿어왔다. 하지만 번잡한 비영리 단체 모금 활동에서 벗어나 좀 더 느리게 살기 시작하고서야 실제로 가장 중요한 문제를 개선할 수 있었다.

엘렌은 자신과 딸이 입은 모든 상처가 완전히 아물진 않았지만 적어도 덧나진 않게 되었다고 말한다. 두 모녀는 마침내 서로 단절된 상태를 벗어나 함께 앞으로 나아가고 있다.

수치심에 대한 해결책

체제적 수치심의 대척점은 무엇일까? 어떻게 해야 세상의 미래를 비관하고 자신을 미워하며 타인을 평가하기를 중단할 수 있을까? 이 책의 나머지 부분에서는 위의 질문에 대답하고 타인 및 자신과 관계 맺는 새로운 방법을 탐구하는 데 집중하겠다. 체제적 수치심의 대안을 찾는 것은 많은 사람에게 평생 걸릴 수도 있는 과정이지만, 그 과정의 모든 단계에서 성장하고 교훈을 얻게 될 것이다.

체제적 수치심에는 다양한 층위가 있으며, 그 메시지는 우리의 눈이 닿는 모든 곳에 존재한다. 따라서 우리가 직면한 과제는 모든 수치심을 한꺼번에 떨쳐내고 어떤 의심이나 죄책감도 침범할 수 없는 대담하고 자신만만한 자아상을 완성하는 것이 아니다. 체제적 수치심에서 진정으로 해방되려면 우리를 탓하는 사회의 온갖 메시지를 튕겨낼 회복력을 기르고, 수치심을 느낄 때 한층 생산적으로 대처할 전략을 만들어야 한다.

체제적 수치심에서 벗어난다는 것은 다른 사람과 취약한 관계나마 맺기 위해 노력하고, 자신을 솔직히 드러내는 일의 치유 효과를 직접 목격하며, 인간은 불완전함에도 사랑받고 신뢰받을 수 있다는 사실을 인식하는 것이기도 하다. 체제적 수치심을 극복하려면 목적의식과 인생관을 개발하고, 이를 통해 외부의 평가와 상관없이 자신에게 무엇이 최선인지 분별할 수 있어야 한다. 체제적 수치심을 누그러뜨린다는 것은 수치심에 면역된 상태가 아니다. 우리 문화가 끊임없이 가하는 심리적 타격을 피하는 방법을 배우고, 계속 싸우기 힘들다고 느낄 때 달려가서 껴안아도 괜찮을 사람들을 찾아내는 것이다.

체제적 수치심의 대척점을 나는 '확장적 인식'이라고 부르겠다. 확장적 인식이란 더 큰 세상에서 우리의 위치를 인식하고 받아들이는 것이다. 우리가 인류 전체와 단단히 연결되어 있으며 우리의 결점을 포함한 모든 면모가 사람들과의 유대를 형성해준다는 든든한 감각이다. 확장적 인식은 인생관이나 경험이 전혀 다른 타인의 고난에서도 서로의 공통분모를 찾아낼 수 있는 능력이다. 체제적 수치심이 '평가'한다면 확장적 인식은 '존중'한다. 체제적 수치심이 의무와 기대를 강요한다면 확장적 인식은 우리 각자가 얼마나 많은 난관에 직면했는지 이해한다. 체제적 수치심은 불신과 공포로 우리를 뿔뿔이 흩어놓으려 하지만, 확장적 인식은 가장 힘든 순간에도 항상 우리를 하나로 묶어주는 유대가 존재한다고 선언한다.

체제적 수치심은 지극히 해롭고 모순적이며 다양한 가치에 기반하고 있다. 개인의 도덕성을 무엇보다 강조하고, 고통에 대해 피해자를 비난하며, '최악의' 결점이나 까다로운 면모는 무조건 숨겨야 하고, 사회는 개인을 돌볼 책임이 없다는 식이다. 이와 반대로 확장적 인식은 사람들이 항상 연결되어 있으며, 위험과 억압의 시대를 헤쳐 나갈 방법은 하나로 뭉치는 것뿐이라고 주장한다. 체제적 수치심의 핵심 가치와 이에 반대되는 확장적 인식의 대안적 가치를 다음 페이지에 표로 정리했다.

확장적 인식은 체제적 수치심과 마찬가지로 하나의 감정이자 관점이다. 감정으로서의 확장적 인식은 전혀 예상하지 못한 순간

체제적 수치심의 핵심 가치	확장적 인식의 핵심 가치
완벽주의	포용
개인주의	취약성
소비주의	연대
부	연민
개인적 책임	겸허함

에 누군가 나를 바라보고 온전히 이해해준다는 느낌이다. 숨겨왔던 부끄러운 비밀을 모르는 사람에게 털어놓았다가 그도 나와 똑같은 경험을 했음을 알게 된 적이 있는가? 그럴 때 느끼는 감정이 확장적 인식이다. 내가 항상 의식하고 민망하게 여겨온 면모를 친구들이 칭찬하거나 애정을 담아 언급할 때 느끼는 감정이기도 하다. 나 자신이 가장 끔찍하게 생각한 면모가 나를 사랑스럽게 만든다는 깨달음은 놀라울 정도로 훈훈하고 기분 좋게 느껴진다.

확장적 인식은 우리 모두가 함께 싸우고 있음을 깨달아야만 승리할 수 있다고 선언한다. 자신을 열어 고통을 드러내고 무력감에 빠지는 순간을 솔직히 말함으로써 우리가 마땅히 받아야 할 도움을 구할 수 있도록 격려한다. 확장적 인식은 지독한 외로움과 자기혐오조차도 우리를 한데 뭉치게 하며, 우리가 누구이고 어떤 한계에 부닥쳤든 옳은 것에 대한 열정과 신념에 따라 살아갈 수 있음을 일깨워준다.

내가 **확장적 인식**이라는 명칭을 선택한 데는 몇 가지 이유가 있다. 첫째, **수치심**이라는 말의 기원과 사람들이 수치심을 숨기고 외면해온 역사를 살펴보았기 때문이다. 우리는 수치심을 느끼면 남들에게 들키지 않으려고 극단적 조치를 취하곤 한다. 사회는 소외된 집단을 비난하고 체계적으로 억압하기 위해 그들 자신의 이미지에 대한 통제권을 빼앗는다. 소외된 집단은 교도소와 정신병원에 갇히거나, 신체를 가려야 하거나, 남들과 구별되는 표식을 강요받거나, 자신의 젠더나 명칭을 마음대로 밝힐 수 없다. 체제적 수치심에 짓눌린 사람들의 고통은 종종 묵살되거나 가볍게 취급된다. 그들이 불공평한 현실을 언급하기만 해도 과도한 불평이나 '역차별', 혹은 '노력하지 않고' 장애만 탓하는 것으로 여겨진다. 이런 의미에서 **인식**은 체제적 수치심에 대한 해결책이 된다. 우리의 모습을 온전히 드러내고 우리의 인간성과 투쟁을 공개적으로 인정받을 기회를 주니까.

인식은 단순한 가시화와 다르다는 점을 짚고 넘어가자. 사실 체제적 수치심은 소외 집단에 대한 인식이 진보했다는 증거로 '가시화'나 심지어 대중 매체에서의 재현을 제시한다. 하지만 가시화는 억압받는 집단을 공격에 더욱 취약해지게 하는 그릇된 개인주의적 자유에 지나지 않는다. 사회적 보호와 지원이 강화되지 않은 상태에서 가시화는 부담스러울 뿐이며, 스포트라이트를 받는 극소수의 소외된 개인에게 엄청난 압박으로 작용한다. 흑인 여성이 부통령이 되면 체제적 수치심은 어째서 흑인 여성이 수백 년간 리더십에서 배제되어왔는지 묻는 대신 개인의 성취를 찬양한다. 청각 장애인, 양극성 장애인, HIV 양성인이 스크린에서 인간적으로 묘사될 때, 체제적 수치심은 이들 집단이 수십 년간 서사에서 배제되어왔다고 비판하는 대신 이를 '장애 재현'의 승리로 보도록 유도한다.

가시화의 장점은 제한적인 반면 현실적 문제는 차고 넘친다. 예를 들어 최근 몇 년간 트랜스젠더의 성 정체성과 고민들이 공적으로 '가시화'되면서, 트랜스젠더 커뮤니티 구성원들이 법적 공세에 처하거나 혐오 범죄와 폭행을 당하는 일이 훨씬 잦아졌다.[2] 이제 일반인들도 트랜스젠더의 외모와 트랜스젠더를 알아보는 요령을 잘 아는 만큼 더 쉽게 표적을 찾아낼 수 있다. 커밍아웃을 하고 뿌듯해하는 트랜스젠더의 수가 증가함에 따라 트랜스젠더 혐오자들의 초조함도 커져간다. 이들은 이제 자신이 '트랜스 유행'에 맞서 싸우고 있으며 차세대 트랜스젠더 청소년들이 평생 '돌이킬 수 없는 피해'를 입지 않도록 지켜주는 것이라고 자처한다.

지난 수십 년간 트랜스 여성은 나 같은 트랜스 남성보다 더 자주 대중 매체에서 '가시화'되었지만, 앞에서 살펴보았듯이 거의 항상 지독하게 폭력적이고 비인간적인 존재로 묘사되었다.[3] 이런 점을 고려할 때 가정폭력, 성폭행, 살인을 당하는 트랜스 여성의 비율이 트랜스 남성보다 훨씬 더 높다는 것도 우연이 아니다. 현대 문화는 퀴어들이 커밍아웃과 가시화를 해방적 행위로 여기도록 부추기기 쉽지만, 무분별한 가시화는 우리의 발등을 찍는 도끼

가 된다.[4]

가시화는 상당수의 장애인, 폭력 생존자, 중독자에게도 비슷한 문제를 유발한다. 낙인찍힌 면모가 공개되는 순간 동료, 상사, 그 밖의 온갖 지인들이 우리의 행동을 뜯어보며 우리가 구제불능이거나 신뢰할 수 없다는 증거를 찾아낼 것이다. 내가 이 책을 준비하며 만난 논바이너리nonbinary(여성과 남성이라는 성별 이분법을 벗어난 성 정체성.—옮긴이) 장애인 라일락은 항상 의사, 장애인 복지관, 비장애인의 의심스럽고 비판적인 시선을 받는다고 말했다. 라일락이 이런저런 복지와 조정을 제공받으려면 그가 말하는 신체적 문제가 실제로 존재하며 따라서 해당 의료 서비스가 필요하다고 끊임없이 증명해야 한다. 매일 얼마나 많은 고통을 견뎌내든 간에, 라일락은 자신이 정말로 "최선을 다하고 있다"는 것을 계속 사람들에게 보여주어야 한다.

라일락의 과잉 가시화는 그를 지켜주지 못한다. 오히려 라일락의 행동을 제한하고 그의 삶에 대한 통제권을 박탈한다. 이런 경우 인식은 끊임없는 침입과 평가, 위협이 따르는 감시나 다를 바 없다. 누군가의 상황을 온전히 인식한다는 것은 그가 직면했다고 말하는 난관과 한계를 그대로 믿어주고 그를 자신의 삶에 대한 전문가로 인정하는 것이다. 확장적 인식은 개인을 그의 삶이라는 맥락 안에 놓고, 그런 현실에 도덕적 가치를 부여하거나 그 자신이 현실을 바꿔야 한다고 주장하는 대신 있는 그대로 포용한다. 과도한 근무 시간, 힘겨운 출퇴근길, 이동을 어렵게 하는 무릎의 만성 통증, 부양이 필요한 노부모, 잊을 만하면 엄습하는 인종 차별의 정신적 외상, 재정과 건강을 갉아먹는 수십 년간의 니코틴 중독….

확장적 인식이 **확장적**일 수 있는 것은 바로 이 지점에서다. 확장적 인식이란 개인을 다른 사람들, 그의 환경과 이력, 나아가 더 넓은 사회적 조건과 항상 연결된 존재로 보는 것이다. 이를 통해 개인의 행동 동기를 더 큰 맥락에서 파악하고 삶의 보다 깊은 의미를 읽어낼 수 있다. 심리학자 아서 애런Arthur Aron은 거의 모든 사람에게 강한 자기 확장 욕구가 있다는 이론을 제시했다.[5] 우리는 기술과 지식을 쌓아 지금보다 더 나은 사람이 되려고 한다. 지구에 우리의 목숨보다 더 오래갈 흔적을 남기고 싶어 한다. 또한 우리의 물리적 신체보다 더 큰 존재에 속하길 원한다. 그러기 위해 우정을 쌓고, 가족을 돌보고, 예술 작품을 창작하고, 새로운 도구를 개발하고, 공동 목표와 신념으로 뭉친 커뮤니티를 만든다.

비슷한 맥락에서, 정신과 의사 로버트 리프턴Robert Lifton은 환자가 죽음에 직면했을 때 어떤 형태의 상징적 불멸을 확인하면 위로가 된다는 사실을 관찰했다.[6] 상징적 불멸은 다양한 형태로 나타난다. 그것은 우리가 키운 자녀일 수 있다. 우리가 작곡한 음악이나 가꾼 정원, 건축에 참여한 교회, 지도한 학생, 그 밖의 지속적 사회 공헌일지도 모른다. 우리는 문화, 종교 관습, 신념 체계, 공예, 역사 또는 유산을 다른 사람들과 공유함으로써 상징적 불멸을 모색할 수도 있다. 자아의식을 개인의 삶 너머로 **확장**하는 일은 우리 존재에게 지속적 의미를 부여한다. 또한 우리 자신의 성취가 가장 중요하며 머뭇거리거나 뒤처지면 '변명'할 수 없다는 체제적 수치심의 메시지를 효과적으로 상쇄한다.

체제적 수치심이 개인을 다른 사람들과 단절시키고 그의 행동을 맥락과 상관없이 판단한다면, 확장적 인식은 개인의 행동을 맥락과 분리하여 이해할 수 없다는 점을 일깨워준다. 우리는 항상 개인의 선택지와 그 주변에서 선택에 동기를 부여하는 보상과 처벌을 고려해야 한다. 이는 우리 자신을 겸허하게 이해하는 방식이기도 하다. 최고의 성과든 최악의 결정이든 전적으로 우리만의 책임은 아니다. 우리 삶이 끝나도 우리 삶의 이야기는 끝나지 않는다. 우리는 작지만 아름다운 하나의 파편일 뿐이다.

확장적 인식 개념을 구상하면서 나는 변증법적 행동 치료Dialectical Behavioral Therapy, DBT에서 영감을 받았다. DBT는 경계성 인격장애 치료 전문 심리학자 마샤 리네한Marsha Linehan 박사가 창안한 요법이다. 경계성 인격장애가 있는 사람은 충동적으로 타인을 비난하거나 자해를 하는 경우가 많다. 리네한 박사 자신도 젊은 시절 경계성 인격장애 진단을 받았으며 청소년기부터 폭력적인 자해 습관과 자살 충동에 시달려왔다. 리네한 박사는 회복 과정에서 두 가지 원칙 사이에 균형을 잡을 수 있어야 한다는 사실을 깨달았다. 첫째, 자신의 현실을(불쾌하고 고통스러운 순간들도) 있는 그대로 온전히 받아들일 수 있어야 했다. 둘째, 그런 현실에 대응할 수 있도록 내적 회복력과 대처 방법을 개발해야 했다. 이 두 가지 힘, 즉 수용과 변화는 DBT에서 줄곧 상호 긴장 관계에 있다. 현실을 있는 그대로 직시하려는 욕구와 현실에 대처하는 더 나은 방법을 찾으려는 욕구가 끊임없이 대화하는 것이다(그래서 **변증법**이라는 용어를 사용하는 것이다).

DBT에서 수용과 변화의 변증법이 어떻게 작용하는지 설명하기 위해 간단한 예를 들어보겠다. 우울증 환자가 강박적 쇼핑 습관을 극복하려 한다고 가정해보자. 이 환자에게는 이미 써버린 돈과 자원을 자책하기보다 쇼핑 덕분에 만성 우울증을 견뎌낼 수 있다는 사실을 받아들이는 쪽이 유익할지 모른다. 쇼핑은 그의 삶에 목적을 부여한다. 그 목적이란 게 단지 끊임없이 밀려드는 비참함을 외면하는 것뿐이라도 말이다. DBT 치료사는 환자가 자신의 우울증 경험과 평생 우울증에 시달릴 수도 있다는 무시무시한 잠재적 현실을 **수용하도록** 격려할 수 있다.

평생 우울증에 시달리는 것이 환자가 직면한 현실이라면, 온라인 쇼핑 중독은 우울증에 대처하는 다양한 방법 중 하나일 뿐이다. 이상적인 방법은 아닐지 모르지만 어차피 현실도 이상적이진 않다. 쇼핑은 분명히 어떤 면에서는 그에게 효과적이었다. 자살 충동이 유난히 심해질 때는 택배가 도착하기만을 기다리면서 견뎌냈을 수도 있다. 쇼핑몰 탐방이 우울증과 피로를 무릅쓰고 외출할 동기를 부여했을지도 모른다. 이렇게 생각해보면 쇼핑은 본질적으로 좋지도 나쁘지도 않은 일이다. 쇼핑을 해야 할 나름대로의 논리가 있고, 비용이 들긴 하지만 유익한 점도 존재한다. 치료법으로서의 DBT는 완벽주의를 거부한다. 어떤 대처 방법도 본질적으로 **나쁘지는** 않다. 어떤 대처 방법은 특정한 상황에서 유의미하며 누군가의 인생이 개선될 가능성을 높이거나 낮출 수 있다. 대처 방법이 더는 효과가 없다면 변화를 선택할 수 있겠지만, 도덕적으로 올바른 사람이 되기 위해서 그럴 필요는 없다.

수용과 변화가 서로 대화하게 한다는 변증법적 행동 치료 개념은 체제적 수치심에 맞서는 데 매우 유용하다. 체제적 수치심은 엄격한 흑백논리에 따라 작용하지만, 우리는 완벽한 자아상을 추구하는 대신 모든 결정을 수용과 변화의 2인무, 끊임없이 진화하는 현실과의 협상으로 생각할 수 있다.

사실 나도 기업이 개인보다 훨씬 더 환경을 오염시키니까 지구를 구하려고 싸워봤자 부질없다는 결론을 내리고 싶진 **않다**. 차라리 내가 퇴비를 제대로 만들고 있는지 몇 시간씩 고민하는 쪽이 속 편할 것 같다. 내가 사소하고 결함 많은 개인에 불과하다는 수치심에서 벗어나고 싶지만, 한편으로는 이 세상에 중요하다고 생각되는 행동에 참여하고 싶다. 확장적 인식은 나라는 개인의 사소함을 받아들이고 우리의 모든 노력이 무의미하다는 생각에 도전하게 한다. 우리의 사소한 노력이 다른 사람들의 일과 지원망에 연결되어 있음을 깨달을 때, 우리는 그 어떤 개인주의가 허용했던 것보다도 강해지고 우리의 삶은 의미로 가득할 것이다.

소설가 제임스 볼드윈James Baldwin의 "고통은 다리다"라는 경구도 확장적 인식 개념을 만드는 데 영감을 주었다.[7] 체제적 수치심은 우리의 가장 깊은 고통도 온전히 개인적인 문제로 치부하며 홀로 괴로워하라고 가르친다. 그러나 볼드윈이 관찰한 것처럼 마음속 최악의 상처가 오히려 타인과의 의미 있는 연결고리가 되고 소속된 집단과 시대를 뛰어넘어 모두를 이어줄 수 있다. 볼드윈은 흑인 동성애자라는 이유로 사회에서 보이지 않는 존재로 취급받는 것의 폭력성을 강조하곤 했다. 사람들은 그의 행복에 무관심했을 뿐 아니라 그를 인간으로 대해주지도 않았다. 볼드윈의 고통에 대한 해결책은 그의 온전하고 복잡한 인간성과 고뇌를 인정받는 것이었지만, 그것은 오직 볼드윈이 원하는 방식으로 자신을 드러내도 위험하지 않은 상황에서만 가능했다. 철학자 올루페미 O. 타이워Olúfẹmi O. Táíwò는 볼드윈의 작품들을 되돌아보며, 그는 우리 모두가 취약하다는 상호 인식을 통해 지구상의 다른 모든 사람들과 연결된다고 썼다.[8] 타이워에 따르면 연대를 구축할 때 누가 가장 고통받았는지, 누가 누구에게 복종해야 하는지 따위는 중요하지 않다. 연대는 '어떻게 해야 최선의 방식으로 힘을 모을 수 있는가' 하는 문제다. 그러려면 우리가 각자의 역할을 해야 한다. 모든 사람들은 타인과 연결될 수 있는 다리로 이어져 있다. 이 세상에 인간적 경험으로부터 단절된 사람은 없다.

확장적 인식의 세 단계

체제적 수치심과 마찬가지로 확장적 인식도 세 단계(개인적, 대인 관계적, 지구적)에 걸쳐 이루어진다.

1단계 급진적 자기 수용 나의 결점과 실수뿐 아니라 장점도 인정할 수 있다.
그에 따른 영향 자기비판이나 두려움에 발목 잡히지 않고 나의 욕구와 필요를 직면한다.

2단계 취약성의 연대 이 세상에는 나의 모든 면모를 받아들일 수 있는 사람들이 있음을 믿고, 반대로 타인의 불완전한 면모도 있는 그대로 받아들인다.
그에 따른 영향 필요한 도움을 받을 수 있다. 다른 사람들에게 사랑받고 그들도 나만큼 도움이 필요하다는 것을 인식하면 바깥세상이 위협적으로 보이지 않게 된다.

3단계 인류에 대한 희망 소속감을 느낄 수 있는 커뮤니티를 만들고, 삶을 의미 있게 사는 데 도움이 되는 활동을 찾아낸다.
그에 따른 영향 커뮤니티의 지지를 통해 나를 편안하게 받아들이고 내가 뭘 하든 '부족하다'는 불안한 강박에서 벗어날 수 있다. 소속감이 생기면 마음에 안도감과 평온함이 찾아오며 내가 어디에 속

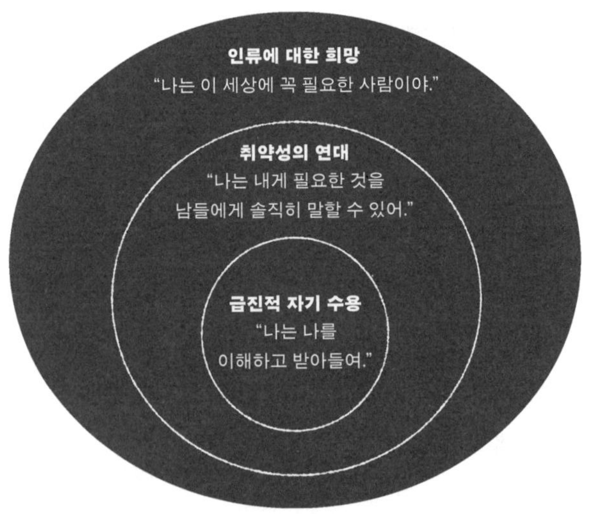

해야 최대로 기여할 수 있을지 명확히 파악하게 된다. 세상만사를 바로잡으려고 허우적대거나 반대로 가치 있는 일을 하겠다는 희망을 전부 포기하기보다 바로 지금 여기에 자리 잡았다는 데 감사하게 된다.

이 세 단계는 체제적 수치심의 경우와 마찬가지로 눈덩이처럼 이전 단계를 감싸며 커져간다.

내가 이 책을 쓰기 위해 만난 거의 모든 사람이 타인과의 관계를 통해서만 수치심에서 벗어날 수 있었다고 말했다. 수치심이 사회적 거부와 밀접하게 연관되어 있다는 점을 감안하면 이를 떨쳐내기 위해서는 사회적 수용이 필수적이라고 단정할 수도 있다. 그러나 우리가 다른 사람들과 유연하게 연결되려면 우리를 고립시키는 자기 방어 행동을 포기해야 한다. 마음을 열기 시작하면 사회적 수용의 길도 열릴 것이며, 최악의 상황을 가정하는 방어적 자세를 버리고 자아를 더욱 확장할 수 있을 것이다.

개인의 삶에서 어떻게 확장적 인식을 경험할 수 있을지 단계별로 자세히 살펴보자.

"나는 꼭 필요한 사람이야"

개인적 단계의 체제적 수치심 경험은 거의 항상 어느 정도 자신으로부터의 도피를 수반한다. 우리는 자신의 정체성과 행동, 심지어 욕망의 대상 앞에서 당혹감에 빠진다. 그래서 그것들을 숨기거나 아예 존재하지 않는 척한다. 따라서 개인적 단계의 체제적 수치심을 떨쳐내려면 최대한 외면하고 싶은 자신의 면모를 직시해야 한다. 이런 면모를 좋아하려고 애쓰거나 평생 지속되어온 낙인을 부정할 필요는 없다. 그러지 않아도 우리 각자의 진정한 모습을 발견하고 가장 지긋지긋한 특성조차도 자신을 이루는 본질적 요소임을 깨달을 수 있다. 이런 상태에 이르는 가장 좋은 방법은 급진적 수용을 실천하는 것이다.

급진적 수용을 실천하려면 자신의 몸과 마음에 온전히 귀를 기울여야 한다. 자기에게 정말 중요한 것과 열정의 대상뿐 아니라 현실적 한계도 반영하여 더 여유롭고 편안한 생활습관을 들여야 한다. 급진적 수용은 우리가 좌절하거나 불가능한 일을 바랄 때 그 사실을 자각할 수 있게 한다. 우리가 너무 많은 것에 매달려왔다는 사실을 인정하면 불만족스러운 열망과 의무를 내려놓을 수 있다.

메이크업 및 게임 분야의 유명 유튜버 스테프 산자티Stef Sanjati는 2015년 8월에 트랜스 여성임을 공식으로 커밍아웃했다.[9] 그때까지 산자티는 주로 좋아하는 화장품과 '월드 오브 워크래프트' 게임 진행 상황을 유쾌하게 이야기하는 영상을 올렸고, 사생활이나 개인적 의견은 가끔 언급하는 정도였다. 하지만 트랜스젠더로 커밍아웃하고 나서는 주제나 분위기가 전혀 다른 동영상을 올리기 시작했다.

산자티는 시스젠더 시청자들에게 트랜스젠더 정체성을 설명하는 영상을 만들었다. 여성스러운 목소리를 내는 법과 화장법 등 트랜스 여성을 위한 조언 영상도 올렸다. 보수적인 캐나다 시골 마을에서 눈에 띄는 성 소수자 청소년으로 살아가며 겪어온 참혹한 폭력에 관한 다큐멘터리도 제작했다. 성 확정 치료 과정에서 어떤 수술을 받았는지 동영상으로 설명하고 회복 중인 상처와 울음을 터뜨리는 모습까지 공개했다. 정기적으로 자문단에 참여하며 여러 대학교에서 트랜스젠더 문제와 자신의 경험에 관해 강연하기도 했다.

나는 그간 줄곧 산자티의 유튜브 채널을 구독하고 시청해왔다. 산자티의 쾌활하고 다정한 성격과 독특한 패션 감각이 마음에 들었다. 당시 나도 성 확정 치료를 받을지 고민 중이었기에 새로운 삶을 살아가는 그의 모습에서 많은 위로를 받았다. 산자티가 많은 시간을 들여 다른 사람들을 일깨우려 한다는 것도 감동적이었다. 항상 친절하게 설명하고 인내하며 화내지 않는, 게다가 전 세계가 볼 수 있도록 자신의 삶과 몸을 기꺼이 카메라에 담는 산자티는 당당하고 존중받을 만한 트랜스젠더의 완벽한 표본처럼 보였다.

하지만 결국 산자티의 대중적 이미지는 무너졌다. 집에 있길 좋아하는 느긋한 오타쿠였던 산자티가 이제는 음주와 파티 이야기를 주로 했다. 그는 완하제 의존 증상(섭식장애의 일종이다.—옮긴이)을 보일 뿐 아니라 성폭행 피해 경험과 부모의 이혼에 관해 이야기하고 울먹이며 적나라한 감정을 드러내기도 했다. 그보다 좀 더 캐주얼한 브이로그에서는 조금은 가식적이고 경박하며 공허한 모습을 보였다. 하루는 패션과 안면윤곽 주사에 관한 피상적인 영상을 공개했다가 다음 날은 신체 기형과 자살 충동에 관해 두서없이 늘어놓기도 했다. 마치 산자티 자신과 싸우고 있는 것처럼 보였다. 팬들은 산자티가 더는 다정하고 푸근한 '유사 엄마' 노릇을 해주지 않는다고 비난하기 시작했다. 수차례에 걸친 소동과 갑작스러운 콘텐츠 변경 끝에 산자티의 유튜브 채널은 업데이트가 중단되었다.

산자티는 1년 동안 침묵을 지키다가 마지막 영상을 통해 유튜브와 모든 트랜스젠더 운동을 그만두겠다고 선언했다.[10] 헐렁

한 후드 티와 안경을 착용하고 게임용 컴퓨터 앞에 앉은 산자티는 트랜스젠더 아이콘이 되었다는 압박감이 너무 커서 견디기 힘들었다고 설명했다. 많은 사람들에게 알려진 트랜스 여성으로서 마땅히 감당해야 할 역할이라고 느꼈지만, 사실 그런 역할을 원한 적은 없었다고 말이다.

"안타까운 일이죠. 나는 트랜스젠더로서 경험을 이야기했을 뿐 트랜스젠더 운동가가 되고 싶다는 말을 한 적도 없는데 그렇게 낙인이 찍혔어요. 나는 일개 트랜스젠더일 뿐 운동가였던 적은 없어요. 그런 역할을 해보려고 몇 년을 노력했지만 내게는 맞지 않더군요. 내겐 운동가가 될 만한 책임감이나 엄밀함이 없었어요. 막중한 부담을 짊어지고 비판적으로 자신을 성찰할 준비도 되어 있지 않았죠."

유튜브 채널을 개설했을 때 산자티는 겨우 열아홉 살이었다. 스물여섯 살이 되자 인플루언서나 운동가 역할을 그만두고 싶다는 생각이 들었다. 그래서 유튜브를 중단하고 트위치에서 비디오 게임 실시간 방송을 시작했다. 지금은 다시 귀엽고 사랑스러운 오타쿠가 되어 '씨 오브 시브즈'나 '월드 오브 워크래프트' 같은 게임을 즐기며 게임 회사에서 내러티브 디자이너로 일하고 있다. 방송 화면 속의 산자티는 편안하고 행복해 보인다. 플레이하는 게임에 자해나 성별 위화감처럼 부담스러운 주제가 등장하면 방송을 일찍 중단하거나 잠시 휴식하기도 한다.

산자티는 트랜스 여성이라면 흠잡을 데 없이 매력적이고 유쾌하며 타인을 배려해야 한다는 사람들의 기대에 부응하려고 오랫동안 애써왔다. 하지만 이는 체제적 수치심에 강요당한 실현 불가능한 기대였다. 체제적 수치심은 산자티의 동의도 없이 그를 트랜스젠더 커뮤니티의 아이콘으로 만들었다. 취약한 10대 여성이 감당하기에는 지나친 부담이었다. 하지만 산자티는 자신이 유튜버 운동가나 뷰티 인플루언서 역할에 부적합하다는 사실을 인정하면서 감성적인 오타쿠로서의 자아를 되찾을 수 있었다.

체제적 수치심은 우리에게 끝없이 더 많은 것을 요구할 것이다. 우리는 그 함정에 빠지는 대신 사회의 과중한 기대를 내려놓고 우리가 정말로 원하는 바에 따라 편안하고 겸허하게 살아갈 수 있어야 한다.

이 장 앞부분에서 소개한 논바이너리 트랜스젠더 신체 장애인 라일락도 남들의 기대에 부응하지 못했다는 수치심으로 괴로워했다고 말한다.

"우리 부모님은 멕시코에서 미국으로 온 이민자였어요. 두 분 모두 여러 면에서 자력갱생한 사람이지요. 그런데 나는 장애가 있고 독립적으로 살아갈 수 없다 보니 수치심에 빠질 수밖에 없어요. 부모님의 기대에 부응하지 못했고 두 분의 희생에 보답할 수 없으니까요."

라일락에 따르면 수치심을 떨쳐낸다는 것은 자신의 장애와 그에 따른 난관을 온전히 받아들이고 주류 사회의 요구를 거부한다는 의미다.

급진적 자기 수용 확인[11]

아래 문장들을 읽고 현재 자신에 관해 말하거나 생각할 때 느끼는 감정과 어떻게 다른지 떠올려보자. 이후에 수치심을 느낄 때도 이 문장들에 따라 생각을 전환해보자. 자신과의 내적 대화를 바꾸려면 오랜 시간이 필요하다. 자신에 관한 부정적 사고는 지극히 평범하고 흔한 일이다. 하지만 마음 속에서 어떤 소리가 들려오든 간에 다음과 같이 좀 더 수용적이고 중립적인 문장을 떠올리도록 연습할 수 있다.

- 내가 통제할 수 있는 것은 지금 이 순간뿐이다.
- 지금 이 감정과 싸워봤자 소용없다. 나를 스쳐가는 감정일 뿐이다.
- 내 앞의 현실은 좋든 싫든 내가 감당해야 할 사실이다.
- 상황이 지금과 달랐다면 좋았겠지만 이미 일어난 일을 바꿀 수는 없다.
- 앞으로 일어날 모든 일을 내가 통제할 수는 없다.
- 지금 이 순간은 나로서는 어쩔 수 없는 무수한 변수의 결과물이다.
- 내 머릿속의 생각이 나를 해칠 수는 없다.
- 내가 남들보다 잘하지 못하는 일들이 있으며 이 사실은 바뀌지 않을 것이다.

"나는 항상 둥근 구멍에 들어가려고 애쓰는 네모난 말뚝이었어요. 하지만 결코 구멍에 맞춰지지 못하고 망가질 뿐이었죠. 지금도 항상 최선을 다하려고는 하지만 자신을 다그치진 않아요. 생산성은 떨어질지 몰라도 그보다 건강을 중시하고 싶어요."

라일락은 자신이 꼼꼼하고 주의 깊지만 상당히 느리게 일한다고 말한다. 그래도 양질의 글을 작성할 수 있으며 자신과 비슷한 사람들을 위한 지원 모임을 세심하게 이끌어간다고 자부한다. 많은 일을 할 수는 없을지언정 체계적이고 헌신적으로 최선을 다하는 것을 목표로 삼고 있다.

다음 장에서는 급진적 수용에 관한 여러 연구를 검토하고, 이를 활용하여 개인적 단계의 체제적 수치심을 떨쳐내도록 고안된 다양한 연습을 살펴보겠다. 우선은 DBT 치료사들의 연구에 근거한 급진적 수용 확인 방법을 꼼꼼히 읽고 자신에게 적용해보자.

일단 자신의 진짜 모습을 깨닫고 받아들인다면, 남들에게도 그 모습을 드러내고 있는 그대로 사랑받을 수 있다고 믿게 될 것이다.

"나는 필요한 것을 남들에게 말할 수 있어"

대인 관계적 단계의 체제적 수치심은 우리를 남들로부터 멀어지게 한다. 아무도 우리의 끔찍한 면모를 사랑할 수 없으며 사람들 본연의 모습은 십중팔구 믿을 수 없고 무가치하다고 가르친다. 이 단계의 체제적 수치심을 떨쳐내려면 신뢰할 수 있는 사람에게 자신의 취약한 모습을 드러내고 그런 솔직함에 따르는 더욱 깊은 관계를 포용해야 한다.

라일락은 최근에 2주간 병가를 냈고, 매일 몸을 씻으려면 누군가의 도움을 받아야 한다는 사실을 인정해야 했다. 처음에는 타인의 도움이 필요하다는 사실을 받아들이기 어려웠다.

"여성들은 보통 다른 사람을 시중들고 편안하게 돌봐주는 역할을 맡죠. 하지만 나는 시중을 받아야 하는 입장이에요. 가만히 앉아서 간호사가 내 몸을 스펀지로 씻어주도록 내맡기고 있으면 정말 괴롭고 인간성을 잃어버린 느낌도 들어요."

라일락은 수치심을 다시 생각해보는 데 익숙했기에 이 경험도 재고해볼 수 있었다. 그러면서 자신의 몸이 타인과 연결되는 또 다른 수단일 수 있음을 깨달았다.

"도움을 요청하거나 서로 기대는 건 지극히 인간적인 일이에요. 사실 모든 일을 혼자 해낼 수 있는 사람은 없으니까요. 이 점을 되새기면 '그래, 도움을 받아도 괜찮아'라는 생각이 들죠. 아직은 어색하지만 그래도 받아들일 수 있어요. 안 그래도 아플 때는 처리할 일이 너무 많거든요. 그런 상황에서 수치심까지 짊어지고 싶진 않죠."

라일락이 말했듯이 모든 인간은 서로 깊이 의존한다. 사람들은 우리를 세상에 태어나게 하고 기저귀를 갈아주고 먹이고 가르쳤을 뿐 아니라 성장 과정을 지켜봐주었다. 지금도 우리는 여러 다른 사람들의 도움에 기대어 하루하루를 살아가고 있다. 그들은 내가 마시는 커피 원두를 수확하며 내가 커피에 넣는 오트 밀크를 생산하고 포장하여 배송한다. 내 화장실 문을 짜고 사포질하고 페인트칠하여 설치해주기도 한다. 지난주에는 지인이 망가진 우리 집 블라인드를 고쳐주었다. 사람들은 내가 읽을 책을 집필하고, 내가 듣는 음악을 편곡하고, 내가 살 치약을 상점 선반에 진열해준다. 감사할 일이 너무 많아서 생각만 해도 가슴이 뭉클해진다.

체제적 수치심은 우리 모두가 긴밀히 연결되어 있으며 앞으로도 그러하리라는 것을 무시하게 만든다. 도움을 요청하는 건 부끄러운 일이라고 소리친다. 하지만 사회적 지지가 결여된 삶은 불가능하며 살아갈 가치가 없다. 이 세상 어디에나 타인의 손길이 존재하며, 우리는 남들의 선의를 거부할 수 없다. 거부할 이유가 없지 않은가?

스펀지 목욕을 수치스러워하며 억지로 견디는 것과 기꺼이 받아들이고 씻겨주는 사람에게 고마워하는 것의 차이를 생각해보자. 라일락이 몸을 씻을 때마다 수치심에 사로잡혀 간병인을 외면한다면 계속 단절감을 느낄 수밖에 없다. 간병인 역시 라일락의 불편함을 눈치채고 민망해 할 것이다. 하지만 두 사람이 서로 마음을 열고 함께하기로 한다면 적어도 그 시간만큼은 보람차고 심지어 아름다운 경험을 할 수 있으리라.

우리는 체제적 수치심이 지어낸 완벽한 개인주의의 신화를 벗어나서 좋든 싫든 사실을 받아들일 수 있다. 우리는 다른 사람들을 필요로 하며 하루에도 몇 번씩 그들의 도움을 받는다는 것을 말이다. 심리학 연구에 따르면 **인지된 사회적 지지**는 정신과 신체 건강의 주요 예측 변수다. 우울증이나 양극성 장애와 같은 정신질환이 있는 사람도 누군가 자기를 아끼고 돌봐준다고 생각하면 감정 기복이 잦아들고 급성 발작에서 회복될 가능성이 높아진다.[12] 자신을 소중히 여기며 응원해주는 사람이 있다고 느끼는 다발성 경화증 환자는 장애로 인한 우울증과 불안을 겪을 가능성이 낮다.[13] 지난 수십 년간의 의학 연구에 따르면 외로움은 신체 건강을 악화시키고[14] 만성 질환을 늘리며[15] 사망률을 높일 위험이 있다.[16] 그 반대 경우도 마찬가지다. 서로 아끼며 지지해주는 관계를 맺은 사람은 잘살 가능성도 더 높다.

다른 사람들의 도움을 받아들이면 적응력과 회복력이 높아진다. 자신이 높은 사회적 지지를 받는다고 인지하는 사람들은 팬데믹 초기에 우울증과 수면 장애가 덜했고[17] 봉쇄 규범도 더 수월하게 준수했다.[18] '옳은 일'을 하는 사람의 주요 예측 변수가 의지력이 아니라 도움을 받을 수 있는지 여부라는 점이 또다시 증명된 셈이다. 만성폐쇄성폐질환Chronic Obstructive Pulmonary Disease, COPD 및 심부전 환자를 대상으로 한 연구에 따르면, 환자의 사회적 지지 인지도에 따라 자가 질환 관리가 가능한지 예측할 수 있는 것으로 나타났다.[19] 체제적 수치심은 의미 있는 변화를 일으키려면 우리가 무조건 선하고 강해져야 한다고 종용하지만, 데이터에 따르면 우리에게 필요한 것은 사회적 지지다.

이 모든 경험적 연구는 **인지된** 사회적 지지, 즉 스스로 얼마나 보살핌받으며 연결되어 있다고 **느끼는지** 조사한 것임을 명심하자. 사회과학자들과 의사들은 거듭된 시도에도 불구하고 사회적 지지를 정량화하기가 매우 어렵다는 사실을 발견했다. 중요한 것은 친구가 몇 명인지, 얼마나 많은 자원이나 인간관계를 확보했는지가 아니다. 긍정적 결과의 예측 변수는 자신이 다른 사람들과 연결되어 있음을 인식하고 그런 관계에 감사하는 것이다.

많은 사람들이 타인을 돌볼 잠재력을 지니고 있음에도 그 사실을 깨닫지 못한다. 체제적 수치심 탓에 자신에게 도움이 필요하다고 인정하지 못해서다. 하지만 우리의 삶에 무엇이 부족한지, 우리가 남들에게 무엇을 제공할 수 있는지 솔직히 인정한다면, 우리의 필요와 남들의 역량이 한데 얽혀 서로를 떠받치는 복잡한 관계망을 구축할 것이다.

ADHD가 있는 중년 여성 캐럴은 여자 친구 드니즈와 동거하기 전까지는 식사를 거르기 일쑤였다. 캐럴은 분석적으로 사고하며 남들을 실질적으로 돕고 싶어 하는 사람이다. 기술 지원 부서에서 일하다 보니 자기 끼니를 때우는 것보다 더 중요하고 흥미롭게 느껴지는 고객 문제에 정신이 팔리곤 했다. 하지만 드니즈와 같이 살면서 동거인의 온갖 식이 제한과 알레르기를 고민해야 했다.

"지금 당장 드니즈에게 좋은 음식을 먹이려면 이 **문제**를 해결할 **시스템**을 개발해야 했어요. 드니즈가 없을 때는 나도 끼니를 챙겨 먹지 않고 군것질을 많이 했어요. 하지만 드니즈와 함께 살려니 그럴 수 없게 되었죠. 그래서 식재료 목록을 만들고 채소를 손질하는 등 실용적인 부분에 신경 쓰고 있어요."

이들의 관계를 개인주의적 관점에서 바라보는 사람은 드니즈가 너무 의존적이고 캐럴은 지나치게 상호의존적이라고 단정할지 모른다. 체제적 수치심에 따르면 두 사람 모두 의지력을 발휘해 직접 식단을 짜고 끼니를 챙겨야 할 것이다. 타인의 수고로 이득을 얻기보다 혼자 해결하는 것이 **도덕적**으로 바람직하기 때문이다. 하지만 현실적으로 두 사람은 서로에게 부족한 것을 완벽하게 보충할 수 있다. 캐럴은 돌봐야 할 드니즈가 있기에 자기 자신을 더 잘 돌볼 수 있다. 드니즈는 캐럴의 단호한 식단 관리 덕분에 자신이 있는 그대로 사랑받는다고 느낄 수 있다. 각자의 행복이 함께 나누는 행복으로 확장된 것이다.

듀크 사회적 지지 지수는 인지된 사회적 지지를 측정하는 대표적인 척도다.[20] 다음 질문들은 자신의 인간관계를 돌아볼 수 있도록 듀크 사회적 지지 지수의 일부 항목을 주관식으로 재구성한 것이다.[21] 대인 관계에 따른 체제적 수치심으로 괴로워하는 사람은 자신의 현재 인간관계에 잠재된 지지력을 미처 인식하지 못했을지 모른다. 다른 사람들, 특히 도움을 받을 자격이 없어 보이거나 수고에 보답해주지 않을 것 같은 사람들을 돕기가 망설여질 수도 있다. 자신에게 도움이 필요하다는 것은 알지만 어디에 도움을 요청해야 할지 깜깜한 경우도 있을 것이다. 이와 같은 인간관계의 격차와 어려움을 성찰하다 보면 좀 더 자주 마음을 열고 남들에게 손을 내밀 수 있을 것이다.

취약성의 연대는 대인 관계적 단계의 체제적 수치심을 해소해준다. 취약성의 연대를 구축하는 방법은 7장에서 더 자세히 알아보겠다. 자신을 남들에게 숨길 필요가 없음을 깨닫고 진정한 연결에 따르는 혜택을 누리다 보면, 우리 모두를 절망과 수치심에 빠뜨린 광범위한 사회문제를 해결해나갈 수 있을 것이다.

나의 연결 능력 알아보기

- 가족·친구 집단에서 확실한 역할이 있다고 느끼는가?

- 진정으로 이해해주는 가까운 사람들이 있는가?

- 사랑하는 사람들로부터 인정받는다고 느끼는가?

- 사랑하는 사람들과 대화할 때 그들이 귀 기울여 들어준다고 느끼는가?

- 나의 가장 내밀한 고민을 털어놓을 수 있는 사람은 누구인가?

- 지난 한 주 동안 얼마나 자주 사랑하는 사람들과 즐거운 시간을 보냈는가?

- 거주하는 지역에 믿고 의지할 만한 사람들이 있는가? 그들의 이름을 적어보자.

- 인간관계에 뭔가 부족하다고 느끼는가? 어떤 것들인가?

“나는 나를 이해하고 받아들여”

지구적 단계의 체제적 수치심은 인류의 종말이 다가왔다는 실존적 우울감이며, 우리 모두가 너무 게으르고 이기적이니 망해도 싸다는 도덕적 신념과 결합되기도 한다. 이런 끔찍한 생각에 맞서려면 인류에 대해 희망을 가질 수 있어야 한다. 나아가 우리의 삶이 아무리 사소할지언정 의미 있는 영향을 미칠 수 있다는 희망이 필요하다. 우리를 독립적 행위자로만 생각하기를 멈추고 우리의 노력이 경계를 넘어 여러 다른 사람들의 노력과 만난다는 걸 깨닫는다면, 우리 마음속 희망의 불씨는 더욱 밝고 오래 타오르는 불꽃으로 성장할 것이다.

2022년 여름 대법원이 로 대 웨이드Roe v. Wade 판결(1973년 여성의 임신중지권을 미국 헌법상 권리로 보장했던 판결.—옮긴이)을 뒤집었을 때 나는 경악했다. 내가 태어난 오하이오주에서 즉시 임신중지가 금지될 것이며, 보수 성향인 다른 15개 주에서도 조만간 그렇게 되리라는 걸 알았기 때문이다.[22] 해마다 수십만 여성이 새뮤얼 앨리토Samuel Alito 판사의 말마따나 “자국민 유아 공급”을 위한 번식용 그릇이 되어야 할 나라에서 내가 어떻게 계속 살아갈 수 있겠는가?[23] 정치 조직을 아무리 많이 만들어도 연방 법원이 나를 포함해 임신할 수 있는 모든 여성의 신체 자율성을 고려하게 종용할 수 없었다. 무력감이 몰려왔다.

그날 하루는 인터넷을 완전히 끊어야 했다. 인스타그램과 X에는 미국의 상황이 “머지않아 매우 나빠질” 테니 모두가 “경계해야 한다"고 경고하는 게시물이 넘쳐났다. 마치 아직은 상황이 끔찍하지 않으며 다들 온종일 휴대전화 화면을 쳐다보고 있지도 않은 것처럼. 내 절친한 친구는 연방 차원에서 임신중지를 금지하려 할 거라고 경고했다. 내가 팔로우하는 어느 기자는 대법원이 다음번엔 동성 결혼을 취소시킬 것이라고 말했다. 이 사태를 외면해선 안 된다고 훈계하는 지인도 있었다. 하지만 모두의 괴로움을 똑바로 지켜보는 게 무슨 소용인지 알 수 없었다. 나도 이미 앞으로 닥쳐올 참담한 상황을 충분히 예상하고 있는데 말이다. 주의를 기울이고 두려워해야 한다는 꾸짖음은 또 다른 혼란을 드러내는 것처럼 보였다. 우리의 수동적이고 불안한 대중 매체 소비가 그 자체로 세상을 바꾸는 신념의 표명처럼 여겨지지만 실제로는 결코 그렇지 않듯이. 나는 그저 바위 아래 기어들어가 모든 걸 외면하고 싶었다.

바로 그때 한 친구가 온라인의 '아줌마 네트워크'를 알려줬다. 세계 곳곳에서 임신중지 수술을 받아야 하는 여성에게 도움을 제공하는 익명 커뮤니티들 말이다. 임신중지가 합법인 지역에 거주하는 '아줌마'들은 임신한 여성을 자기 집에서 재워주고 여행과 병원 예약을 도와준다. 응급 피임약과 임신중지약을 안전하게 구할 방법을 수소문하고 알리기도 한다. 내가 확인한 커뮤니티들은 임신중지 반대 운동가들이 침투하지 못하도록 신중하게 관리되고 있었다.

한 사용자는 이런 글을 올렸다. "브리티시컬럼비아 아줌마가 오늘 뉴스를 보고 다시 글을 올려요. 브리티시컬럼비아주의 밴쿠버는 아름다운 도시이자 의료 지원이 필요한 사람에게 좋은 휴식처예요. 남는 방과 고양이, 자동차도 있고, 이야기를 들어줄 사람도 있어요."

또 다른 사용자는 이렇게 썼다. "네덜란드의 임신중지 병원도 외국인을 도와줘요. 항공편 비용도 크게 비싸진 않고요."

아줌마 네트워크의 게시물을 훑어보면서 마음속에 희망과 목적의식이 샘솟는 것을 느꼈다. 많은 지역에서 임신중지가 불법이라는 사실을 내가 어찌할 수는 없지만, 임신중지를 원하는 사람들이 법을 피해 필요한 치료를 받도록 구체적 조치를 취할 수는 있다. 나는 임신중지가 불법인 텍사스주 여성이 임신중지가 합법인 다른 주에 다녀오도록 비행기 비용을 지원할 수 있다. 지금 막 임신했음을 알게 된 여성에게 생리 추적 애플리케이션 데이터를 삭제하는 법을 알려주어 개인 정보의 법적 악용을 막을 수도 있다. 임신중지를 원하는 미국 전역의 여성들에게 교통편과 재정 지원을 제공하는 '시카고 임신중지 기금'이나 '미드웨스트 액세스' 같은 단체가 있다는 사실도 위안이 되었다.

며칠 후 내 오랜 친구에게서 문자가 왔다. 임신중지 관련 뉴스 이후로 어떻게 지내고 있는지 물어보는 문자였다. 친구가 사는 주에서도 곧바로 임신중지가 불법화되었지만, 친구는 비상 계획을 짜고 다른 여성들을 어떻게 도울지 고민하기 시작했다. 우선 파트너가 운영하는 공유 사무실 공간에 도움이 필요한 여성에게 배포할 플랜 B와 플랜 C 피임약을 보관하기로 합의했다고 했다. 나도 친구를 돕겠다고 나섰다. 가능한 추가 조치를 알아보고, 같은 주에서 비밀 임신중지 서비스를 제공하는 다른 활동가에게 연락해 보기로 했다. 노고를 아끼지 않고 여성들을 돕기로 한 친구 커플의 용감함과 관대함에 감동했기 때문이다. 친구의 이야기를 들으니 고독감이 한층 덜해졌고 나도 즉시 그들을 돕기 위해 뭐든 하고 싶었다.

로 대 웨이드 판결의 전복은 처음에는 도망치고 싶은 끔찍한 현실이었다. 하지만 얼마 지나지 않아 이것이 우리의 새로운 일상이며, 민주적 절차로 구제받을 수 있는 나날도 얼마 남지 않았다는 사실을 받아들이게 되었다. 이제부터는 내 의지와 능력으로 무엇을 바꿀 수 있을지 고민해봐야 했다. 주법에 의한 임신중지 금지는 나 혼자 어쩔 수 없는 문제였다. 하지만 나라는 개인이 곤경에 처한 다른 사람을 도우려면 어떻게 해야 할까? 내가 할 수 있는 일을 하면 된다.

비슷한 시기 트랜스젠더 의료에 대한 법적 공세도 전국적으로 급증하기 시작했지만, 다행히도 우리 커뮤니티의 많은 구성원들은 트랜스젠더가 호르몬과 기타 건강에 필요한 약물을 이용할 수 있도록 대안을 준비하고 있었다. 내가 아는 트랜스젠더 해방 운동가들은 미국 전역의 트랜스젠더들이 여분의 호르몬을 공유할 수 있는 개인 웹사이트를 제작했으며, 캘리포니아 사막 야영지의 트랜스젠더 노숙자들에게 호르몬 치료제를 배포하는 트랜스 여성들도 있다. 트랜스젠더들은 인터넷에서 의학 지식과 호르몬 보충제 자가 제조법을 교환하며, 기존 의료 체계에서 알려주지 않는 트랜스젠더 건강 관리법에 관해 다양한 참고자료를 제작하기도 한다. 나 역시 이런 노력에 힘을 실어주려고 최대한 노력해왔다. 돈을 기부하고, 여분의 호르몬을 넘겨주고, 도움이 절실한 트랜스젠더 동료들에게 정보를 전달했다.

트랜스젠더들은 역사적으로 이런 비공식적인 방법을 통해서만 지정 성별의 구속에서 벗어날 수 있었다. 내 친구 마디는 60대인데, 1979년에 길거리에서 성 노동을 하던 트랜스젠더 동료들에게 약을 어디서 구하는지 수소문하여 에스트로겐 복용을 시작했다. 설사 미국 내 트랜스젠더들에게 다른 선택지가 없어지더라도, 우리는 또다시 이런 방식으로 서로를 돌볼 수 있으리라.

체제적 수치심은 개인이 어떻게 거대한 구조적 문제를 **해결**할 것인지 따져 묻지만, 확장적 인식은 우리가 더욱 의미 있는 일에 기여할 수 있는 하나의 단계를 찾아내게 한다. 내가 개인적 선택과 노력을 훌쩍 뛰어넘는 광대한 인간 선의의 네트워크에 속해 있음을 인식해야 내가 일으키는 사소한 변화에서도 위안을 얻을 수 있다. 그리하여 내가 '충분히' 노력하고 있는지 묻는 대신(이런 질문에 정답은 없다) 내 위치에서 무엇을 할 수 있는지만 고민하게 된다.

앞서 설명했듯이 체제적 수치심이 매력적인 것은 추상적인 문제를 보다 실용적이고 구체적으로 만들어주기 때문이기도 하다.

사람들은 뭔가 중대한 업적을 이루고 싶어 한다. 빈곤, 조직적 인종차별, 총기 폭력, 의료 격차 등 극복할 수 없을 것 같은 문제들이 극복되기를 원한다. 이런 욕망은 바람직하고 실용적이다. 하지만 개인에게 이런 문제를 누구의 도움도 없이 스스로 해결해야 한다는 완고한 도덕적 책임을 떠넘겨서는 안 된다.

인류에 대한 희망을 키우고 세상에서 자기 나름의 의미를 찾으려면 의무라는 관점에서 생각하지 말고 **기회**에 집중해야 한다. 이 세상 모든 사람은 서로 다른 위치에 있다. 개인은 기술, 취약성, 경험, 필요, 열정이 독특하게 조합된 결과물이며, 이 모든 요소가 개인의 변화에 영향을 미친다. 모든 사람에게 동일한 도덕적 잣대를 갖다 댈 수는 없다. 우리 각자가 무엇을 해야 한다고 느끼는지 결정해야 한다.

대학교 연구 조교인 스티븐은 몇 년 전까지만 해도 자기 팀에 배정된 학부생들이 못 미덥고 불만스러웠다. 그가 맡은 20대 학생들은 게으르고 변덕스럽게만 보였다. 학생의 실수를 만회하려다가 마감 기한을 넘기거나 밤을 새워야 할 때마다 스티븐은 짜증을 냈다. 그는 어느 날 학과 크리스마스 파티에서 불만을 토로하다가, 문득 '게으르고 못 미더운 학생들'에 관한 자신의 짜증을 들어주던 사람도 학부생임을 깨달았다.

"그 여학생이 내 눈을 똑바로 쳐다보더니 진지하게 말하더군요. '시비 거는 건 아니지만 조교 님이 엉뚱한 사람에게 화를 내는 것처럼 들리네요. 혼자서 너무 많은 일을 떠맡고 계신 것 같기도

하고요. 만사를 좀 더 단순하게 생각하면 그렇게 화가 나지 않을 거예요.' 그런 생각은 해본 적이 없었어요. 나는 어떤 임무가 주어지든 해내야 하고, 그럴 수 있도록 열심히 일해야 하며, 내 속도에 맞추지 못하는 사람이 문제 있는 거라고 생각해왔으니까요."

하지만 다음번에 한 학생이 시험공부에 몰두하느라 근무를 깜박했을 때, 스티븐은 상사에게 보고하지 않고 그냥 그 학생이 맡은 프로젝트의 우선순위를 내렸다. 또 다른 학생이 자기가 맡은 데이터 입력 작업이 너무 방대해서 감당할 수 없다고 불평하자 실제로 그럴 가능성을 고려해보기도 했다.

"관리하는 아이들을 적으로 보지 않게 되자 내가 정말로 너무 많이 일하고 있었다는 걸 깨달았죠." 스티븐은 무리한 기대를 포기하고 연구실과 학생들의 압박감을 해소할 방법을 모색하기로 했다.

"최근에 가입한 위원회에서는 학생 노동자에게 유급 출산휴가와 퇴직금을 제공할 방안을 찾는 중입니다. 예전의 나라면 이 아이들이 보조금을 받을 자격이 없다고 말했겠지요. 하지만 이젠 **누구나** 더 많은 혜택을 받을 자격이 있다고 생각합니다." 스티븐의 말은 그의 관점이 얼마나 달라졌는지 잘 보여준다.

당신의 삶에 어떤 변화의 가능성이 있을지 생각해보며 다음 페이지의 질문들에 대답해보자. 이 답변을 통해 8장에서 희망을 키우고 목표를 찾을 구체적인 방법을 알아볼 수 있을 것이다.

이 연습의 목표는 당신의 신경계에 더 많은 임무를 떠넘기고

지금 여기에서 성장하기

다음 질문들에 대한 답을 빈칸에 적어보자. 사회적 문제나 개인적 위기로 절망감을 느낄 때마다 다시 질문을 읽고 답변해보자.

- 당신의 삶에 심한 스트레스를 유발하는 문제를 떠올려보자. 개인적 문제일 수도 있고("학자금 대출 빚을 어떻게 갚아야 할지 모르겠어") 광범위한 사회 문제일 수도 있다("물가가 오르고 있어서 걱정돼"). 아래 빈칸에 해당 문제의 명칭을 적고 간단히 설명해보자.

- 당신과 같은 문제를 고민하는 사람과 이야기하고 싶다면 어디로 가야 할까? 대화하기 좋은 주변인을 구체적으로 나열하거나 지원 단체, 온라인 게시판, 모임, 이벤트 및 기타 공공장소를 찾아보자.

- 과거에 이 문제를 더 잘 통제할 수 있다고 느끼게 해준 조치를 적어보자. 아무리 사소한 것이라도 상관없다.

- 과거에 이 문제와 관련하여 도움이 되지 않은 대처 방식이 있었는가? 어떤 방식이었나?

- 이 문제를 함께 고민할 사람이 있는가? 그에게 도움을 요청한다면 어떤 식으로 말하겠는가?

- 당신이 사는 지역에 해당 문제나 비슷한 문제를 해결하기 위해 활동하는 단체 또는 조직이 있는가? 잘 모르겠다면 잠시 시간을 내어 인터넷으로 조사해보자. 흥미로운 정보를 발견했는가?

그것을 완수하지 못했다며 자책하는 것이 아니다. 오히려 자신으로부터 한 걸음 물러나서 활용할 수 있는 자원과 취약점을 돌아보는 것이다. 당신이 가진 것과 당신에게 필요한 것을 지표 삼아 자신의 위치를 확인할 수 있다. 변증법적 행동 치료에서와 마찬가지로, 여기서 목표는 만사를 개선하는 것이 아니라 당신이 처한 불쾌한 현실과 이에 대처할 방법을 찾는 것이다.

예를 들어 학자금 대출 부채로 인한 스트레스 때문에 부채 탕감 운동가가 되겠다고 결심할 필요는 없다. 하지만 부채로 수치스러워하는 사람들을 위한 지원 모임에 가입하는 것은 충분히 도움이 **될 수 있다**. 당신의 고민을 털어놓는 과정에서 비슷한 수치심에 시달리는 다른 사람에게도 위안을 줄 수 있다. 도움을 요청하는 것 자체가 다른 사람에게 도움이 된다. 자신이 타인을 도울 수 있으며 혼자가 아니라는 사실을 실감하게 해주기 때문이다. 사람들과 함께하는 시간을 통해 지속적이고 정치적인 변화를 겪을 수 있지만, 그렇지 않을 수도 있다. 어느 쪽이든 당신은 착취당하고 고통스러워하는 사람들의 수치심을 덜어줄 것이다. 이는 중요한 일이며 충분히 자랑스러워할 만한 성취다.

지금까지 확장적 인식이란 무엇이며 어떻게 작용하는지 알아보았으니, 이를 활용하여 체제적 수치심에 단계적으로 맞서 싸우는 과정에 착수하자. 물론 첫 단계는 우리 내면의 문제를 해결하는 것이다. 자신을 미워하고 사람들을 피해야 한다고 암시하는 외부로부터의 여러 해로운 메시지를 물리칠 방법을 찾아보자.

6장 수치심 마주보기

내 친구 에릭 보이드Eric Boyd는 수상 경력이 있는 소설가지만, 젊은 시절 중범죄로 수감되었다는 수치심과 정신적 외상을 마음속에 간직하고 있다. 감방에 가기 전 에릭은 예술적이고 감수성이 풍부하며 양성적인 10대 청소년으로 큐어(1980년대 영국에서 인기를 끈 고딕 록 밴드.—옮긴이)의 음악을 좋아했고 치마와 가죽 옷을 즐겨 입었다. 감방에서는 이 모든 것을 바꾸어야 했다. 그는 폭력으로부터 자신을 지키기 위해 감정을 안으로 삼키며 남자다운 척했다. 감방에서 나온 후에는 중범죄자라는 낙인 때문에 상황이 더 악화되었다. 일자리를 구하기는 지독히 어려웠고, 드물게 그를 써주는 곳에서도 형편없는 급여와 비인간적인 대우를 견뎌야 했다. 간신히 방 탈출 게임방에서 괜찮은 일자리를 구한 후에도 그는 체제적 수치심에서 벗어나지 못했다.

"함께 일하던 여자가 더 좋은 직장을 찾아보면 어떠냐고 물었어. 그래서 '아무도 말 안 해줬어요? 난 중범죄 전과자예요'라고 대답했지. 착한 사람이었고 솔직히 말해도 될 만큼 서로 친해졌다고 생각했거든. 그런데 내 말을 듣고 난 그 사람의 **표정**이… 불신과 공포가 뒤섞여 있었지. 기분이 정말 끔찍했어."

경악한 사람들의 **표정** 앞에서 에릭은 매번 수치심에 시달렸다. 누군가 경악한 표정을 지을 때마다 그는 자신이 감방에 간 이유를 신속하고 완벽하게 해명해야 했다. 그럼에도 그런 표정을 보지 않을 방법은 없었다. 수감된 적이 있는 사람은 고용과 교육에서 법적으로 차별받을 수 있다. 투표, 배심원 참여, 총기 소유, 학교나 의료 분야 취직이 금지되는 경우도 많다. 중범죄자는 자녀 양육권을 잃고 운전면허증과 여권 발급도 거부당할 수 있다. 수감이라는 거대한 사회적 낙인은 모든 주요 공공기관 운영 방식에 반영되며, 출소자가 만나는 모든 사람들의 생각과 반응에서도 드러난다. 낙인을 벗어날 수는 없다. 낙인은 세상 앞에서 끝없이 다시 벌어지는 상처다.

최근 몇 년간 에릭은 자기 내면의 섬세한 면모를 끌어내려고 노력 중이다. 심리 치료를 받으러 다니고 일기도 쓴다. 향수를 모으고 기차를 타며 시를 쓰고 머리를 오렌지색으로 염색했다. 그는 대화할 때마다 애정의 표시로 나를 시답잖게 놀려댄다.

"호르몬 치료를 시작했다는 사실을 1년 넘게 남자 친구에게 알리지 않았다고?" 이 책을 쓰려고 면담하는 과정에서 에릭은 눈을 반짝이며 내게 물었다. "그건 좀 너무했네, 안 그래?"

"글쎄, 난 그렇게 생각하지 않는데!" 나는 딱 잘라 대꾸했지만, 그러고 나서 온갖 구실을 대며 변명하기 시작했다. 에릭과 나는 남들에게 할 자기변명을 심사숙고하고 연습해왔다는 점에서 비슷하다. 하지만 친구이기에 서로의 수치심을 곧바로 꿰뚫어보고 놀려댈 수 있다.

에릭은 이렇게 말한다. "있잖아, 10대만 해도 이미 자신이 어떤 사람인지 대충 파악할 수 있거든. 20대가 되면 이제 진지한 성인 노릇을 해야 한다는 생각에 자신을 거부하며 살게 돼. 그러다 30대에 이르면 '젠장, 지난 10년을 낭비했네. 다시 큐어의 음악을 듣고 치마를 입어야겠어'라고 생각하는 거야."

에릭의 20대는 웬만한 사람보다 훨씬 더 파란만장했다. 수감되기 전부터 그는 이미 주거 불안정을 비롯해 온갖 고난에 처해 있었다. 그가 체포된 상황 자체도 깊은 상처로 남았다. 게다가 출소 이후 정상 생활로 돌아가는 길은 길고 더디기만 했다. 에릭에게 궁극적 치유란 출발점으로 돌아가 10대 시절의 섬세하고 예술적인 자신을 다시 사랑할 수 있는 것이었다.

체제적 수치심에서 벗어나려면 숨겨야 한다고 믿어온 자신의 면모를 되돌아볼 필요가 있다. 물론 과거의 정신적 외상을 제거할 수는 없으며, 취약한 면모는 숨기는 게 최선이라고 종용하는 사회 전반의 **시선**에서 벗어날 수도 없다. 하지만 나는 일종의 영적 회복을 통해 나이 먹고 현명해진 상처투성이 자아와 과거의 섬세한 자아를 연결시키려는 노력이 치유로 작용한다고 믿는다.

확장적 인식의 첫 단계는 개인적 단계다. 체제적 수치심은 자기혐오나 고립과 같은 내적 경험을 연료로 삼는다. 자신을 어떻게든 숨기려 한다면 타인과 온전히 연결되고 성장하기도 불가능하다. 자신을 포용하고 믿어야 타인과의 커뮤니티에서만 성립할 수 있는 더 깊은 성장과 치유의 과정이 시작된다.

우리는 모두 조직적 인종차별, 소득 불평등, 총기 폭력, 생태계 파괴, 세계적 팬데믹과 같은 외부의 영향에 맞서 싸우기 위해 서로 도와야 한다. 사람들이 서로 굳게 연결되었다고(그리고 남들에게 지지받는다고) 느낄수록 관대하게 행동할 가능성이 높아진다는 점은 많은 연구를 통해 입증되었다. 도움이 필요한 이에게 기부하고[1] 친환경 정책을 지지하며[2] 괴로워하는 이들의 호소에 귀 기울이고[3] 일상생활에서 자신의 가치관을 더 많이 실천하게 되는 것이다.[4] 반대로 지지받지 못하고 수치심에 빠진 사람들은 연대를 끊고 각자도생을 추구하거나 멸망할 수밖에 없다.

체제적 수치심에서 벗어나려면 사람들과의 관계를 재구축하려고 시도해야 한다. 그러려면 먼저 내면화되어 우리 자신을 겨냥하고 외부에 도움을 구하지 못하게 만드는 증오를 해소해야 한다. 그러려면 어떻게 해야 할까? 개인적 단계의 수치심을 떨쳐내는 방법은 몇 가지 중요한 조언으로 요약할 수 있다.

- 자신의 수치스러운 면을 사람들에게 드러낸다.
- 수치심 자체에 대해 솔직해진다('수치심 말하기').
- 자신의 결점과 실수를 연민하려고 시도한다.
- 마음에 들지 않더라도 자신과 현재 상황을 기꺼이 받아들인다.
- 두려움보다는 즐거움과 기쁨에 따라 움직인다.

이 장에서는 이런 조언들을 실천할 방법과 자신을 받아들이는 데 유익한 치료 기법을 살펴보겠다. 소외 집단에 속하지만 체제적 수치심을 극복하기 시작한 개인들의 조언을 듣고, 취약한 집단이 수치심에서 벗어나 수용과 상호 지지로 나아가는 데 공헌한 사회 운동들도 돌아볼 것이다.

외면하지 않을 것, 드러낼 것

철학자이자 법학자 마사 C. 누스바움Martha C. Nussbaum은 《혐오와 수치심》에서 우리 법에 내재된 수치심을 탐구한다.[5] 공공장소에서 흉측한 외모나 장애나 정신질환을 드러내는 것을 불법으로 규정한 '흉물 금지법'이 그 예다. 놀랍게도 흉물 금지법은 생각보다 오래 유지되었다. 시카고는 1974년까지도 흉물 금지법을 폐지하지 않았다.[6] 이런 조례는 노숙이나 질병과 같은 사회적 위기에 대해 '보기 흉한' 개인을 비난했으며, 그 유산은 아직도 우리 사회에 남아 있다.

로스앤젤레스시는 2021년 7월 노숙자의 야영을 금지하면서[7] 연간 6만 6000명의 로스앤젤레스 주민에게 영향을 미치는 경제 위기를 개인이 징역형을 받을 수 있는 범죄로 변질시켰다.[8] 시 정부가 보행자에게 더 안전한 도로를 만드는 대신 무단횡단을 금지했던 것과 똑같은 조치다. 경찰은 역사를 통틀어 항상 비슷한 이유로 동성애자를 괴롭히고 체포해왔다. 동성애자는 HIV 감염과 같은 '흉악한' 문제의 근원으로 여겨졌기 때문이다. 출소자들이 특정 지역에 거주하거나 그들에게는 너무 '깨끗하다'고 여겨지는 분야에 종사할 수 없게 금지한 것도 개인을 괴롭히는 문제가 아니라 개인이 '흉악하다'고 수치심을 법적으로 규정하는 행위다.

수치스러움이란 자신의 얼굴을 숨기는 것이다. 이런 은폐가 문자 그대로 사회적으로 강제될 때도 있다. 따라서 안전한 형태의 **공개**, 즉 사회가 감추라고 강요한 것을 드러내어 다른 사람들이 받아들이게 하는 일도 하나의 해결책이 될 수 있다. 확장적 인식은 우리의 정체성과 사회적 위치, 그리고 우리에게 절실한 지원을 온전히 승인받을 때 가능해진다.

흑인 여성 작가이자 활동가 버네사 로셸 루이스Vanessa Rochelle Lewis가 만든 '리클레임 어글리(고개 들고, 찬미하고, 자신을 사랑하라Uplift, Glorify, and Love Yourself)'는 드러내고 공개함으로써 체제적 수치심에서 벗어나게 돕는 지원 단체다.[9] 로스앤젤레스 지역의 흑인과 라틴계 퀴어를 주축으로 사회에서 '흉악하게' 취급받는 여러 소외 집단이 의미 있는 관계를 맺고 우호적인 분위기 속에서 자신을 드러내는 오프라인 및 온라인 프로그램을 정기적으로 주최한다.

루이스는 열다섯 살 때 어느 교사에게 "루이스, 넌 비욘세처럼 생기진 않았지만 감동적인 시는 쓸 수 있구나"라는 노골적 평가를 듣고 당황한 경험이 있다.[10] 몇 년 후 로스앤젤레스의 어느 파티 기획자는 루이스의 체형과 외모를 악의적으로 조롱하는 밈을 만들었다. 이 밈은 널리 퍼졌고, 한동안 루이스의 사진은 '못생긴 흑인 여자'를 검색하면 두 번째로 뜨는 이미지가 되었다.

루이스는 자신을 향한 온갖 혐오에도 굴하지 않고 2019년에 제1회 어글리 콘퍼런스를 개최하는 것으로 응수했다. 트랜스젠더, 게이, 장애인, 유색인종, 비만인 수십 명이 참가했다. 워크숍에서 참가자들은 짝을 지어 외모 때문에 모욕당하거나 소외당했던 끔찍한 경험을 털어놓았다. 마이크를 잡고 자신의 경험에 대한 예술 작품을 공개하거나, 수치심 때문에 사회에서 단절된 사연을 솔직히 고백하기도 했다. 참가자가 망설이거나 부끄러워할 때마다 루이스와 청중은 그를 응원하고 자리를 지키도록 격려했다. 콘퍼런스가 성공하면서 루이스는 리클레임 어글리를 조직하기에 이르렀다.

단체 대표가 장애인이며 회원들 대부분도 빈곤층인 만큼, 리클레임 어글리는 일부러 다른 봉사 단체보다 천천히 움직인다. 연방정부에 등록된 비영리 단체가 아니기에 보조금 의존도가 낮고 서류 작업과 평가 요건에 대한 부담도 적다. 앞서 소개한 라일락도 리클레임 어글리와 정기적으로 협력하고 있는데, 라일락에 따르면 이 단체 회원들은 무조건 자기 몸에 맞는 속도로 움직이라는 권고를 받는다. 선의에 따라 운영되는 여러 비영리 단체에서도 과로하고 열정을 착취당하는 회원들을 종종 목격해왔기에, 더욱 급진적이고 수평적인 방식으로 운영되는 단체를 보니 정말로 짜릿했다.

리클레임 어글리의 첫 번째 콘퍼런스에 참가했던 리베카 브릴Rebecca Brill은 '모든 사람은 아름답다'는 긍정적 문구가 항상 공허하게 들렸다고 썼다. 자신의 현실과 완전히 동떨어진 무의미한 말이었다. 어차피 다들 자신을 못생긴 사람으로 대하지 않는가! 못생기지 않은 척하는 것보다 '그래서 어쨌다고?'라는 무관심한 태도로 맞서는 편이 나았다. 공허한 긍정이나 사회적 편견에 대한 부정으로 수치심을 얼버무리지 않는 리클레임 어글리의 정신은 바로 이 점에서 놀라운 효과를 보인다. 이들은 오랫동안 억지로 은폐되어온 것을 받아들이고 긍정한다.

브릴의 경험은 '나는 아름다워' '다들 나를 좋아해'처럼 희망차고 긍정적인 문구를 되새기는 것이 오히려 역효과를 내어 자존감을 떨어뜨릴 수 있다는 심리학 연구 결과와도 일치한다. 외면하고 싶은 생각이나 감정을 억누르면 **역설적 반동**이 발생한다. 에너지가 고갈되는 즉시 그간 참아온 모든 부정적 감정이 더욱 강하게 되살아난다는 것이다.[11] 배고픔과 감정적·성적 욕구를 억누른다고 인간성을 부정할 수는 없듯이, 상처를 억압함으로써 치유하는 것도 불가능하다.

외면하고 싶은 현실을 받아들이고 마주하는 것은 그 현실과 화해하는 데 도움이 되기도 한다. 자신이 흉하다는 감정을 숨기지 않고 직면하는 것도 마찬가지다. 브릴은 다양한 사람들에게 그들이 어떤 식으로 '못생겼다'고 여겨졌는지 듣는 것이 모든 사람이 아름다운 척하는 것보다 자기에게는 훨씬 유익했다고 썼다.[12] 메리 게이츠킬Mary Gaitskill의 에세이를 인용하자면 "우리 모두는 흉측하다". 모두가 아름다움을 추구할 수 있고 그래야 마땅하다는 주장보다는 아름다움의 추구를 포기하는 것이 훨씬 더 해방적이다.

심리학 연구에 따르면 드러내기에는 많은 장점이 있다. 성폭행 피해자가 안전한 사람들에게 상황을 고백하기로 결심하면 지난 경험을 통제할 수 있다고 느끼고 수치심이 줄어들며 자신의 고통을 이해해줄 사람들도 찾을 수 있다.[13] 트랜스젠더 청소년은 자신의 정체성을 타인에게 무사히 고백한 경험이 많을수록 우울증 위험이 낮아지고 건강 상태가 나아진다.[14] HIV 양성인이 자발적으로 자신의 상황을 공개할수록 투약 규칙을 준수하고 자부심을 느끼며 남들을 신뢰할 가능성도 높아진다.[15] 이런 장점은 낙인찍힌 정체성을 지닌 사람만이 아니라 극단주의 폭력 단체를 탈퇴한 회원처럼 자기가 정말로 '잘못된' 일을 했다고 후회하는 사람에게도 적용된다.[16]

자발적인 자기 공개는 굳고 깊은 우정을 쌓는 데도 유익하다.[17] 치료사가 자신의 취약점을 적절한 타이밍에 구체적으로 드러내면 소심한 환자의 수치심을 '벗겨내고' 신뢰를 쌓는 데 도움이 될 수 있다.[18] 수치심을 고백하는 행위는 사람들을 연결시켜주며, 외면하고 싶은 감정과 현실을 숨기는 긴장감을 풀어준다.

수치심 드러내기는 어디서부터 시작해야 할까? 무엇보다도 당신이 지금까지 어떤 경험을 마음속에 숨겨왔는지 돌아보아야 한다. 우리가 고백하고 싶은 진실은 종종 사적인 글, 최악의 공포, 가장 내밀한 환상, 낯선 사람이나 익명 온라인 커뮤니티에만 공개한 비밀에서 드러난다.[19]

수치심 드러내기 연습

다음의 질문들을 통해 자기 공개를 연습하는 데 무엇이 필요할지, 인간관계에서 더 솔직해지려면 어떤 시도를 해야 할지 생각해보자.

- 내게서 아직도 끔찍하게 싫은 면모는 무엇인가.

- 내가 여전히 죄책감을 느끼는 과거의 선택은 무엇인가.

- 누구에게도 소리 내어 말한 적 없는 나만의 고통스러운 비밀은 무엇인가.

- 다른 사람에게 이야기하고 싶은 힘겨운 감정이나 경험은 무엇인가.

다음은 수치스러운 감정과 경험을 드러내기 위한 연습 방법을 위험도와 노출도가 가장 낮은 것부터 가장 높은 것까지 순서대로 나열한 목록이다. 읽으면서 조금 어렵더라도 실행할 만한 자기 공개 방법을 찾아보자.

- 홀로 시간을 보내며 쓰려는 주제를 심사숙고한다.
- 일기장에 해당 주제에 관해 써본다.

- 수치심을 일으키는 주제를 혼잣말로 이야기해본다.
- 익명 블로그에서 해당 주제에 관해 써본다.
- 익명 온라인 커뮤니티에서 해당 주제에 관해 써본다.
- 비공개 자조 커뮤니티에서 해당 주제에 관해 토론한다.
- 믿을 수 있는 친구에게 해당 주제로 메일 또는 편지를 쓴다.
- 다시 만나지 않을 낯선 사람과 해당 주제로 직접 대화한다.
- 친한 친구와 만나서 해당 주제에 관해 이야기한다.
- 내가 아는 사람들 앞에서 해당 주제에 관해 공개적으로 이야기한다.

위의 방법 중 일부를 활용하여 간략한 자기 공개 계획을 세운다. 자기 공개를 연습할 까다로운 주제와 비교적 안전하지만 쉽지 않은 방법을 고르자. 마지막으로 계획을 실행할 일정을 정한다. 자조 커뮤니티에서의 토론과 같은 경우 조사 및 준비 시간이 필요할 수 있다는 점도 고려하여 계획을 짠다.

- 자기 공개를 연습할 주제

- 고려할 방법

- 실행할 날짜

- 필요한 자원과 도움

- 자기 공개 후 예상되는 기분

- 자기 공개로 인해 괴롭거나 수치스러울 경우 대처 방법

사람들에게 자신을 드러내도 큰일이 생기지 않는 경험을 할 때마다 고통이 조금씩 덜해질 수 있다. 새로운 데이터가 업데이트되면서 기존의 두려움이 줄어들기 때문이다. 드러내기를 통해 수치스러운 진실을 우리에 관한 중립적 사실로 바꿀 수 있다. 우리가 지닌 힘은 자신을 뜯어고치기보다 자신과 협동하기 위한 것이다. 사실을 받아들이려고 노력할 때 찾아오는 감정에 관해서는 이 장 뒷부분에서 더 자세히 알아보겠다. 하지만 우선 타인에게 마음을 열기 위한 또 하나의 핵심 요소, 즉 수치스러운 경험의 솔직한 고백에 관해 이야기해보자.

있는 그대로 인정하기

치료사 데런 영Deran Young은 에세이집 《당신 그대로가 가장 소중하다: 취약성, 수치심 회복탄력성, 흑인의 경험You Are Your Best Thing: Vulnerability, Shame Resilience, and the Black Experience》에서 어린 아들이 백인이었으면 좋겠다고 선언한 날에 관해 썼다.[20] 이 말을 듣고 영은 격렬한 수치심에 빠져들었다.

"어떻게 이럴 수 있지? 내가 뭘 잘못했지? 나는 블랙 테라피스트 락Black Therapists Rock(인종차별에 따른 정신적 외상을 치유하기 위한 비영리 단체.—옮긴이) 창립자인데! 내 아이가 백인이길 원한다면 내게 단단히 문제가 있는 거야."

처음에 영은 아이가 인종차별을 내면화하도록 '허용'한 자신이 상담사뿐 아니라 엄마로서도 실패했다고 확신했다. 하지만 세상의 그 어떤 모성애도 미국에서 흑인 남자아이가 인종차별을 견뎌내도록 지켜줄 수는 없을 것이다. 영의 아들은 학교에서 백인 아이에게 유색인종 애들과 놀면 재미가 없다는 말을 들었다고 했다. 그 말 한 마디로 아들의 마음속에 노예제도의 시초까지 거슬러 올라가는 고통의 샘이 솟아난 것이다. 영은 잠시 슬픔에 잠겼지만, 어느새 아들이 그처럼 솔직한 감정을 표현할 수 있다는 데 감동했다.

"결국 가장 중요한 건 내 아들이 자신의 슬픔을 말로 드러낼 수 있다는 사실이었다." 영은 이렇게 썼다. 아들의 솔직함과 영의 개방적 자세로 인해 모자는 마주 앉아서 그들의 삶을 좌우한 백인 우월주의에 관해 대화할 수 있었다. 영과 아들은 수치심을 피할 수는 없었지만, 그 수치심이 어디서 왔는지 솔직하게 이야기하고 외부의 원인을 인식하며 함께 이겨내려고 노력할 수 있었다.

심리학자 브레네 브라운Brené Brown은 수십 년간 수치심 회복탄력성을 키울 방법을 연구해왔다. 수치심 회복탄력성은 사회에서 흉하고 수치스럽게 여겨지는 자신의 외관이나 행동을 자아상과 구분할 수 있는 능력이다.

연구에 따르면 수치심 회복탄력성이 뛰어난 사람도 수치심을 자극하는 메시지를 접하고 괴로워할 때가 있지만 다른 사람들보다는 훨씬 덜하다고 한다. 브라운은 연구를 통해 수치심 회복탄력성을 키우는 두 가지 주된 방법을 밝혀냈다. 첫째는 앞에서 언급했듯 다른 사람들이 평가하든 말든 자신의 감정과 경험을 공유하는 것, 둘째는 **수치심 말하기**, 즉 **수치심을 느꼈다고 있는 그대로 인정**하는 것이다.[21]

수치심은 종종 심리학자들이 '메타 감정'이라고 부르는 것, 즉 **다른 감정에 대한 느낌**으로 작용하기도 한다.[22] 친구에게 화가 났지만 그런 감정이 '나쁘다'거나 '폭력적'이라고 생각하면 수치심에 짓눌려 내 마음속 진심을 인식하기 어려워진다. 수치심을 수치심이라고 불러야 수치심을 들어내고 그 아래 숨은 진짜 감정을 볼 수 있다.

체제적 수치심을 떨쳐내는 방법은 무엇일까? 우리가 스스로 강요하는 불가능한 기준을 기탄없이 말하고, 여전히 수치스럽게 느껴지는 사소한 행동과 인간적 욕구를 구체적으로 이야기하는 것도 하나의 방법이다. 코로나 팬데믹은 제도적 문제를 줄곧 개인 탓으로 돌린 전형적인 사례다. 확진자 급증은 거의 항상 식당 실내 영업과 학교 수업 재개, 마스크 착용 완화 등의 정책 변화와 관련되어 있었지만, 정부 관료들은 마스크를 쓰고 사회적 거리 두기를 준수하는 '올바른 행동'을 하지 않는 개인 탓에 확진자가 늘어난다고 꾸준히 주장해왔다.[23]

엄격한 코로나 봉쇄 규범을 따르기가 너무 힘들 때도 있었다. 2020년에 나는 이성애자 남성 파트너와 좁은 아파트에 갇혀 있었고, 나의 게이 정체성이 굳어질수록 그의 애정이 급격히 사라져가는 것을 느꼈다. 그가 몸을 비틀며 내 포옹이나 애무를 거부할 때마다 영혼이 짓밟히듯 고통스러웠다. 그렇게 달이 가고 해가 가자 집에서 뛰쳐나가 나를 원하고 한 남성으로 보아주는 사람과 함께 있고 싶다는 생각뿐이었다. 하지만 당시에는 신체 접촉에 대한 인간의 기본 욕구를 토로하는 것조차 도덕적으로 용납되지 않는 일 같았다. 내 친구들은 대부분 코로나 봉쇄 규범을 성실히 준수했고 사회적 거리 두기를 심각하게 받아들였다. 마스크 착용이나 자가격리를 소홀히 하는 사람은 묻지도 따지지도 않고 바로 인간관계에서 제명되었다. 코로나 첫해에는 나와 사랑을 나누기는커녕 야외에서 함께 시간을 보내려는 사람조차 찾기 어려웠다. 나는 1년이 넘도록 밤마다 누군가에게 안기는 상상을 하며 눈물 속에 잠들었다.

'탈성전환' 치료를 시작한 것도 그 무렵이었다. 호르몬 투여를 중단했고, 봉쇄에도 불구하고 6주마다 스파에 가서 레이저 제모 시술을 받았다. 가끔씩 드레스를 입고 화장하는 법도 배웠다. 내 몸은 다시 여성스러워졌지만 파트너는 여전히 나를 외면했다. 그가 계속 무관심한 태도를 보이자 나는 이전보다도 더 외로워졌다. 그래서 그에게 사랑받으려는 노력을 그만두고 무작정 게이 세계에 뛰어들었다. 게이 만남 애플리케이션으로 밤늦도록 무작위로 남성들과 메시지를 주고받기도 했는데, 그중 몇몇은 나와 같은 아파트 단지에서 불과 몇 미터 거리에 있었다. 전혀 모르는 남성들과 익명으로 호텔 방이나 와인 저장고에서 만난 적도 있다.

나는 이런 내 행동이 부끄러웠다. 코로나 대유행의 주된 이유는 제도적 실패임을 알면서도, 격리 상태를 유지하려는 의지가 부족한 내가 나쁘다고 느꼈다. 내 동료는 불필요한 사교 활동 때문에 외출한 사람이 있다면 양심의 가책을 느껴야 한다는 게시물을 올리기도 했다! 익명으로 섹스하려고 남몰래 외출한 내가 살인 공범자처럼 느껴졌다. 더는 나를 원하지 않는 남자와의 연애 관계에 매달릴 뿐 아니라 그를 되찾겠다고 극심한 성별 위화감까지 감수한 내가 너무 수치스러웠다. 나는 제 발로 한심한 상황에 걸어 들어갔을 뿐 아니라 그런 상황을 더 망쳐놓기까지 했다.

지독한 수치심을 극복할 수 있었던 건 내 감정을 다른 사람들에게 털어놓기 시작하면서였다. 2020년 겨울에 나는 친구 릭에게 사람을 만나고 싶어서 죽겠다고 말했다. 10년 넘게 서로 연락하며 온갖 힘든 시기를 함께 헤쳐나간 릭이라면 나를 버리지 않으리라고 확신했기 때문이다. 우리는 비교적 덜 위험한 방식으로 만나곤 했다. 릭의 집 현관에 나란히 앉거나, 내가 사는 아파트의 버려진 비즈니스 센터에서 창문을 열어놓고 함께 샌드위치를 먹기도 했다. 릭과 어울리다 보니 힘들다고 털어놓기를 주저했던 내가 어리석게 느껴졌다. 내가 힘든 건 당연했다. 릭도 힘들어하고 있었으니까! 소중한 사람들 곁에 있어주는 것이야말로 내가 할 수 있는 가장 인간적인 행동이었다.

코로나 백신을 맞은 후 나는 친구 멜러니를 만나서 애인과 헤어질 것 같다고 고백했다. 우리는 멜러니의 침대에 앉아 있었고 멜러니는 훌쩍대며 우는 나를 꼭 껴안아주었다. 나는 애인과 헤어지고 남성으로서의 내 몸이 매력적이라고 생각하는 성 소수자들을 만나기 시작했으며, 멜러니는 그런 나를 응원했다. 그때까지 나는 몇 년이나 멜러니를 멀리하며 무너져가는 내 연애에 관해서도 함구해왔다. 멜러니에게 다시 속내를 드러내면서 우리의 유대감은 더욱 깊어졌다. 이후로도 나는 더 많은 친구들과 새롭게 우정을 다지며 몇 달을 보냈다.

나는 오랫동안 고통을 숨기려고 애썼지만, 결국은 브라운이 연구에서 권한 대로 행동하게 되었다. 내 욕구에 맞는 사람들을 신뢰하고 그 욕구를 더욱 건강하게 채울 방법을 찾았다. 내가 수치심을 느끼며 살아왔고 위안을 찾지 못했다고 털어놓았다. 트랜스젠더 혐오나 코로나와 같은 제도적 문제에 완벽하게 대응하기란 불가능하다는 것도 깨달았다. 살맛 나게 살아가려면 어느 정도는 위험을 감수해야 했다.

다음 질문들을 통해 수치심에 가려진 당신 내면의 응어리를 풀어내보자.

- 왜 아무것도 원해서는 안 된다고 느끼는가?
- 분노나 원한, 질투, 욕망, 슬픔 등 스스로 금지하고 외면하는 감정이 있는가?
- 그런 감정을 숨기려고 솟아나는 다른 감정이 있는가? (예를 들어 분노한 것 때문에 미안함을 느낀다거나)

- 절대 비난받지 않는다는 확신이 있다면 어떤 감정과 욕구를 드러내고 싶은가?

2021년 초에는 항문 질환자가 병에 대한 수치심을 터놓고 말할 수 있다면 건강을 더 잘 관리하고, 남들에게 더 많은 응원을 받고, 치료에도 더 적극적으로 임하게 된다는 연구 결과가 발표되었다.[24] 수치심 회복탄력성은 약물 중독 치료를 받는 여성,[25] 중증 우울증 환자,[26] 번아웃에 빠진 것을 부끄러워하는 의대생에게도 유익한 것으로 나타났다.[27] 수치심 말하기는 HIV 양성인부터 섭식장애 환자, 성 소수자, 낙인찍힌 정신질환자에 이르기까지 모두의 건강에 크게 이롭다. 자신에게 무엇이 필요한지, 그런 욕구를 얼마나 심각하게 느끼는지 솔직히 드러내면 피해를 최소화할 결정을 내릴 수 있다.[28]

수치심이 우리 삶을 좌우하며 인간성을 온전히 경험하지 못하게 차단해왔음을 깨닫고 나면 더는 수치심의 해로운 메시지를 믿을 이유가 없다. 문화적 훈련과 우리의 진정한 신념을 구분하고 우리 내면의 소외된 자아를 더욱 깊이 연민할 수 있으니까.

자기 연민 기르기

사회 정의를 염려하는 많은 사람들과 마찬가지로, 나 역시 내 성장 과정과 과거의 매체 취향을 오랫동안 고민해왔다. 영화 〈킬 빌〉은 청소년 시절 내게 큰 의미가 있었지만, 쿠엔틴 타란티노Quentin Tarantino 감독이 촬영장에서 우마 서먼Uma Thurman을 위험에 빠뜨렸다는 사실이 알려졌는데 그 영화를 좋아해도 되는 걸까?[29] 영화 〈양들의 침묵〉을 좋아했던 나는 트랜스젠더 혐오자일까? 지난 몇 년 동안 나와 친구들은 우리가 보고 자란 텔레비전 프로그램이나 좋아하는 뮤지션에 대한 죄책감을 주제로 수없이 대화를 나눴다.

이 모든 상황은 체제적 수치심의 작용과 연결되어 있다. 개인은 자신의 선함이 구매와 소비 내역에 따라 판정되며 대중 매체 선택이 성차별, 인종차별, 동성애 혐오에 대한 찬반 투표와 다름없다고 배운다. 우리가 소비하는 브랜드는 도덕적 정체성의 연장선이기에, 그 브랜드가 오염된 것으로 판명되면 우리는 죄책감을 느낀다. 문제가 있는 매체를 좋아하고 소비하는 사람이 비난받거나 수치심을 느끼기도 한다. 내가 최근 참석한 활동가 모임에서는 한 여성 노인이 경제적 여유가 없어져서 가족과 함께 디즈니월드를 방문하기 어렵다고 한탄했다. 그러자 모임에 참석한 또 다른 여성이 냉소적으로 대꾸했다.

"이참에 경각심을 갖고 동성애 혐오적이며 가부장적인 기업의 소비를 중단할 수 있겠네요. 그동안 소비해온 것을 다시 생각해볼 기회가 생겼다니 다행이에요."

우리의 어린 시절을 형성한 거의 모든 대중 매체가 편견으로 가득하다는 점을 고려하면, 그런 매체에 노출되고 정이 든 사람들을 무작정 비난하는 건 어불성설이다. 그러나 체제적 수치심의 개인주의적 렌즈는 특정 매체의 문제점에 대한 지적과 그 매체의 영향을 받은 이들에 대한 비난을 구분하기 어렵게 뭉뚱그린다.

개인은 자신이 살아가는 사회의 산물이며, 그것이 그 자신의 실패는 아니다. 사실 그것은 피할 수 없는 결과다. 나는 〈에이스 벤츄라〉 같은 트랜스젠더 혐오성 영화와 〈내겐 너무 가벼운 그녀〉 같은 비만 혐오성 영화를 보며 자랐다. 주간 텔레비전 방송에서 퀴어는 심문받아야 할 괴물이었고 빈곤층, 중독자, 노숙자는 혐오의 대상이었다. 이 모든 것들의 영향을 나는 윤리적으로 거부하지만, 그런 영향이 존재하지 않는다고 부정할 수는 없다. 그리고 이 모든 대중 매체의 유독함 속에도 한결 달콤한 부분이 있었다. 영화 〈버드케이지〉에서 네이선 레인Nathan Lane의 경박한 몸놀림이나 팝 그룹 '새비지 가든' 보컬인 대런 헤이즈Darren Hayes의 곱고 나긋나긋한 목소리처럼. 내가 최초로 자신을 발견한 것은 이 불완전한 퀴어성의 섬광 속에서였다. 안타깝게도 이런 공간에 비친 내 모습을 바라보려면 '임신한 남자'를 보며 경악하는 주간 텔레비전 시청자들이나 사악한 살인마로 묘사되는 트랜스젠더도 목격해야 했다.

나를 키워낸 대중 매체 전반이 편견에 오염되어 있었고, 거의 모든 콘텐츠가 사람들이 상처입든 말든 신경 쓰지 않는 권력자에 의해 제작되었다. 그런 매체 중 일부는 내게 큰 의미가 있었고 앞으로도 그럴 것이다. 모든 사람과 마찬가지로 나 역시 이런 과거를 통해 형성되었으니 이 점을 인정하는 편이 나을 것이다. 내 과거와 현재의 부정적 애착을 싹 제거함으로써 나 자신을 정화할 수는 없다. 하지만 그런 애착을 이해하려 노력하고 다각도의 자기 연민을 통해 나를 키운 것들이 내게 어떻게 유해했는지(그리고 도움이 되었는지) 고찰할 수도 있다.

작가이자 비만 해방 운동가 오브리 고든Aubrey Gordon은 범죄 실화의 모든 요소에 심란한 매혹을 느낀다고 한다.[30] 종종 불안에 시달리는 백인 퀴어 여성으로서 살인 및 강간 실화에서 최악의 두려움, 특히 미국 백인 여성이 느끼는 두려움의 배출구를 발견한다는 것이다. "범죄 실화는 내 마음속에 존재하는 불안한 상상의 압력솥 밸브를 열어준다. 내 불안을 극한까지 키운 다음 그것이 안전하게 빠져나갈 경로를 제공한다."

범죄 실화는 수십억 달러 규모의 비즈니스이자 논쟁적 문화 현상이다.[31] 범죄 실화 콘텐츠 제작자와 소비자는 다수가 백인 여성이며 대부분 중산층 이상이다. 그리고 고든의 주장처럼 이는 우연이 아니다. 우리 문화에서 백인 여성은 자신의 삶이 소중한 동시에 취약하며 위험한 공격자가 도처에 숨어 있다고 배운다. 통계에 따르면 이런 두려움은 사실과 거리가 멀다.[32] 백인 여성은 폭력 범죄자에게 희생될 위험이 낮은 편이며(부유층이라면 더욱 그렇다) 유색인종 여성과 남성은 물론 심지어 백인 남성보다도 훨씬 낮다. 백인 여성이 범죄 피해자인 경우 가해자는 대개 연인, 친구, 상사, 교회 지도자, 부모 등 잘 알고 신뢰하는 사람이다.[33] 그러나 범죄 실화를 다룬 프로그램과 책, 영화 대다수는 백인 여성 피해자에 대한 무작위적 폭력을 집중 조명한다.

연구 결과 범죄 실화 콘텐츠에 노출되면 폭력을 예측하는 실제 위험 요인을 오해하게 되는 것으로 나타났다.[34] 범죄 실화 콘텐츠 시청자들은 범죄율을 실제보다 높게 예상하는 편이며 폭력 범죄는 대부분 낯선 사람이 저지른다고 생각한다. 하지만 실제 폭력 범죄자는 대개 피해자가 잘 아는 사람들이다.[35] 범죄 실화 콘텐츠 애호가는 남들보다 이웃을 두려워하고 지역 사회에서 스스로 고립되기 쉽다.[36]

고든은 이런 모든 이유로 범죄 실화에 대한 취향이 거북하게 느껴진다고 썼다. 고든은 인종차별에 반대하며 경찰을 지나치게 우호적으로 묘사하는 범죄 실화 매체를 불신한다. 범죄 실화 애호가 상당수는 설사 정치적으로 진보 성향이라도 '최애' 살인범의 체포와 수감을 기념하곤 하지만, 해마다 얼마나 많은 유색인들이 비폭력 범죄로 수감되는지는 좀처럼 언급하지 않는다. 고든은 이런 콘텐츠의 인기에 이의를 제기하고 그것이 국민 정서에 어떤 영향을 미쳤는지 조사하길 원하지만, 수치심을 자극하지 않는 계획적인 방식으로 접근하려 한다.

고든은 범죄 실화 컨텐츠 소비를 중단하진 않았으나, 의식을 키울수록 이런 콘텐츠에 관심이 줄어드는 게 느껴진다고 썼다. 고든은 범죄 실화 프로그램을 한 편 볼 때마다 교도소 폐지와 사법 제도의 인종차별에 관한 콘텐츠를 적어도 한 편 이상 시청한다.

'이노센스 프로젝트(DNA 검사를 통해 부당하게 유죄 판결을 받은 개인을 돕고, 미래의 불의를 방지하기 위해 형사 사법 제도를 개혁하려 노력하는 비영리 단체.—옮긴이)'와 같은 단체에 정기 후원을 하고, 친구들이 최근 몰아본 범죄 드라마 이야기를 하면 현실 문제로 화제를 돌리려고 애쓴다.

고든은 해로운 문화적 메시지를 받아들인 자신을 책망하지 않으며 자신의 소비 습관과 윤리성을 동일시하지도 않는다. 그럼에도 자신의 복잡한 감정을 인정하고 범죄 실화 콘텐츠가 자신과 세상에 끼친 피해를 직시한다. 이런 자세가 수치심보다 훨씬 더 건전하고 유의미하지 않을까.

내가 좋아하는 대중 매체 콘텐츠의 흠결이 거슬릴 때는 공감적 호기심을 기울이면 도움이 된다. 좋아하는 작품에서 받은 정서적 도움을 인정할 수 있고, 내가 왜 그 작품의 유독하거나 무례한 요소도 받아들였는지 이해할 수 있다. 흠결 있는 창작물을 계속 소비함으로써 누군가 피해를 입지 않는지 고민하는 것도 의미 있는 일이다. 예를 들어 나는 J.K. 롤링J.K. Rowling처럼 대놓고 '젠더 비판론적'인 작가에게 힘을 실어주고 싶지 않아서 《해리 포터》 관련 상품을 불매한다. 하지만 할리우드에 만연한 성차별적 폭력을 탐구하고 어느 정도 정당화하는 타란티노의 영화가 개봉했을 때, 나는 타란티노의 주머니를 채워주지 않으면서도 영화를 볼 방법을 찾았다. 타란티노가 여성 학대에 대한 자신의 공모를 어떻게 합리화할지 궁금했고, 그의 영화에 담긴 메시지가 나쁜 아니라 수백만 명에게 영향을 미친다는 것을 알았기 때문이다. 나는 오랫동안 타란티노를 찬양하고 그가 만든 영화에 아낌없이 찬사를 보내온 세상에서 살아간다. 게다가 나 역시 〈킬 빌〉의 열성팬으로서 그의 엄청난 성공에 미약하게나마 한몫했다. 그래서 나는 현실을 외면하기보다 직시하고, 타란티노의 메시지가 왜 그리 많은 사람들을(나를 포함해서) 매혹했는지 알아보기로 결심했다. 나는 앞으로도 계속 이런 갈등을 고민하고 파헤치려 한다.

어느 정도의 자기 연민은 내면화한 '문제적' 취향이나 대중 매체의 메시지와 화해하는 방법이다. 자기 연민을 가지려면 우리의 선택에는 이유가 있으며 같은 상황에서 자신의 욕구를 정당하고 '완벽하게' 충족하기 어려울 사람이 많다는 걸 인식해야 한다. 자기 연민이 가능한 사람은 좌절했을 때도 회복력이 강한 편이다.[37] 실수를 저질러도 덜 상처받고 부정적인 정신건강 증상이 덜하며[38] 거절당하는 데 대한 두려움도 적다.[39] 수치심은 동기를 약화시키지만 자기 연민은 건전한 변화를 촉진한다.[40] 2003년에 사회심리학자 크리스틴 네프Kristin Neff는 오늘날까지도 널리 사용되는 자기 연민 심리측정 척도를 개발했다.[41] 이 척도를 개발하고 사람들의 자기 연민 활용을 조사하는 과정에서, 네프는 자기 연민에 능한 사람들이 여섯 가지 핵심 기술에 뛰어나다는 것을 발견했다.

- **자기 용서** 사랑하는 사람에게 그러듯 자신에게도 다정하고 참을성 있게 대한다.

- **판단 보류** 자신의 '흠결'을 판단하지 않고 있는 그대로 받아들인다.
- **공통의 인간성 인식** 자신의 불완전함을 통해 인류 전체와 연대할 수 있음을 인식한다.
- **고립 거부** 연결을 받아들이고 달아나 숨고 싶은 충동을 거부한다.
- **마음 챙김** 호기심을 갖고 자신의 상황을 관찰하고 성찰한다.
- **과잉 동일시 지양** 자신의 감정과 생각, 실수가 자신을 정의하지 않는다는 것을 인식한다.

이런 기술이 현실에서 어떻게 나타나는지 살펴보기 위해, 봉쇄 기간의 내 혼란스러운 감정과 행동으로 돌아가보자. 나는 인간관계를 원하는 자신을 수치스러워하는 대신 다음과 같은 생각으로 네프의 여섯 가지 기술을 실행할 수 있었을 것이다.

- **자기 용서** 나는 국제적 위기 속에 있고 가장 친밀한 관계도 잃어가는 중이다. 타인과의 접촉이 한층 절실해진 것도 당연하다.
- **판단 보류** 내 감정은 감정일 뿐이다. 내 감정과 생각은 도덕적으로 전혀 나쁠 게 없다. 자책하지 말고 그냥 내버려두면 된다.
- **공통의 인간성 인식** 지금 많은 사람들이 엄격한 봉쇄 규범을 준수하느라 힘겨워하고 있을 것이다. 애인과 고통스럽게 헤어지려는 사람이 나 혼자뿐일 리도 없다. 하지만 아무도 이런 감정을 입밖에 내지 못하고 있으리라.
- **고립 거부** 속마음을 털어놓아도 괜찮은 사람을 만나면 결국 내가

그리 외롭지 않다고 깨달을지도 모른다. 퀴어 친구들과 온라인 채팅 약속을 잡고, 그중 몇 명은 직접 만나서 내 상황을 이야기할 안전한 방법을 궁리해야겠다.

- **마음 챙김** 나 자신의 감정에 주의를 기울여야 한다. 수치스러운 충동과 환상도 외면할 수는 없다. 이런 감정을 통해 내게 무엇이 중요한지, 내가 누구인지, 지금 내 삶이 어떻게 잘못되었는지 등 중요한 것들을 깨달을 수 있다.
- **과잉 동일시 지양** 나는 어려운 상황에 처했고 이를 극복하기 위해 최선을 다하고 있다. 내가 당장 살아남기 위해 한 행동이 나라는 사람을 정의하진 않는다. 내 '최악의' 충동이나 가장 수치스러운 감정 또한 나를 정의하진 못한다.

자기 연민의 최저 기준선은 사람마다 다르다. 하지만 연구에 따르면 네프의 여섯 가지 기술은 학습할 수 있다. 그리고 자기 연민 활성화는 안녕감을 향상시킬 뿐 아니라 더 큰 성장과 인간관계를 촉진하는 것으로 보이므로[42] 체제적 수치심을 떨쳐내는 첫 단계로 추천할 만하다.

물론 긍정적이거나 연민 어린 시각으로 바라보기 어려운 감정도 있을 것이다. 게다가 살다 보면 너무 힘겹고 불공평해서 도저히 받아들일 수 없는 상황도 있다. 이처럼 온건하고 자기애적인 접근이 불가능할 때는 급진적이고 완전히 가치중립적인 수용의 잠재력을 활용해야 한다.

신체 중립 지키기

자기 연민은 그럴 수도 있다며 자신의 행동과 감정을 다독여 주는 따스하고 안온한 감정이다. 우리가 가장 쉽게 자기 연민을 느낄 수 있는 것은 주어진 자원으로 가능한 한 최선을 다했다고 믿을 때다. 하지만 항상 최선을 다할 수 있는 사람은 없다. 우리는 가끔 어떤 시각에서 보더라도 자랑스러워할 수 없는 결정을 내리곤 한다. 하지만 현실이 바람직하지 않을 때도 있는 그대로 받아들이려고 노력할 수 있으며, 그런 노력은 설사 아름답진 않더라도 치유의 가능성을 지닌다.

2017년 8월, 저널리스트 프레디 드보어Freddie deBoer는 동료인 맬컴 해리스Malcolm Harris를 성폭행 혐의로 무고했다.[43] 당시 드보어는 치료받지 않은 양극성 장애로 정신이상 증세를 보이고 있었다. 드보어는 입원하여 약물 치료를 받은 후 현실 감각을 되찾았고, 자기가 해리스에 관해 거짓말했다는 사실을 깨닫자 즉시 명확한 사과문을 발표했다.

이 사건으로 드보어는 많은 직업적 기회를 잃었다. 그는 《뉴욕타임스》《복스Vox》《데일리비스트Daily Beast》와 같은 매체에 정기적으로 기고해왔으나 이 사건 이후로 담당 편집자 상당수가 연락을 끊었다고 주장한다. 가깝던 동료들이 갑자기 증발한 것처럼 연락을 끊은 이유가 자신에 관해 무슨 말을 들어서인지, 아니면 자기와 절교하라는 압력을 받아서인지 아직까지도 궁금하다고 한다. 드보어는 자신의 행동을 전적으로 책임졌고 해리스도 드보어의 사과를 공식적으로 받아들였지만, 이 사건에 따른 피해는 회복되지 못했다.

드보어는 정신질환 인권운동에서 복잡한 위치에 있는 인물이다. 그는 기본소득 보장과 보편적 의료 등 우리 장애 운동가들이 주장하는 경제 정책을 대부분 지지한다.[44] 또한 모든 사람이 능력이나 행동 방식과 관계없이 적당히 편안하고 존엄하게 살 수 있어야 한다고 믿는다. 그러나 대부분의 장애 운동가들처럼 정신질환과 장애가 치료받기보다 사회적으로 수용되어야 할 인간의 가치중립적 다양성이라고 생각하진 **않는다**. 그는 비순응 정신질환자에 대한 강제적 치료를 지지한다.[45] 자폐 수용이나 매드 프라이드Mad Pride(정신질환 및 정신장애 당사자들이 정체성을 존중받고 사회적 인식을 높이기 위해 주최하는 행사.—옮긴이) 운동, 신경다양성 개념에도 찬성하지 않는다. 그가 자신의 정신질환을 **혐오**하고 부끄러워하며 정신질환이 그의 삶에 미친 막대한 피해를 원망한다는 이유도 있다.

"나 역시 정신질환과 이를 관리하기 위한 약물 복용에서 벗어나고 싶지만, 두 가지 모두가 내 평생에 그 무엇보다도 큰 영향을 미쳤다."[46]

장애가 있는 사람은 자신의 장애를 자랑스러워하든 혐오하든 평생 제도적 능력주의의 부정적 영향에서 자유롭지 못하다. 그럼에도 많은 장애 운동가들은 우리가 모든 장애를 무조건적으로 포용해야 한다고 생각한다. 장애에 대한 수치심을 표현하거나 장애를 치료하길 원하는 사람들은 묵살당하거나 장애 운동의 배신자로 간주되곤 한다. 내 친구 채리티는 익명 블로그에 자기가 자폐인이 아니었으면 좋겠다고 썼다는 이유로 몇 번이나 살해 협박과 블로그 폐쇄 강요를 받았다. 저지능 비언어 장애인으로 진단받은 채리티는 장애인 신분이 자신의 삶에 끼친 영향을 지극히 혐오한다. 하지만 이런 슬픔과 수치심을 드러낼 때마다 동료 장애인들에게 더 넓은 사회적 수용을 위협하는 존재로 매도당한다. 나는 이런 상황을 목격하면서 한없는 좌절감을 느꼈다.

비만 혐오 반대 운동에서도 우리 모두 비만을 긍정하는 정서를 북돋우기 위해 싸워야 한다는 사람들과, 모든 비만인이 공평하게 대우받을 사회적·정치적 변화 추진이 더 중요하다는 사람들 간에 비슷한 갈등이 존재한다.[47] 비만 긍정 또는 한층 더 모호한 **신체 긍정**에 관한 책, 워크숍, 소셜 미디어 계정이 대유행 중이며, 자신의 몸을 긍정적으로 바라보면 비만 혐오에 따른 고통을 해소할 수 있다는 주장에 체형을 떠나 모든 사람들이 솔깃해 있다.

하지만 록산 게이Roxane Gay[48]부터 앞서 언급한 고든[49]까지 여러 과체중 작가들이 지적했듯이, 공적으로 배제당하는 것은 개인의 자존감을 통해 해결될 문제가 아니다. 버스에서 편히 앉을 좌석이나 내 체형에 맞는 처방약이 없는데 신체 긍정만으로 상황이 나아질 수는 없다. 비만인 자신을 자랑스러워하는 사람도, 그만큼 자존감이 탄탄하지 못한 주변의 다른 비만인도 여전히 억압받기는 마찬가지일 것이다.

이런 이유로 많은 비만 해방 운동가가 비만인의 삶을 직접적으로 개선할 경제적·법적 정책뿐 아니라 **신체 중립**을 추구한다. 신체 중립은 현실을 받아들이는 또 다른 방식이다. 자신의 몸을 날씬하고 사회적으로 허용되는 체형에 맞추려 발버둥 치지 않되 자신의 몸을 긍정해야 한다는 강박도 거부하는 것이다. 의학 연구에서 비만 환자가 배제되는 데 항의하고, 비만인의 이민을 전면 금지하는 많은 국가의 정책이 유해하다고 지적하는 것도 비만 해방 운동의 일환이다.[50] 이처럼 현저한 제도적 문제의 해결은 자존감이나 자기혐오와 상관없이 모든 비만인의 삶을 개선할 수 있다.

정신장애 인권운동에도 똑같은 원칙이 적용된다. 모든 정신장애인이 자신의 상황을 긍정적으로 생각해야 하는 것은 아니며, 실제로 장애를 치료하길 바라는 사람들이 있다는 것도 충분히 이해할 만하다. 이런 개인적 감정은 집단 전체의 복지 혜택과 법적 보호 확대를 위해 싸워야 한다는 것과는 무관하다. 드보어처럼 조증이 심한 사람이나 내 친구 채리티같이 자신의 질환을 싫어해도 상관없다. 하지만 우리는 사회적 낙인과 자기혐오에 시달리면서도 자신과 타인을 위해 폭력적 후견인 제도를 종식시키고, 연방 장애수당을 확대하고, 학교에서 장애인 학생의 접근성을 개선하자는 시위를 할 수 있다. 수치심 자체보다는 수치심의 외부적 원인을 해결함으로써 다음 세대 정신장애인이 자기혐오에 빠지는 것을 예방할 수 있다.

개인의 자존감이라는 가면으로 체제적 수치심의 상처를 숨겨야 한다고 압박받는 이들은 장애인이나 비만 해방 운동가만이 아니다. 이런 압박은 여성이 권력을 쥐려면 사과하지 말고 자기 회의를 무시하며 남성스럽고 허세적인 태도를 보여야 한다는 논리에서 더욱 교묘한 방식으로 나타난다. 모든 전문직 여성은 수십 년 전부터 가면 증후군(자신의 성공은 능력이 아니라 순전히 운 때문이라는 불안감.—옮긴이)을 극복하려면 한껏 자신감을 과시하라는 조언을 받아왔지만, 이런 조언은 구조적 문제를 개인화한다. 현존하는 거의 모든 산업 분야에서 여성이 남성에 비해 불이익을 받는다는 사실은 아무리 굵직한 목소리를 내거나 파워 포즈를 취해도 변하지 않는다. 우리가 여성의 '가면 증후군'으로 매도하는 것은 사실 정확한 현실 인식이다. 여성은 남성보다 공로를 덜 인정받고[51] 승진할 가능성이 낮은데다, 승진하더라도 제도적 결함으로 응징당할 가능성이 높으며[52] 남성 동료보다 수입이 적다. 게다가 남성은 배우자와 아이가 생기면 포상을 받는 반면 여성은 오히려 불이익을 당한다.[53] 여성들이 현실 앞에서 지극히 불안해하는 것은 터무니없는 망상이 아니라 합리적 판단이다. 따라서 이런 감정은 여성 개인의 문제가 아니라 **사회의** 실패에 대한 합리적 고발로 간주되어야 한다. 여성들이 제도적 성차별의 불편함과 미묘함에 관해 발언하기를 지금보다 더 망설이게 만들어서는 안 된다.

사회가 미워하라고 종용한 우리의 모습을 억지로 사랑하려 애쓸 필요는 없다. 우리의 삶과 여전히 내면에 묻어둔 고통을 있는 그대로 받아들이면 된다. 드보어는 해리스에 대한 무고를 공개적으로 온전히 책임지고, 정신건강에 유념하여 다시는 허위 발언으로 타인을 상처입히지 않겠다고 약속함으로써 고통을 받아들였다. 자신의 정신질환에 대해 '수치심을 드러내는' 에세이를 여러 편 썼고, 후회스러운 행동을 저지른 후에도 계속 살아나가는 것에 관한 동영상을 제작했다. 그의 글들은 수많은 양극성 장애인에게 위안이 되었다. 게다가 드보어는 매드 프라이드 운동 찬성 여부와 별개로 모든 정신장애인에게 유익한 사회복지와 저렴한 주택 확충을 꾸준히 주장하고 있다.

변증법적 행동 치료사는 흔히 환자가 고통스러운 감정과 현실을 받아들이도록 돕는다. 외면하고 싶은 사실과 골치 아픈 감정을 수치심으로 억누르다 보면 기진맥진하여 술을 마시고, 약물을 사용하고, 자해와 과로에 빠지고, 고립되어 분노와 슬픔을 터뜨릴 수 있다. 문제보다 해결책에 초점을 맞추려면 우선 불쾌한 현실을 직시해야 한다. 우리는 변하지 않을 과거에 집착하는 대신 현재에 집중할 수 있다.

다음 페이지는 변증법적 행동 치료사가 실제로 환자에게 사용하는 연습 내용이다. 당신 자신과 힘겨운 현실을 받아들이는 데 도움이 될 것이다.

체제적 수치심은 개인의 능력에 집착하지만, 안타깝게도 개인 스스로 해결할 수 없는 상황이 많은 것이 현실이다. 이런 상황에서는 마음껏 슬퍼하고 더 나은 세상에서 살 수 없다는 사실에 비

현실 수용 연습[54]

내가 외면해온 불쾌한 현실을 세 가지 적어보자. 일어나지 않았기를 바라는 과거의 경험, 거부하고 싶은 당신에 관한 사실, 지금껏 부정하려 했던 인간관계, 차마 애도할 수 없었던 상실 등을 기록한다.

나는 어떤 방법으로 현실에 맞서는가? 과로나 비디오 게임으로 회피하거나, 약물로 감정을 마비시키거나, 자신의 감정을 마음대로 재단하거나, 남들의 행동을 통제하려고 시도할 수 있을것이다.

- 나의 회피 방법

- 감정을 마비시키는 방법

- 자신을 상처입히려고 하는 말

- 자꾸 집착하는 불공평한 현실

- 현실에 '맞서는' 그 밖의 방법

내가 현실에 맞서려면 어떤 대가를 치러야 하는가? 예를 들어 기력이 소진되거나, 남들을 실망시키거나, 많은 돈과 시간을 들여야 할 수도 있다.

'해야 한다'에서 '하고 싶다'로[55] 현실을 받아들이기 위해 시도할 수 있는 방법 하나는 상황을 다르게 진행**해야 한다**는 생각을 버리고 다른 경험을 **하고 싶다**고 생각하는 것이다. '해야 한다'는 생각은 현실을 거부하지만 '하고 싶다'는 생각은 아쉬움을 포용한다. 아래 길잡이를 활용하여 '해야 한다'는 강박 세 가지를 재구성해보자.

유해한 '해야 한다'
나는 혼자서 ________________________________해야 한다.

'하고 싶다'로 재구성하기
나는 __________________________하고 싶지만 그럴 수 없다.

유해한 '해야 한다'
나는 __________________________ 같은 사건을 막았어야 한다.

'하고 싶다'로 재구성하기
나는 ____________ 같은 사건을 막고 싶었지만 그럴 수 없었다.

유해한 '해야 한다'
나는 __________________________라고 느끼지 말아야 한다.

'하고 싶다'로 재구성하기
나는 ____________라고 느끼지 않았으면 싶지만 사실 그렇게 느낀다.

통해해도 괜찮다. 슬픔은 처음에는 무한한 것처럼 느껴지지만 실제로는 그렇지 않다. 현실을 외면하다 보면 패배로 귀결되는 감정과의 지지부진한 싸움에 갇히게 된다. 역설적이지만 우리가 싸우길 포기하고 불쾌감을 받아들일 때 비로소 자연스럽고 궁극적인 고통 해소에 이를 수 있다.

변증법적 행동 치료사 셰리 반 다이크Sheri van Dijk는 감정적 억압에 관해 이렇게 말한다. "어떤 경험이든 그것은 이미 존재합니다. 그냥 있는 그대로 느끼세요."[56] 다행히도 현실 인식이 성장하면 기쁨이나 즐거움 같은 긍정적 감정에도 주목하게 된다. 이런 감정은 수치심보다 훨씬 더 효과적으로 우리의 행동을 좌우할 수 있다.

즐거움과 기쁨에 따라 움직이기

즐겁고 기쁜 느낌에 귀 기울이려 노력하면 확장적 인식을 연습할 수 있다. 즐거움과 기쁨은 우리가 다시 몸과 감정을 신뢰하도록 이끌고, 그리하여 우리의 수치심을 효과적으로 해소해준다. 체제적 수치심은 우리가 쾌감과 갈망을 의심하도록 종용하지만, 확장적 인식은 우리 몸을 더욱 깊이 의식하고 '바로 이거야'라고 느껴지는 것을 존중하도록 격려한다.

즐거움은 즉각적으로 신체적·정서적 욕구를 채우도록 이끄는 감정인 만큼 동기 부여 효과도 크다. 식사는 배고픔을 달래고 영양을 공급해주기에 즐겁고, 섹스는 성욕과 유대감(혹은 감각적 자극에 대한 욕구)을 충족시키기에 즐겁다. 기쁨은 좀 더 추상적인 방식으로 힘을 불어넣는데, 우리는 눈앞의 일에 흥분하고 자신보다 더 큰 목적이나 공동체와의 연결을 인식할 때 기쁨을 느낀다.[57] 즐거움과 기쁨 모두 초월적이고 확장적인 감정이다. 즐거움은 우리가 머릿속 강박에서 벗어나 신체와 주변을 인식하게 하고, 기쁨은 우리를 다른 사람들이나 미래와 연결해준다. 우리는 이 두 감정을 함께 활용함으로써 자신을 잘 돌보고 수치심을 떨쳐낼 수 있다.

앞에서 이미 언급했듯이 식습관, 약물 사용, 성생활 등에 대한 수치심은 긍정적인 변화를 유도하기보다 오히려 개인을 고립시키고 의사 결정 피로(의사 결정을 너무 오래 고민한 탓에 최선의 결정을 내리지 못하게 되는 상태.—옮긴이)로 짓누를 수 있다. 반면 '모든 체형에 건강을Health at Every Size' 운동은 체형이나 건강 상태에 관계없이 모두가 자신에게 즐거운 방식으로 운동하고, 도전과 보상에서 즐거움을 느낄 수 있는 신체 활동을 우선시하도록 장려한다.[58]

연구에 따르면 체중 감량을 위해서보다 운동이 주는 쾌감 때문에, 혹은 자기 몸의 한계를 시험하려고 운동할 때 운동 습관과 건강이 개선되는 것으로 나타났다.[59] 운동을 즐겁다고 여기는 자세는 신체 능력 감소를 수치스러워하는 노인[60]이나 운동으로 스스로를 징벌하는 데 익숙한 섭식장애 환자에게도 유익하다.[61] '즐거운 운동' 프로그램이 수치심이나 훈계보다 효과적이라는 사실은 거듭 증명된 바 있다.[62] 물론 기분이 좋아지고 몸이 편안해지는 것 자체가 운동의 순기능이기도 하다.

마찬가지로 직관적 식사는 신체의 기본적 신호를 의심하는 대신 배고픔과 갈망을 신뢰하도록 격려함으로써 수치심에 근거한 음식과의 관계를 극복하는 데 도움이 된다.[63]

먹는 것을 수치스러워하지 않는 사람도 이런 방법을 생활에 적용할 수 있다. 스스로 거부감이나 수치심을 느끼는 기본적 욕구를 파악하고, 그 욕구를 더 온전히 충족할 방법을 생각해보자. 예를 들어 쉬는 것이 수치스럽게 느껴진다면 매일 오후 잠시 어두운 곳에서 부드러운 명상 음악을 틀어놓고 누워 낮잠을 청할 수 있다. 추가 근무의 압박에 시달린다면 '바쁘다고 자랑하기' 문화를 근절하자고 친한 동료에게 이야기할 수 있다. 서로 얼마나 과로했고 피곤한지 자랑하다 보면 선을 긋고 건강을 관리하기가 어려워진다고 말이다. 이런 식으로 그간 억눌러온 욕구를 보다 직관적으로 솔직하게 받아들일 수 있다.

즐거움의 힘을 펼쳐놓는 또 다른 방법은 기분 좋게 느껴지는 활동을 만끽하는 것이다. 많은 사람들이 도덕적 금욕주의와 사회적 수치심 때문에 오르가슴, 맛 좋은 식사, 공원 산책을 즐기거나 해먹에 누워 나른하게 주말을 보낼 엄두를 내지 못한다. 우리는 종종 단순하고 무해한 쾌락을 **나쁜** 것으로 인식한다. 정신건강 운동가 앨리슨 래스킨Allison Raskin은 《너무 깊이 생각하지 마Overthinking About You》에서 식사 중에 큰 소리로 즐거움을 표현하기로 결심한 경위를 설명한다. 즐거울 때 소리 내어 한숨을 쉬거나 앉은 채로 몸을 꿈틀거리는 행동이 처음에는 쑥스러울 수 있지만, 기분 좋은 것은 나쁜 일이 아니다.

내가 벽장 속에 있었을 때는 신체적으로 즐겁고 만족스럽게 느껴지는 모든 것이 의심스럽게 다가왔다. 나는 청소년기부터 게이 포르노를 보거나 남자가 되어 남자와 섹스를 하는 내 모습을 상상하면서 '이성애' 섹스와는 비교할 수 없는 쾌감을 느꼈다. 나는 게이 포르노와 팬픽에 본능적으로 이끌렸고, 몇 분간의 황홀감 속에서 바깥세상 걱정을 싹 잊곤 했다. 하지만 한편으로는 오랫동안 이런 감정의 의미를 외면하며 내가 게이 남성에게 열광하는 변태적인 이성애자 여성일 뿐이라고 생각해왔다. 나는 20대 후반에야 비로소 내가 느끼는 쾌감을 진지하게 받아들이기 시작했다. 사실 그 쾌감은 내 정체성의 궁극적 진실을 담고 있었다.

내가 최초로 젠더 표현(자신의 사회적 성별을 외적으로 드러내는 것.—옮긴이)을 시도한 것도 그 무렵이었다. 난생 처음 가슴을 납작하게 싸매고 남성용 버튼다운 셔츠를 입고서 거울을 들여다본 순간 짜릿한 기쁨을 느꼈다. 나는 여성으로서의 미래를 상상하기는커녕 당시의 내 모습을 직시하거나 이해할 수 없었다. 하지만 남성복을 입고 남성으로서 관계를 맺으며 늙어가는 내 모습을 상상하니 어둡기만 했던 내 앞길에 따사롭고 은은한 가로등 불빛이 비춰진 기분이었다.[64]

기쁨은 즐거움과 마찬가지로 접근 기반 감정이다. 많은 경우 우리가 올바른 길을 가고 있으며 장기적으로 이로울 긍정적 행동을 하고 있다는 신호이기도 하다. 공중보건 연구자들은 예방 접종, 콘돔 사용, 정기 검진과 같은 건강 관련 행위에 있어 '잘못된 선택'의 위험성을 강조하여 두려움과 수치심을 자극하기보다[65] 그 행위에 따르는 이득이나[66] 기분 좋은 느낌을 알리는 것이 훨씬 더 효과적이라는 사실을 밝혀냈다.

기쁨은 생산적인 사회 변화를 유발할 수도 있다. 근래에 특히 효과적이었던 노동 및 사회 운동 일부는 요란한 음악과 춤, 축하와 기쁨을 나눔으로써 참가자들이 계속 움직이도록 유도했다. 에이즈 감염이 가장 심각했던 시기에도 성 소수자 운동가들은 시위에 예술과 자기표현, 유희 감각을 불어넣었다. 뉴욕의 아마존 창고 노동자들이 노조를 결성했던 2020년에 크리스 스몰스Chris Smalls와 같은 활동가들은 분노가 아니라 맛 좋은 공짜 바비큐와 대화, 샴페인이 넘치는 행사를 조직했다.[67]

다음 질문들을 심사숙고하면 수치심이나 두려움에 의한 동기부여를 줄이고 즐거움과 기쁨을 더 많이 느낄 수 있을 것이다.

- 어떤 활동을 할 때 몸이 느긋하고 편안해지는가?
- 나는 어떤 감각을 유쾌하게 느끼는가?
- 내가 느끼는 즐거움을 어떻게 더 솔직히 표현할 수 있을까?
- 내가 좋아하는 맛, 냄새, 질감, 신체 감각을 어떻게 일상생활에 접목할 수 있을까?
- 내게 유익하고 이롭게 느껴지는 활동은 어떤 것인가?

- 자신이 가장 뿌듯하고 자랑스러운 순간은 언제인가?
- 내가 상상할 수 있는 가장 유쾌하고 행복한 미래는 무엇인가?

개인적 단계의 확장적 인식 연습은 과거의 고통이나 자신에 대한 일체의 부정적 감정과 생각을 지워버리는 것이 아니다. 그런 일은 불가능하다. 오히려 수치심에 의해 형성된 자신의 과거와 현재를 엄밀히 관찰한 뒤, 의식적으로 수치심 대신 충만함과 연결감을 느낄 수 있는 선택을 내리는 것이다.

대량 수감 국가인 미국에서 에릭은 결코 중범죄자라는 수치심을 떨쳐내지 못할 것이다. 동료 중범죄자들과 연대자들의 지지 없이는 에릭 자신과 1억 명 이상의 미국인을 억압하는 법적 구조에 맞서 싸울 수 없으리라.[68] 하지만 다시 가수 로버트 스미스Robert Smith의 머리 모양을 따라 하고 가죽 바지를 입는 기쁨을 누릴 수는 **있다**. 기차 관련 서적과 인형 뽑기로 얻은 말랑말랑한 봉제인형으로 집을 채우고 벽장 안에 아늑한 글쓰기 공간을 만들 수도 있다. 믿음직한 사람들에게 자신의 과거를 털어놓고, 울고 싶으면 그냥 울어버리고, 수치심을 더욱 자극할 뿐인 마초 행세를 그만둘 수도 있으리라. 에릭이 자신에게 더 솔직해진다고 모든 문제가 해결되지는 않겠지만, 그러다 보면 타인과의 진정한 연결이 가능해질 것이다. 그리고 이런 연결이야말로 수치심을 떨쳐내는 데 꼭 필요한 요소다.

7장 취약성을 통한 연대

1장에서 소개한 내 친구이자 아이를 키우는 비만 해방 운동가 켈리는 다른 학부모들과 소통하는 데 어려움을 겪었다. 켈리가 살던 시카고 교외 동네에 그와 같은 트랜스젠더나 논바이너리 성인은 한 손에 꼽을 정도였다. 체중 감량에 매달리지 않고 식이요법이나 운동법을 화제로 삼지 않으며 자신의 외모를 비하하지 않는 양육자도 지극히 드물었다.

켈리는 소외감을 느꼈다. 아이의 친구 관계를 위해 외모 평가와 다이어트 이야기만 하는 엄마들에게 맞장구를 치거나, 아니면 다른 학부모들의 혐오성 발언에 반박하고 나서야 했다.

“게다가 우리 애 단짝 친구 엄마가 유난히 자기 몸을 혐오하고 운동과 다이어트에 목숨 건 사람이었거든.” 체중 감량 이야기가 흥미로운 척하며 고통스러운 놀이 시간을 보낸 지 1년 후, 켈리는 마침내 반격을 시도하기로 결심했다.

“나와 있을 때는 다이어트 이야기를 하지 말아줄 수 없겠냐고 물었어. 하지만 ‘웃기지 마세요. 그게 내 인생 전부란 말이에요’라는 대답이 돌아왔지.” 이후로 그 어머니는 자기 아이를 데리고 나와 켈리의 아이와 함께 놀게 하는 일을 그만두었다. 이처럼 켈리는 종종 솔직한 생각을 말했다가 비싼 대가를 치러야 했다. 과제 중 퀴어로서 자신의 신조를 표명했다는 이유로 본인뿐 아니라 아이도 배제당한 것이다. 심각한 수치심에 이어 고립감이 따라왔다. 켈리는 이웃과 동료 양육자들을 점점 더 불신하게 되었다.

하지만 걸스카우트 부대장을 맡기로 하면서 놀랍게도 한층 더 진솔하고 서로를 존중하는 인간관계가 시작되었다. 상대는 켈리와 잘 모르는 사이였던 공동 부대장이자 마찬가지로 아이 엄마인 어텀이었다.

"내가 어텀에게 이런 메일을 보냈어. '나는 트랜스젠더이자 논바이너리고 성별 대명사 they를 사용해요. 우리가 공동 부대장으로 1년간 함께 일하려면 나에 관해 알려야 할 것 같아서요. 어떻게 생각하세요?'"

나중에 어텀은 켈리에게 지금까지 적어도 자기 지인 중엔 트랜스젠더가 없었다고 밝혔다. 그래서 켈리의 메일을 처음 읽었을 때는 당황했고 어떡해야 할지 몰랐다. 하지만 걸스카우트는 트랜스젠더를 긍정하는 단체이며 두 사람 모두 아이를 위해 최고의 공동 부대장이 되려고 최선을 다하는 터였기에, 어텀은 시간을 들여 트랜스젠더에 관해 조사하고 성별 대명사 사용법도 배웠다. 걸스카우트에서는 성별 대명사 존중과 성 정체성에 관한 워크숍을 개최했다. 조직과 어텀의 도움으로 켈리는 다른 학부모들에게도 커밍아웃을 했다. 몇 달이 지나면서 두 사람은 절친한 친구가 되었다.

“어텀과의 진정한 우정이 내 마음을 치유해주었어. 몇 달 후 어텀이 와서 이런 이야기를 하더라. 직장 메일 서명에 성별 대명사를 추가하기 시작했는데, 내 덕분에 사람들에게 성별 대명사에 관해 설명할 수 있었다고 말이야. 나도 잘했다고 말해줬지.” 켈리는 어텀에게 트랜스젠더 정체성에 관해 구구절절 가르칠 필요가 없었다. 커밍아웃하고 상대의 정체성을 정확히 알아주는 것이 얼마나 중요한지 알리는 것만으로 충분했다. 거기서부터는 어텀 자신이 주도적으로 이뤄낸 성취였다. 켈리에게도 누군가 자신을 위해 이렇게 나서준다는 것은 드문 경험이었다.

“수치심을 떨쳐내고 나 자신을 드러내는 정말 좋은 경험이었어. 사람들이 현실 생활에서 스스로 인식하고 배우도록 믿고 기다릴 수 있게 됐어.”

켈리는 수차례의 부정적 경험을 통해 취약성에 장점보다 단점이 많다는 결론을 내릴 수도 있었다. 비만 혐오와 트랜스젠더 혐오가 넘치는 위협적인 공간을 떠난 적이 많았으니 앞으로도 그런 폭력이 이어지리라는 타당한 예측하에 뒤로 물러날 수도 있었다. 하지만 그 대신 켈리는 줄곧 선을 긋고 자신에게 솔직한 선택을 했다. 그리고 마침내 어텀과 건설적인 관계라는 결실을 맺었을 때, 켈리는 이후로도 꿋꿋이 자신의 신조를 표명할 힘이 생겼다고 자부할 수 있었다.

타인을 직면할 것

내면의 체제적 수치심을 떨쳐내기 시작했다면 이제는 외부로 눈을 돌려 사람들과 어떻게 관계를 맺을지 고민할 때다. 체제적 수치심에 빠지면 사람들을 멀리하고 그들의 일거수일투족을 비판적으로 흘겨보며 실패의 징후나 의심스러운 구석을 찾게 된다. 우리는 다시 남들을 믿고 두려움에 얽매인 사람들의 잠재력을 알아볼 수 있어야 한다. 확장적 인식의 두 번째 단계에는 행동과 대인 관계적인 노력이 필요하다. 내적 노력만으로는 부족하다. 여전히 자신이 수치스럽거나 남들과 가까워지기가 두려운 사람도 일단 행동에 나서면 사회적 단절을 해소할 수 있을 것이다.

이 장에서는 다음 기술들을 활용하여 대인 관계에서 확장적 인식을 실천할 방법을 살펴보자.

- 문제적 애착 유형에서 벗어난다.
- 타인에게 공감한다.
- 사람들의 행동에 숨은 맥락을 파악한다.
- 자신의 내력과 공동의 고난에 자부심을 가진다.
- 다양한 관계를 통해 커뮤니티를 구축한다.

대인 관계적 단계의 체제적 수치심을 떨쳐내는 과정은 비선형적이다. 모든 사람의 내면에는 다양한 감정적 상처와 행동적 방어

기제가 있다. 인식을 외부로 확장하고 남들 앞에서 노출하는 위험을 감수하다 보면 이런 상처를 계속 드러낼 수밖에 없다. 하지만 우리가 타인을 외면하는 대신 직면하기로 선택할 때마다 타인과 연결될 기회가 생기는 셈이며, 이런 과정은 장기적으로 체제적 수치심을 떨쳐내는 데 꼭 필요하다. 개인이 혼자서 체계적 부조리를 해결하거나 극복할 수는 없다. 우리에게는 서로가 필요하다.

치유는 혼자 할 수 없다

수치심은 사회적 감정으로, 거절에 대한 두려움이나 자신이 버림받아도 싸다는 믿음과 연결된다. 수치심에서 좀 더 자유로워지려면 긍정적인 사회적 지지가 필요하다. 우리는 솔직하고 유익한 인간관계를 맺음으로써 사회적 기대치를 재설정하고 서로 더욱 깊이 믿는 법을 배울 수 있다.

이 모든 것을 이해하는 데 매우 유익한 연구가 있다. 바로 불안정 애착의 치유에 관한 실험 자료다. 개인의 애착 유형이란 인간관계에 대한 기대와 인간관계에서 불확실성과 위협을 느낄 때 사용하는 수단을 일컫는다.[1] 타인과 안정 애착을 형성한 사람은 고민을 상대와 나눔으로써 대응한다. 예를 들어 이사로 스트레스를 받는다면 그에 관해 수동 공격적으로 언급하며 막연히 누가 도와주기를 기대하는 대신 친구에게 도와달라고 요청할 것이다.

또한 친구나 연인의 행동에 실망했다면 상황을 개선하고 극복할 수 있다는 믿음하에 상대에게 솔직히 이야기할 것이다. 안정 애착은 여러모로 접근 기반 감정 프레임과 비슷하다. 우리는 안정 애착을 느낄 때 힘을 얻고 자신의 욕구를 제대로 전달하며 자신과 상대가 그 욕구를 충족할 수 있다고 믿는다. 안정 애착 관계에서는 양쪽 모두 두려움에 위축되거나 어려운 대화를 회피하지 않고 갈등이 필요하다고 인식하며 접근할 수 있다.

반면 불안정 애착은 사람들이 자신을 지지해주지 않으리라는 불신을 수반한다. 불안정 애착을 느끼는 사람은 항상 위로받고 싶어 하지만 실제로는 안정감도 위안도 느끼지 못하거나(보통 불안형 애착이라고 한다), 자신의 욕구를 전혀 표현하지 못하고 감정을 꽁꽁 숨기기도 한다(보통 회피형 애착이라고 한다). 불안정 애착을 느끼는 사람은 불안형과 회피형 애착을 함께 드러내기도 하는데, 예를 들어 파트너가 자신을 무시한다고 비난하거나(불안형 애착 행동) 즐거운 시간을 보내자고 하고서는 슬픔에 잠겨 방문을 잠그고 처박히기도 한다(회피형 애착 행동).

수십 년 전 심리학자들은 모든 사람이 어린 시절 고착된 단 하나의 애착 유형을 유지한다고 믿었다. 하지만 오늘날은 인간관계 연구자 대부분이 인생의 모든 친밀한 관계는 그 관계의 특수성을 반영하는 고유한 애착 유형에 속할 수 있다고 주장한다. 개인 간의 관계 외에도 친교 집단, 가족, 이웃, 커뮤니티, 심지어는 주변 환경에 대해서도 애착 유형이 존재할 수 있다. 어떤 관계 심리학자들은 이처럼 다양한 관계 유형이 겹쳐진 경우를 중첩 애착 유형이라고 부르기도 한다.[2] 이 경우 중첩된 모든 애착은 상호 영향을 미칠 가능성이 있다.

불안정 애착과 체제적 수치심의 경험은 여러모로 비슷하다. 대체로 안정 애착을 느끼지 못하는 사람들이 내적 수치심에 훨씬 더 많이 시달린다.[3] 대인 관계적 단계의 체제적 수치심에 따르는 특성도 더 많이 나타난다. 이들은 고립되기 쉽고 자기변호에 서투르기 일쑤다. 지나치게 밀어붙이고 요구하거나 반대로 감정을 전혀 드러내지 못하는 것이다. 어린 시절 학대나 방임, 기타 부정적 경험을 했다면 불안정 애착에 빠질 가능성이 높다.[4] 연구에 따르면 소외 집단은 불안정 애착의 징후를 보일 가능성이 매우 높은데 퀴어,[5] 지적 장애인,[6] 그리고 나와 같은 자폐인도 마찬가지라고 한다.[7]

에일린 쿨리Eileen Cooley와 앰버 가르시아Amber Garcia의 공동 연구는 백인 여성보다 흑인 여성에게서 불안정 애착 유형이 훨씬 더 자주 나타난다고 밝혔다.[8] 하지만 이들은 미국에 사는 흑인 여성이라면 타인을 신뢰하지 않고 감정적 거리를 둘 이유가 **충분하다**는 점도 지적했다. 흑인 여성은 미국 어디에서든 공격적이고 도덕성이 의심스럽다는 오해를 받으며, 행동에서도 다른 집단보다 더 부정적으로 평가받는다. 흑인 여성은 타인을 경계하고 멀리하는 대가를 치러야 하겠지만, 적어도 자신은 보호할 수 있다.

자폐인의 애착 안정성 연구에서도 비슷한 현상을 발견할 수 있다. 우리는 힘들 때도 사람들이 우리에게 공감해주지 않을 거라고 생각하곤 한다. 우리가 어렸을 때 신경전형인 양육자들은 우리의 감각적 민감성이나 체계성에 따른 욕구를 대체로 진지하게 받아들이지 않았을 것이다. 따라서 성인이 된 자폐인 상당수가 작업복 때문에 덥거나 애인의 일정이 갑자기 바뀌어도 좀처럼 스트레스를 드러내지 않는 것은 당연한 일이다. 심리치료사 제시카 펀Jessica Fern은 《폴리시큐어Polysecure》에서 어린 시절의 경제적 불안정이나 해충이 들끓는 집에서 자란 기억, 심지어 환경의 미래에 대한 두려움 때문에 불안정 애착을 겪는 내담자도 있다고 썼다. 이런 난관은 불안정 애착 형성과 분명히 연관될 수 있다. 세상이 항상 예측 불가능하고 위험이 줄어들 기미가 보이지 않는다면 안전함이나 연결감을 느끼기는 어렵다.

체제적 수치심에 빠진 사람들은 대부분 자신을 숨길 이유가 있다. 평생 동안 부정적이고 수치스러운 경험을 하면서 사회가 자신을 돌봐주지 않을 거라고 믿게 되었기 때문이다. 하지만 불안정 애착은 충분히 이해할 수 있긴 해도 심리적·생리적으로 해롭다. 불안정 애착이 여러 면에서 건강 악화 및 조기 사망률 증가와 관련된다는 연구 결과가 있다.[9] 이처럼 뚜렷한 부정적 상관관계 말고도 불안정 애착 행동이 개인의 고립감을 강화한다는 단순한 사실도 있다. 절대 사랑받지 못할 것처럼 행동하면 사랑받기가 더욱 어려워진다.

여기서 잠시 당신이 다른 사람들과 어떤 관계를 맺고 있는지 살펴보자. 다음 체크리스트는 〈친밀한 관계 경험 척도와 성인 애

애착 유형 자체 평가

다음 문장들은 안정형·불안형·회피형의 세 가지 애착 유형에 따라 분류되어 있다. 각 문장을 읽고 공감하는 문장에 표시해보자.

안정형

- ☐ 사랑하는 사람들에게 위안과 확신을 얻을 뿐 아니라 여러모로 의지할 수 있다.
- ☐ 버림받을까 봐 걱정하지 않는다.
- ☐ 나의 문제와 고민을 가까운 사람들과 의논한다.
- ☐ 힘들 때 사랑하는 사람들에게 기대면서 위로를 받는다.

안정형의 특징

- ☐ 고민이 생기는 즉시 남들과 상담한다.
- ☐ 사랑하는 사람들과 즐거운 시간을 보내지만 혼자만의 시간도 즐긴다.
- ☐ 인간관계에서의 갈등을 타협과 협력으로 해결하려고 한다.
- ☐ 힘들 때 남들에게 위로를 요청하고 또 받아들인다.

당신의 삶에서 안정형 애착 유형에 속하는 인간간계를 적어보자.

불안형

- ☐ 사랑받고 있다는 확신을 갈구한다.
- ☐ 친구나 잠재적 파트너가 내 바람만큼 나와 가까워지고 싶지 않은 것 같다.
- ☐ 사랑하는 사람과 완전히 하나가 되고 싶다.
- ☐ 사랑하는 사람이 필요할 때 곁에 없으면 고통스럽다.

불안형의 특징

- ☐ 계속 불안을 드러내면서도 감정을 제대로 표현하거나 해소하지 못했다고 느낀다.
- ☐ 편안하고 안심할 만큼 관심과 애정을 받거나 즐거운 시간을 보냈다고 느끼는 일이 드물다.
- ☐ 인간관계에서 갈등이 생기면 공포와 버림받을지 모른다는 두려움을 느낀다.
- ☐ 힘들 때 남들에게 위로를 청하면서도 만족하지 못한다.

당신의 삶에서 불안형 애착 유형에 속하는 인간관계를 적어보자.

회피형

- ☐ 사람들과 가까워지고 싶지만 자꾸 뒤로 물러서게 된다.
- ☐ 친구나 파트너와 너무 가까워지는 것을 피하려 한다.
- ☐ 다른 사람들에게 기대기가 어렵다.
- ☐ 힘들 때 남들에게 의지할 수 있을지 확신이 서지 않는다.

회피형의 특징

- ☐ 고민을 거의 또는 전혀 드러내지 않는다.
- ☐ 혼자 있고 싶어 할 때가 많고 사교에 대체로 소극적이다.
- ☐ 인간관계에서의 갈등은 최소화하거나 가능한 한 빨리 해결하려고 애쓴다.
- ☐ 힘들 때 남들에게 거리를 두며 위로받고 싶어도 꾹 참는다

나의 삶에서 회피형 애착 유형에 속하는 인간관계를 적어보자.

인간관계에서 안정형·불안형·회피형 애착 유형이 상황에 따라 다르게 나타나기도 한다. 잠시 쉬어가며 당신의 인간관계가 어떤 상황에서 안정적이거나 불안정하게 보이는지 생각해보자.

- 내가 안정형 애착에 가깝게 행동하는 상황

- 내가 불안형 애착에 가깝게 행동하는 상황

- 내가 회피형 애착에 가깝게 행동하는 상황

- 내가 안정감을 느끼기 위해 필요한 것

착 척도 실험〉이라는 심리학 논문에서 선별한 것이다. 두 가지 모두 애착 유형을 평가하는 대표적 척도다.[10] 각각 안정형 애착 유형, 불안형 애착 유형, 회피형 애착 유형을 묘사한 문장들을 읽고 전반적으로 가장 가까운 것을 골라보자. 모든 사람은 관계에 따라 애착 유형이 다를 수 있기에 각 문장에서 자기 인생의 특정한 관계를 떠올릴 수 있는데, 거기서 나타나는 패턴에도 주목하자. 나는 세 가지 애착 유형의 특징적 행동도 추가했다. 이런 구체적 사례를 통해 훨씬 더 쉽게 자신의 모습을 발견하는 사람도 있을 테니까.

위의 문장들을 읽을 때 개인의 애착 유형은 과거의 경험, 현재의 인간관계 역학, **그리고** 과거에 터득한 사회적 기술을 반영한다는 데 유념하자. 불안형·회피형 애착 유형은 매우 흔해서, 연구에 따르면 인구 전체의 30~65퍼센트가 이런 애착 유형을 보이는 것으로 나타났다.[11] 한계와 욕구의 존재를 수치스러워하는 고도의 개인주의 문화에서 살아가다 보니 많은 사람들이 지원과 안정감이 부족하다고 느낀다.

애착 유형은 고정된 것이 아니라 인간관계에 따라 달라지거나 중첩되므로, 다음 질문들을 통해 타인과의 관계를 다양한 단계에서 고찰해보자.

- 연애 상대와의 관계에서 안정 애착을 느끼는가?
- 단짝 친구와의 관계에서 안정 애착을 느끼는가?

- 가족 관계에서 안정 애착을 느끼는가?
- 상처받으면 어떤 감정이 가장 먼저 떠오르는가?
- 내가 사는 동네에서 안전과 소속감을 느끼는가?
- 나보다 더 큰 커뮤니티에서 의미 있는 위치에 있다고 느끼는가?
- 친구들이나 가족 또는 더 큰 커뮤니티 내에서 싸움이 벌어지면 어떻게 대처하는가?
- 자연이나 지구와 연결되어 있다고 느끼는가?
- 나 자신보다 더 큰 무언가의 일부라고 느끼는가?

가족 관계에서 안정 애착을 느끼거나 서로 응원하는 사이좋은 친구들이 있는 사람도 중첩 애착 유형의 여러 단계에서 고립감을 느낄 수 있다. 위의 질문들을 통해 개선의 여지가 있는 인간관계는 무엇인지, 나의 어떤 행동이 남들에게 거리감을 주는지 파악할 수 있을 것이다.

심리학 연구에 따르면 안정적 관계를 다지는 것은 불안정 애착에서 벗어나는 주된 방법이다. 역사적으로 많은 심리학자들이 불안정 애착 유형인 사람은 이미 안정 애착 유형인 사람과 진지하고 로맨틱한 유대를 형성해야 안정적 관계가 가능하다고 주장했다. 안정 애착과 불안정 애착이라는 두 가지 광범위한 애착 유형은 개인을 규정하는 고정된 특성으로 간주되었고, 불안정 애착 유형인 사람은 안정된 사람의 온전한 사랑이 필요한 상처받은 존재로 여겨졌다.

하지만 최근 연구에 따르면 반드시 그렇진 않다. 불안정 애착의 정신적 외상을 치유하는 데 안정 애착을 형성한 상대와의 로맨틱한 유대가 필수는 아니다. 사실 타인과의 관계를 재조정할 방법은 많다. 우리는 이제 개인의 애착 유형이 고정된 성격이 아니라[12] 변화할 수 있는 다양한 후천적 행동임을 알고 있다.[13] 게다가 타인과의 관계를 바꾸기 위해 꼭 안정감이 필요한 것도 아니다. 안정 애착을 촉진하며 따뜻하고 믿음직한 인간관계를 만들어주는 행동부터 시작하는 것은 어떨까.

심리학자 필립 J. 플로레스Philip J. Flores와 동료들의 연구에 따르면, 불안정 애착을 느끼는 성인은 똑같이 불안정 애착을 느끼는 사람들로 이루어진 지원 모임에서 안정적 유대를 맺을 수 있다.[14] 건강한 갈등을 구성원들이 함께 극복하고 더 효과적인 자기표현 방법을 서로 배우는 지원 모임이라면 더욱 그렇다.[15] 애착 관계에서의 안정감은 자신의 감정을 입 밖에 내고 귀 기울여 들어줄 사람들이 있음을 알아차리는 단순한 행동만으로도 깊어질 수 있다.

불안정 애착을 느끼는 환자들과 협력하는 집단 치료사 애런 블랙Aaron Black은 2019년에 이런 원리의 실제 사례를 보여주는 훌륭한 연구를 발표했다.[16] 그가 존이라고 부른 남성 환자는 블랙의 지원 모임자였지만 항상 위축된 모습이었다. 존은 매번 자기 자신에게 화를 냈고 자신의 감정을 외면했다. 또한 자기가 '그리 흥미로운 인물은 아니라고' 생각해서 자신의 삶에 대한 질문에 대답하길 거부하며 동료 환자들에게 거리를 두었다. 모임에 지각하거나 다른 환자들의 공감 요청을 무시하는 등 분위기를 깨뜨리기도 했다. 하지만 동료 환자들은 1년 반 내내 존에게 관심을 보이며 왜 자기들과 친해지지 않으려고 하는지 물었고, 어린 시절 방임된 탓에 경계심이 강해졌다는 존의 대답에 위로를 아끼지 않았다.

그러던 어느 날 존은 어느 정도 긴장이 풀렸는지 처음으로 모임에서 불만을 토로했다. 블랙이 자기네 부부의 상담사와 협력하지 않아서 자신과 아내에게 문제가 생겼다는 것이었다. 모임에 참석한 다른 환자들도 각자의 불만을 털어놓았다. 블랙이 가끔 자신의 전화나 메시지에 늦게 응답한다거나, 과묵한 사람이 입을 열도록 유도하는 대신 가장 말이 많은 환자들에게 너무 자주 발언 기회를 준다는 것이었다. 블랙은 환자들의 비판을 반박하는 대신 모든 발언에 귀 기울이고 구체적인 질문을 던졌다.

블랙은 존이 1년 반 만에 처음으로 동료 환자들과 한 팀이라고 느낀다는 것을 알아차렸다. 그들은 블랙이 치료사로서 미숙하고 가끔은 실망스럽다고 비판하며 단합하고 있었다. 블랙은 존과 다른 환자들의 불만을 정중하게 경청하고 수긍함으로써 이런저런 흠결이 있음에도 자기도 그들과 한 팀임을 확인시켰다. 그는 자신의 업무 수행 방식을 비난하는 환자들도 저버리지 않고 보살피며 역할을 제대로 수행하려고 애썼다.

"존은 깜짝 놀란 기색이었다. 나와의 소중한 관계가 단절되지 않았을 뿐 아니라, 분노를 노골적으로 드러냈는데도 지원 모임에서 응원과 격찬을 받았으니까."

이 경험을 통해 존은 사람들이 자신의 고민에 귀 기울인다는 사실을 알았다. 내면의 감정을 공유하는 것이 의미 있는 일이라는 것도 깨달았다. 이 경험은 집단 치료 모임에서, 나아가 직장 내 인간관계와 결혼 생활에서 존의 행동을 완전히 바꿔놓았다. 블랙은 그 순간 이후로 존이 더욱 솔직해지고 자기 자리를 요구하게 되었다고 썼다. 존은 고통스럽다고 느끼자마자 도망치는 대신 원하는 바를 표현하고 실제로 쟁취할 기회를 누리게 되었다. 존이 수치심을 떨쳐낸 것은 내적 과정이 아니었으며, 그가 평소와 달리 자신의 감정을 드러내는 위험을 감수하고 **다른 사람들도** 이를 반겨주었기에 가능했다. 물론 그들도 존이 충분히 준비되기 전에 속내를 드러내도록 강요할 수는 없었지만, 지금껏 존의 주변에 있었던 사람들과 달리 그의 솔직함을 비난하는 대신 있는 그대로 받아들였다.

존의 불안정 애착과 수치심은 그의 감정을 보살피지 않은 일중독 부모 슬하에서 외롭게 자란 결과였다. 연구에 따르면 안정 애착 형성은 소외당하고 낙인과 수치심으로 괴로워하는 이들에게도 유익하다고 한다. 2019년 셰인 상스카르티에Shayne Sanscartier와 동료들이 발표한 연구에 따르면 퀴어들은 이성애주의를 내면화할수록 불안정 애착이 강한 것으로 나타났다.[17] 이성애주의 내면화란 근본적으로 이성애자들에 의해, 이성애자들을 위해 만들어진 세상에서 자신이 동성애자라는 데 대한 체제적 수치심을 뜻한다. 이성애주의를 내면화한 사람은 '내가 이성애자였으면 좋겠다'라거나 '우리(동성애자)의 생활 방식을 남들에게 억지로 강요하지

안정 애착 연습

불편함 전달하기

불편하거나 걱정되는 문제를 다른 사람들과 이야기해보자.

- 이번 일로 우리 관계가 변할까 봐 걱정돼.
- 일 때문에 너무 초조해서 제대로 생각할 수가 없어.
- 나 지금 너무 고통스러워. 마음이 편해지게 도와줘.
- 너희 엄마가 나한테 그런 말을 하다니 정말 마음이 아파.

위로 구하기

필요할 때 감정적 지원이나 확인을 요청해보자.

- 짜증 나는 일이 있었는데 이야기해도 될까?
- 소파에서 너와 껴안고 있어도 돼?
- 아직도 정말 짜증 나지만 누가 내 말을 들어주면 나아질 거 같아.
- 너도 이 문제를 알아차렸니? 내가 왜 이런 기분이 드는지 알겠지?

기쁨과 관심 표현하기

상대방의 삶에 적극적으로 유쾌한 관심을 보이자.

- 돌아와서 정말 기뻐! 여행은 어땠는지 이야기해줘!
- 나와 같이 박물관에 갈래?
- 전에 말한 공연은 끝냈어? 무사히 마쳤니?
- 난 그림 그리는 널 보는 게 좋아. 네가 이런 작품을 만들 수 있다니 정말 놀라워.

갈등에 건강하게 접근하기

난관이나 의견 차이를 축소하거나 외면하지 말고 직시하자.

- 네게 친구들과 보내는 시간이 필요한 건 알지만, 내가 무시당하는 느낌이 들어.
- 우리 가족과 더 많은 시간을 보내고 싶지만 지금까지의 휴가로는 효과가 없어.
- 이런 행사는 좀 불편하네. 나한테도 도움이 될 긍정적 변화 방법을 제안하고 싶어.
- 여전히 가슴 아프긴 해도 우리가 함께 도달한 타협점을 받아들일게.

포용하고 참여하기
상대방에게 정기적으로 연락할 방법을 만들어 나의 삶에 초대하자.

- 내가 이 게임에서 맞서 싸울 보스 좀 봐. 난 정신적 응원이 필요해!
- 이번 주말에 성 소수자 센터에서 열리는 물물 교환 행사에 같이 갈래?
- 네 복싱 경기를 보러 가고 싶어.
- 우리가 그간 미뤄온 볼일을 같이 해치우자.

말아야 한다'와 같은 진술에 수긍한다.

상스카르티에와 동료들은 이런 진술에 찬성하는 동성애자들이 퀴어 커뮤니티 전반에 괴리감을 느끼며 파트너와 친밀한 신뢰 관계 맺기를 거북해한다는 사실을 발견했다. 중첩 애착 이론에 따르면 인간관계에서나 커뮤니티 전체에 대해서나 불안정 애착을 느끼는 것이다. 게이 남성들이 퀴어 커뮤니티로 밀려난 것은 수치심의 내면화를 극복하는 데 도움이 되지 못했다. 상스카르티에를 비롯하여 소외 집단(퀴어나 유색인종 등)과 협력하는 여러 치료사들에 따르면, 억압받는 개인은 진정한 유대를 형성할 인간관계 도구

를 개발해야 한다.[18]

앞 페이지의 표는 안정 애착 관계에서 흔히 나타나는 행동 사례와 이를 삶에서 실천할 몇 가지 화법을 보여준다.

체제적 수치심의 메시지에 넘어간 사람은 무의식중에 다른 사람들을 밀쳐내기 쉽다. 남들이 자신의 감정에는 관심이 없으리라고 믿기에 분노를 외면하며, 그렇게 방치된 분노는 회복하기 훨씬 더 어렵고 지지부진한 진흙탕 싸움으로 변질된다. 간절한 꿈과 갈망을 가슴속에 꽁꽁 묻어두고 자신의 온화하고 긍정적인 면모를 누구에게도 보여주지 않을 수도 있다. 다른 사람들이 친해지려고 다가와도 그들의 결점에만 주목하고 함께 커뮤니티 만들기를 거부할지도 모른다. 다음 단락에서는 어느 활동가의 표현에 따르면 '화장실에 쓰레기 버리기'라는 현상을 살펴보겠다. 대인 관계적 단계의 체제적 수치심을 느끼는 사람들이 타인을 유난히 공격적으로 거부하는 방식 중 하나다.

쓰레기 버리지 말되 버리는 이를 용서하라

척 맥키버Chuck McKeever는 교사이자 등산가, 노동 조직가다. 현재는 중서부에 살고 있지만 오랫동안 시애틀에서 미국교사연맹AFT과 미국민주사회주의당DSA 활동가로 일했다. DSA에서는 '모두를 위한 메디케어' 실무진을 이끌며 지역 사회 봉사, 상호부조, 정치

교육 프로젝트에 많은 시간을 쏟았다.

맥키버는 트럼프가 미국 대통령으로 당선된 당시 즉각적인 변화를 일으키려고 필사적으로 DSA에 뛰어든 여러 신규 활동가들이 공황 상태와 경험 부족으로 끔찍한 결과를 초래했다고 말한다.

"트럼프가 당선된 후 DSA 회의 규모가 급격히 커졌어요. 원래 30명 정도만 참석하던 회의에 150명에서 200명이 꾸준히 나왔으니까요. 많은 사람들이 기존 정치 체제가 틀려먹었다는 도덕적 인식을 공유했지만, 생산적으로 대응할 방법은 제대로 몰랐어요."

DSA에 몰려든 신규 회원들은 당연하게도 많은 것에 분노해 있었다. 트럼프 당시 대통령의 이민 규제와 트랜스젠더 학생에 대한 법적 보호 철회, 성폭력 관련 발언 등 분노할 사안이 넘쳐났다. 그들은 앞으로 어떤 일이 일어날지 두려워했고 즉각적 조치가 시급하다고 느꼈다. 상당수는 체제적 수치심에 휘말려 트럼프의 정책을 **그들이 직접** 영웅적으로 '들고 일어나' 해결해야 할 문제로 여겼다. 그들은 DSA 고참 회원들이나 다른 사람들이 지금까지 변화를 쟁취하기 위한 투쟁에서 '충분히' 노력하지 않았다고 생각하는 듯했다. 신규 회원들은 DSA의 기존 지도부를 대거 낙선시켰고, '모두를 위한 메디케어' 운동과 같이 장기간 추진되어온 일부 안건을 무효화했다. 의견 차이와 우선순위에 대한 사소한 분쟁이 내분, 편 가르기, 인신공격으로 번졌다.

신규 회원들은 맥키버가 백인 우월적이고 자본주의적인 생산성 기준을 조장한다며 대놓고 비난하기도 했다. 그가 한 해 동안의 전략 계획을 서면으로 제출할 것을 지부 측에 제안했다는 이유였다. 맥키버는 DSA에서의 열띤 의견 대립에 익숙했지만, 사소한 의견 차이로 개인적 공격을 당하기는 처음이었다. 그가 당시 느낀 배신감을 인정하고 마음속에 묻기까지 1년 넘게 걸렸다.

"사람들은 무력감을 느낄 때 분노를 표출하죠. 일개인이라도 상관없으니 자신에게 힘이 있다고 느끼게 해줄 대상을 찾아요. 화장실에 쓰레기를 버리는 거예요."

미숙한 활동가들이 화장실에 쓰레기를 버렸다는 맥키버의 표현은 X에서 루츠웍스@RootsWorks가 언급했던 비유를 인용한 것이다.[19] 루츠웍스는 2017년에 노숙자를 위한 지역 커뮤니티 센터 화장실 청소 경험을 서술한 바 있다. 그는 자원봉사자 교육을 받으면서 청소를 마친 뒤 몇 분 만에 화장실이 원래대로 더러워질 것을 각오하라고 배웠다.

그에 따르면 이는 "(노숙자들이) 우리의 노고를 무시하거나 깨끗한 화장실을 이용할 수 있다는 데 감사하지 않아서가 아니다. 쉼터의 통제 때문이다". 노숙자 쉼터는 대부분 매우 엄격하게 통제된다. 노숙자는 음식과 잠자리를 제공받는 대가로 통금 시간 준수, 약물이나 알코올 복용 금지, 매일 입실 수속하기 등을 요구받게 마련이다. 종교 단체에서 운영하는 쉼터의 경우 규칙적으로 예배에도 나가야 한다. 쉼터에 머무는 노숙자들은 외출 장소와 시간, 소지품의 개수와 종류, 음식물 섭취, 옷차림까지 규제받는다.

"자신의 삶이나 환경을 통제할 수 없다고 느끼면 뇌에서 어떻게든 통제권을 행사하려 든다. 그래서 화장실이라도 더럽히고 싶어지는 것이다."

그는 소외되고 수치심에 빠진 사람들이 종종 서로를 공격하게 되는 것도 똑같은 이유라고 썼다. 퀴어 청소년들은 문제적 요소가 있는 작품을 만든 친구를 다그치고, 사회정의의 최신 문법에 익숙지 않은 개인은 악의가 아니라 무지함 때문에 알지도 못하는 사람들에게 대놓고 맹비난을 받는다. 척은 DSA 시애틀 지부에서 일어난 일도 이런 경우라고 생각한다. 두려움과 수치심, 무력감에 빠진 신규 활동가들은 그들에게 유일하게 가능한 방식으로 현실에 통제권을 행사하려 했지만, 그 과정에서 조언자나 친구가 되어줄 수 있는 노련한 DSA 회원들을 소외시킨 것이다. 이처럼 열정은 넘치지만 요령 없는 새내기들이 자신의 능력을 훨씬 뛰어넘는 프로젝트를 떠맡았다가 몇 달 만에 기진맥진하여 DSA에서 모습을 감추곤 했다. 그들은 자신에게나 남들에게나 비현실적인 완벽의 기준을 강요했으며, 그 대가는 모두가 함께 치러야 했다.

최근 몇 년 동안 좌파 성향 커뮤니티의 '자기 소모적' 경향에 관해 많은 글이 발표되었다. 나는 수십 년간 활동가로 살면서 이런 역학 관계를 확실히 목격했다. 취약한 사람들은 근거 없는 소문으로 인해 맹공에 처하고(흑인이나 트랜스젠더, 장애인이라면 더욱 그렇다) 커뮤니티와의 모든 관계를 상실한다. 한 번이라도 무지하게 행동했다가는 실제 잘못보다 턱없이 심한 망신과 배척을 당한다. 이런 역학 관계는 흔히 '취소 문화cancel culture' 또는 '소환 문화callout culture'라고 불리지만 사실 소셜 미디어 이전부터 존재해왔다. 나는 열여섯 살부터 활동가로 살아오면서 매번 비슷한 갈등을 목격했다. '화장실에 쓰레기 버리기'라는 비유는 이렇게 행동하는 사람들을 한결 이해하기 쉽게 해준다. 우리 모두는 가끔씩 자신의 무력함에 분노한다. 그리고 모든 사람은 동료뿐 아니라 자신에게서도 지극히 사소한 결점까지 찾아내도록 훈련받아왔다.

체제적 수치심은 우리가 각자 자신의 행동을 철저히 감시하고 다른 모든 사람의 행동도 단속하도록 가르쳤다. 이처럼 왜곡된 도덕적 금욕주의밖에 모르는 사람이라면, 남들을 굳게 믿고 협력하는 대신 실망스럽거나 자신에게 동의하지 않는 사람을 공격하는 것도 당연하다.

맥키버는 시간이 지나면서 화장실에 버려진 쓰레기를 개인적으로 받아들이지 않는 법을 배웠다고 한다. 많은 사람들에게 고통스럽지만 피할 수 없는 정치적 발전 단계다. '생식권 센터Center for Reproductive Rights'부터 '폭탄 말고 음식Food Not Bombs'에 이르기까지 온갖 단체에서 일한 여러 다른 활동가들도 이런 생각에 동의한다. 신규 활동가들은 변화가 절실히 필요한 반면 겁나고 두렵기도 하다고 말한다. 그리고 그들이 아는 유일한 변화의 방법은 오직 개인의 노력뿐이다. 그들은 승리감과 통제력을 느끼고 싶어 하며, 그래서 화장실에 쓰레기를 버린다.

맥키버는 자신이 이 문제를 해결하기 위해 할 수 있는 일이 많지 않음을 안다. 그래서 지도 업무를 줄이고 자신이 번아웃 상태인지 자주 확인한다. 그의 관점을 맹렬히 반대하고 존중하지 않는 구성원과는 거리를 두기도 한다. 기꺼이 이성적으로 토론하려는 사람이 있으면 평소보다 더 많이 노력한다. 또한 DSA 회원은 아니지만 믿을 수 있고 가치관에도 동의하는 친구들과 자연 속에서 오랜 시간을 보낸다. 외부자인 그들의 시각이 맥키버에게는 건전한 관점을 제공한다. 요즘 들어 그는 다른 활동가들을 교육하는 게 자신의 주된 소명이라고 생각하게 되었다. 교사로서 그의 기량과 다년간의 현장 경험을 완벽하게 결합하는 일이니까.

"진부한 말로 들리겠지만, 사회주의 야간학교에 나갈 때마다 책뿐 아니라 다양한 관점을 가진 사람들의 이야기를 들으면서 뭔가 배우는 것 같아요. 마음이 좀 더 안정될 뿐 아니라 모든 행사나 프로젝트에 참여하지 않아도 괜찮다는 생각이 들어요."

맥키버와 루츠웍스의 관점은 좌절하고 막막해하는 사람들을 연민하면서도 충동적 수치심을 버리려고 노력할 수 있다는 것을 보여준다. 모든 사람은 타인의 수치심을 자극하지 않겠다고 결심할 수 있지만, 그렇다고 해서 수치심이 문제의 해결책이라고 생각하는 이들을 비난할 필요는 없다. 우리는 남들에게 변화를 강요할 수 없다. 하지만 우리는 계속 화장실을 청소할 수 있으며, 남들의 비난을 개인적으로 받아들이는 대신 그들이 화장실을 더럽히는 이유를 이해하려고 여러모로 노력할 수 있다. 다음 단락에서는 이를 수행할 구체적 방법을 살펴보자.

긴 고통의 실타래

트레이시 마이클 루이스-기게츠Tracey Michae'l Lewis-Giggetts는 에세이 〈사랑이 나를 일으켜 세웠다〉에 이렇게 썼다.

"내가 자란 흑인 침례교회와 오순절 교회의 여성 장로들은 십중팔구 비밀을 엄수하는 분들이었다. 하지만 그런 과묵함으로 인해 은연중에 수치심을 유지하는 데 복무하기도 했다."

루이스-기게츠가 어린 시절 다니던 교회의 나이 든 흑인 여성들은 지역 사회 여자아이들을 성폭력의 수치로부터 보호하려고 애썼지만, 이를 수행하기 위해 여자아이들의 옷차림과 행동거지를 꾸짖고 사건이 발생하면 은폐하기도 했다. 이곳 여성들 상당수는 어릴 때 학대당한 경험이 있었지만 자신과 가족의 존엄성을 지키려면 그 사실을 절대 입 밖에 내선 안 된다고 배웠다. 그러나 이처럼 수동적이고 수치심을 자극하는 전략은 그들이 여성 및 흑인 혐오 폭력의 생존자임을 **더욱** 은폐할 뿐이었다.

체제적 수치심의 희생자는 흔히 그 위험한 메시지를 남들에게도 퍼뜨리게 된다. 뚱뚱한 부모는 내면화된 비만 공포를 아이에게 전달하며 다이어트를 강요하거나 '보기 좋은' 옷을 입으라고 지시한다. 끊임없는 성차별을 견뎌온 어머니는 딸이 다리를 모으고 앉지 않는다고 꾸짖는다. 성공한 성 소수자들은 차세대 성 소수자들에게 '품위 있게' 행동하라고 가르치며, 너무 대담하거나 성적인 행동거지를 바로잡으려 한다. 소외 집단은 단결하여 사회의 불공정한 기준에 맞서 싸우기는커녕 내부에서 그런 기준을 조장한다. 이처럼 정신적 외상을 초래하는 훈계가 어디까지나 상대를 위해서라는 식으로 포장되어 퍼져나간다.

"사랑으로 포장된 수치심을 어떻게 해야 할까?" 루이스-기게츠는 이렇게 질문한다. 아마도 많은 사람들이 루이스-기게츠의 여성 장로들에게 분노할 것이다. '싼 티 나게' 행동하거나 옷을 입는 여성은 성폭행이라는 치욕스러운 낙인이 찍혀도 싸다는 사고방식을 유지해왔으니까.[20] 하지만 루이스-기게츠는 그렇게 생각지 않는다. 자신과 이모들과 할머니를 연결하고 하나로 묶어주는 긴 고통의 실타래가 존재함을 알기 때문이다. 그는 할머니가 자유로워지지 않으면 딸과 손녀도 자유로워질 수 없다고 썼다. 해방과 치유는 커뮤니티 안에서 이루어진다.

하지만 같은 공동체에 속한 사람들이 우리의 수치심을 자극한다면 우리는 어떻게 취약성을 드러내고 함께 상처를 치유할 수 있을까? 활동가이자 회복적 사법(피해자와 가해자, 범죄 관련자들이 화해와 조정에 능동적으로 참여하여 피해자 또는 지역사회의 손실을 복구하는 범죄 대응.—옮긴이) 교육자 카즈 하가Kazu Haga는 《치유적 저항Healing Resistance》에서 이 모든 것이 몇 가지 핵심 원칙으로 귀결된다고 말한다.[21]

- 우리의 적은 사람이 아니라 불의라는 사실을 기억하자.
- 악을 행하는 사람이 아니라 악한 세력과 체제를 공격하자.

• 사람들에게 책임을 묻기보다 **공동체에 끌어들이려고** 노력하자.

루이스-기게츠는 에세이에서 자신의 경우 이미 1번과 2번 원칙을 고려했다고 분명히 밝힌다. 그 역시 문제의 근원은 성폭력을 숨긴 여성 장로들이 아니라는 걸 알고 있다. 손녀에게 강간당한 사실을 숨기라고 지시한 것은 하가가 말했듯 "악한 행위"다. 그러나 여성 장로들이 그렇게 말한 것은 여러모로 선의에 따른 행동이었으며, 흑인 여자아이가 자신의 경험을 발설할 때 직면하는 독특한 구조적 위험과 연관되어 있었다.

흑인 여자아이가 지역 사회에서 성폭력을 당했다고 신고하면, 흑인 주민들은 (백인 강간범이나 성폭력범 피의자는 좀처럼 겪지 않는) 경찰의 폭력에 직면하게 된다. 피해자는 가족으로부터 분리되어 아이의 출신 문화를 존중하지 않고 이해하지 못하는 위탁 가정에 맡겨질 수도 있다. 어린 시절 성폭행을 당하고 경찰에 신고한 마야 앤절로Maya Angelou의 경우가 전형적 사례다. 가해자는 잔인하게 살해당했고, 앤절로는 어머니 곁을 떠나 수백 킬로미터 떨어진 할머니 집으로 가야 했다.[22] 이 경험을 통해 앤절로는 정직이 사람의 목숨을 빼앗을 수도 있음을 깨달았고 이후로 몇 년간 완전한 침묵을 지켰다. 루이스-기게츠의 여성 장로들은 자라면서 이런 교훈을 몸소 배웠기에 자신들이 침묵했듯 딸과 손녀들에게도 침묵을 강요한 것이다.

앞으로 또다시 이런 사건들이 일어나지 않게 하려면 우리 모두가 구조적 인종차별, 아동 억압, 성폭력에 맞서 싸워야 한다. 이런 문제들 속에서 자라며 살아남기 위해 그릇된 전략을 사용해온 여성 개인을 비난해봤자 소용없다. 루이스-기게츠는 그를 비난한 여성들도 어린 시절 성범죄를 겪고 입단속을 당한 피해자였음을 안다. 그들은 치유되어야 마땅하지만, 한편으로 다음 세대에 자신의 행동을 진심으로 사과할 필요가 있다. 이는 사람들을 책망하기에 앞서 **공동체에** 끌어들이라는 하가의 3번 원칙과 연결된다. 개인이 남들에게 미친 피해와 그렇게 행동한 원인을 인정하게 하려면, 먼저 그를 한 인간으로 받아들이고 그가 속한 문화와 환경의 산물로서 폭넓게 이해해야 한다.

"아무것도 방어할 필요가 없다고 느낄 때, 방어의식 없이 자신의 모든 행동을 인정할 수 있을 때 우리는 가장 진실하고 강해진다."

심리학 연구에 따르면 인간은 수치스러움을 느낄수록 오히려 자신의 행동이 미친 피해를 직시하지 못한다고 한다.[23] 루이스-기게츠의 여성 장로들이 상처받은 여자아이들에게 진심으로 사과하려면 우선 그들 자신도 정신적 외상을 입은 폭력 생존자로서 이해와 사랑을 받아야 한다. 확장적 인식이 가능하려면 개인을 단독 행위자가 아니라 동기와 정신적 외상과 교훈이 복잡하게 뒤얽힌 태피스트리의 실 한 가닥으로 보아야 한다. 이처럼 다양한 맥락을 포용해야 행동의 원인을 정확히 이해하고 문제점을 보완하여 차후의 반복을 예방할 수 있다.

여성 혐오가 만연한 세상에서 흑인 여성으로 살아가는 이의

심정을 나는 감히 짐작도 할 수 없다. 하지만 사회의 피해자이면서도 내게는 가해자였던 사람을 원망하는 마음이라면 알고 있다.

나는 화를 잘 내고 폭언을 일삼는 아버지와 결혼한 어머니를 오래도록 원망해왔다. 내 유전 형질의 절반이 아버지처럼 이상하고 잔혹한 사람에게서 왔다는 게 싫었다. 열여섯 살에 아버지와 절연하고 성姓을 바꿨을 때는 엄마가 분명 내 행동을 부끄러워할 거라고 생각했다. 엄마가 이뤄낸 가족의 위상을 망가뜨린 셈이었으니까. 나는 엄마와 달리 힘겨운 상황을 몇 년씩 묵묵히 견뎌낼 인내심이 없었고, 그토록 오래 비참한 결혼 생활을 유지해온 부모가 원망스러웠다. 나는 아버지의 강박적이고 부정적인 사고방식을 물려받아 자기 파괴적 행동을 일삼았다. 아버지를 남편으로 선택하여 이런 내가 세상에 태어나게 한 어머니를 저주한 적도 있었다.

하지만 몇 년 전 엄마는 나와 함께 칵테일을 마시면서 내가 가장 자랑스러웠던 때가 바로 아버지와 절연하겠다고 선언한 날이었다고 말했다. 엄마도 수십 년간 아버지와 함께 살았으니 아버지를 사랑하는 일이 얼마나 고통스러운지 충분히 이해했던 것이다. 엄마는 내 행동에 당황하기는커녕 오히려 나라도 탈출할 수 있었던 게 기쁘다고 했다. 그 말을 듣는 순간 괴로운 마음은 사르르 녹아내리고 감사와 안도감이 솟구쳤다.

우리를 상처입힌 사람들을 전부 용서할 필요는 없다. 한 사람을 넓은 맥락에서 이해한다는 것이 반드시 그의 행동을 용서하거나 지지한다는 뜻은 아니다. 그러나 개인의 행동 원인을 성찰하다

보면 그를 더 깊이 이해하고 그의 유해한 행동을 부추긴 체제에 저항할 새로운 방법을 찾아낼 수도 있다. 나는 다른 사람을 함부로 판단하거나 원망하게 될 때마다(종종 일어나는 일이다!) 다음 질문들을 생각해보려고 애쓴다.

- 그 사람은 어떤 동기나 보상 때문에 그런 행동을 했을까?
- 그 사람은 어떤 결핍을 충족하려고 그런 행동을 했을까?
- 그 사람이 더 나은 제도적 지원을 받았더라면 어떤 방식으로 결핍을 충족할 수 있었을까?
- 그 사람이 인생에서 어떤 경험을 했기에 그렇게 행동해야 한다고 생각했을까?
- 내가 그 사람을 이해할 수 있는 안전하고 적절한 방법이 있을까? 있다면 어떤 것일까?

이런 질문들을 생각하다 보면 엄마가 비참한 결혼 생활을 유지해온 것에도 충분히 이해할 만한 이런저런 이유가 있음을 깨닫는다. 내가 어릴 때 엄마는 줄곧 외롭고 우울하게 지냈으며 심각한 척추측만증 때문에 원하는 직장을 구할 수 없었다. 자신의 감정을 드러내지 않는 가정에서 성장했기에 솔직히 말하는 법도 몰랐다. 엄마는 여전히 속상한 일이 있어도 입 밖에 내지 못하고 문자로 얘기하곤 한다. 하지만 훨씬 더 표현력이 풍부한(그리고 과격한) 남성과 결혼함으로써 엄마에겐 불가능했던 방식으로 주체성을 발휘하는 아이들을 낳을 수 있었다. 나와 동생은 솔직하고 자기주장이 강하다. 자제할 줄 모르던 아버지보다는 참을성이 있지만, 어머니처럼 소극적이진 않다. 나는 엄마의 수동성이나 아빠의 공격성이 수치스럽지 않다. 오히려 두 분 모두의 장점을 활용하고 그들 각자가 갇혔던 악순환을 끊어낸 내가 자랑스럽다.

나는 여전히 많은 것들에 대한 분노와 상처를 마음속에 간직하고 있다. 하지만 타인과 관계 맺는 방식을 꾸준히 고쳐나가면서 나라는 사람을 자랑스러워할 수 있게 되었다. 심지어 있는 그대로의 나 자신에게 감사할 때도 있다. 내가 속한 여러 커뮤니티(내가 한때 수치스러워했던 사회적 소외 집단도 포함된다)에 대한 자부심도 점점 커져간다. 이런 과정은 더 넓은 커뮤니티와 공동의 역사에서 자신을 발견하는 확장적 인식의 다음 단계로 이어진다.

고통에 맞서는 나는 우리가 된다

성 소수자 인권운동, 특히 1980~1990년대 에이즈 인권운동의 역사는 개인의 흠결과 수치심을 커뮤니티의 지원과 연대로 대체한 완벽한 모범 사례다. 퀴어 역사에서 성 소수자의 권리를 쟁취하고 박탈당했다가 과감하게 되찾아온 과정은 개인주의와 연대의 위력 다툼과도 같다. 지난 수십 년 동안 여러 나라의 퀴어들이 해방 운동에 나섰지만, 정체성과 경험의 차이를 떠나 모두가 힘을 모은 경우에만 진정한 승리를 거둘 수 있었다.

20세기 중반 미국의 게이 바와 섹스 클럽은 인종과 계층, 성별이 다양한 공간이었다. 노동 계층 부치(이성애 관계에서 남성으로 특징되는 행동을 취하는 레즈비언.—옮긴이)와 트랜스젠더가 부유한 백인 게이나 양성애자 배우 및 모델과 함께 어울리곤 했다.[24] '성전환'은 지극히 드물었고 퀴어 섹스는 범죄였지만, 성 소수자들은 클럽과 선술집에 모여 인파 속에서 안전하고 은밀하게 자신이 될 수 있는 순간을 발견했다. 퀴어 문화 저술가 톰 피츠제럴드Tom Fitzgerald와 로렌조 마케즈Lorenzo Marquez가 《전설의 아이들Legendary Children》에 썼듯이, 역사를 바꾼 스톤월 항쟁Stonewall Riots(뉴욕의 술집 '스톤월 인'에서 성 소수자들이 경찰의 단속에 저항한 사건. 미국 성 소수자 인권운동의 전환점이 되었다.—옮긴이)의 주체는 다양한 정체성을 지닌 퀴어 연합이었다. 그중 다수가 유색인종이었으며 거리에서 투쟁에 뛰어든 노숙자와 성 노동자도 있었다.[25]

스톤월 항쟁의 폭발력과 성공은 경찰이 들이닥쳤을 때 스톤월 인에 있었던 사람들의 머릿수와 다양성 때문이었다. 계층과 인종, 정체성에 따른 수십 년간의 균열 이후 진정으로 풍요롭고 광범위한 퀴어 커뮤니티가 형성되던 시기였다. 스톤월 항쟁 몇 년 전부터 미국 곳곳에서 동성애 인식 개선 집회(당시에는 '연례 기념행사'라고 불렸다)가 수차례 열렸지만, 행사를 주관한 사람들은 상류층 백인 시스젠더 남성이었다. 이들은 정장 차림으로 경찰과 협력하며 평화롭고 조용하게 행진했다. 트랜스젠더는 신체적으로 부적절하고 옷차림도 부도덕하다고 여겨져 배제되었다. 유색인종과 노동 계층 퀴어는 '점잖은' 이미지가 아니라는 주최 측의 판단으로 제외되었고[26] 레즈비언도 마찬가지였다.[27] 연례 기념 행진은 지루하고 획일적일 뿐 아니라 정치적으로도 실패했으며. 백인 게이 남성들은 다른 퀴어와의 분리에도 불구하고 정치적·사회적 이득을 보지 못했다.

진정한 게이 프라이드 행진은 스톤월 항쟁 이후에 시작되었다. 모든 인종과 계층의 성 소수자들이 참여했고 그중 다수가 맨살을 드러내거나 대담한 페티시 복장을 착용했다. 이 행사는 쾌락과 섹스, 사랑, 제한 없는 신체 자율성을 마음껏 즐기는 축제였으며, 소외된 퀴어들이 공개적으로 취향을 표현하고 인맥을 만드는 자리이기도 했다. 부유한 백인 게이들은 스톤월 항쟁 이후로도 한동안 항쟁을 주도했던 급진적이고 낙인찍힌 퀴어들과 자기네를 구분하려고 애썼다. 그러나 HIV가 퀴어 커뮤니티를 장악하자 그들조차도 다양성 연합을 구축할 필요성을 깨달았다.

미국 정부는 1980년대 내내 HIV 사태에 체계적으로 대처하지 못했고, 퀴어들의 죽음에 무관심한 정도가 아니라 그들의 삶을 경멸하는 태도로 일관했다. 정부와 공중보건 당국자들은 동성애에 노골적인 혐오감을 드러냈으며, HIV 양성인은 격리 병동에 갇혀 유독성 폐기물처럼 취급당했다. 정부의 태만에 따른 힘의 공백 속에서 강력한 움직임이 등장했다. 바로 현대사에서도 손꼽힐 만큼 확실하게 사회를 바꾼 정치 운동 액트업AIDS Coalition to Unleash Power, ACT

UP이었다.[28]

액트업은 온갖 퀴어와 낙인찍힌 집단, 그들의 연대자로 이루어진 대규모 연합의 명칭이었다. HIV 감염 위험이 낮은 레즈비언 여성들은 게이 남성들과 연대하여 시위를 기획하고 기부금을 모으고 모임을 주최하고 환자를 돌보는 등 다양한 활동을 펼쳤다. 루스 코커 버크스Ruth Coker Burks와 같은 이성애자 여성들도 1980년대에 죽어갔던 수많은 게이 남성들을 위로하고 그들의 가족 대신 묘지를 마련하는 데 앞장섰다.[29] 퀴어 활동가들은 정맥주사 약물 사용자나 성 노동자, 그 밖에도 HIV 감염으로 체제적 수치심에 시달리던 사람들을 도왔다. 그야말로 다양한 배경을 가진 사람들의 연합이었다. 이런 다양성과 명확한 목적의식, 그리고 정당한 정치적 분노가 액트업의 원동력이 되었다.

액트업에서는 피해자 개개인이 동정받을 만한지 논쟁하지 않았으며 의료 서비스를 받을 '자격'을 제한하지도 않았다. 소외된 사람들이 감염되어 죽어갔지만 국가와 의료 제도, 다수의 언론은 이런 상황을 알면서도 무시했다. 에이즈 활동가들은 연대자를 늘리고 가능하다면 누구에게든 응원과 지지를 받아야 했다.

많은 게이 남성들은 액트업의 지원을 받으면서 커뮤니티에 대한 시각과 견해가 완전히 바뀌었다고 말한다. 활동가 패트릭 무어Patrick Moore는 액트업이 잘 돌아간 이유가 권력 분산 구조 때문이었다고 썼다. 매주 열린 회의에서는 '점잖은' 행동이나 외관을 갖추지 못했다는 이유로 백인 부유층 게이들에게 무시당했던 이들을 포함하여 누구나 발언권을 갖고 자신의 생각을 밝힐 수 있었다. 무어에 따르면 평생 여성들과 협력하는 데 무관심했던 게이 남성들도 액트업에서 레즈비언과 퀴어 여성 운동가들이 보여준 관대함과 열정에 겸허해졌다. 모든 사안은 월요일 저녁 회의에서 누구나 참가할 수 있는 투표로 결정되었으며, 그 어떤 개인이나 특권 집단도 다른 개인이나 집단보다 큰 영향력을 행사할 수 없었다. 전성기의 액트업은 수용적이고 혼란스러우면서도 평등했다. 그 어떤 재능, 정신적 외상, 정체성을 지닌 사람이 들어와도 그의 상황을 이해해줄 포용력이 있었다. 에이즈 환자 하나하나가 얼마나 '도덕적'으로 살아왔는지 평가하여 감염을 피하고 성 소수자 커뮤니티의 명예를 지키기 위해 '충분히' 노력한 개인만 인정하는 체제적 수치심 접근법과는 완전히 달랐다.

액트업은 도전적이고 자부심 넘치는 저항 정신에 입각한 조직이었으며, 수치심에 빠지지 않는 것이 중요하다고 시종일관 강조했다. 성 소수자와 약물 사용자 커뮤니티에서 HIV가 확산된 것도 결국은 수치심과 낙인 때문이었다. 게이 남성, 트랜스 여성, 성 노동자, 약물 사용자 사이에는 에이즈에 걸린 것이 결국 **자기 탓**이라는 체제적 수치심이 만연해 있었다. 사람들은 수치심 때문에 검사를 받지 못했고 가족과 친구에게 자신의 상태를 털어놓지도 못했다. 액트업의 주된 슬로건인 '침묵은 죽음'도 HIV 양성인이 홀로 숨어 고통받아야 한다는 편견에 대한 반발이었다. 에이즈 인구가 제대로 파악되고 환자 하나하나가 인간성을 존중받으려면 동성애 혐오, 트랜스젠더 혐오, 계급주의, 그 밖의 사회적 병폐로 괴로워하는 모든 이를 아우르는 확장적 커뮤니티의 연대가 필요했다.

액트업은 정책 입안자들의 코앞에 죽음과 질병의 이미지를 내밀어 다들 쉬쉬하던 문제를 더는 무시할 수 없게 했다. 그들은 미국 식품의약국, 국회, 월스트리트에서 '죽음 시위die-in(죽은 것처럼 드러눕는 방식의 시위.—옮긴이)'를 주최했다. 루이스 W. 설리번Louis W. Sullivan 보건복지부 장관에게 콘돔을 던지며 "부끄러운 줄 알라"고 외쳐서 그가 무시해온 안전한 섹스의 중요성에 관심을 모으고 개인이 아니라 실패한 제도에 비난을 돌리려 했다.[30] 많은 국회의원들은 체제적 수치심 접근법을 고수했고 동성애자들의 금욕만이 답이라고 믿었다. 동성애자가 육체관계를 완전히 끊는 것이 '마땅하고 옳은 일'이며 그러지 않으면 서서히 죽어가도 싸다는 것이었다. 그러나 에이즈 운동가들은 개인주의와 선택 중심주의를 거부하고 집단적 피해 절감을 주장했다. 액트업 활동가들은 1991년 제시 헴스Jesse Helms 상원의원의 2층 저택을 거대한 콘돔 풍선으로 뒤덮기도 했다. 안전한 섹스에 관한 대화가 도덕적으로 용납될 수 없다는 그의 발언에 반대하는 시위였다.[31]

액트업은 놀라운 성공을 거두었다. 역사학자 제프리 이오반노네Jeffry Iovannone는 다음과 같이 썼다.[32]

> 액트업은 정부가 예산을 늘리고 의약품 승인 절차를 가속화하고, 제약회사가 의약품 가격을 낮추고, 연구자들이 임상 시험에 여성

과 유색인종을 포함하도록 압력을 가했다. 또한 모든 HIV·AIDS 관련 문제에 환자들 당사자의 목소리가 반영되어야 한다고 주장했다.

컬럼비아대학교 법학 교수 켄들 토머스Kendall Thomas는 액트업이 오늘날 흑인 인권운동에 미친 영향에 관해 이렇게 말한다. "흑인 운동가들과 연대자들은 흑인 해방 투쟁이 예전에는 서로 별개의 존재로 여겨졌던 여러 영역과 관심사를 연결해야 한다는 것을 깨달았다."[33] 한편으로 액트업 활동가들도 인종이나 정체성과 상관없이 모든 소외 집단을 무료로 진료한 흑표당Black Panther Party의 의료 운동을 계승하고 있었다.[34] 이런 당사자 연합의 기본 원칙은 어떤 체제적 수치심에 맞서 싸우든 간에 동일하다. 우리가 어떤 상황에 처했든 간에, 우리와 똑같이 괴로워하고 있으며 모두에게 필요한 제도적 변화를 통해 혜택받을 수 있는 다양한 사람들의 연결망이 있다. 우리는 그들을 알아보고 그들과 연대하는 법을 배우기만 하면 된다.

퀴어의 역사를 읽다 보면 내가 겪은 난관 중에 새로운 것은 하나도 없음을 깨닫는다. 우리 커뮤니티는 오랫동안 부정적 성 의식, 신체 자율성 박탈, 고립, 내분과 싸워왔다. 또한 우리 중 하나라도 생존해 있는 한 수치심을 떨쳐내고 자유와 기쁨, 사랑을 찬미하며 하나로 뭉치기 위해 애써왔다. 내 삶의 모든 주요 사건이 이미 다른 사람들의 삶에서도 일어났다는 사실을 알게 되니 숙연해졌다. 다른 사람들의 투쟁에서 내가 겪은 최악의 순간들을 목격할 때면 고향에 돌아온 기분이 든다. 동성애자나 트랜스젠더는 혈연 집단으로부터 떨어져 나온 것처럼 느끼기 쉽다. 우리도 그 집단의 구성원이지만 그들과는 전혀 다르고 가부장적 전통을 견딜 수 없으니까. 하지만 시카고 노스사이드에 있는 레더뮤지엄과 아카이브를 찾아가 수십 년 전 퀴어와 '변태'들의 사진을 들여다보고 오늘날과 그리 다르지 않은 그들의 정치 및 철학 논쟁을 읽다보면 나 자신의 모습이 보인다. 그들의 삶이야말로 내가 진정 참여하고 계승할 수 있는 전통이다. 나이 든 게이 친구들과 대화하며 에이즈 사태 초기에 대한 그들의 이야기를 들으면 나와 친구들의 이야기를 듣는 것 같다.

오늘날 퀴어 커뮤니티는 여전히 온통 분열되어 있다. 다양한 정체성 집단이 서로 대립하고 특권을 지닌 개인은 자신에게만 이로운 경제적 혜택을 지키려 한다. 트랜스젠더에게 배타적인 시스젠더 여성들은 공중화장실, 여성 스포츠, 가정폭력 피해자 쉼터에서 트랜스젠더 여성을 배제하라고 요구한다. 백인 시스젠더 게이 저널리스트들은 트랜스젠더 성인이 성 정체성을 고민하는 청소년을 노린다고 경고하며 불과 몇 년 전 이성애자들이 게이에 대해 퍼뜨렸던 '그루밍' 서사를 답습한다. 심지어 동성 결혼과 직장에서의 성 소수자 포용을 확고하게 지지하는 사람도 퀴어 해방 운동이 섹스와 비관습적 관계를 긍정한다는 점에서는 '너무 과격하다'고 비난하기도 한다. 이런 내부 갈등에 더해 미국과 영국에서는 퀴어와 트랜스젠더의 권리에 대한 법적 공세도 늘어나고 있다.

현재 상황이 암울하게 느껴질 때도 있다. 그러나 우리는 믿기 어려울 만큼 암울했던 상황에서도 중대한 제도적 승리를 거둔 윗세대 에이즈 운동가들에게서 교훈을 얻을 수 있다. 우리와 조금 다른 어려움을 겪는 사람들, 나와 약간 다른 선택으로 인해 수치심에 빠진 사람들과 연대하기를 선택할 수 있다. 그들에게 공감할 수 있기에, 나아가 감염병과 같은 구조적 문제에서 특정한 상황에 있는 사람에게 수치심을 전가한다면 사회 전반에 해롭다는 것을 알기 때문에. 1980년대에 게이 남성과 연대하기로 결심한 수천 명의 퀴어, **그리고** 이성애자 여성들처럼, 우리 또한 고립되고 비난받은 경험으로 경계심을 갖게 되었더라도 타인에게 다가가기로 결심할 수 있다. 우리를 구할 수 있는 것은 개인의 노력이 아니라 급진적 수용의 광범위한 연대다.

당신이 어떤 체제적 수치심을 느끼든 그에 맞서 싸우는 한 혼자가 아니다. 환경의 미래를 두려워하는 사람은 해수면보다 낮은 땅의 모든 주민들, 여러 자연과 환경 단체, 지구상의 거의 모든 원주민 국가와 같은 고민을 나누는 것이다. 총기 난사와 폭력이 거듭되어도 방관하는 정부에 환멸을 느낀다면 부모와 조부모, 교육자, 정신건강 운동가, 총기 폭력 생존자들로 구성된 대규모 연합에 동참할 수 있다. 결혼을 하고 고립된 핵가족을 이루는 것만이 의미 있는 삶이라는 생각에 반대한다면[35] 성 소수자 해방 운동에서 자유와 위안을 발견할 수 있을 것이다.

아직 소속을 찾지 못했다면 어떤 사람들과 커뮤니티를 이룰 수 있을지 떠올려보기를 권한다. 다음 질문들을 곰곰이 생각해보자.

- 나와 비슷한 부조리를 겪는 사람들이 있는가?
- 내가 느끼는 감정을 조금이라도 이해할 집단이 있는가?
- 현재 소속된 커뮤니티에 아무 이득이 없어도 돕고 싶은 사람이 있는가?
- 과거 역사 또는 현재 사회에서 지금 내가 겪는 고난과 비슷한 경우를 찾을 수 있는가?
- 그 밖의 소외되거나 취약한 집단에서 무엇을 배울 수 있는가?

예를 들어 나는 장애인으로서 비만인과 공통점이 많고 여러모로 비만 해방 운동의 덕을 보기도 했다는 걸 깨달았다. 장애인과 비만인 모두 몸을 움직이고 공간을 점유하는 방식이 잘못되었다는 말을 듣는다. 공공장소에 대형 장애인 화장실 칸과 벤치를 설치하여 장애인의 접근성을 높이면 비만인도 혜택을 입는다. 양쪽 모두 극심한 자기혐오를 내면화한 집단이기도 하다. 양쪽 모두 자신의 신체적 한계를 극복하려면 더 노력해야 한다는 말을 듣는다. 하지만 우리는 비만인이나 장애인이 아니기를 바라면서도 동시에 필요한 정책 변화를 위해 싸울 수 있다. 또한 서로를 받아들이고 지지하며 온전한 존재로 이해하는 다양한 체형과 능력의 개인들로 이루어진 커뮤니티에 소속되어 있다고 자부할 수 있다. 우리는 그저 배제되었을 뿐이다.

체제적 수치심에 빠진 사람들이 잘살아가려면 반드시 커뮤니티가 필요하지만, 이런 커뮤니티를 만들기란 정말 어렵다. 심각하게 개인주의적이고 분열된 사회에서 살아가다 보니 우리에게 절실한 상호 지원 관계를 구축할 엄두도 내기 어렵다. 이 장의 마지막 단락이자 대인 관계의 확장적 인식을 실천하기 위한 마지막 단계는 바로 여기서 시작된다. 커뮤니티 역시 인간관계의 집합이라는 점을 깨닫고 더 나은 관계를 쌓기 위해 한 걸음씩 나아가는 것이다.

느리지만 꾸준히, 나만의 관계 만들기

켈리와 첫 인터뷰를 하고 몇 달 후에 놀라운 소식이 들려왔다. 켈리가 무뚝뚝하고 보수적인 이웃과 친해졌다는 것이었다. 걸스카우트 공동 부대장과 긍정적으로 만난 덕분에 켈리도 인간관계를 더 낙관적으로 생각하게 되었다. 또한 이를 계기로 타인에 대한 자신의 경직된 반응을 의문시하기 시작했다.

"처음에는 그분이 인간으로 보이지 않았던 것 같아." 켈리는 이웃에 관해 이렇게 말한다. 그가 보이는 경계심을 자신에 대한 반감으로 착각했고, 트럼프에게 투표한 사람이란 걸 알고 나니 곁에 있기가 불편했다. "알고 보니 그냥 내가 무서워서 그랬나 봐."

그러던 켈리가 언젠가부터는 마당에서 이웃을 볼 때마다 인사를 건네게 되었다. 그도 살짝 누그러져 켈리와 잡담을 나누게 되었다. 시간이 지나면서 켈리는 자신이 예상한 이웃의 위험하고 부정적인 면모는 대부분 사실이 아니라는 것을 알게 되었다. 그는 켈리가 예상한 것처럼 혐오스러운 가치관을 드러내지 않았다. 이웃 쪽에서도 자기가 켈리와 점점 더 편하게 대화할 수 있다는 데 놀란 것 같았다.

이웃과 대화해보기 이전 켈리는 길 건너편에 트럼프 지지자가 산다는 사실에 불안해했다. 하지만 일단 대화를 시작하자 두 사람 모두 서로를 관념적·정치적 상징이 아닌 한 인간으로 인식하고 이 동네가 서로 공유하는 열린 공동체임을 깨달을 수 있었다. 그렇다고 해서 정치 제도의 고질적 문제나 두 사람이 서로의 실제 관심사에 애써 무관심한 척했다는 점이 해결되지는 않았다. 하지만 두 사람은 따뜻하고 진정성 있게 접촉할 수 있었고, 그 시작에 의의가 있었다.

나는 오래전부터 공동체란 과연 무엇인지 고민해왔다. 평생 동안 '선택된 가족'의 중요성에 관해 들어왔지만, 사회성 없는 자폐인이자 벽장 속 트랜스젠더로서 다른 사람들과 함께 있으면 항상 숨이 막힐 것 같았다. 직장과 학교에서는 순응해야 한다는 압박감에 짓눌렸다. 나는 선을 넘거나 목소리를 낼 때마다 문제아 취급을 받았다. 오직 혼자 있을 때만 마음 편히 나답게 행동할 수 있었다.

내가 트랜스젠더로, 이후에 자폐인으로 커밍아웃했을 때도 타인에 대한 두려움은 그대로였다. 나는 계속 새로운 사교 공간에 뛰어들었다. 언젠가는 모두가 말하듯 실존하는 완벽한 커뮤니티, 관용과 온정으로 내 모든 욕구를 채워줄 공간을 찾아내길 바라면서. 이런 이상을 좇다 보니 극단, 촌극 공연단, 교도소 폐지 운동 단체, 소설 창작 모임, 젠더퀴어 토론회, 학술 살롱 등에 가입하게 되었다. 나는 이 모든 집단에서 너무나도 평범하고 인간적인 갈등을 발견했다. 험담과 사회적 지위에 대한 집착, 남들의 잘못에 대한 핀잔과 면박이 있었다. 모든 집단이 의견 차이로 옥신각신했고 개인 간에 폭력 의혹이 제기되어도 이를 해결할 체제가 없었다. 특이하거나 사회성이 낮은 사람은 구석으로 밀려나고, 구변 좋고 매력적인 사람이 의제를 형성하고 주도권을 잡았다. 시간이 지나면서 이런 '커뮤니티'가 하나같이 나와는 안 맞는다고 생각하게 되었다. 사람들은 너무 답답하고 피상적이고 쉽게 판단하는 경향이 있었다.

팬데믹을 겪으면서 이런 생각은 서서히 바뀌어갔다. 나는 알쏭달쏭한 '커뮤니티'를 탐색하는 과정에서 가입했던 많은 집단을 떠났지만, 그 모든 공간에서 새로운 친구를 사귀고 계속 만나기도 했다. 그렇게 친구가 된 사람들은 대부분 나처럼 한 발짝 물러나서 관찰하는 냉소적 성격이었다. 조직 회의에서는 끊임없이 비판을 제기하고, 춤판이 벌어지면 팔짱을 끼고 뒤로 물러나는 비딱이들이었다. '인싸'가 아니라 음침하고 몽롱하며 무엇보다도 독특한 사람들이었다. **사람들**을 어려워했지만 나는 전혀 어려워하지 않는 친구들이었다. 그들은 내 상태가 최상일 때뿐 아니라 최악일 때도 나를 아껴주었다.

팬데믹 기간에 나는 온라인에서 친구들을 서로 소개해주고 함께 비디오 게임을 하거나 영화를 보기 시작했다. 그들도 또 다른 친구들을 데려오면서 우리의 작은 디지털 사교장은 점점 커졌다. 친구들이 새롭게 단짝을 찾아서 그들만의 계획을 세우고 창작 프로젝트를 진행하는 모습을 보니 뿌듯했고 성취감을 느꼈다. 나와 내 친구들은 오랫동안 커뮤니티를 **찾으려고** 노력하다가 어찌어찌 커뮤니티를 만들기에 이르렀다. 계획적이거나 조직적으로 진행된 일은 아니었다. 그저 우리 주변에서 차례로 새로운 관계가 맺어지는 경이로운 과정이 일어났을 뿐이다.

완벽한 상태의 '대안 가족'이 이미 어딘가 존재하며 우리가 합류하기만 기다린다고 믿고 싶은 심정은 안다. 하지만 커뮤니티는 인간관계의 네트워크, 우리가 만들고 계속 키워나가야 하는 연결망에 지나지 않는다. 어느 날 갑자기 커뮤니티를 발견하고 그 안에서 우리의 자리를 차지할 수 있는 것이 아니다. 개별적인 상호작용을 통해, 하나하나의 취약한 순간을 통해 커뮤니티를 구축해야 한다.

이런 이야기가 부담스럽게 들릴지도 모르지만, 커뮤니티도 결국 인간관계의 집합일 뿐임을 깨닫는다면 훨씬 쉬워질 것이다. 우리가 마법처럼 완벽하게 맞아떨어질 수 있는 단 하나의 사교 집단을 찾을 필요는 없다. 세상의 모든 운동 단체, 독서회, 지원 모임, 교회는 단지 **사회적 기회**일 뿐이다. 언젠가 우리 삶에 소중한 존재가 될 이들을 만날 수 있는 자리다. 항상 서로에게 진실하고 유익한 관계를 맺는 것, 나아가 이런 관계를 외부로 확장하는 것에 집중하면 된다.

그렇다면 어떻게 시작해야 할까? 나는 자폐인으로서 인간관계를 맺고 다지는 시스템을 개발해야 했다. 낯선 사람들에게 다가가 친해지는 것은 내게 자연스러운 일이 아니었으니까. 친구 만들기 요령을 터득한 이후로 나는 몇 년 동안 많은 사람들과 다정한 관계를 지속해왔으며, 이런 요령이 나와 같은 자폐인뿐 아니라 다른 사람들에게도 유익하다는 걸 깨달았다. 궁극적으로 새로운 관계를 구축하는 데 중요한 것은 일관성과 진정성이라는 두 가지 원칙이다. 사교 모임에 꾸준히 참석하고 생각과 관점을 솔직하게 표현한다면 결국 적당한 사람들이 당신을 알아볼 것이며, 설사 그들이 당신의 의견에 동의하지 않거나 관점을 이해하지 못하더라도 풍요롭고 가치 있는 갈등을 겪을 수 있을 것이다. 내가 터득한 친구 만들기 요령을 다음 페이지에 표로 정리해보았다.

이런 단계를 착실히 밟는다 해도 진정한 커뮤니티를 구축하려면 시간이 오래 걸릴 수 있다. 이 점을 인정하고 받아들이는 것이 중요하다. 신뢰 관계는 자신을 드러내고 갈등을 극복하는 과정을 반복하면서 발전하며, 사람들이 우리를 진심으로 아끼고 우리가 실수하거나 난관에 빠져도 떠나지 않으리라는 것을 깨달을 때 완

인간관계 형성 및 심화 단계

새로운 사람들을 만날 수 있는 활동과 이벤트를 알아보자.

- 매주 최소 한 시간 이상 지역 행사, 사교 모임, 지원 단체, 강의 등 새로운 사람들을 만날 공간을 찾아보자.
- 온라인 모임도 사교 행위다! 온라인 게시판, 디스코드, 레딧, 원격 수업은 모두 훌륭한 선택지다.
- 그중 몇 가지를 달력에 표시해두자. 일주일에 하나씩 새로운 공간에 가보는 것도 좋은 방법이다.

적어도 세 번은 찾아가보자.

- 단발성 방문으로는 그 공간이 내게 적합한지 판단할 정보를 얻기 어렵다.
- 사교장에는 사람들이 항상 오고 가게 마련이니 여러 번 방문할수록 더 많은 사람을 만날 수 있다.
- 첫 방문에는 불안해서 사람들과의 만남을 즐기지 못할 수 있다. 그러니 괜찮아 보이는 공간이라면 몇 번 찾아가보자.

내 친구 멜의 규칙을 따르자. "내키지 않는 것을 하거나 말하거나 견딜 필요는 없다."

- 낯선 공간에서는 분위기를 맞춰야 한다는 압박감을 느끼거나 불편한 활동에 참여하게 될 수 있다.
- 이런 압박을 물리치기 위해 멜은 새로운 공간을 방문할 때마다 원치 않는 언행이나 감정을 견디지 말자고 다짐한다.
- 내키지 않는 일을 억지로 하면 결코 즐거울 수 없다. 결국 함께 있으면 즐거운 사람들을 만나려고 온 것이 아닌가.
- 멜의 규칙은 어떤 공간에서든 있는 그대로의 나를 보여주는 것으로 충분하다고 일깨워준다.

가까워지고 싶은 사람들을 파악하자.

- 한 공간에 몇 번 가보고 나면 그동안 만난 사람들을 떠올려보자
- 누가 나를 웃게 했는가? 누가 나를 반겨주었는가? 매력적인 사람이나 새로운 것을 알려준 사람이 있었는가?
- 이런 사람들에게 다가가서 더 친해지자. 그들의 삶에 관해 묻거나 모임 내 공통의 골칫거리를 화제 삼아 유대감을 형성하자.
- 소셜 미디어 친구 추가를 하거나 메일 주소와 전화번호를 물어보자.

친분을 쌓아가자.

- 흥미로운 기사나 밈, 또는 그날 접한 재미난 내용을 잠재적 친구들과 공유하자.
- 사교장 바깥에서도 함께 시간을 보내자고 요청하자. 게임이나 영화 감상의 밤을 주최하거나, 박물관 혹은 영화관에 가거나, 산책을 나가자.
- 그들에게 도움이 필요하다면 가능한 모든 방법으로 도와주자. 책을 빌려주거나 이야기를 들어주는 것처럼 간단한 도움이라도 좋다.
- 다른 공간에서 만난 친구를 소개해주자. 공통된 관심사나 취미가 있는 사람이라면 더욱 좋다.
- 그들에게 도움을 요청하여 서로 더 가까워질 기회를 만들자. 판단력이 뛰어난 사람이라면 고민을 털어놓고 조언을 구하자. 함께 있으면 마음이 편한 사람에게는 힘든 일을 처리할 때 같이 가달라고 부탁하자.

성된다. 이 과정은 단시간에 이루어지지 않으며 결코 완료되지도 않는다.

체제적 수치심에 빠진 많은 사람들은 변화가 신속히 일어나기

를 기대하며, 단발성 노력으로 문제를 해결하지 못하면 실패한 것으로 생각하게 되었다. 하지만 확장적 인식을 실천하려면 더 큰 목표를 향해 느리고 꾸준히 나아가는 데 익숙해질 필요가 있다. 우리는 인생의 모든 문제를 혼자 해결할 수 없으며 그러려고 해서도 안 된다. 그저 마음을 하나로 모아 한 걸음씩 발을 내딛어 나갈 뿐이다.

이 책의 마지막 장에서는 체제적 수치심의 가장 난감하고 고통스러운 단계에 어떻게 맞서 싸울지 알아보겠다. 인생이란 무의미하며 인류가 장기적 변화를 실현하기엔 너무 늦었다는 압도적인 무력감 말이다. 무력감을 초월하여 사소하지만 중요한 자기만의 자리를 찾아가려면 확장적 인식을 실천해야 한다.

인류의 미래에는 아직 희망이 있다. 우리 모두가 이 세상에 사소하지만 자부심을 느낄 만한 긍정적 변화를 가져올 수 있다. 그러려면 어디서 시작해야 할까?

8장 인류에 대한 희망

나는 트랜스젠더나 게이로 커밍아웃하기 훨씬 전부터 성 소수자 인권운동에 적극적으로 참여해왔다. 고등학생 때는 교내 학생 평등권 연합의 공동 회장을 맡아 매주 퀴어와 퀘스처너리 Questionary(자신의 성 정체성이나 성적 지향을 결정하지 못한 사람들. '퀘스처닝Questioning'이라고도 한다.—옮긴이) 모임을 열고, 동성애자의 역사에 관한 연례행사를 주최하고, 혐오 범죄로 희생된 이들을 추모하는 전국 침묵의 날(성 소수자 학생에 대한 차별과 괴롭힘을 비난하며 연대를 표현하는 날.—옮긴이) 집회를 열었다. 점심시간에는 학교를 찾아온 모병관에 맞서 마이크와 테이블을 설치하고, 미군의 '묻지도 말하지도 말라(자신의 성 정체성이나 성적 지향을 숨긴다면 누구든 군 복무를 할 수 있다는 정책.—옮긴이)' 정책에 항의했다. '퀴어 영화의 밤'을 기획하고 협조적인 가족이 있는 친구들의 집에서 상영회를 열기도 했다. 동성 결혼 찬성 시위를 하고, 퀴어의 권리를 증진시켜줄 후보에게 후원금을 보내고, 투표할 수 있는 나이가 되기도 전에 유권자 등록을 했다. 이렇게 나 혼자 열심히 싸우다 보면 결국은 진정한 나 자신을 커밍아웃할 수 있는 세상이 올 거라고 생각했던 것 같다.

나의 싸움은 수차례 좌절당했다. 내가 다닌 고등학교 교장은 학생 평등권 연합 행사를 자꾸만 중단시켰다. 우리 모임 회원들이 '전국 커밍아웃의 날'을 기념하여 자신의 성 정체성을 명시한 티셔츠를 입겠다는 것을 금지하기도 했다. 우리가 조롱과 폭력에 처하는 '불상사'가 생길 수 있다는 이유였다. 교내 괴롭힘 방지 정책에 따라 학교생활 지침서에 동성애자와 트랜스젠더 학생 보호 관련 내용을 추가해달라는 요구도 독실한 기독교인 학부모들에게 불쾌할 수 있다면서 거부당했다. 어느 10학년 남학생이 여성용 청바지를 입었다고 다른 남학생들에게 잔인하게 구타당했을 때도 학교 관리자들은 그저 외면했다. 한 여학생이 나를 샤워실 구석에 몰아넣고 때려주겠다며 큰 소리로 협박하고 욕설을 퍼부었을 때, 그 누구도 어떤 식으로든 나를 도와주지 않았다.

문제는 학교만이 아니었다. 사회 전체가 문제였다. '퀴어 영화의 밤'에 상영할 만한 '성 소수자 서사' 영화는 하나같이 〈브로크백 마운틴〉이나 〈소년은 울지 않는다〉처럼 퀴어 캐릭터가 살해당하는 내용이었다. 내가 아무리 활동가로서 노력해도 집에 돌아오면 텔레비전에서 빌 오라일리Bill O'Reilly(미국의 보수 성향 방송국인 폭스 TV의 뉴스 프로그램 진행자.—옮긴이)가 나 같은 사람들이 사회를 타락시킨다고 떠들어댔다. 내 고향 오하이오주는 내가 열다섯 살 때 법적으로 동성 결혼을 금지했다. 어디를 봐도 절망뿐이었다. 온 세상이 내가 평생 수치심에 빠져 허우적대며 커밍아웃할 엄두도 못 내길 바라는 듯했다.

그렇게 몇 년이 지나자 나는 의욕을 잃었고, 사회가 씌워주는 시스젠더 이성애자의 가면을 순순히 받아들였다. 관심 있는 이런 저런 단체에서 자원봉사를 하긴 했지만, 인류에 대한 믿음도 나 자신에 대한 존중도 잃은 터였다. 만족스러운 미래 같은 건 상상할 수도 없었고 그저 살아남기 위해 몸부림쳤다. 박사 학위를 받고 나서 정신이 혼미하도록 술을 마신 것도 그런 상황 때문이었다. 내가 오랫동안 의지해온 단 하나의 장기적 목표, 내게 살아갈 자격을 가져다줄 거대하고 존경받을 만한 성취를 이뤄냈으니까. 하지만 성취도 사회 운동과 마찬가지로 사랑이나 안정감은 가져다주지 못했고, 내 수치심은 여전히 그대로였다. 지난 몇 년간의 퀴어 인권 상황은 갈수록 나의 청소년기를 떠올리며 기시감을 느끼게 한다.

2010년대 중반 미국 전역의 성 소수자들은 결혼할 권리를 보장받고 건강보험으로 기본적인 성 확정 치료를 받는 등의 제도적 혜택을 누리게 되었다. 하지만 이제는 도처에서 격렬한 백래시가 몰아치고 있다. 트랜스젠더 청소년의 성 확정 치료를 금지하는 법안이 전국 각지에서 통과되었고, 부모는 단순히 자식의 성별 대명사를 존중한 것만으로도 양육권을 잃을 수 있다. 플로리다주에서는 교사와 학생이 학급 내 퀴어의 존재를 **인정하는** 것조차 금지되었으며[1] 나 같은 사람들이 화장실을 쓸 수도 없다. 지난 한 해 동안 시카고에서는 내 주변에서 잘 알려지고 사랑받던 트랜스 여성 다수가 실종되었다. 나와 안면이 있는 거의 모든 트랜스젠더 작가나 유명인이 지난 1년 반 동안 아동 그루밍 혐의로 부당한 폭행과 고소를 당했다.

내가 몇 년 전처럼 고독하고 폐쇄적인 사람이었다면 지금쯤 아무런 의욕도 희망도 없이 수치심 속에서 웅크리고 있었으리라. 어쩌면 이번엔 정말로 '탈성전환'을 고려했을지도 모른다. 실존하지도 않는 '안전'이라는 허상에 이끌려 수동적이고 우울한 여성의 모습으로 도피할 수도 있었다. 하지만 나는 그 대신 트랜스젠더 형제자매들을 위해 열심히 양육자와 교사에게 젠더 문제를 가르치고, 커밍아웃한 트랜스젠더들이 사전 동의 호르몬 클리닉과 정신건강 지원센터를 찾도록 돕고, 성 확정이 나를 구했다는 글을 발표할 소명을 느낀다. 내가 이런 행동을 할 때마다 수십 명의 트랜스젠더가 나 덕분에 자기답게 살아갈 힘을 얻었다는 메시지를 전해온다. 내 권리를 빼앗고 나를 가족으로부터 단절시키려는 포악한 사회 제도에도 불구하고, 나는 내 활동과 나 자신이 중요하다는 것을 안다.

지금 내가 무력감에 빠지기는커녕 활기가 넘치는 이유는 무엇일까? 나를 응원해주는 다양한 친구들을 사귀었고, 그들과 오래도록 함께하며 내 마음속의 트랜스 혐오를 극복했기 때문이다. 나는 소소하나마 지속 가능하게 세상을 바꾸어갈 방법을 찾았으며 그 영향력을 직접 목격할 수 있었다. 내 지인들은 트랜스젠더의 삶과 의료 접근성을 지키기 위해 법적으로, 혹은 억압적인 제도를 우회하는 은밀한 방식으로 행동에 나서고 있다. 나는 역동적이고 의미 있는 커뮤니티를 만드는 데 참여했고, 그 과정에서 타인에 대한 신뢰를 되찾았으며, 진정한 제도적 변화가 어떻게 일어나는지 알기에 긴박감이나 개인적 책임감으로 끙끙대지 않는다. 내 주변에서 일어나는 많은 일들이 실망스럽지만, 그럼에도 상황을 받아들이고 대응하며 내가 참여하고 싶은 현실적 미래를 상상할 수 있다.

체제적 수치심은 내가 이렇다 할 변화를 만들어내지 못하고 홀로 괴로워하길 원한다. 나도 아직 두렵지만 한편으로는 더 나은 삶이 가능하다는 것을 안다. 더 나은 삶을 영위하려면 여유를 가지고 타인과 소통하며 내가 누구인지, 무엇이 옳은지, 내 자리는 어디인지 알려주는 내면의 목소리를 신뢰할 필요가 있다. 과거의 내가 외면하고 듣지 않았던 바로 그 목소리를.

이 장에서는 다양한 사람들이 지구적 단계의 체제적 수치심에 대처한 방법을 알아보겠다. 그들이 목적의식과 희망을 갖고 이 세상에서 자신의 자리를 찾아가기 위해 어떻게 행동했는지 살펴볼 것이다. 절망과 허무에 빠진 사람들이 어떤 식으로 광범위한 상호 연결감을 느끼고 사회적 인정과 희망을 찾을 수 있을지 다룬 연구 논문도 소개할 것이다. 우리가 어떻게 하면 이 세상에 더욱 의미 있는 자취를 남길 수 있을지 통찰한 연구도 있으며, 의무감을 덜어내고 자신의 삶과 한계를 객관적으로 바라보게 해주는 연구도 있다.

확장적 인식에는 흥미로운 이중성이 있다. 확장적 인식은 우리의 영향력이 미미하다고 선언하면서 한편으로 완벽한 사람이 되어야 한다는 압박감을 덜어준다. 체제적 수치심은 최대한 강하고 훌륭하고 도덕적인 사람이 되기 위해 발버둥 치라고, 안 그러면 우리를 둘러싼 온 세상이 무너질 것이라고 윽박지른다. 확장적 인식은 정반대 메시지를 전달한다. 우리 각자의 삶은 사소하고 개인의 힘은 보잘것없지만, 동시에 그 모든 노력이 소중하며 서로 연결되어 있다고 말이다.

확장적 인식에 이르는 첫 단계는 삶이 우리를 어디에 데려다 놓았는지 파악하는 것이다. 어떤 기술과 교훈, 전통, 나아가 고통스러운 경험이 우리를 여기로 이끌었는지 고찰하는 것이다. 지금 우리의 자리와 우리를 여기 있게 한 인류 역사의 다채로운 태피스트리를 인식하면 그 안에 잠재된 가능성이 드러난다.

나는 어떤 캐릭터인가

나의 대학 시절 친구인 샘은 15년 넘게 해양 시추와 삼림 벌채 반대 운동에 참여해왔다. 내가 먼지투성이 대학교 연구실에서 시간을 낭비하는 동안 샘은 캐나다 황야에서 일하고 있다고 생각할 때마다 부끄러웠다. 체제적 수치심에 빠진 나머지 지구가 멸망해가는 건 샘처럼 헌신하지 않는 나 같은 사람 때문이라고 생각한 적도 있었다. 샘은 단 한 번도 나를 비난한 적이 없지만, 일회용 커피 잔을 많이 쓰고 패스트 패션 제품을 구입하며 눈앞의 경력에 매달리는 나를 경멸할 것 같았다.

시카고에서 샘을 만났을 때 앨마라는 동료 이야기를 들었다. 샘과 같은 대도시 공동 텃밭 조성 허가와 보조금 요청 담당인데 놀랍도록 논리적이고 체계적으로 일한다고 했다. 나는 샘의 이야기에 깜짝 놀랐다. 내가 샘에게 감탄한 부분도 그의 끈질긴 집중력과 추진력이었으니까.

"남들은 앨마 같은 사람보다 내가 더 급진적인 활동가라고 생각해. 앨마의 활동은 그저 자유주의적 성과에 불과하다나. 하지만 앨마는 사람들이 흙과 접촉하고 성장하도록 도와줘. 어쩌면 그런 경험이 평생 처음인 사람도 있겠지. 누구나 자신의 '캐릭터 클래스'가 있게 마련이고, 새로운 환경운동가를 모집하는 데에는 앨마가 나보다 훨씬 더 크게 공헌하고 있어."

나는 앨마와 같은 사람들의 노력을 비웃곤 했다. 공동 텃밭 같은 건 십중팔구 부유한 백인들이 꽃이나 심으려고 더 많은 공공녹지를 점유하는 수작이며 지구를 살리는 데 아무 도움도 되지 않는 무의미한 방종이라고 생각해왔다. 사실은 환경을 위해 충분히 애쓰지 않는 특권층 백인으로서 나 자신의 체제적 수치심을 투사하고 있었던 것이다. 하지만 샘의 말을 들으니 개인이 어떻게 지구와 접촉하고 작으나마 의미 있게 지구의 안녕에 기여할 수 있을지 생각해보게 되었다.

샘과 대화한 지 얼마 후에 친구 동생이 치네이션스Chi-Nations 청소년위원회 지도부에서 활동한다는 사실을 알게 되었다. 시카고의 원주민 청소년들이 주도하는 이 단체는 35구에 있는 원주민 텃밭 '퍼스트네이션스 커뮤니티 가든'을 관리한다.[2] 퍼스트네이션스 가든에는 커뮤니티 구성원들이 원하는 식물을 재배하는 개별 텃

밭뿐 아니라 향모나 딸기, 쑥, 담배, 에키나시아 등 원주민 문화에서 중요한 식물을 심을 화단과 두둑이 마련되어 있다. 치네이션스는 이곳에서 매주 원주민을 위한 치유 모임을 열며, 더블볼(서로 연결된 가죽 공 두 개를 스틱으로 쳐서 상대편 골대에 넣는 단체 경기.—옮긴이)과 같은 원주민 전통 스포츠를 배우고 즐길 자리와 야외 파티, 티피(아메리카 원주민의 거주용 텐트.—옮긴이) 페인팅, 체험 학습도 주최한다. '풀라스키 앤 윌슨' 정류장 근처의 몇 에이커 땅뙈기에서 원주민 관습을 보존하고, 조상의 생태학적 지혜를 공유하며, 과거에 시카고 전역에서 번성했던 식물을 기르고 사람들에게 먹거리를 제공한다.

나를 포함해 많은 이들이 바깥세상과 단절되어 심한 고립감에 빠졌던 팬데믹 절정기에, 내 친구 케이틀린 스미스Kaitlin Smith는 소외 집단이 역사 및 대지와의 연결을 되찾을 자리를 만들었다. 스미스는 고등학생 때부터 알고 지낸 친구인데 항상 환경주의와 반인종주의에 열성적이었으며 놀랍도록 사려 깊고 관찰력이 뛰어났다. 뛰어난 교육자이자 자연주의자로서 아웃도어 아프로Outdoor Afro나 매스 오듀본Mass Audubon과 같은 단체에서 일했으며, 몇 년 전부터는 흑인들과 연대자들에게 생태, 역사, 채집 투어를 제공하는 스토리드 그라운즈Storied Grounds를 운영해왔다.[3] 이런 투어에서 스미스는 보스턴 근교의 숲을 둘러보며 흑인 역사의 중요한 순간들에 관해 들려준다. 채집 투어에서는 노예제 폐지로 자유로워졌지만 가난 탓에 자연에서 먹을거리를 찾아야 했던 흑인들을 범죄자로 만든 채집 금지법의 탄생을 설명한다. 냇 터너Nat Turner(1831년 버지니아주에서 흑인들을 이끌고 노예제도에 항거하는 반란을 일으켰다.—옮긴이)의 해방 운동에 초점을 맞춘 천체 관측 투어를 마련하기도 했다. 2020~2021년에는 천연 임신중지약과 피임 식물에 관한 온라인 강의를 했고, 노예가 된 흑인 여성들이 이런 식물로 원치 않는 임신을 중단한 역사를 언급함으로써 법적으로 위협받고 있는 생식 의료 접근성 문제도 건드렸다.

스토리드 그라운즈와 치네이션스의 활동은 사회적 맥락과 생태학을 통합하여 제도적 문제와 그 해결책에 관해 폭넓고 풍부하며 누구나 접근 가능한 관점을 만들어낸다. 체제적 수치심은 흑인 차별, 원주민 학살, 기후변화, 임신중지 규제가 어떻게 연결되어 있는지 납득할 만한 이론을 제공하기는커녕, 모든 개인이 개별적 문제들과 자신의 무력함 앞에서 경악하게 만들 뿐이다. 하지만 확장적 인식에 따르면 모든 문제의 뿌리가 오랜 과거로 거슬러 올라가며 지금까지도 서로 얽혀 있음을 알게 된다. 확장적 인식은 우리가 이런 문제들에 구체적으로 접근할 방법을 파악하고 실타래를 하나씩 풀어나갈 수 있게 한다. 수백 년의 복잡한 정치적 역사를 포착하여 우아하고도 단순하게 풀어낼 수 있는 치네이션스나 스토리드 그라운즈의 역량이 놀라울 따름이다.

환경을 지키기 위한 싸움에서 "누구나 자신의 캐릭터 클래스가 있게 마련"이라는 샘의 표현은 캐릭터 유형별로 고유한 강점이 있는 롤플레잉 게임의 비유다.[4] 성공적인 사회 운동이나 발전하는 커뮤니티에는 다양한 역할이 존재하게 마련이지만, 그 대부분은 일반인들이 생각하는 '운동'의 범주에 포함되지 않을 것이다. 긍정적 변화를 가져오는 행동은 시위 주최나 뉴스에 나오는 거창하고 대담한 파괴만이 아니다. 물론 이런 행동도 중요하지만, 이런 측면에만 집중하면 사회의 변화 과정을 지나치게 개인주의적인 관점으로 보게 된다. 인생은 〈헝거 게임〉이 아니며, 우리 대부분은 캣니스 에버딘처럼 억압적 정부에 맞서 싸우는 상징적 인물이 될 수 없다. 그래도 상관없다. 우리에게는 눈에 띄지 않고 간과되기 쉽지만 반드시 처리해야 할 일들이 많으니까.

사회 운동에 반드시 필요한 몇 가지 캐릭터와 그들의 역할을 다음 페이지에 표로 정리해보았다.

샘과 같은 사람은 나무에 몸을 묶거나 불도저 앞에 눕는 것도 마다하지 않는 활동가인 반면, 케이틀린은 교육자이자 치료사에 가깝다. 장학금과 연구를 통해 과거와 현재를 연결하고, 케이틀린과 같은 흑인들이 그들에게 유익했던 자연과 연결되도록 도와주고 있다. 이 표는 세상을 바꾸는 다양한 역할 중 일부일 뿐이며, 선택지는 무궁무진하다.

좀 더 구체적인 사례를 들어보자. 내 친구 어밀리아는 보험 회사에서 10년 넘게 근무하며 보험금 청구 어플리케이션 개발에 참여했다. 이 회사에서는 모든 고객에게 파손 및 도난 여부를 증명할 수 있는 경찰 신고서를 제출하라고 요구했다. 하지만 어밀리아는 이런 절차가 꼭 필요한지 공개적으로 이의를 제기했다. 흑인

세상을 바꾸는 '캐릭터 클래스'

시위자

- 집단행동에 참여한다.
- 다른 시위자들과 협력하여 현상 유지에 저항하고 문제에 주의를 환기한다.
- 불의에 맞서는 목소리를 낸다.
- 취약한 사람들을 폭력으로부터 보호하러 나선다.
- 취약 계층에 대한 폭력에 직접 맞서거나, 취약 계층과 경찰을 비롯한 공격자 사이에서 장벽 구실을 한다.

교육자

- 커뮤니티에 필요한 자료를 만든다.
- 이용 가능한 문헌과 과거의 운동을 연구한다.
- 개념을 설명하고 새로운 아이디어를 소개한다.
- 운동의 역사를 문서화하고 이전 경험에서 교훈을 찾는다.
- 커뮤니티 구성원에게 조언하고 그들의 시야를 넓혀준다.

중재자

- '중립'을 표방하거나 일부 관념이 너무 '급진적'이라고 생각하는 사람들을 설득한다.
- 조직 내의 부당한 정책과 억측에 이의를 제기한다.
- 갈등이 생기면 개입하여 상황을 해결하거나 타협 지점을 모색한다.
- '중립적'이거나 정치에 무관심한 사람들이 어려운 대화에 더 적극적으로 참여하게 만든다.
- 소외 집단이 의사 결정의 중심에 설 수 있도록 응원하고 변호한다.

치료사

- 시위 또는 경찰과의 충돌에서 다친 사람을 치료한다.
- 커뮤니티 구성원들이 잘 먹고 사회복지를 누릴 수 있게 돕는다.

- 좌절한 경험이나 정신적 외상에 관해 귀 기울여 들어준다.
- 동료들이 운동을 위해 무리한 희생을 요구받을 때 문제를 제기한다.

조직자

- 커뮤니티의 자료를 수집하고 체계화한다.
- 활동 계획과 실행을 지원한다.
- 기록을 보관하고 회의록을 정리한다.
- 필요할 경우 해당 사안의 비공식 관리자 역할을 한다.
- 목표, 예산, 자원 할당 등을 지속적으로 확인하고 관리한다.

예술가

- 감동적인 메시지로 사람들에게 영감을 준다.
- 복잡한 개념을 기억하기 쉬운 메시지나 기호로 변환한다.
- 지친 동료들에게 위로와 기분 전환을 제공한다.
- 운동에 소속감과 정체성을 부여하는 지표를 생산한다.
- 청중이 메시지를 발견하고 이해하도록 유도한다.

연결자

- 사람들을 서로 소개하고 커뮤니티를 확장한다.
- 이벤트 초대장과 정보를 배포한다.
- 조직 또는 정체성 집단의 연합을 구축한다.
- 새로운 동료를 맞아준다.
- 고립된 개인을 필요한 지원 네트워크에 연결해준다.

고객에게 경찰을 집에 들이는 일이 과연 안전할까? 미국 경찰이 종종 증거를 위조하고 바디캠(신체에 부착해 현장을 촬영하는 이동형 카메라.—옮긴이) 영상을 '분실'하며 재산을 훔치기도 한다는 사실

이 잘 알려져 있는데, 그럼에도 경찰 신고서를 신뢰할 수 있을까? 어밀리아는 이렇게 말하면서 꼭 필요하지 않은 경우에는 보험금 청구에 경찰 신고서를 제출하지 않도록 회사 측을 설득했다. 덕분에 해당 회사의 고객 수천 명이 911 신고를 하지 않아도 되었고 경찰에 대한 의존도가 낮아졌으며, 흑인과 라틴계 고객이 위험을 감수할 일도 없어졌다.

어밀리아는 시위자도 조직가도 활동가도 아니지만, 그의 경험은 체제적 수치심에서 벗어나는 데 중요한 지점을 드러낸다. 바로 우리가 지금 서 있는 자리에서부터 싸워야 한다는 신념이다.[5] 이처럼 명확한 자기 신뢰는 일종의 급진적 수용이며 사회적·정치적 영역으로 확장될 수 있다. 우리는 눈앞의 불공평하고 숨 막히는 현실 앞에서 전전긍긍하기보다 그런 위치를 이용해 삶을 개선해 나갈 방법을 모색할 수 있다. 이는 또한 행동에 나서자는 호소이기도 하다. 우리는 한정된 자원에 절망하고 세상을 '바로잡을' 수 없다며 한탄하는 대신, 타인을 돕고 부당한 제도에 저항하며 어떻게든 의미를 찾아낼 기회를 포착할 수 있다.

현실을 수용하기 위해 지금 자신의 위치가 도덕적으로 무력함을 인정하고 억압적 제도에서 벗어나야 할 때도 있다. 2022년 봄, 텍사스주 아동보호국CPS 조사관 모건 데이비스Morgan Davis(그 자신도 트랜스 남성이다)는 트랜스젠더 자녀의 성 정체성을 인정한 가족을 아동 학대 혐의로 조사하라는 그레그 애벗Greg Abbott 주지사의 지시를 받았다.[6] 처음에 데이비스는 트랜스젠더 아동을 최우선적으로 배려하면 아이와 가족을 보호하며 내부자로서 제도를 보완할 수 있으리라고 믿었다. 설사 그가 손을 떼더라도 어차피 다른 수사관이 사건을 맡게 될 거라는 생각도 있었다.

트랜스젠더 아동의 가족을 조사하러 간 첫날 데이비스는 CPS 배지를 차에 두고 엠파나다(고기와 채소를 다져넣은 스페인어권의 페이스트리.—옮긴이)와 타르트를 선물로 가져갔다. 데이비스의 보고서에 따르면 해당 가족은 아이에게 풍요롭고 긍정적인 환경을 제공했으며 학대 징후는 전혀 없었다. 그들은 아이의 병력에 관한 데이비스의 질문에 일체 응답하지 않았으며, 따라서 데이비스로서는 아이가 성 확정 치료를 시작했다고 보고할 이유가 없었다. 데이비스는 학대 조사를 신속하게 종결할 것을 권고했지만, 상사들은 임무를 계속하라고 지시했으며 심지어 또 다른 트랜스젠더 가족도 조사하게 했다. 결국 데이비스는 악하게 설계된 제도하에서 개인이 도덕적으로 행동할 방법은 없다고 결론 내렸다. 그는 CPS를 떠나 공개적으로 애벗의 정책에 반대하기 시작했다.

데이비스는 CPS에서의 업무에 관해 이렇게 말한다. "결국 나도 공범이었어요. 나는 내가 옳은 일을 하고 있다고 생각했지만, 첫날에 바로 사임했어야 했어요. 결국 옳은 일을 할 방법은 기관을 떠나 상황을 공론화하는 것뿐임을 깨달았죠."

공범이 되기를 거부한 사람은 데이비스만이 아니었다. 그와 같은 부서의 다른 수사관들도 전부 사임했다. 개인이 사임한다고 해서 사건이 종결되진 않았지만, 직원들이 단체로 떠나면서 CPS

의 조사 과정 전체가 중단되기에 이르렀다. 데이비스는 트랜스젠더 혐오를 수행하는 소수의 '선량한' 수사관이 되는 대신, 그 자신보다 더 큰 정의를 실현하는 데 동참하기를 선택했다. 데이비스와 동료 열다섯 명은 사임 직후 해당 정책에 반대하는 공개서한에 서명했다.

악한 제도에 공모하기를 거부하고 사임한 수사관들은 큰 대가를 치러야 했다. 상당수는 이전과 비슷한 일자리를 구하지 못하고 슈퍼마켓이나 대형 할인점에 취직하거나 실직자로 남았다. 하지만 그들은 자신의 희생이 옳았음을 확신했다. 데이비스와 동료들은 체제적 수치심에 빠진 이 사회에서 좀처럼 보기 힘든 단순한 도덕적 명료성에 도달했다. 그들은 자신의 위치와 신념을 알았고, 이를 바탕으로 각자가 어떻게 해야 할지 명백히 이해했다.

나는 수년 동안 악한 제도의 공범이 되기를 거부한 사람들과 대화해왔다. 전직 경찰과 경비원, 직원들을 저임금으로 혹사하는 비영리단체의 관리자, 흑인 고객을 따라다니며 지켜봐야 했던 상점 지배인, 노인들을 방치하는 요양 시설의 간호사, 방위산업체 직원, 국토안보부 연구원 등. 이런 사연을 가진 사람들이 나를 찾아오는 건 내가 끝없는 생산성 추구의 무의미함과 자신의 진정한 가치관에 따라 살아갈 필요성에 관해 자주 썼기 때문이다. 나는 각성하고 나쁜 직장이나 불건전한 커뮤니티를 떠난 사람들과 이야기하는 게 즐겁다. 개인은 자신을 구속하고 타인에게도 해로운 제도로부터 벗어나기로 결심할 때 가장 생생하게 살아 있음을 느끼게 마련이다.

우리는 '모범적인' 경찰, '자비로운' 관리자, '선의로' 환자를 침대에 결박하는 간호사가 되기 위해 열심히 노력해야 한다고 믿는 대신, 강력한 기관의 종용대로 이상적 인물이 되기를 거부할 수 있다. 이처럼 심각한 피해를 입히는 제도에 봉사하기를 거부하는 것이야말로 개인이 할 수 있는 가장 강력한 저항일 때도 있다.

그 누구도 혼자서 인종차별을 물리치거나 기후변화를 막을 수는 없다. 심지어 도덕적 죄책감이 없는 방식으로 저녁밥을 차리는 것조차 버거운 날도 있다. 하지만 우리는 주어진 상황에 무리하게 맞서는 대신 현실을 기꺼이 직면하고 다음에는 어떤 일이 일어날지 자문해볼 수 있다. 우리가 지금 어디에 있으며 무엇을 감당할 수 없다고 느끼든 간에, 고통받는 이를 위로하고 인식을 넓히며 부당하게 느껴지는 규칙을 몰래 위반할 기회는 날마다 찾아온다. 억지로 찾아 나설 필요도 없다. 그냥 눈을 뜨면 보일 것이다.

우리가 지금 있는 이 자리에서 싸워나가야 한다는 개념은 철학자 율리시스 카리에르Ulysse Carrière가 제창한 '갈퀴 이론'에서 나왔다. 갈퀴는 힘들고 고된 노동에 쓰이는 연장이지만 때로는 무기가 될 수도 있다. 밭에서 땀 흘리는 가난한 노동자에게 갈퀴는 자신의 고통을 연상시키겠지만 한편으로 해방을 위한 투쟁 수단이 될 수 있다는 것이다. 갈퀴 이론은 우리가 손에 넣을 수 있는 수단과 사회적 위치에 따른 잠재력에 대한 인식이다.

갈퀴 이론의 관점에서 볼 때, 트랜스젠더 청소년의 성 확정 치료를 금지한 주에서 근무하는 의사는 무력한 개인이 아니라 트랜스젠더와 그 가족을 법적 난관에 빠뜨릴 서류를 '잃어버리는' 것과 같은 방법으로 트랜스젠더 환자를 보호할 **강력한** 기회를 부여받은 사람이다. 그는 잘못된 제도를 내부에서 개혁하려고 애쓰는 것이 아니라 부당한 제도 자체를 위반하는 것이다. 보수 성향인 주에서 임신중지를 하려는 여성은 진보 성향인 주에서 임신중지약을 처방받으면 신고나 구속을 당할 이유가 없지만, 안타깝게도 미국 전역의 여러 병원과 약국은 아직 통과되지도 않은 부당한 법에 따르기로 결정했다.[7] 절차를 지키면서 내부에서부터 제도를 개혁한다는 건 대부분의 경우 불가능하다. 악한 제도를 폐지하려면 그 규칙도 깨뜨려야 한다.

자기 자리를 찾아가는 과정이 어렵게 느껴진다면, 다음 페이지의 체크리스트로 당신의 강점과 사회적 위치를 고찰하고 진정한 내적 소명을 발견해보자.

우리는 결코 완벽해질 수 없고 완벽하게 행동할 수도 없다며 죄책감을 유발하는 체제적 수치심에 넘어가지 말고, 우리가 있어야 할 곳이 어디인지 알려주는 내면의 목소리를 들어보자. 무리하게 완벽을 추구하지 말고 숨을 돌리며 쉬어가다 보면 그 목소리에 귀 기울이기가 훨씬 쉬워진다.

싸움에서 내 역할 찾기

나의 강점과 동기, 내적 소명을 확인하는 데 도움이 될 성찰들이다. 다음 문장들을 읽고 공감하는 문장에 표시해보자(복수 표시 가능).

나의 강점은 무엇인가?

- ☐ 나는 다수의 사람들과 함께하는 것이 즐겁다. (시위자)
- ☐ 나 덕분에 지금까지 잘 몰랐던 주제나 관념을 이해했다는 말을 듣는다. (교육자)
- ☐ 사람들이 긴장하고 불안해하고 서로 충돌할 때 다독이는 방법을 안다. (중재자)
- ☐ 몸과 마음이 아픈 사람들을 어떻게 달래야 하는지 본능적으로 알고 있다. (치료사)
- ☐ 합리적인 조직 체계에 방대한 정보를 투입하는 요령을 직관적으로 '이해'한다. (조직가)
- ☐ 사람들은 나의 창작물을 통해 자신의 존재를 인정받고 이해받는다고 느낀다. (예술가)
- ☐ 사람들이 서로 협력하고 효과적으로 결집시킬 방법을 모색한다. (연결자)
- ☐ 나는 많은 사람들에게 유익한 (의료/교육/프로그래밍/기타 전문 기술)을 가르친다. (교육자)
- ☐ 그 외

어떤 일에서 성취감과 활력을 얻는가?

- ☐ 대규모 행사나 모임에서 활력과 영감을 얻는다. (시위자)
- ☐ 까다로운 개념을 설명하거나 복잡한 아이디어를 요약하는 새로운 방법을 찾아낼 때 뿌듯하다. (교육자)
- ☐ 건전한 갈등이 두렵지 않다. 사람들은 갈등을 통해 많은 것을 배우고 성장한다. (중재자)
- ☐ 힘들고 괴로워하는 사람을 보면 번뜩 정신이 들고 어떻게 해야 할지 직감한다. (치료사)
- ☐ 만사를 깔끔하게 정리하다 보면 마음이 편해진다. (조직가)

□ 내 창작물에서 자신의 모습을 발견했다는 말만큼 흡족한 평가도 없다. (예술가)
□ 내 친구들이 서로 친하게 지낼 때 정말로 기쁘다. (연결자)
□ 내게 힘을 주는 활동이나 작업을 열거해보자.

□ 그 외

어떤 목적이나 내적 소명에 이끌리는가?

□ 나는 불의에 당당히 맞서고 솔직해지기 위해 여기 있다. (시위자)
□ 사람들이 성장하고 변화하는 모습을 보는 게 즐겁다. 그것이 내 소명이다. (교육자)
□ 나는 사람들의 감정을 이해하며 그들이 서로 더 잘 이해하게 하고 싶다. (중재자)
□ 나는 위기에 처한 사람들을 도울 수 있기에 항상 위기 상황에 이끌린다. (치료사)
□ 내 삶의 목적은 혼돈 속에서 질서와 명확함을 찾아내는 것이다. (조직가)
□ 나의 가장 큰 소명은 의미 있고 아름다운 것을 창조하는 일이다. (예술가)
□ 내가 남길 가장 귀한 유산은 평생 쌓아온 인간관계다. (연결자)
□ 내 삶에 목적이 있다고 느끼게 하는 활동을 열거해보자.

속도 늦추기, 자세 낮추기

때로는 승리를 향해 전력 질주하는 대신 걸음을 늦추거나 심지어 멈추고 구체적 의무를 내려놓음으로써 유의미한 변화를 이끌어낼 수 있다.

앞서 설명한 '부정적 발자국' 효과를 떠올려보자. 소비자가 환경에 이롭게 행동하겠다는 경솔한 마음에서 불필요한 온갖 '친환경' 제품을 구매하면 더 많은 쓰레기와 환경 피해가 발생한다. 체제적 수치심에 빠진 개인은 선한 일을 하고 싶다는 절박한 심정으로 인해 더 많은 에너지와 자원을 소모하기 쉽다. 철학자 움베르토 에코Umberto Eco는 이를 "행동을 위한 행동 숭배"라고 불렀다. 활동과 생산성은 무조건 선하고 느림과 정지 상태는 무조건 악하다는 생각이야말로 체제적 수치심의 핵심이다.

많은 경우 아무것도 하지 않는 쪽이 격렬하고 필사적인 행동보다 낫다. 2021년 12월 《사이언스Science》에 실린 기사에 따르면, 벌채된 열대 삼림의 78퍼센트를 향후 20년 안에 복구하기 위해서는 지금 남은 숲을 그대로 내버려두기만 하면 된다.[8] 그 어떤 인위적 개입도 필요 없다. 나무를 심거나, 비료를 주거나, 외래종을 태우거나 죽이거나, 유기농 식품이나 '탄소 발자국'을 줄이는 제품을 구입할 필요가 없다. 생명은 풍요롭고 자연에는 회복력이 있다. 우리가 자원 소모를 멈추기만 하면 자연은 스스로 회복되어갈 것이다. 안타깝게도 정책 입안자들 대부분은 생태 회의나 기후 정상회의에 참석하기 위해 전 세계를 쏘다니며 연료를 소모하고 대기를 이산화탄소로 채우는 것을 선호한다.[9]

체제적 수치심은 우리의 잠재력을 소비에 연결시키지만, 확장적 인식은 일을 줄이고 더 느리게 움직이며 제한된 동력과 시간을 훨씬 더 의식적으로 사용해야 함을 의미한다. 성급하고 단순화된 성과 측정에 의문을 제기하고 장기적 관점을 신뢰해야 한다는 의미기도 하다. 우리 사회에는 여러 문화적·경제적 이유로 인해 이런 원칙을 따르는 조직이나 커뮤니티가 드물다. 하지만 우리가 이를 바꿀 수 있다.

케네스 존스Kenneth Jones와 테마 오쿤Tema Okun은 〈백인 우월주의 문화〉라는 획기적인 논문에서 대부분의 조직이 성급함, 완벽주의, 과도한 개인주의 등 백인 중심의 해로운 문화 규범과 특징을 드러낸다고 관찰했다.[10] 다들 최대한 빨리 놀라운 '승리'를 거두는 데 매달리다 보니 전체적이고 장기적인 관점에서 바람직한 미래를 고민할 여유가 없다. 예를 들어 2000년대 초반에 많은 성 소수자 인권 단체들은 동성 결혼권을 쟁취하려고 애쓰느라 트랜스젠더의 권리와 의료 접근성을 위한 더욱 장기적이고 복잡한 투쟁은 포기해야 했다. 나는 미국시민자유연맹, 인권위원회, 학교 재정 개혁을 위한 지역 캠페인에 이르기까지 도처에서 백인 중심적 규범이 작용하는 것을 목격했다.

안타깝지만 많은 비영리 단체와 활동가 집단, 사회 운동에도 이런 역학 관계가 만연하다. 하지만 규범에 반발하고 이를 전환할 방법이 있다.[11] 다음 페이지의 표는 조직 내의 백인 중심적 문화에 저항하는 데 도움이 되는 가치와 이런 가치를 드러내는 언어 표현을 보여준다.

속도를 늦추고 선입견에 도전하고 질문을 던지다 보면 생각보

백인 중심적 규범과 그에 대한 해독제[12]		
해로운 규범	**반대되는 규범**	**예시**
완벽주의	감사	"이 일을 도와줘서 정말 고마워요."
	포용	"이 프로젝트는 내 예상대로 진행되지 않았어요. 내가 아직 더 배울 것이 많다는 이야기겠죠."
	변화에 대한 적응	"상황이 바뀌었으니 우리 목표를 재조정해야겠어요."
	실패를 교훈으로 삼기	"미안해요. 이 작업이(이 부분이) 왜 중요한지 미처 설명하지 않았네요."
	성장과 변화를 당연한 것으로 받아들이기	"이거 어떻게 하면 되는지 알려주실 분 있나요?
개인주의	공동의 성장	"이제는 다들 무척 능숙해졌네요."
	집단지성을 통한 문제 해결	"우리 모두 예전보다 상황을 훨씬 잘 이해하게 됐어요."
	난관, 혼란, 목표 상충에 관해 솔직해지기	"사람마다 이 문제에 대한 관점이 다를 수 있으니 모두의 생각을 들어 보죠."
	모든 일을 공동 업무로 간주하기	"이 프로젝트가 성공한 건 모두 열심히 노력해준 덕분이에요."
	성과를 따지기보다 도움에 감사하기	"우리가 일일이 관여하거나 일정을 밀어붙일 필요는 없어요. 필요한 곳에 일손을 보태주면 돼요."

성급함	업무 과정과 다른 사람들에 대한 신뢰	"만일을 위해 마감 일정을 몇 주 더 늦추죠."
	결과에 대한 겸허함	"상황이 어떻게 돌아갈지 모르니 마음의 여유를 가져요."
	언제든 예상치 못한 문제가 생길 수 있다는 인식	"행동에 나서기 전에 정보를 더 많이 모으는 게 좋겠어요."
	업무 과정을 고찰하고 타인의 관점에서 생각하기	"우리 행동에 영향받을 사람의 생각과 의견을 들어보죠."
	인내심	"우리가 충분히 준비된 다음 작업을 재개해도 늦지 않아요."

다 훨씬 더 큰 영향을 미칠 수 있다. 내가 본 가장 인상적인 성 소수자 연대자는 동성애자의 경험에 관해 샅샅이 읽었거나 최신 젠더 용어에 훤한 사람이 아니라, 자기가 모르는 것이 있음을 인정하고 남들이 묻기 주저하는 것도 편하게 질문할 만큼 겸허한 사람들이었다. 내 친구이자 이성애자 남성인 짐을 예로 들어보겠다. 짐은 무성애자 캐릭터가 등장하는 연극을 준비하게 되자 각본 집필 과정에서 무성애자 극작가의 자문을 받았는지 거듭 질문을 던졌다. 그는 제작진이 귀찮아하든 말든 몇 번이고 문제를 제기하여 마침내 무성애자 각본 컨설턴트를 영입하는 데 성공했다. 이후로도 짐은 컨설턴트의 노력에 대해 충분한 보수가 지불되도록 애썼

고, 그 결과 어느 젊은 무성애자 극작 전공생이 난생 처음 공동 작가로서 유급 노동을 하게 되었다. 이 연극의 무성애자 캐릭터가 각본 자문을 받기 전보다 훨씬 더 현실적이고 인간적인 인물로 완성되었음은 말할 필요도 없다.

짐은 자신이 정답을 모르는 문제가 많다는 것을 알았지만, 한편으로 그가 모든 정답을 알 **필요**는 없다는 것도 알았다. 그가 할 일은 진행 속도를 늦추고 그 과정을 감독할 적합한 사람을 영입하는 것뿐이었다. 체제적 수치심은 불의에 맞서 싸우고 세상을 '바로잡으려면' 개인이 최대한 많은 변화를 빠르게 일으켜야 한다고, 혼자서 모든 것을 이해하고 신속하게 행동해야 한다고 가르친다. 그러나 서로 협력하여 체계를 변화시키려면 속도를 늦추고 뒤로 물러나 상대의 말에 귀를 기울여야 할 때가 많다. 그러기 위해서는 우리 대부분이 어색하고 불편하게 느끼는 겸허한 자세가 필요하다. 하지만 겸허한 자세야말로 상황을 분명히 파악할 수 있게 해준다.

확장적 인식은 의지에서 나온다

체제적 수치심에 따르면 오직 개인만이 변화의 주체일 수 있다. 그러다 보니 많은 사람들이 헌신적인 노력과 약간의 온라인 검색으로 전문가 수준의 전염병학자, 기후학자, 경제학자, 차별금지 교육자가 될 수 있으며 그러기 위해 노력해야 한다는 잘못된 생각에 빠진다. 소셜 미디어(그리고 이른바 '댓글 문화'라는 것) 때문에 상황은 더욱 악화되었다.[13] 개인은 온라인에서 실제 자신의 위치와는 상관없이 항상 모든 사안에 의견을 제시하라고 요청받는다. 체제적 수치심은 공포와 굴욕감을 불어넣는 한편 오만한 자존심도 불어넣는다.

이 모든 것에 대한 해독제는 겸허한 자세다. 우리는 겸허해짐으로써 더 작고 지속 가능한 자리에서 불안감 없이 남들과 유대를 형성할 수 있다. 믿을 수 있는 타인에게 자신의 복잡한 면모를 온전히 드러내다 보면 수치심이 덜해지듯이, 변화를 향해 싸우는 복잡다양한 지원망에 의지하다 보면 우리의 노력이 보잘것없다는 느낌을 달랠 수 있다.

하지만 개인의 영향력이 미미하다는 사실을 받아들이기가 어려울 수도 있다. 벡이 제도적 성차별 타파를 논하면서 종종 실감한 것처럼 말이다.

"내가 성차별이나 인종차별, 이성애 중심주의를 거론할 때마다 선의로 가득한 여성들이 다가와 자기가 무엇을 할 수 있을지 질문한다. 하지만 이 책을 읽거나 내 강연을 듣는 개인이 할 수 있는 일은 거의 없다. 백인 페미니즘이 뭐라고 하든 간에, 당신 혼자서는 혁명을 할 수 없다."[14]

자신이 무력하다는 걸 인정하기는 어렵다. 많은 사람들은 아직도 영웅이 되기를 꿈꾸지만 그런 기대는 자신에게도 해롭다. 일단은 우리가 스스로에게 강요하는 불합리한 기준을 이해하고 그런 의무를 내려놓기로 선택해야 한다.

영국에 사는 흑인 여성 에반은 내가 이 책을 쓰려고 면담한 사람들 중 하나다. 그는 수년 전부터 '자연스러운 모발' 운동의 완벽한 모범이 되려고 노력해왔지만 오히려 체제적 수치심에 빠지고 말았다. 에반은 2011년 까까머리에 가까운 쇼트커트를 했다. 화학 약품으로 곧게 편 머리카락을 제거하고 도로 곱슬머리를 기르기 위해서였다. 날마다 온갖 천연 모발 관리 제품을 사용하고, 보호용 머리(흑인의 모발에 적합한 머리 모양을 일컫는다. 머리카락을 땋거나 꼬거나 감싸서 열과 습기에 노출되거나 손상되는 일을 줄인다.—옮긴이)에 관한 동영상과 블로그 게시물을 끊임없이 소비했으며, 온갖 종류의 새틴 베갯잇과 매끄러운 터번을 구입했다. 모발이 끊어질지 모르는 머리 모양을 하려면 겁부터 났다. 여행 중에는 곱슬머리를 더 꼬불거리게 만드는 습한 날씨가 미웠다. 에반이 이 운동에 참여한 것은 자신의 머리카락을 서구의 미적 기준에 맞추려고 숨기는 대신 있는 그대로 즐기겠다는 발상의 전환 덕분이었다. 하지만 어느 순간부터 자연스러운 아름다움의 이상적 기준을 유지하는 것이 또 다른 기준처럼 느껴졌다.

"한 흑인 여성이 이야기하는 틱톡 동영상을 봤어요. 우리가 시도하는 거의 모든 머리 모양이 잘못하거나 너무 자주 하면 모발이 끊어지고 이상하게 자랄 수도 있다는 내용이었죠. 자기는 이제 신물이 나서 머리카락이 끊어지든 말든 그냥 내버려두겠다고 하더라고요. 그 영상을 보고 나니 마음이 훨씬 편해졌어요. '씨팔, 내 머리카락이 끊어지든 말든 알 게 뭐야'라고 말하는 흑인 여성은 처음 봤거든요. 실제로 별일 아니잖아요. 누가 신경이나 쓰겠어요?"

흑인 여성의 머리카락은 항상 정치화되어왔다.[15] 역사적으로 직장인 흑인 여성은 백인의 '단정한' 모발을 모방하여 스트레이트 파마를 하도록 강요받았다. 흑인 여성의 전통적인 보호용 머리는 군대에서 금지되고 학교에서도 처벌의 대상이 된다.[16] 백인 여성의 머리카락에 대한 대중의 선망과 흑인 여성의 머리카락에 대한 끊임없는 비난은 뿌리 깊고 오래된 문화적 문제다. 하지만 에반은 완벽하게 자연스러운 머리 모양을 만드는 데 집중함으로써 이 모든 체제적 수치심을 떨쳐낼 책임을 여전히 자기 자신에게 돌리고 있었다. 에반은 이제 자신의 머리카락이 항상 탐스럽고 매끄럽기를 바라지 않았다. 그보다는 시몬 바일스Simone Biles나 개비 더글러스Gabby Douglas 같은 슈퍼스타 운동선수들이 머리를 편안하게 묶거나 틀어 올리고 시합에 나와도 비난받지 않는 세상에서 살고 싶었다.[17] 다른 흑인 여성들이 본인의 머리 모양과 타인의 시선에 덜 신경 쓰며 살아가길 바랐고, 자신도 그렇게 살았으면 했다.

"내 머리에서 자라나는 것을 부끄러워하지 않으려고 (자연스러운 머리) 커뮤니티에 관심을 갖게 됐지만, '제대로' 자연스러운 머리를 하겠다고 허덕이다 보니 나 자신을 평가하고 다른 흑인 여성들을 쳐다보게 되었어요. 이런 습관에서 벗어나고 싶어요." 에반은 머리카락보다 더 큰 문제를 자초한 셈이었다.

에반의 경험을 들으니 비만 혐오와 흑인 혐오의 연관성을 다룬 다숀 해리슨Da'Shaun Harrison의 《야수의 배Belly of the Beast》 중 한 구절이 떠올랐다. 내가 본문 앞부분에서 설명했듯이 많은 '신체 긍정' 운동가들은 비만 혐오에서 벗어나려면 뚱뚱한 자신을 사랑해야 한다고 생각한다. 그들의 궁극적 목표는 개인 차원에서 자신감을 충전하고 수치심을 극복하는 것이다. 하지만 비만 해방 운동가인 해리슨은 완전히 다른 관점을 드러낸다. 비만인(특히 흑인 비만인) 개인의 신체 이미지 갈등은 그가 비만을 혐오하게 만든 문화에의 강력한 비판일 수 있다는 것이다.

"불안감이 특히 뚱뚱한 흑인들에게 포용할 가치가 있는 존재라면 어떨까? 불안감이 개인의 도덕적 실패가 아니라 반흑인주의 때문에 감히 자신의 '결함'을 그렇게 부르는 '못난이'들을 처벌하고 해치고 괴롭히려는 사회에 대한 무의식적 비판이라면 어떨까?"[18]

다시 말해 억압받는 사람들의 불안감은 수치심에 빠진 개인적 책임이 아니라 사회가 해결해야 할 문제다. 에반이나 해리슨 같은 사람들은 자기 신체와 감정을 바로잡아야 한다고 생각하는 대신 있는 그대로의 자신을 받아들일 수 있다.

변증법적 행동 치료사는 종종 **고집**(현실에 맞서 싸우려는 것)과 **의지**(현실을 있는 그대로 인정하고 대처하는 것)를 구분한다. 체제적 수치심은 고집스러움을 장려한다. 난관과 투쟁을 무엇보다 중시하며 아무 성과가 없더라도 과감한 노력을 칭찬한다. 그러다 보니 현실 변화에 잘 적응하지 못한다. 사실 체제적 수치심은 우리에게 사생활, 인간관계, 공공장소에서 항상 완벽하려고 노력할 도덕적 의무가 있으며, 그런 노력이 전혀 효과가 없어도 오히려 더 노력해야 한다고 설파한다. 반면 의지는 현재의 상황과 감정에 유연하게 적응하고 더는 유익하지 않은 낡은 목표나 이상을 버리는 것이다. 의지는 나약함이 아니며, 자발적 태도를 취한다고 해서 반드시 지금의 현실이 즐거운 건 아니다. 단지 눈앞의 현실을 감안할 때 우리의 삶이 덜 괴로워지려면 어떻게 해야 할지 자문하는 것이다. 다음 페이지에 고집과 의지의 차이점을 표로 정리했다.

확장적 인식은 의지에서 나온다. 우리가 신체 이미지와 관련된 모든 문제를 해결하거나 제도적 성차별을 고치거나 수십 년간 누적된 기후 재난을 되돌릴 수 없음을 인정해야만 미래에 우리와 남들이 겪을 고통을 막기 위해 지금 할 수 있는 일에 관심을 가질 수 있다. 기꺼이 변화하고 적응하고 나아가 목표 일부를 포기하다 보면, 되돌릴 수 없는 과거의 잘못과 분노를 곱씹는 대신 사람들과 더 효과적으로 협력하게 된다.

나는 오하이오주가 동성애 혐오 지역이 아니었다면 내 어린 시절이 얼마나 더 나아졌을지 몇 시간이고 앉아서 푸념할 수 있지만, 그런 대안적 현실은 존재한 적이 없으며 앞으로도 없을 것이다. 내 인생에는 대조군이 없다. 내가 알 수 있는 나는 바로 지금 이 모습뿐이다. 현실을 원망하는 대신 나처럼 체제적 수치심 속에서 성장한 퀴어를 찾아서 과거가 현재에 관해 우리에게 무엇

고집과 의지의 차이	
고집의 징후	**의지의 징후**
신랄함	명랑함
강박	수용
회한	적응
절망	애도
갑갑함과 좌절감	편안함 또는 느긋함
어떤 일이 '불가능한' 이유에 집착함	'이젠 어떻게 될까?'라고 자문함
계획을 엄격히 고수함	눈앞의 정보에 따라 유연하게 대처함
과거를 많이 생각함	현재에 집중함

을 가르쳐주는지 물어볼 수 있다. 성 확정을 오랫동안 미뤄온 나 자신, **그리고** 전 파트너를 증오하며 호르몬 치료를 더 일찍 시작했더라면 지금 내 모습이 얼마나 달라졌을지 (고집스럽게) 곱씹을 수도 있고, 그 끔찍한 경험에서 얻은 교훈을 앞으로의 인간관계에 적용하여 나에 관해 솔직히 말하고 지금 내가 원하는 모든 변화를 (내 의지로) 받아들일 수도 있다.

누구나 현실에 맞서 싸우려고 발버둥 칠 때가 있다. 이는 우리가 정말로 싫어하지만 어떻게 대처해야 할지 모르는 사실들을 받아들이는 첫 단계가 될 수 있다. 다음 질문들을 통해 우리의 삶에 스며들어 있는 고집스러움을 발견해보자.

• 현재 내 삶을 지배하는 암묵적인 '규칙'은 무엇인가?
• 이런 규칙 중 내게 더는 도움이 되지 않는 것은 무엇인가?
• 지금보다 덜할 수 있는 일은 무엇인가?
• 삶에서 아직 받아들이기 어려운 현실은 무엇인가?
• 당장 포기할 수 있는 것은 무엇인가?
• 타협하고 받아들일 수 있는 불쾌한 진실은 무엇인가?
• 부질없는 노력을 그만둘 수 있는 일은 무엇인가?

특정한 기대를 자발적 의지로 내려놓는 것은 지구적 단계의 확장적 인식을 실천하는 핵심 요소다. 우리는 잘할 수 없거나 여력이 미치지 못하는 일을 인정하면서 진정으로 강해질 수 있으며, 그 일을 잘하는 사람들의 존재와 우리에게 주어진 다른 능력에 진심으로 감사할 수 있다.

내가 이 책을 쓰면서 면담한 사람 중에 재생산 정의 및 가정폭력 반대 운동가 맬러리가 있다.[19] 맬러리가 근무하는 클리닉에서 가장 중요한 자원봉사자는 한 달에 몇 번 늙은 비글을 데리고 와서 잔디를 깎고 배수로를 청소하는 쉰일곱 살 남성이라고 한다.

"이곳의 많은 여성들은 억압적이고 폭력적인 남성들 때문에 정신적 외상을 입었어요. 그래서 그분처럼 온화한 남성의 존재는 치유 효과가 있죠. 임신중지 반대 시위대를 돌려보내는 요령도 있으시고요."

DSA 활동가 척의 비유로 돌아가면, 이 나이 든 자원봉사자는 문자 그대로 주변의 '화장실 쓰레기'를 청소하고 있는 셈이다. 그분도 자신이 미치는 긍정적 영향을 인식하고 있는지 물었더니 맬러리는 어깨를 으쓱하며 "그런 생각 안 하실걸요"라고 대답했다. 이 남성처럼 주변인들의 삶에 중요한 역할을 하면서도 지나친 이상과 그에 못 미친다는 수치심 때문에 자신의 작은 노력이 얼마나 소중한지 모르는 이들을 종종 볼 수 있다. 그런 사람들이 얼마나 많은지 누가 알겠는가?

모든 개인이 더욱 광범위한 운동에서 소소하지만 의미 있는 역할을 한다는 걸 인식하면 우리와 남들의 한계를 너그럽게 받아들일 수 있다. 그리고 거기서 조금만 더 나아가면 변화와 성장은 부단한 과정이라는 생각에도 익숙해질 것이다. 불의에 맞서는 운동을 묘사할 때면 흔히 '투쟁'이나 '싸움'과 같은 비유가 쓰이지만, 우리는 아무것도 파괴하지 않는다. 우리는 스스로 한 선택을 통해 날마다 함께 사회를 **만들어가고** 있다.[20]

연합을 구축한다는 것

체제적 수치심에 따르면 사회 정의는 전적으로 개인의 문제다. 백인은 올바른 정보를 소셜 미디어에 게시하고, 올바른 책을 구입하고, 차별주의자를 직장에서 쫓아내는 등 올바른 선택을 함으로써 인종차별에 맞서 싸워야 한다. 빈곤, 성차별, 동성애 혐오

등 체제적 수치심이 만들어낸 거의 모든 사회 불평등에 대해서도 마찬가지다. '좋은 연대자가 되는 것'은 조직적 운동이 아니라 개인의 노력으로 여겨진다.

아프리카학 교수이자 활동가 엠마 다비리Emma Dabiri는 《백인들이 다음에 할 수 있는 일What White People Can Do Next》에서 백인에게 흑인의 연대자로 자처하는 대신 흑인과 관심사를 공유하는 진정한 동지가 되기를 권한다. 연대를 힘들지만 도덕적으로 필요한 희생이 아니라, 폭력적인 권력 체제를 해체함으로써 백인인 자신에게도 이익이라고 이해할 수 있다는 것이다.

공공복지 수혜자가 부정직한 기생충이라는 관념은 원래 노예제에서 해방된 흑인들을 겨냥했지만, 이후에는 실업수당과 장애수당, 푸드스탬프(미국에서 취약계층에 카드나 쿠폰 형태로 식료품 구입비를 지원하는 사회보장제도.—옮긴이) 수혜자들에게도 또 다른 형태로 적용되었다. 오늘날 이들 중 다수는 백인이다.[21, 22] 이런 해로운 관념은 사회 안전망에 의지한 경험이 있는 모든 사람을 상처입힌다. 따라서 빈곤과 능력주의에 맞서 싸우는 것은 인종차별과 싸우는 것이며, 인종차별과 싸우는 것은 경제적 불의와 싸우는 것이다.[23] 이런 관점에서는 개인의 상대적 특권을 죄악시할 필요가 없다. 우리는 정도의 차이만 있을 뿐 다 함께 고통받고 있으며, 고통의 공통 원인을 해소하면 모두가 이득을 보게 된다.

지난 수년간 모든 종류의 연방 공공복지 예산이 대폭 감소했다.[24] 장애를 '위장'하거나 가짜 구직 활동을 하거나 '시스템을 기만'하는 사람을 막겠다는 구실로 점점 더 복잡한 요식 절차가 생겨났다.[25] 이 모든 취사선택과 서류 작업에는 엄청난 비용이 들기에, 많은 분석가들은 실제로 **모든** 미국인에게 조건 없이 보편적 기본소득을 지급하는 비용이 더 싸게 먹힐 것이라고 판단한다.[26] 자격이 '있는' 사람과 '없는' 사람을 구분해봤자 아무런 이점도 없다. 단지 수치심에 대한 우리의 맹신 때문에 그런 구분이 마땅하게 느껴질 뿐이다.

퀴어 운동에서는 우리 커뮤니티의 '진정한' 구성원만 수용해야 한다고 생각하는 사람들이 종종 보인다. '잘못된' 정체성을 지닌 사람이나 우리가 처한 상황을 제대로 이해하지 못하는 상대적 특권층을 배제함으로써 한정된 자원을 보호하고 '안전한' 공간을 운영할 수 있다는 것이다. 예를 들어 양성애자 파트너가 있는 이성애자 폴리아모리(비독점적 다자연애 관계 혹은 이를 수행하는 사람.—옮긴이)는 성 소수자 공간에서 배제되거나 심지어 불필요한 존재로 취급받을 수 있다. 커밍아웃하지 않은 논바이너리 남성은 특권적인 시스젠더 남성으로 오해받아 따돌림당할 수 있다. '벽장 속' 성 소수자나 퀘스처너리들은 자신의 정체성을 명확히 증명할 수 없다는 두려움에 제 발로 커뮤니티를 떠나기도 한다.

다비리의 관점에서 보면 이런 식으로는 결코 강력한 연합을 구축할 수 없다. 엄밀히 말해 퀴어는 아니지만 여러 면에서 나와 같은 좌절과 배제를 경험하는 사람들이 있는 게 사실이다. 폴리아모리들은 혼인 관계를 우선시하는 법적 제도하에서 소외된다.

자녀 양육권을 잃거나 입원한 파트너를 문병할 권리를 거부당할 수 있다. 이성애자지만 성 역할을 거부하는 사람도 있고, 해로울 것 없는 성적 취향 때문에 성폭력범 취급을 당하거나 '교정 치료'를 받는 사람도 있다. 성 소수자 부모 모임의 파란만장한 역사는 억압받는 집단에 소속되지 않은 사람도 그 집단의 해방에 앞장설 수 있다는 것을 보여준다. 사랑과 성, 동반자, 가족에 관한 사회적 이해가 넓어진다면 정말로 많은 사람들이 행복해질 것이다.

대규모 사회적 연합을 만드는 것은 복잡한 작업이다. 개중에 가장 특권적인 사람들이 소외된 집단을 무시하거나 논란의 여지가 있는 목표를 무산시키려 들기도 한다. 2000년대 초반에 트랜스젠더 권리 투쟁을 억압했던 시스젠더 동성애자들처럼 말이다. 하지만 우리는 힘을 모을수록 더 강해지게 마련이다. 특정 집단을 노골적으로 배제하거나 다양한 정체성을 구분해서는 문제를 해결할 수 없다. 무엇보다도 전문성이 있는 사람들의 목소리를 들을 수 있는 구조를 마련해야 한다. 연합 구축은 운동 공간 내에서만 이루어지는 것이 아니며, 예를 들어 직장 동료들과 근무 환경 변화에 대해 의논하는 것처럼 단순한 일일 수도 있다.

효율성과 다양성을 갖춘 연합을 구축하기 위한 몇 가지 요령을 알아보자.

- 소외 집단의 재정과 지원을 확보할 수 있는 조치에 집중한다.
- 잠재적 구성원을 정체성이나 경험에 따라 배제하지 않는다.

- 소외된 사람들이 목소리를 내고 고통을 표출하거나 해소할 자리를 정기적으로 마련한다.
- 다양한 커뮤니티가 공감할 수 있는 공동의 목표를 파악한다.
- 특정 집단이나 정체성은 무조건 '안전'하다고 가정하는 대신, 모든 구성원을 폭력에서 보호할 수 있는 정책을 마련한다.
- 소외 집단의 의견, 특히 그와 관련해 전문성을 지닌 사람들의 의견을 중심으로 한다.
- 모든 구성원이 새로운 정보를 성찰하고 '옳은' 것을 스스로 판단할 분별력을 키우도록 돕는다.
- 잠재적 '연대자'가 최대한 적극적 역할을 수행하도록 격려하고 권한을 부여한다.
- 개인이나 한 집단의 투쟁은 사실상 모두의 투쟁임을 깨닫도록 유도한다.

2018년 저널리스트 에릭 블랑Eric Blanc은 미국 전역의 여러 교사 노조가 파업에 성공했다고 보도했다. 놀랍게도 평소 노조에 적대적인 보수 성향 주에서도 마찬가지였다.[27] 블랑은 교사 노조 파업 현장을 취재하면서 교사뿐 아니라 버스 운전사, 관리인, 요리사, 보조원, 교내 치료사 등 다양한 노동자들이 참여한 경우에 가장 성공적이었음을 밝혀냈다. 이처럼 다양한 교육자-노동자 집단이 협력했기에 요구가 관철될 때까지 학교를 폐쇄할 수 있었던 것이다. 애리소나 주지사 더그 듀시Doug Ducey는 교사들에게만 임금 20퍼센트 인상을 제안하며 파업을 무산시키려 했지만, 교사들은 전 교직원의 임금 인상을 주장하며 단호히 맞섰다. 이런 연대는 모든 교직원의 임금이 인상되는 결과를 가져왔고, 이후 5년에 거쳐 순차적으로 인상되었다.

연합 기반 운동이 유효한 성공을 거두려면, 가장 취약한 집단의 요구를 최우선시하는 한편 특권층에게도 유의미한 역할을 제공해야 한다. 그러기 위해서는 상대적 특권을 지닌 사람들이 구원자가 되겠다는 망상을 버리고 한층 겸허한 자세로 더 큰 공동 목표에 도움이 될 작은 행동을 직접 모색해야 할 것이다.

비개혁적 개혁을 물리치려면

체제적 수치심이 교묘하고 골치 아픈 이유는 거대한 장기적 목표를 향한 투쟁을 미시적 행동과 소비로 대체하기 때문이다. 하지만 운동의 추진력을 떨어뜨리거나 개인의 선택에 집착하지 않으면서도 구체적·실질적 행위에 대한 인간적 욕구를 충족할 방법이 있다.

운동가들은 해로운 시스템을 유지하는 데 도움이 되는 개혁과 시스템 자체를 해체하는 비개혁적 개혁non-reformist reform을 구분하곤 한다. 개혁은 우리의 불안을 달래주고 진보처럼 느껴지는 '소일거리'를 제공한다. 예를 들어 대중의 관심을 받은 흑인 총격 피해 사건들에 대응하겠다며 경찰의 과잉 진압 방지 훈련에 더 많이 투자하는 식이다. 2020년에는 이런 조치를 지지하는 #8CantWait와 같은 캠페인이 큰 호응을 얻었다.[28]

하지만 #8CantWait의 개혁에는 많은 문제가 있었다(이중에는 목 조르기 금지나 경찰관이 무기를 발사하기 전에 경고해야 한다는 내용도 포함되어 있었다). 이 캠페인에 포함된 필수 개혁안 대부분이 **이미 미국 전역에서 널리 채택된 것이었으며**, 심지어 경찰이 흑인을 살해한 여러 지역에서도 시행 중이었다.[29] 뉴욕에서는 1993년부터 경찰의 목 조르기가 금지되었는데도 2014년에 경찰관이 에릭 가너Eric Garner의 목을 졸라 살해했다.[30] 2020년 조지 플로이드George Floyd가 경찰관에게 살해당한 미니애폴리스도 일찌감치 필란도 카스틸Philando Castile(2016년 경찰의 과잉 진압으로 총격 살해당한 흑인 남성.—옮긴이)의 사망으로 #8CantWait를 도입한 지역이었다.[31]

목 조르기 금지나 경찰 재교육 의무화와 같은 개혁은 일견 좋아 보인다. 인종차별적 경찰관 개인의 행동과 신념을 겨냥한 것이기 때문이다. 플로이드를 살해한 데릭 쇼빈Derek Chauvin이 징역형을 선고받은 것 또한 옳은 일로 보였으리라. 안타깝게도 개혁적 접근법은 이미 사상 최대의 자금력과 군사력을 갖춘 경찰에 더 많은 자금을 투자한다는 의미다. 경찰에 더 많은 예산과 책임을 부여하면 경찰의 권한과 폭력 행사 능력이 확장되겠지만, 불안감에 빠진 시민들은 뭔가 조치가 취해졌다는 안도감을 느낄 것이다. 쇼빈이 유죄 판결을 받은 법적 논거는 경찰로서 임무를 **제대로** 수행하지 않았다는 것이었다.[32] 이는 쇼빈을 특별히 무능하거나 사악한 개인으로 구분하는 조치다. 쇼빈이 플로이드의 목을 무릎으로 짓눌렀을 때 여러 다른 경찰들도 곁에 있었으며, 많은 전직 경찰들이 흑인 용의자를 비인간적이고 폭력적으로 대하도록 훈련받았다고 보고했다는 사실을 무시한 판결이기도 하다.[33] 통 속의 사과가 전부 썩었다면 그중 한 개를 버린다고 달라질 건 없다.

경찰 개혁에 관한 논의는 사람들이 이 문제를 '고쳐야 할' 결함이라는 관점에서 바라보도록 유도한다. 그러나 미국의 많은 경찰서가 짐 크로법(미국의 여러 주에서 1965년까지 시행되며 노예제 폐지 이후로도 인종 분리를 정당화한 법들을 가리킨다.—옮긴이) 시대에 만들어진 민병대에서 비롯되었으며, 항상 백인의 생명과 재산을 보호하는 동시에 흑인의 자유로운 이동을 제한하는 역할을 해왔다.[34] 미국 연방법원은 경찰에게 **대중을 보호할 책임이 없으며**[35] 모든 법을 공정하게 집행하는 것은 경찰의 의무가 아니라고 수차례 판결한 바 있다. 상사가 인종과 장애, 성별에 따라 직원을 차별하는 행위는 불법이지만, 직원이 그 상사를 체포해달라고 경찰에 신고할 수 없다. 하지만 상사는 금전 등록기에서 잔돈을 훔치는 직원을 경찰에 신고할 수 있다. 개혁으로는 사전 설계대로 작동하는 시스템을 '고칠' 수 없으며, 경찰은 폭력으로 소수자를 위협하고 부유층의 안전을 지키도록 설계되었다.[36]

#8CantWait가 채택한 개혁은 훨씬 더 급진적인 **경찰 예산 삭감** 운동과 대조된다.[37] 경찰 예산 삭감은 반개혁적 개혁이자 점진적

사형제 폐지 운동이다. 이를 채택한 지역에서는 해마다 경찰에 드는 예산을 줄이고 그 돈을 역사적으로 경찰에게 가장 큰 피해를 입은 커뮤니티에 투입한다. 2020년에는 미국 13개 도시에서 경찰 예산을 삭감하고 지역 의료진, 응급 서비스, 중독 치료 프로그램, 푸드뱅크에 수백만 달러를 투입하기로 결정했다.[38] 경찰 예산 삭감을 채택한 지역 사회는 해가 갈수록 건강하고 탄탄해지며 교육, 정신건강 의료, 바늘 교환(약물 중독자에게 오염되지 않은 주사기를 무료로 제공하는 복지 프로그램.—옮긴이), 쉼터에 점점 더 많은 자금을 투입한다. 그러면서 서서히 동네가 안전해지고 여러 커뮤니티가 서로 더 잘 의지할 수 있게 된다. 처음부터 경찰에 완벽한 대안을 제시할 필요는 없다. 대안을 찬찬히 찾아나가다 보면 많은 폭력 행위를 사전에 예방할 수 있을 것이다.

비개혁적 개혁의 또 다른 예로 탄소 배출량 제한(또는 상한)을 설정하고 수년에 걸쳐 지속적으로 상한선을 낮추는 제도가 있다. 기업과 정부가 이산화탄소를 배출할 권리에 대한 대가로 수수료를 지불하는 탄소 배출권 거래와는 전혀 다른 제도다. 탄소 배출권 거래는 오염을 돈으로 살 수 있는 것처럼 취급하는 반면, 탄소 배출량 상한은 정부와 기업이 화석 연료 사용을 해마다 더 줄이도록 강제한다.

개혁과 비개혁적 개혁을 어떻게 구분할 수 있을까? 실비아 리베라 법률 프로젝트(뉴욕의 성 소수자 저소득층 및 유색인종 법률 지원 단체.—옮긴이)를 설립한 변호사 딘 스페이드Dean Spade는 다음과 같

이 질문해봐야 한다고 말한다.[39]

- 피해를 입은 사람들에게 돈이나 자원을 제공하는가?
- 가장 심하게 낙인찍히고 수치스러워하는 사람들을 배제하는가? (전과자, 미등록 이주민, 그 밖에 '나쁜' 선택을 했다고 사회적으로 비난받는 사람)
- 해체하려는 시스템에 더 많은 돈이나 권한을 부여하는가?
- 가장 크게 타격받는 사람들에게 힘을 실어주는가?

우리는 이렇게 꾸준히 질문함으로써 분별력을 키우고 무엇이 옳은지, 서로에 대한 의무는 무엇인지 스스로 판단력을 기를 수 있다. 체제적 수치심은 마음속에 두려움과 죄책감을 불러일으켜 상황을 직시하기는커녕 자기 나름의 관점을 갖는 것조차 어렵게 한다. 하지만 스스로 고민하고 학습하여 옳고 그름을 확실히 분별할 수 있게 되면, 우리가 더 노력하고 괴로워해야 한다고 다그치는 외부의 정신 사나운 메시지를 단호히 물리칠 수 있다.

인생은 직면하는 자의 것이다

이 장에서 소개한 확장적 인식의 사례가 대부분 정치적 조직화나 운동과 관련된 건 사실이다. 하지만 내가 강조하고 싶은 것은 확장적 인식을 실천하게 되면 나의 소명은 무엇이며 보람 있는 삶이란 무엇인지 스스로 결정할 수 있다는 점이다. 보람 있는 삶은 기존의 사회 운동과 전혀 무관하다고 생각하는 사람도 있을 것이다. 사실 많은 운동 조직과 비영리 단체가 비생산적인 체제적 수치심의 온상이기도 하다. 정신적 외상이 있는 사람들이 과로에 시달리며 누가 가장 헌신적이고 성취적이고 자기희생적인지 증명하기 위해 경쟁한다.[40] 제도적 불공정을 염려하는 사람이라 해도 반드시 그런 환경에 노출될 필요는 없다. 대부분의 경우 정서적으로 건강하지 못하고 정치적으로도 비생산적인 공간이니까.

5장에서 소개한 전직 유튜버 산자티처럼, 나도 더는 내가 운동가라고 생각지 않는다. 나는 예전처럼 다양한 정치 단체에 관여하지 않는다. 사람들과 논쟁하는 일도 많이 줄었다. 소셜 미디어에 끔찍한 뉴스가 올라와도, 단지 불안감을 달래고 내가 의로운 사람임을 증명하기 위해 서둘러 말을 얹진 않는다. 모든 행동을 삼가는 대신 내 선택이 미칠 영향을 더 많이 고민한다. 내가 하는 행동은 대부분 '운동'이라고 부르기 어렵지만, 그 대신 내 가치와 신념이 내 인간관계와 취미를 비롯한 모든 행동을 한데 엮는 실이라고 생각한다.

나는 실존 치료에 크게 공감하며 특히 마틴 애덤스Martin Adams의 연구를 좋아한다.[41] 실존 치료사는 권위자 행세를 하거나 고객에게 특정한 목표를 강요해서는 안 된다. 그 역시 살아가며 허무감과 상실감으로 힘들어했던 개인으로서 자신을 솔직히 드러내야 한다. 그런 다음 고객이 자신의 삶에서 가장 중요한 것을 스스로 결정하도록 연습과 도구를 제공할 수 있다. 장 폴 사르트르Jean Paul Sartre(삶에는 원래 의미가 없으므로 우리 스스로 의미를 **창조해야** 한다고 믿었던 철학자)와 빅터 프랭클Viktor Frankl(의미는 이미 우리 곁에 존재하므로 그것을 **찾기만** 하면 된다고 주장한 철학자)의 사상에서 영감을 받은 실존 치료는 무척 유연하고 힘을 돋워주는 접근법이다.

실존 치료사들은 삶의 의미를 찾을 때(혹은 창조할 때) 이른바 인간 경험의 네 영역에 주목한다.[42]

- **물리적 영역** 우리가 물리적 환경과 신체를 어떻게 바라보고 자신의 죽음을 어떻게 생각하는지 안내한다.
- **사회적 영역** 우리 문화와 다른 문화에 속한 사람들을 어떻게 생각하고 느끼는지 안내한다.
- **개인적 영역** 우리 자신을 어떻게 이해하는지 안내한다(과거 경험, 현재 상황, 미래의 희망 등).
- **정신적 영역** 우리가 알 수 없고 불확실한 것에 대해 어떻게 느끼는지, 우리가 지향해야 할 핵심 가치와 세상이 어떤 것인지 안내한다.

체제적 수치심은 우리를 이런 네 가지 의미의 원천과 단절시킨다. 우리의 몸과 그에 따르는 쾌락 및 고통을 받아들이지 못하게 한다. 우리 각자를 개별 행위자로 여기라고 종용함으로써 다른 사람들과 분리시킨다. 우리의 진정한 자아가 사악하며 게으르다고 설득해 우리를 개인적 영역에서 멀어지게 한다. 마지막으로 정신적 영역과의 관계를 말소하여 우리를 절망감에 빠뜨리고 삶에 마땅한 목적이 없다고 느끼게 한다.

애덤스는 환자들이 네 가지 의미 영역을 성찰할 수 있도록 네 가지 실존적 질문을 제시했다.

- **물리적 영역** 언제 죽을지 모르는 인간이 어떻게 삶을 온전히 살아갈 수 있는가?
- **사회적 영역** 다른 사람들은 무엇을 위해 살아가는가?
- **개인적 영역** 어떻게 나 자신이 될 수 있는가?
- **정신적 영역** 나는 어떻게 살아야 하는가?

개인적으로는 위의 질문들이 너무 거창하고 지나치게 비판적이어서 유용성이 떨어진다고 느낀다. 예를 들어 나는 다른 사람들이 무엇을 '위해' 살아가는지 모른다. 그냥 살아 있으니 **사는** 게 아닐까. 내가 어떻게 '살아야' 하는지 자문하는 것도 무의미하다고 생각한다. 특정한 기준을 충족하지 못했다고 해서 자책감에 빠지고 싶진 않다. 아마도 내가 사르트르만큼 실존적이진 못해서 이런 질문에 공감할 수 없나 보다. 이미 존재하지만 간과되고 있는 것들을 인식하고 감사하는 것 이상의 의미를 찾을 필요가 있나 모르겠다. 그래서 이 질문들을 대신하여 나 자신에게 던진 질문과 그 대답을 정리해보았다. 당신의 성찰에도 도움이 된다면 좋겠다.

물리적 영역 내 몸과 주변 환경을 실감하게 하는 활동은 무엇인가?

나의 답변

- 주변 사물의 질감과 무게를 인식한다.
- 주변 지역과 건축물의 역사를 알아본다.
- 손이나 몸 쓰는 요령을 익힌다(요리, 근력 운동, 스트레칭, 정리 정돈).
- 내 몸에 다정해진다. 목욕, 영양이 풍부한 음식 섭취, 즐거운 경험을 준비하고 향유한다.

사회적 영역 있는 그대로의 나로 인정받는다고 느끼게 해주는 일은 무엇인가?

나의 답변

- 나의 민망한 면모를 잘 아는 친구에게 애정 어린 잔소리를 듣는다.
- 사랑하는 사람들에게 나 자신도 미처 몰랐던 사소한 습관과 단점 지적받는다.
- 나의 약점을 솔직히 말한다.
- 나와 같은 고통을 겪었거나 나와 같은 결함을 극복하려 애쓰는 사람과 이야기한다.
- 관심사를 공유하는 사람(드물고 희귀한 관심사라면 더 좋다)과 열띤 대화를 나눈다.

개인적 영역 후회 없이 시간을 보내는 방법은 무엇인가?

나의 답변

- 책, 비디오 게임, 영화나 인터넷 검색에 열중하여 주변 환경을 잊어버린다.
- 사랑하는 사람들의 작업과 창작물을 음미한다.
- 어떻게 보일지 의식하지 말고 어린아이 같은 즐거움과 경이로움에 푹 빠져본다.
- 완전히 새로운 경험의 기회를 기꺼이 받아들인다.

정신적 영역 내가 나 자신보다 더 큰 존재의 일부임을 깨닫게 하는 일은 무엇인가?

나의 답변

- 다른 사람에게 내 창작물이 도움이 되거나 생각할 거리를 주었다는 말을 듣는다.
- 연극 공연, 컨벤션 등 대규모 프로젝트나 행사에서 작지만 도움이 되는 역할을 맡는다.
- 나와 공통된 관심사나 경험이 있는 학생, 작가 지망생, 청년의 멘토가 되어준다.
- 내 가족사를 조사하고 퀴어의 역사를 공부하며, 내 위치를 거시적 맥락에서 파악하게 해주는 윗세대 성 소수자들과 대화해본다.
- 과거에 내가 '나쁜' 것으로 치부했던 환상과 갈망에 탐닉해본다.

누구나 각기 다른 방식으로 삶의 양분과 치유를 찾으며, 그중 일부는 구차하고 보잘것없을 수도 있다. 앞서 언급했듯이 나는 엄마를 포함해 내 친지 대부분의 보수적 정치 성향에 오랫동안 분노해왔다. 때로는 지독하게, 거의 실존적으로 버림받은 기분이었다. 나를 세상에 태어나게 한 사람들이 내 정체성과 행복을 거부하는 것 같았다. 아무리 뛰어난 성취를 거두어도 소속감을 느낄 수 없었으며, 나를 혐오하는 국가와 지역에서 내 정체성을 이해하지 못하는 부모 슬하에 살아야 한다는 실존적 공포를 떨칠 수 없었다.

하지만 내가 겪은 온갖 고난과 분노를 곱씹다 보면 완전히 '비정치적'인 내 동생 스테이시가 떠오른다. 스테이시는 우리가 자란 곳에서 한 시간 걸리는 오하이오주 시골 고등학교의 운동부 코치로 일한다. 동생의 사무실은 교내의 퀴어 및 트랜스젠더 학생들에게 피난처 구실을 한다. 동생은 운동부 학생들이 화장한 게이 학생을 조롱하는 걸 들으면 즉시 꾸짖어 말리며 그들의 편견을 재고하도록 권한다. 학생들에게 내 이야기를 들려주고 내가 성 확정을 마쳤을 때 기념으로 자기 종아리에 새긴 문신을 보여주기도 한다. 인종차별이나 성차별적 언사도 들을 때마다 지적하고 바로잡는다. 여학생들은 남자 친구가 폭력적으로 행동하거나 성관계를 강요하면 스테이시에게 와서 조언을 구한다. 내 삶이 가장 힘들었던 시기에 나를 붙들어준 것도 동생의 흔들림 없고 진솔한 애정이었다.

내 동생은 날마다 세상에 뚜렷한 변화를 일으키고 있다. 스테이시는 활동가가 아니며 심지어 투표도 거의 하지 않는다. 하지만 마음을 가라앉히고 동생이 하는 일들을 곰곰이 생각해보면 온 세상에 나 혼자인 것 같은 외로움이 덜해지고 고마워진다. 이 세상이 내 정체성에 적대적이든 말든 나답게 살아가도 괜찮을 거라는 생각이 든다. 동생의 사소하지만 침착하며 애정 어린 행동들은 나 자신에 대한 수치심과 고립감을 덜어주고 인류의 미래에 대한 희망을 불러일으킨다.

우리 대부분은 완벽한 환경론자나 공중보건 대변인, 사회정의 운동가가 될 수 없을 것이다. 하지만 그럴 필요도 없다. 체제적 수치심은 우리 자신과 인류의 진보에 관해 잘못된 메시지를 보낸다. 우리는 항상 윤리적인 선택과 소비를 하려고 애쓰거나 불의의 피해자들을 비난할 이유가 없다. 우리의 '죄'에 대한 면죄부를 사거나 쓸데없이 바쁘게 살아갈 이유도 없다. 무엇보다도 우리는 선천적으로 악한 사람들이 아니다. 특정한 무언가가 되려고 애쓸 필요도 없고 우리의 삶을 변명할 필요도 없다. 우리는 그저 존재할 뿐이다.

수치심은 회피 행위다. 불신과 두려움 때문에 다른 사람들을 멀리하고 홀로 숨어드는 것이다. 체제적 수치심을 떨쳐내려면 숨고 싶은 욕구를 물리치고 우리를 비난할까 봐 두려운 바로 그 사람들을 향해 나아가야 한다. 우리가 겪은 고통을 드러내기를 선택해야 한다. 우리의 흠결과 가장 수치스러운 감정을 서로 드러내야 우리 모두가 같은 상대와 싸우고 있으며 사실상 모든 사람들을 겨냥하는 억압적 체계의 산물임을 깨달을 수 있다. 망가진 사람은 없다. 실패자도 없다. 우리의 기대에 미치지 못하고 실패한 것은 시스템이다. 그리고 우리는 이 사실을 인식하고 나서야 함께 더 나은 무언가를 만들어갈 수 있다.

나가며

세상에서 내 자리 찾기

10년 넘게 사귄 이성애자 남성 파트너와 헤어진 날, 나는 멀거니 앉아 창밖만 바라보며 여섯 시간을 보냈다. 오전 11시가 되어서야 게이 남성으로서의 진정한 나를 사랑하지 못하는 사람과는 더는 함께하지 않겠다고 선언할 수 있었다. 닉은 떠났고, 나는 도로 앉아서 해가 질 때까지 하늘을 바라보았다. 그러다 마침내 자리에서 일어나 그날 있었던 일을 친구 멜라니에게 문자로 전하고 중국 음식을 포장하러 갔다. 얼마 후 나는 멜라니의 품에 안겨 침대에 누운 채 흐느끼고 있었다.

파트너에게 트랜스젠더로 커밍아웃한 2016년부터 쭉 생각해온 일을 드디어 실행했던 것이다. 반드시 그와 헤어져야 하는지 몇 년이나 고민해온 터였다. 하지만 내가 일을 저질렀어도 세상은 끝나지 않았다. 나는 실연한 게 아니었고 행복해질 기회를 저버린 것도 아니었다. 닉과 함께 행복해질 기회는 이미 몇 년도 더 전에 사라졌다. 내 몸이 변하면서 우리 관계는 식어갔지만 닉도 자신의 마음이 변했다는 게 부끄러운 모양이었다. 그는 내 곁에 남았고, 우리는 억지로 이성애자 커플인 척하며 고통받고 있었다. 하지만

5분도 걸리지 않은 단 한 번의 가슴 아픈 대화로 마침내 우리 관계의 진실을 그에게 보여줄 수 있었다. 우리는 결코 함께 행복해질 수 없다는 것을.

이후로도 몇 달 내내 갑작스러운 수치심에 빠지곤 했다. 화장실을 청소하다가 깔개 아래에서 닉의 길고 검은 머리카락을 발견하고 다리가 후들거려 주저앉기도 했다. 이름과 성별이 바뀐 새로운 여권을 신청하려다가 서류 사이에서 닉과 나의 옛날 사진을 발견했다. 우리가 한창 젊던 시절 친구 결혼식 피로연에 설치된 즉석 촬영 부스에서 대형 소품을 들고 찍은 사진이었다. 반짝이 모자와 우스꽝스럽게 큰 선글라스를 쓴 닉, 원피스를 입고 거대한 스티로폼 콧수염을 단 채 히죽 웃는 나. 닉 없이 보낸 첫 번째 크리스마스는 악몽 같았다. 내 본가에도 우리가 그곳을 방문했던 시간들, 이성애자 커플이 되려고 애썼던 그와 나의 망령이 도사리고 있었다. 내가 끔찍한 실수를 저지른 건 아닌지 자꾸 겁이 났다.

후회와 고통이 도처에 나를 따라다녔지만, 나는 결코 닉에게 돌아와달라고 애원하지 않았다. 자해나 과음을 하지 않았고 울다 지쳐 잠든 적도 없었다. 예전에는 이별하고 나면 항상 그렇게 지냈다. 성 확정 이전의 나는 무엇보다도 상대에게 사랑받기를 갈구했고 더는 사랑받지 못하게 되면 죽도록 괴로워했다. 하지만 아무리 닉이 그립고 우리의 삶이 지금과 달랐기를 바라더라도, 나는 내가 언제든 위로를 구할 수 있음을 깨달았다. 사랑하는 사람들의 품에서, 더 넓은 커뮤니티에서, 그리고 마침내 나라고 느낄 수 있게 된 내 몸에서.

나는 난생 처음으로 사람들과의 접촉을 통해 수치심을 떨쳐내고 있었다. 친구들에게 전화를 걸었다. 미시간주로 여행을 떠나 미드웨스트 퍼페스트나 인터내셔널 미스터 레더와 같은 컨벤션을 방문했다. 음악 페스티벌과 콘서트에 참석하고, 친구가 만들어준 피자와 초콜릿 무스를 먹으며 친구네 집 소파에 묵어가기도 했다. 나는 넉 달 넘도록 단 하룻밤도 혼자 지낸 적이 없었다. 저녁에 함께 산책하거나 식사하거나 여행을 가거나 그림을 그리거나 게임을 하자고 연락해오는 사람들이 얼마나 많은지 놀랄 정도였다. 나는 평생 자신을 지키기 위한 껍데기 속에서 살아왔지만, 이제는 얼마나 많은 애정과 관심이 나를 감싸고 있는지 깨달았다.

내가 체제적 수치심을 떨쳐내는 과정은 무척 멀고 빙 돌아가는 길이었다. 나는 나의 많은 면모와 사회적 위치를 혐오했다. 나의 자폐 성향과 젠더 비순응, 성 정체성이 원망스러웠다. 그런 나를 잊으려고 사회 운동과 업무, 불행한 인간관계에 몰두했다. 사회적으로 안정되고 선망받는 위치에 이르려면 항상 옳은 결정을 내리는 훌륭한 사람이 되어야 한다고 믿었다.

하지만 '훌륭한 사람' 같은 건 존재하지 **않는다.** 체제적 수치심에 따르면 우리 모두는 실패할 수밖에 없기 때문이다. 체제적 수치심은 우리가 영원히 성취할 수 없고 인정받지 못할 일에 매달리고, 다른 사람들로부터 멀어지며, 남들을 평가하고 비난할 뿐 아니라 자신을 책망하게 한다. 우리는 이런 가치 체계에 의문을 던질 때 비로소 자격을 인정받는다는 것 자체가 허구임을 깨닫는다. 사랑받을 수 있는 '훌륭한 사람'이 된다는 건 허구에 지나지 않는다. 수용은 이미 우리 주변에서 우리에게 발견되기만 기다리고 있다. 우리는 지금의 엉망진창인 모습 그대로 사랑받을 가치가 있다.

사실 나도 확장적 인식에 익숙하지는 않다. 문제가 생기거나 내 미숙함이 부끄러워지면 어딘가 숨어서 어떻게든 혼자 해결하고 싶은 충동을 느낀다. 하지만 그러다가 모든 걸 망친 적이 하도 많아서 더는 안 그러기로 했다. 자기 방어적 충동을 버리고 취약한 나를 드러내며 사람들에게 돌아설 때마다 삶을 즐겁고 의미 있게 하는 것은 인간관계임을 실감한다. 우리의 성취도, 고된 노력과 부단한 희생도, 우리가 남들보다 뛰어나다고 자부하는 능력도 아니다. 그 누구도 단독자로서 존재할 수는 없다. 이제는 헛된 시도를 멈출 때다.

내가 체제적 수치심을 떨쳐내고 확장적 인식을 실천하기 위해 매일 수행하는 행동들을 살펴보자.

개인적 단계의 체제적 수치심 극복

- 내가 느끼는 감정을 남들에게 말한다.
- 나의 노력과 투쟁이 소용없을 때는 그대로 인정한다.
- 내가 항상 느껴왔지만 나쁜 것이라고 배운 욕망에 탐닉해본다.
- 남들에게 미움받을 수 있는 삶을 선택하되 그것에 대해 자책하지 않는다.

대인 관계적 단계의 체제적 수치심 극복

- 내가 남들의 행동을 최대한 부정적으로 판단한다는 걸 깨닫고 왜 그런지 자문해본다.
- 사랑하는 사람과 나의 욕구가 충돌할 때 솔직히 말하고 관계 회복을 위해 애쓴다.
- 나와 경제적·문화적·법적·제도적 위치가 다른 사람의 삶이 내 삶과 어떻게 다른지 성찰한다.
- 있는 그대로의 내 모습을 보여줄 수 있는 사람들과 친해진다.

지구적 단계의 체제적 수치심 극복

- 무엇이 옳은지 말해주는 내면의 목소리를 믿는다.
- 중요하다고 배워왔지만 내겐 중요하지 않은 일들을 내려놓는다.
- 내가 있는 자리의 잠재력을 인지하고 지금 여기서 변화를 모색한다.
- 주민들과 가까워지고 여러 커뮤니티와 세대 간의 연대를 구축하여 모든 사람을 이어주는 연결을 인식한다.

이 책을 읽는 당신도 나처럼 체제적 수치심에 시달릴 것이며 식민주의, 환경 파괴, 인종차별, 자본주의로 황폐화된 지구에서의 삶이 무의미하다고 느낄지 모른다. 하지만 여기까지 읽었다면 이처럼 고통스러운 감정들을 객관적으로 바라보는 데 유익한 요령을 발견하고, 체제적 수치심의 역사적 기원을 고찰함으로써 이 끔찍한 내적 갈등이 혼자만의 싸움은 아님을 깨달았으리라.

그 누구도 체제적 수치심을 완전히 그리고 영원히 극복할 수는 없다. 하지만 우리는 그런 현실조차도 수용하면서 의미 있게 살아가려고 노력할 수 있다. 마지막으로 수치심에 굴하지 않고 충만하게 살기 위해 숙고할 몇 가지 질문을 제시하고, 이 책을 쓰기 위해 면담한 사람들의 답변과 내 답변을 공유하겠다. 당신의 성찰에 도움이 되기 바란다.

내게 가장 중요한 일은 무엇인가

확장적 인식에 따르면 개인은 더욱 거대하고 강력한 사회적 힘의 일부다. 우리는 매사에 완벽해지려 할 것이 아니라 잘할 수 있고 즐길 수 있는 한두 가지 인생 목표에 매진해야 한다.

내 인생에서 가장 중요한 목표는 트랜스젠더들이 계속 호르몬 치료를 받게 하는 것이다. 호르몬 대체 요법은 나와 내가 사랑하는 많은 이들의 삶을 획기적으로 바꿔놓았기 때문이다. 나 역시 성 확정 치료 초반에 호르몬이 가져올 '돌이킬 수 없는 손상'에 관한 온라인 괴담을 종종 접했다. 그렇기에 더더욱 테스토스테론이 가져온 놀랍고 기쁜 변화들의 공론화를 인생 목표로 삼기로 했다.

예를 들어 나는 테스토스테론을 복용하면서 가슴 사이즈가 두 컵 이상 줄었다. 이런 효과가 나타날 수 있는 줄 전혀 몰랐다! 게

다가 반려동물 비듬과 꽃가루 알레르기도 싹 사라졌다.[1] 체모와 여드름처럼 예전에는 두려웠던 테스토스테론의 부작용도 이젠 모두 반갑고 소중한 변화로 느껴진다. 나는 2023년 6월에 가슴 제거 수술을 받았는데, 트랜스젠더 혐오자들의 주장과 달리 그리 고통스럽지 않고 회복도 빨라서 놀랐다. 내 목소리를 낼 수 있는 모든 공간에서 행복하고 편안한 트랜스젠더 자기 수용의 등불이 되고 싶다. 트랜스젠더와 그 가족에게 우리가 있는 그대로 아름다운 존재라는 것을, 성 확정 치료가 즐겁고 심각하지 않을 수도 있다는 것을 알렸으면 한다. 성 확정 치료가 다른 선택지가 없는 경우에만 선택하는 최후의 수단일 필요는 없다. 그냥 치료를 받고 싶다는 것도 충분한 이유가 된다. 게다가 트랜스젠더들은 대체로 성 확정 치료의 효과를 과소평가하기 쉽다.

내 인생에 중요한 또 다른 목표는 깊고 친밀한 인간관계다. 외로움을 잊으려고 수년 동안 일에만 매달리고 나니 직장에서 잘나가려고 애쓸 의욕이 사라졌다. 야심 찬 대형 프로젝트를 마치고 나면 항상 진이 빠졌고, 친구나 가족과 좋은 시간을 보내고 나면 마감일이 촉박해져서 소중한 사람들을 원망하게 되었다. 난 더는 그렇게 살지 않는다. 다양하고 충만한 경험을 거부하며 혼자 틀어박혀 있기 싫어서다. 이제는 남들에게 초대를 받으면 일단 수락하고 프로젝트 걱정은 나중에 한다. 오늘날 내게 창작은 사랑하는 사람들과 함께할 수 없는 남은 시간에 해치우는 일이다. 물론 생활비를 벌려면 일을 해야 하지만, 나는 그냥저냥 살아갈 수입만 있으면 만족한다. 그래서 근무 중에 짬을 내어 친구들에게 메시지를 보내거나 사랑하는 사람들을 보살핀다.

일을 줄이고 나서 내 삶은 놀랍도록 충만하고 활기차게 변했다. 나는 자신의 진정한 우선순위를 파악하고 이를 길잡이 삼아 살아가려 한다. 당신도 인생에서 가장 중요한 소명이 무엇인지 자문해보고, 그 소명을 추구하며 살아갈 때 곁에 있어줄 사람은 누구일지 생각해보았으면 한다.

내게 중요한 일을 도와줄 사람은 누구인가

"나는 2007년부터 재생 농업이라는 환상에 몰두해왔어요." 엠마는 말한다. 재생 농업은 토착 식물을 다시 심고 돌보는 등 다양한 방법으로 지역 생태계를 복원하려는 시도다. 충분히 가치 있는 프로젝트지만, 안타깝게도 엠마의 첫 시도는 개인주의와 체제적 수치심 탓에 실패할 운명이었다.

"생업을 줄여가며 나무를 바꿔 심고 먹을거리를 직접 재배했어요. 하지만 결국 시들해졌고 의미를 잃어버렸죠. 나 혼자서 모든 걸 하려고 했으니까요. 그 이후로 집단주의를 배웠어요. 다음에는 좌절하지 않고 성장할 수 있을 거예요."

나와 내 주변의 많은 사람들처럼 엠마도 비사회적 방식으로는 사회적 이상과 목표를 달성할 수 없음을 고생 끝에 깨달은 듯하다. 체제적 수치심은 고난이 그 자체로 미덕이라고 가르치지만, 진정으로 가치 있는 활동은 개인이 혼자서 해낼 수 없으며 지나치게 힘들어서도 안 된다. 오히려 남들에게 도움을 요청하고 더 나은 세상을 위해 협력할수록 의욕을 유지하고 작지만 꾸준한 노력의 효과를 믿을 수 있다.

법적·의학적 트랜스젠더 혐오와의 싸움에서는 개인의 노력만으로 승리할 수 없다. 내가 트랜스젠더의 안전한 삶을 위해 '충분히' 노력하고 있는지 자문하는 건 무의미하다. 그런 질문에 객관적 대답은 없다. 체제적 수치심은 무조건 노력이 부족하다고 대답할 테니까. 이제 나는 그 대신 이렇게 자문한다. 어떤 사람들이 이 분야에서 의미 있는 일을 하고 있는가? 내가 어떻게 그들을 도울 수 있는가?

내 지인은 캘리포니아 사막에서 사전 동의 호르몬 클리닉을 운영한다. 노숙자와 미등록 이민자 트랜스젠더에게 에스트로겐과 테스토스테론, 테스토스테론 차단제를 제공하는 의료진의 일원으로서 아무것도 묻지 않고 서류 확인도 없이 주사를 놓아준다. 나는 그를 재정적으로 지원하고 이 프로젝트를 알릴 수 있어서 기쁘다. 이참에 또 다른 친구가 주관하는 프로젝트도 소소하게나마 기꺼이 홍보하려 한다. 트랜스젠더가 남는 처방전을 호르몬이 필요한 다른 트랜스젠더에게 제공할 수 있는 웹사이트다. 내 기부와 조직적 도움은 새 발의 피에 불과하며, 체제적 수치심에 따르면 무의미한 행위에 지나지 않을 것이다. 하지만 나는 거대한 변화의 물결에 동참하고 있다고 자부한다.

당신의 인생에서 가장 중요한 일을 알아냈다면, 다음 단계는 그것을 실현하는 데 어떤 도움을 받을 수 있는지 생각해보는 것이다. 그다음에는 가장 중요한 일에 집중하지 못하게 방해하는 여타 의무와 사회적 기대를 파악하고 그런 요구를 내려놓을 방법을 찾아야 한다.

나는 무엇을 내려놓을 수 있는가

우리가 좀 더 느리게 움직이면 온 세상이 눈앞에 펼쳐진다. 더는 끊임없는 '의무들' 때문에 현실을 거부하며 갈팡질팡할 필요가 없다. 주변 환경을 훨씬 더 생생하게 인식하면서 자신에게 진정 필요한 기회를 발견할 수 있다. 의욕과 감동을 주지 못하는 것들을 거부해야 우리의 잠재력을 펼치고 인생 목표에 매진하기 위한 시간과 기력을 확보할 수 있다. 인생에서 무엇이 가장 중요한지 파악해야 한다는 것은 동시에 무엇을 포기할지도 결정해야 한다는 의미다. 하지만 이런 포기 또한 확장적 인식의 실천이라고 할 수 있다. 다른 사람들이 그들의 자리에서 적당한 역할을 할 것이며 할 수 있음을 믿고 감사해야 하니까.

처음에는 일을 줄이기로 한 것이 수치스럽고 나태하게 느껴질 수 있다. 하지만 우리는 많이 일하려고 할수록 자신이 부족하며 세상은 단조롭고 협소하다고 느끼게 된다. 심지어 인간의 심신이 지속적으로 감당할 수 있는 것보다 더 많은 성취를 거둔 사람도, 해야 할 일 목록이 길어질수록 자신이 부족하다고 느낄 때가 잦아진다. 우리 문화에서 게으름뱅이로 낙인찍히는 사람들은 가장 많이 요구받으면서도 가장 적은 지원을 받는 이들일 경우가 많다.[2]

이런 원칙은 체제적 수치심의 협박 수단인 모든 '실패'에도 똑같이 적용된다. 내가 자폐인으로서 능력주의를 극복할 책임을 짊어졌다고 생각한다면 영원히 자신의 성취에 만족하지 못할 것이다. 나 혼자서 지구를 치유하고 백인 중심적 고등 교육을 종식시키고 소득 불평등을 해결하고 질병 확산을 막을 수 있다고 생각한다면 내가 망해가는 세상에 갇힌 비참한 실패자라고 느낄 수밖에 없다. 내 존재가 미미하다는 걸 받아들이면 문제에 과몰입하지 않고 한 발짝 물러나거나 그만두기가 한결 쉬워진다. 내가 일을 줄이는 데 도움이 된 행동 원칙을 살펴보자.

- **마음속 두려움에 귀 기울이자.** 특정한 공간이나 활동이 항상 괴롭게 느껴진다면 그것이 내게 맞지 않는다는 의미일 수 있다.
- **충분히 일하지 못한다고 느끼면 일을 줄이자.** 흥미로운 역설이지만, 일에 매달릴수록 성취감은 오히려 줄어든다.
- **일상에 할 일이 추가될 때마다 안 해도 될 일을 찾아보자.** 시간과 기력은 충분하더라도 이를 쓸데없는 활동에 허비하고 있을지 모른다.

- **일정을 꼭 지켜야 하는지 생각해보자.** 내가 잠시 쉬거나 몽상에 빠진다고 해서 정말로 손해를 볼 사람이 있는가?
- **다른 사람이 대신 처리할 만한 일이 있는가?** 내 방식대로 정확하고 완벽하게 처리해야 하는 일은 사실 많지 않다는 것을 명심하자.

자신의 한계를 받아들이는 일은 감정적으로 어렵다. 적어도 현재로서는 완전히 해결할 수 없는 문제가 있음을 인정해야 하니까. 이런 인식은 다음의 질문으로 이어진다.

상실을 어떻게 애도하고 받아들일 것인가

환경학 교수 세라 재킷 레이Sarah Jaquette Ray는 《사이언티픽 아메리칸Scientific American》 기고문에서 기후 불안은 대체로 백인들의 문제라고 썼다.[3] 특권적이고 부유한 백인 자유주의자만이 퇴비 제조나 커피 마시기의 지속 가능성을 염려하는 사치를 누릴 수 있다는 게 아니다. 자본주의와 식민지화가 지구에 미친 해악은 새로울 것 없으며 전 세계인 대부분이 수십 년, 심지어 수백 년간 일상적으로 직면해온 고민이라는 의미다.

체제적 수치심 접근법은 모두가 올바르게 행동하면 기후변화나 전염병과 같은 거대한 지구적 문제가 해결되고 '정상'으로 돌아갈 수 있다는 부단한 현실 부정적 신념이다. 회복해야 할 '정상'

시대가 있었다는 생각은 허구다. 세상은 끊임없이 변해왔고 앞으로도 계속 변할 것이며, 이미 그 누구도 돌이킬 수 없을 손실이 일어났다. 완전히 파괴된 문화들이 있다. 지구에서 사라진 생물종과 생물권도 있다. 많은 사람들이 미시적 수준에서 코로나 이전의 생활을 회복할 수 없을 것이며 혐오나 성폭행을 겪기 전으로 돌아갈 수도 없다. 이런 상실을 인정하고 막막한 감정을 마주해도 괜찮다. 오히려 머리를 식히고 앞으로 나아가려면 반드시 과거를 애도하는 과정을 거쳐야 한다.

헤이든 도스Hayden Dawes는 흑인 퀴어 연구자이자 치료사, 작가다. 날마다 스스로 '허가서'를 작성함으로써 불합리한 기대와 끈질긴 부담을 내려놓는 치료법인 '급진적 허가'를 개발하기도 했다.[4] 도스는 다양한 방식의 내려놓기를 실행하려는 사람들을 위해 직접 만든 일러스트 허가서 양식을 무료로 배포한다. 과감한 변화 허가서, 회복과 휴식 허가서, 새의 두개골이 그려져 있으며 죽음과 결말, 상실에 대한 묵상과 애도를 승인하는 허가서도 있다.[5]

도즈는 사람들이 작성한 허가서를 소셜 미디어에 공유한다. 최근에는 이렇게 적힌 허가서가 올라왔다. "오늘은 이상적인 모습과 거리가 먼 나에게도 다정하게 대하려고 한다."[6] "오늘은 완성되지 못하고 미숙한 나 자신을 있는 그대로 세상에 드러낼 생각이다."[7] 상실을 애도하는 사람에게 급진적 허가는 최대한 노력하면 모든 것을 되찾을 수 있으리라는 기대를 버리고 삶과 세상을 있는 그대로 받아들이는 것을 의미할 수 있다.

많은 사람들이 코로나 이전의 체력을 되찾지 못할 것이고, 번아웃이 오기 전만큼 열심히 일할 수 없을 것이며, 인류는 열대 지역과 해수면 거주자들을 보호하기 위해 돌이킬 수 없는 기온 상승에 적응해야 할 것이라고 생각하면 두려워진다. 하지만 우리 자신과 현실을 인정하면 훨씬 더 유의미한 계획을 세우고 실행할 수 있다. 과거를 되돌릴 수는 없다. 하지만 생각해보면 인류의 근현대 역사도 딱히 장밋빛은 아니었다. 우리는 수세기 동안 지구를 체계적으로 학대하고 사람들의 건강을 해쳐왔다. 집단으로서 인류는 현재를 새로운 출발점으로 삼을 수 있다.

내게 좀 더 수월한 일은 무엇인가

이성애자 남자가 나를 사랑할까 봐 두려웠던 시절에는 성별 행복감gender euphoria(성별 불쾌감의 반대말로, 자신이 원하는 성별로 패싱되거나 신체적·정신적 성별이 일치할 때의 기쁜 감정을 말한다.—옮긴이)을 유발하는 모든 것이 강한 죄책감과 경계심을 불러일으켰다. 거울을 보고 나의 굵어진 등세모근에 감탄하면서도 닉이 내 모습에 혐오감을 느낄까 봐 움찔하곤 했다. '남자답게' 으쓱거리며 걷는 게 편안하다고 느껴 오싹한 적도 있다. 나는 이성애자 남성의 관심을 물리치지 않으면서도 적당히 불편하지 않은 자세를 찾으려고 했다. 점점 더 싸늘해져가는 파트너의 시선을 통해 나를 바라보며,

내 정신건강과 그의 욕망 사이에서 어설프게 균형을 잡으려 했다.

닉과 헤어진 직후 게이 사우나 스팀웍스에서 겪은 경험은 정반대였다. 남자들은 나를 조용히 따라오면서 관심을 끌려고 했다. 거기 있던 사람들은 모두 점잖았고 내 신체적 경계를 존중하면서도 자신의 욕망에 솔직했다. 섹스는 이성애자 사이에서처럼 어색한 암시가 아니라 명확한 협상을 통해 이루어졌다. 내가 받은 모든 관심은 즐겁고 긍정적이었다. 나처럼 작고 여성스러운 트랜스 남성이 게이 헌팅 장소에서 널리 받아들여질 거라고는 예상치 못했는데, 스팀웍스에서는 아주 쉽게 적응할 수 있었다. 오래도록 품어온 수치심이 씻은 듯 사라졌다. 그동안 내게 맞지 않는 삶을 살아가려고 죽도록 몸부림쳤지만 정작 내게 맞는 삶은 쉽게 찾아왔다는 걸 깨달았다.

종교적 도덕성, 부정적 성의식, 체제적 수치심은 많은 사람들이 쾌락을 두려워하게 만든다. 우리는 쾌감을 사악함과 동일시하며 인생에서 가장 의미 있는 시도는 힘겨워야 한다고 생각한다. 내 인생 경험에 따르면 정반대다. 내 삶에 가장 큰 영향을 미친 아름다운 경험들은 이미 예정되어 있었던 것처럼 너무도 쉽게 찾아왔다. 내가 쓴 가장 훌륭한 글은 완성하는 데 한 시간 반밖에 안 걸렸다. 현재 정규직으로 근무 중인 로욜라대학교에 지원했을 때만큼 면접이 수월했던 적도 없다. 가장 끈끈하고 오래된 친구들과는 처음부터 자석처럼 서로 이끌렸다. 본능과 반대되는 모든 문화적 가르침에도 불구하고, 나는 즐겁고 옳게 느껴지는 것을 믿는

법을 천천히 배워가고 있다.

옳다고 느끼는 것을 믿는 해방감을 생각할 때마다 저넬 모네이Janelle Monae의 노래 〈핑크〉가 떠오른다. 모네이의 성 정체성인 범성애(성적 끌림에 있어 상대의 성별을 구분하지 않는 것.—옮긴이)를 다룬 곡으로, 부드럽고도 통통 튀는 멜로디로 퀴어적 욕망은 거부할 수 없는 생명력이라고 표현한다. "분홍빛은 숨길 수 없는 진실/ 은밀한 속살과도 같은 분홍빛"이라고 모네이는 조용히 읊조린다. 퀴어 정체성에 대한 확신을 힘겹게 쟁취하는 것이 아니라 피할 수 없는 진실에 살며시 내려앉는 것으로 묘사하는 모네이의 가사는 묘하게 매혹적이다. 나는 모네이처럼 범성애자 여성은 아니지만, 그렇다고 해서 달라질 건 없다. 모네이의 노래처럼 "누구나 깊은 속살은 분홍빛"이니까. 우리는 피 흘리고 심장이 뛰고 갈망하는 인간이며, 서로 나눌 수 있는 따뜻한 감정을 통해 하나로 묶여 있다.

이 책을 쓰려고 면담한 사람 중에 클리블랜드 출신의 20대 초반 흑인 트랜스 여성 큐피드가 있다. 나는 그를 처음 만난 순간부터 그의 사상과 의견을 존경하게 되었다. 살아가면서 어떻게 체제적 수치심을 물리치는지 묻자 큐피드는 경박함을 포용하는 것이 중요하다고 대답했다.

"이 세상에는 허무주의만큼 이상주의도 넘쳐나죠. 동전의 양면과 같아요. 나는 인간도 동물이라는 사실을 언제나 명심하려고 해요. 인간은 자연계의 일부고 갈등은 항상 존재하죠. 우리는 멍청하고 엉망진창이며 삶은 종종 끔찍하지만, 그래도 우리의 놀이터는 이 세상뿐이에요."

큐피드가 말하는 '놀이'란 말 그대로 공원에서 뛰어놀기, 중요하지 않은 회의에 지각하더라도 조바심 내지 않기, 짬을 내어 쇼핑몰 돌아다니며 허니번 맛보기 등이다. 그에 대한 사람들의 다정한 찬사를 문서로 정리해두었다가 시간을 내어 읽어보기도 한다. 큐피드는 다양한 정치적 목표에 관심을 가진 진지하고 철학적인 사람이지만(나도 정치적 주제를 논의하면서 그와 가까워졌다) 수치심 없이 즐길 줄도 안다.

"네. 상황이 힘들고 끔찍한 건 맞고, 그런 상황을 바꾸는 건 불가능하다고 느낄 수도 있죠. 우리 또래 상당수가 권태롭고 냉소적인 것도 사실이고요. 하지만 난 그저 퀴어 커뮤니티에도 신나게 즐길 여유가 있었으면 해요."

나는 사소하고 단순한 즐거움과 재미를 포용하는 것이야말로 확장적 인식을 실천할 방법이라고 믿는다. 체제적 수치심은 개인을 하나의 상징으로 만들고, 역설적으로 우리의 일거수일투족에 도덕적 잣대를 갖다 대어 각자가 인간답게 살아갈 가능성을 빼앗는다. 우리는 자기만의 관점뿐 아니라 균형 감각도 잃어버린다. 무엇이 옳은지 말해주는 본능적 감각을 무시하고 모순된 규칙과 상투적인 외부의 평가가 뒤얽힌 그물에 갇힌다. 반면 자신에게 조금이나마 행복하고 어리석은 짓거리를 허용한다면 한층 자유로워질 수 있다. 욕망과 경솔함은 우리를 지금 여기에 붙잡아주고, 우리의 내면을 숨기거나 바로잡으라고 말하는 외부의 목소리를 완전히 잠재운다. 겸허함은 무조건 따분한 것이 아니라 유쾌할 수도 있다.

체제적 수치심에 빠진 사람들에게 전해야 할 교훈이 하나 있다면, 무엇이 옳은지 알 수 있도록 내적 감각을 연마해야 한다는 것이다. 우리의 삶을 더 수월하고 빛나게 하는 것들을 믿으면 쓸데없는 수치심에 휘말리지 않을 수 있다.

남과 나의 어떤 점을 용서할 수 있는가

지금까지 체제적 수치심이 어떻게 우리의 자아상을 파괴하는지 길게 이야기했는데, 체제적 수치심이 타인과의 관계를 손상시킨다는 점도 강조하고 싶다. 모든 개인의 행동에 도덕적 가치를 매기는 건 더 나은 선택지가 없는 사람들을 끊임없이 손가락질하는 셈이다. 서로 돕고 힘을 모아 우리의 통제력을 앗아간 시스템에 맞서는 대신 홀로 고립되는 것이다. 대안적 가치 체계로서의 확장적 인식을 수용하려면, 불완전한 자신을 용서하고 **나아가** 다른 사람들에게도 자비와 관용을 베풀 수 있어야 한다.

내 생각은 자꾸 어머니와의 관계로 돌아간다. 어머니는 나와 모든 면에서 다르지만 그런 만큼 내가 사랑하려고 애써온 사람이기 때문이다. 나는 지금까지도 어머니를 보수 성향의 상징처럼 생각하곤 하지만, 사실 어머니는 그런 운동에 적극적으로 나선 적이 없다. 단지 우익이 끊임없이 퍼뜨리는 가짜 정보와 선전을 수용해 왔을 뿐이다.

예를 들어 엄마는 몇 달 전에 코로나 확산을 막으려고 수술용 마스크를 착용하면 고농도 이산화탄소를 흡입하게 돼서 위험하다고 말했다. 나는 당황했다. 엄마는 수십 년간 치과 위생사로 일하면서 근무일마다 8시간씩 수술용 마스크를 착용했으니까. 매일 수술용 마스크를 착용해온 전직 의료인이 갑자기 마스크 착용이 위험하다고 생각할 수 있다니 믿기지 않았다. 나도 모르게 "**대체 어디서 그딴 소릴 들었어**?"라는 호통이 튀어나왔다. 엄마는 내 격렬한 분노에 상처를 받았다. 내 좌절감을 엄마에게 쏟아내도 해결될 일은 없다. 엄마를 탓해봤자 상황이 더 악화될 뿐이다.

엄마와 동생과 나는 얼마 전 디즈니랜드에 놀러갔다. 나는 이번 여행에서는 온화한 태도를 보이기로 결심했다. 하지만 엄마와 동생을 기다리며 홀로 디즈니랜드를 거닐다 보니 나 자신이 부끄럽고 괴상하게 느껴졌다. 성인 남성의 모습으로 놀이공원에 오기는 처음이었으니까. 공원 안의 다른 가족들이 혼자 돌아다니는 나를 오해하거나 소름 끼친다고 생각할까 봐 걱정스러웠다. 어머니와의 어색한 만남을 상상하니 더욱 긴장이 되었다. 엄마는 요즘 나를 경계하며 어색하게 대할 때가 있다. 내가 엄마의 솔직한 생각을 들을 때마다 울화를 터뜨리니 그럴 만도 하다. 문득 내가 끔찍한 실수를 저질렀다는 생각이 들었다. 즐거운 아이들과 화목한 가족을 위해 만들어진 이 달콤한 판타지 세계에 내 자리는 없을 것 같았다.

하지만 엄마와 동생이 놀이공원에 도착하자 모든 것이 나아졌다. 장시간 비행했음에도 둘 다 편안하고 여유로운 모습이었다. 정글 크루즈를 타려고 줄 서 있는 동안 내가 가족 셀카를 찍으려 하자 엄마는 내 볼에 얼굴을 맞대며 바싹 기대왔다. 아무리 냉정한 나라도 사진 속의 엄마가 정말 다정하고 온화해 보인다는 건 부정할 수 없었다. 가짜 뉴올리언스 풍경 속을 걸어가는데 귀엽고 통통한 남자아이가 울타리에 앉아서 나를 쳐다보고 있었다. 우리가 다가가자 아이는 내게로 달려들었다.

"아저씨, 잠깐만요! 아저씨! 배지 교환하실래요?" 아이는 이렇게 외치면서 내 가방에 달린 배지를 열심히 가리켰다. 동생이 선물한 〈라이온 킹〉의 미어캣 티몬 배지였다.

"좋아." 나는 티몬 배지를 떼서 아이에게 건네주며 말했다. "네 배지 중에 뭘 가지면 될까?"

아이는 캐릭터 배지로 뒤덮인 목줄을 내밀었다. 나 역시 어린 시절부터 익히 보고 자란 캐릭터들이었다. 〈몬스터 주식회사〉의 마이크 와조스키, 〈라이온 킹〉의 자주, 〈미녀와 야수〉의 콕스워즈. 아이는 와조스키를 가리키며 "얘만 빼고 아무거나 가지세요"라고 말했다. 나는 콕스워즈를 골랐다.

아이는 "고마워요, 아저씨!"라고 말하더니 기다리는 자기 아버지에게로 달려갔다.

가슴이 뭉클했다. 놀이공원에서 내가 무서운 존재로 보일까 봐, 트랜스 남성 신체 때문에 남들과 다른 위험인물로 낙인찍힐까 봐, 낯선 사람들로 이루어진 가족들 속에서 겉돌까 봐 온종일 두려워한 터였다. 그런데 갑자기 배지를 모으는 어린아이가 나타나 내가 남성임을 의심 없이 인정해주었고 **심지어** 남들과 얼마나 많은 공통점이 있는지도 확인시켜주었다. 아이와 나는 나이 차이가 수십 년은 되었지만 (긍정적인 면과 부정적인 면이 공존하는) 여러 문화 상징을 공유하고 있었다. 아이는 나를 두려워하지 않았고 나 또한 수상한 남자가 아니었다. 우리 둘 다 가족이 선물한 귀여운 배지를 달고 가족과 함께 휴가를 즐기는 사람일 뿐이었다.

"**아저씨**라니." 내가 엄마 곁으로 돌아오자 엄마는 즐겁게 따라 했다. "널 아저씨라고 부르네!" 그 순간이 내게 얼마나 중요했는지 알아차린 것이다. 누군가 나를 있는 그대로의 모습으로 보아준다는 건 정말이지 마법 같은 일이다. 그 사람이 편견 없는 어린아이라면 더욱 그렇다.

"네, 정말 귀엽더라고요." 나는 수줍어하며 대답했다.

엄마는 아직도 나와 동생을 '아기들'이라고 부른다. 하지만 그 휴가 동안에는 나를 '아기 아저씨'라고 불렀다. 우리는 나흘 내내 편안하고 즐거운 시간을 보냈다. 무의미한 싸움을 벌이는 대신 많은 경험을 함께하려고 최선을 다했다. 이 글을 쓰는 지금도 내 안의 체제적 수치심이 움찔거린다. 사람들은 창작물의 퀴어 캐릭터를 검열하기 일쑤인 대기업 디즈니를 재정적으로 지원한다며 나를 비난할지도 모른다. 나보다 정치 성향이 급진적인 친구들은 우리 엄마 같은 보수 정치 지지자에게 애정을 쏟는 나를 배신자로 생각할지도 모른다. 나는 다른 사람들의 눈으로 자신을 바라보기를 완전히 그만둘 수는 없을 것이다. 하지만 이제는 내게 진정으로 중요한 것이 무엇인지, 내가 무엇을 뿌리치고 달아나려 했는지 깨달았다. 나는 지독한 자기혐오를 극복하고 사랑하는 사람들과 이름 모를 이들에 대한 신뢰를 회복하기 위해 노력한다.

내가 세상을 바로잡거나 과거를 되돌릴 수는 없겠지만, 아직도 종종 그럴 수 있기를 바라게 된다. 하지만 이제는 내가 지금 여기 살아 있는 이유를 알겠다. 수년간 고통과 자기혐오에 기대어 살아온 나는 마침내 즐거움과 소속감과 확신을 주는 것들을 좇아갈 수 있게 되었다.

감사의 말

'수치심의 반대말은 인정'이라고 말해주었으며 수년 동안 수많은 대화를 통해 내 생각이 깊어지고 덜 미쳤다고 느끼게 해준 제스 화이트Jess White에게 고마움을 전한다. 이 프로젝트를 응원하고 초점을 맞출 수 있게 도와준 편집자 미켈레 에니클레리코Michele Eniclerico에게도 감사한다. 미켈레의 피드백과 비전은 내 원고를 확실히 개선시켜주었다. 제안서를 수없이 고쳐 쓰고 책 판매에 꼭 필요한 날카로운 질문을 던져준 내 에이전트 제니퍼 헤레라Jennifer Herrera에게 감사한다. 내가 출판이라는 압도적인 세계를 헤쳐 나갈 수 있었던 것은 제니퍼의 격려와 변함없는 능력 덕분이다. 실용적이면서도 은근히 정치적인 이 책의 부제를 정하도록 도와주고 이 책의 목적을 제대로 이해해준 옥토퍼스출판사의 말라 상게라-워런Mala Sanghera-Warren에게 감사한다. 내 책을 지원해주신 펭귄랜덤하우스출판사의 모든 분들께도 깊은 감사를 표한다. 린지 케네디Lindsey Kennedy와 마야 스미스Maya Smith는 내 지난번 저서 출간을 수월하게 도와주었다. 앨리슨 커 밀러Alison Kerr Miller는 내가 항상 원고에 남기는 부스러기와 이물질을 싹 제거해주었다. 여러분의 인내심과 철저함에 감사드린다.

스콧 셰럿Scott Sherratt, 앰버 비어드Amber Beard, 달린 스털링Darlene Sterling, 제이드 피에트리Jade Pietri와의 오디오북 녹음은 정말 즐거웠고, 조만간 다시 함께 작업할 수 있기를 바란다. 특히 내 글이 전달하려는 아이디어에 격려와 조언을 아끼지 않은 셰럿과 피에트리에게 특별한 감사를 전한다. 내 신경다양인 동료들에게 감사드린다. 다루기 힘든 원고와 성가신 인터뷰에 대해 나를 위로하고 승리를 축하해준 작가 친구들에게도 고맙다. 에릭 가르시아Eric Garcia, 제시 메도스Jesse Meadows, 리스 파이퍼Reese Piper, 마르타 로즈Marta Rose를 만나고 함께 시간을 보내면서 내 삶은 엄청나게 풍요로워졌다. 여러분 모두가 그립고 빨리 만났으면 좋겠다. 내가 일정이 빡빡하다고 불평해도 신경 쓰지 말아주길. 그냥 달력이 복잡해졌다는 푸념이니까. 낙인, 수치심, 사회적 분열에 관한 이 책을 준비하는 과정에서 나와 면담하는 데 동의해준 모든 분들께 정말 감사드린다. 켈리, 척, 에릭, 큐피드, 자카란다, 마디, 아나, 그리고 이름을 밝힐 수 없는 모든 분들에게 지혜와 취약함을 공유해준 데 감사한다. 나는 이런 대화를 위해 살아간다. 책을 쓰려고 누군가와 면담하다 보면 그 사람과 훨씬 더 가까워지게 마련이기 때문이다. 여러분의 통찰력과 솔직함 덕분에 내 일이 한결 쉬워졌다. 여러분 모두를 알게 되어 자랑스럽다. 곧 다시 만나서 이야기하길 바란다.

내 외로움이 덜해지도록 도와준 시카고 퀴어 기관에 감사드린다. 젠더퀴어 시카고는 내 삶에 지울 수 없는 흔적을 남겼다. 스팀웍스, 셀 블록, FKA, 빅 칙스, 레더 뮤지엄, 국제 미스터 레더, 베길드, 미스터 인터내셔널 러버, 미드웨스트 퍼페스트와 같은 공간에서 나는 내 모습을 발견했다. 호르몬 치료에 대한 공포를 없애준 존 스트라이커John Stryker와 내 평생 가장 삶을 긍정하면서도 편안한 의료 시술을 해준 로런스 이텔드Lawrence Iteld에게 감사드린다.

내가 좌절했을 때도 한결같이 응원과 애정을 베풀어준 친구들에게 감사한다. 내게 지난 몇 년 동안 가장 평화로운 시기는 매디와 메건의 손님방에서 잠자며 아래층에서 계속되는 사회 활동의 소음을 듣던 때였다. 내가 성인이 된 이후로 가장 보람 있었던 공동 창작에 참여해준 매디에게, 항상 내게 마음을 열어주고 나 역시 좀 더 잘할 수 있도록 가르쳐준 디오에게 고마움을 전한다.

긴 산책과 깊은 성찰을 함께한 어거스트에게 감사한다. 지난 몇 년 동안 우리의 우정이 더 깊어지도록 애써준 에바에게 감사한다. 내게도 보람찬 시간이었다. 데빈, 내 고민을 쉽게 잊어버릴 수 있도록 소셜 허브를 만들어줘서 고맙고, 당신의 놀라운 웃음에 감사한다. 이마니, 밝은 관찰력과 매 순간 보여주는 솔직한 모습에 감사한다. 나와 마찬가지로 반려 설치류에 열중하고 내가 만난 사람 중에서도 손꼽히게 솔직하며 지적 호기심이 많은 케이티에게 감사한다.

불안으로 가득한 세상에서 평온의 등불이 되어준 블레어, 나의 시카고 소식통이자 계급 전쟁의 진정한 철학자가 되어준 레아에게 감사한다. 나는 여러분에게 많은 것을 배웠다. 내가 성났을 때 최고의 공명판이 되어준 제시카, 오프라인에서 더 깊이 파고 들어 지적 자극을 찾도록 꾸준히 격려해준 찰리에게도 감사한다. 레더 기록 보관소라는 역사적 생명줄과 나를 연결해준 오렐리에게 감사한다. 데번 P., 당신과 나란히 성장할 수 있어서 영광이다. 온갖 도서 추천과 보이스 스레드(음성 녹음을 남길 수 있는 공동 작업 플랫폼.—옮긴이)에 남겨준 수다에도 감사한다. 당신은 남자가 발견할 수 있는 최고의 동명이인 친구다. 내 사랑스러운 친구 멜라니에게 재치 있는 말솜씨와 규칙, 금욕주의와 감성의 사랑스러운 조화를 보여준 데 정말로 깊은 감사를 표한다. 우리 둘 다 '가족을 찾았다'는 표현을 싫어하지만, 그래도 멜라니와는 평생 친구로 지내고 싶다. 생산적인 갈등과 말하기를 두려워할 필요가 없다는 것을 가르쳐주고, 오랫동안 나를 가두고 있었던 얼음을 녹여준 것에 감사한다. 언제나 부끄러움도 망설임도 없이 자신이 사랑하는 것을 (나를 포함해) 사랑해준 스테이시에게 감사한다. 마지막으로, 내게 삶을 선사해준 재키와 그레그에게 감사한다.

주석

들어가며

1. Devon Price, "My Dalliance with Detransition", Medium, June 15, 2023. https://devonprice.medium.com/my-dalliance-with-detransition-97ac9a5126e6.
2. 흑인 여성에게 이처럼 상충되는 두 가지 조언이 어떻게 양립할 수 있겠는가? 불가능한 일이다.
3. Crippledscholar, "When Accessibility Gets Labeled Wasteful", crippledscholar, May 25, 2016. https://crippledscholar.com/2016/03/04/when-accessibility-gets-labeled-wasteful.
4. S. Mufson, "Amazon's Use of Plastic Soared in 2020, Environmental Group Says", *The Washington Post*, December 15, 2021. https://www.washingtonpost.com/climate-environment/2021/12/15/amazon-plastic-waterways/.
5. 아마존 이용자와 직원들은 작은 상품이 지나치게 큰 상자에 담겨 배송된 인증 사진을 온라인에 올리는 캠페인을 펼쳤다. 아마존이 생각 없이 다량의 폐기물을 배출한다고 문제를 제기하기 위해서였다. P. Gerrard, "Excessive Packaging Slammed after Amazon Sends Single Vinegar Bottle in Huge Box", Press and Journal, June 18, 2021. https://www.pressand journal.co.uk/fp/news/inverness/3242203/excessive-

packaging-slammed-after-amazon-sends-single-vinegar-bottle-in-huge-box.

6. "Opinion | the 'Crip Tax': Everything Has a Cost, but for People with Disabilities That's Quite Literally the Case | CBC News", CBCnews, April 15, 2021. https://www.cbc.ca/news/canada/saskatchewan/crip-tax-opinion-1.5856848.
7. 리프트와 우버는 흔히 자가용보다 친환경적인 대안으로 제시되지만, 차량 공유 운전자가 승객 없이 운전하며 보내는 시간은 전체 환경오염을 크게 증가시키는 것으로 해석된다. Laura Bliss, "The Other Toll of Uber and Lyft Rides: Pollution", Bloomberg.com, February 25, 2020. https://www.bloomberg.com/news/articles/2020-02-25/the-other-toll-of-uber-and-lyft-rides-pollution.
8. Justine Calma, "Bezos' Climate Fund Faces a Reckoning with Amazon's Pollution", The Verge, February 4, 2021. https://www.theverge.com/2021/2/4/22266225/jeff-bezos-climate-change-earth-fund-amazon-pollution.
9. Isaac Shapiro, Bryann DaSilva, David Reich, Richard Kogan, "Funding for Housing, Health, and Social Services Block Grants Has Fallen Markedly over Time", Center on Budget and Policy Priorities, Accessed June 15, 2023. https://www.cbpp.org/research/federal-budget/funding-for-housing-health-and-social-services-block-grants-has-fallen.
10. "The Freedmen's Bureau! An Agency to Keep the Negro in Idleness at the Expense of the White Man", Encyclopedia Virginia, April 19, 2022. https://encyclopediavirginia.org/10582hpr-ee5c82942d7a1ba.
11. J. Levin, "The Real Story of Linda Taylor, America's Original Welfare

Queen", *Slate Magazine*, December 19, 2013. https://www.slate.com/articles/news_and _politics/history/2013/12/linda_taylor_welfare_queen_ronald_reagan_made_her _a_notorious_american_villain.html.

12. 래퍼 카니예 웨스트Kanye West도 몇 년 전 공연 도중 휠체어에서 일어서지 않은 관객에게 욕설을 퍼부어 물의를 빚은 바 있다. 다음 CNN 기사는 휠체어를 사용하는 장애인이 식품점에서 높은 선반 위의 술병을 집기 위해 몸을 살짝 일으켰다는 이유로 온라인에서 욕을 먹은 사례도 다루었다. David M. Perry, "Kanye West and Proving Your Disabilities", CNN, September 16, 2014. https://www.cnn.com/2014/09/16/opinion/perry-kanye-west-prove-disabilities/index.html.
13. 창작물의 클리셰를 수집하는 웹사이트 TV tropes는 난독증 관련 클리셰를 수백 가지 이상 소개하고 있다. "Obfuscating Disability", TV Tropes, Accessed June 15, 2023. https://tvtropes.org/pmwiki/pmwiki.php/Main/ObfuscatingDisability.
14. P. Silván-Ferrero, P. Recio, F. Molero, E. Nouvilas-Pallejà, "Psychological Quality of Life in People with Physical Disability: The Effect of Internalized Stigma, Collective Action and Resilience", *International Journal of Environmental Research and Public Health* 17, no. 5, 1802 (2020). https://doi.org/10.3390/ijerph17051802.
15. A. Jeffries, "This Is Not a Story about a Man Who Walks to Work", The Outline, February 27, 2017. https://theoutline.com/post/1164/this-is-not-a-story-about-a-man-who-walks-to-work.
16. Andrew Pulrang, "How to Avoid 'Inspiration Porn.'", *Forbes*, October 12, 2022. https://www.forbes.com/sites/andrewpulrang/2019/11/29/how-to-avoid-inspiration-porn/?sh=68902dd15b3d.

17. 매일 34킬로미터를 걸어서 출퇴근한다고 언론에 소개된 제임스 로버트슨James Robertson이 바로 이런 사례다. 로버트슨의 상사는 그의 출퇴근 기록을 다른 직원들의 평가 기준으로 삼는다고 말했다. "눈이 오나 비가 오나 그렇게 멀리서 걸어오는 사람이 있는데, 10분 거리인 폰티액에 사는 사람이 날씨 때문에 출근 못 하겠다고 말한다면 헛소리죠!" J. Mullen, Stephanie Gallman, "Donations Pour in for Detroit Man Who Walks 21 Miles for His Daily Commute", CNN, February 4, 2015. https://www.cnn.com/2015/02/03/us/detroit-man-walks-21-miles-for-daily-commute/index.html.
18. D. James, "Health and Health-Related Correlates of Internalized Racism Among Racial/Ethnic Minorities: A Review of the Literature", *Journal of Racial and Ethnic Health Disparities* 7, no. 4, 785~806 (2020); D.M. Mouzon, J.S. McLean, "Internalized Racism and Mental Health Among African Americans, US-Born Caribbean Blacks, and Foreign-Born Caribbean Blacks", *Ethnicity and Health*, 22, no. 1, 36~48 (2017).
19. D. Tallent, S.A. Shelton, S. McDaniel, "'It Was Really My Fault': Examining White Supremacy and Internalized Racism Through Detained US Black Youths' Narratives and Counternarratives", *International Journal of Qualitative Studies in Education*, 1~19 (2021).
20. P. Hutchinson, R. Dhairyawan, "Shame, Stigma, HIV: Philosophical Reflections", *Medical Humanities* 43, no. 4, 225~230 (2017).
21. P. Hutchinson, R. Dhairyawan, "Shame and HIV: Strategies for Addressing the Negative Impact Shame Has on Public Health and Diagnosis and Treatment of HIV", *Bioethics* 32, no. 1, 68~76 (2018).
22. 이에 관해 자세히 알아보려면 백의 《백인 페미니즘》, 메리 프랜시스 베

리Mary Francis Berry의 《부모됨의 정치학The Politics of Parenthood》을 추천한다.

23. J. Friedman, "Motherhood Is a Political Category", Medium, Accessed June 15, 2023. https://humanparts.medium.com/motherhood-is-a-political-category-5b5be72b5531.

1장

1. '애정 폭격'은 원래 가해자와 사이비 종교가 피해자를 유인하는 여러 방법 중 하나로, 맹렬하고 무분별한 애정을 쏟아 피해자의 경계심을 약화시키고 자신에게 의존하도록 조장하는 행위다. 그러나 취약한 사람을 가족과 친구에게서 교묘하게 분리시키는 사이비 종교와 데이트 애플리케이션에서 만난 여성에게 사랑한다고 거짓말하는 남성은 전혀 다른 경우다.
2. 뉴스 및 엔터테인먼트 웹사이트인 버즈피드에 실린 이 후일담은 케일럽에 대한 여론이 얼마나 빠르게 변화했는지 보여준다. 그는 단 몇 주 만에 호기심의 대상에서 악의적 가스라이팅 가해자로 변했고, 결국에는 취소 문화에 호되게 응징당한 희생자가 되었다. Katie Notopoulos, "Caleb from West Elm Is Bad at Dating but Probably Didn't Deserve Being Pushed through the TikTok Meat Grinder", BuzzFeed News, January 21, 2022. https://www.buzzfeednews.com/article/katie notopoulos/caleb-from-west-elm-meme.
3. Sarah Z., "The Horrifying Panopticon of West Elm Caleb", YouTube, March 2, 2022. https://www.youtube.com/watch?v=EeCi4CSqtzw.
4. Elizabeth de Luna, "TikTok's 'West Elm Caleb' Saga Was Never about Caleb", Mashable, January 21, 2022. https://mashable.com/article/west-elm-caleb-tiktok-sexual-harassment.

5. Y. Trope, N. Liberman, "Construal Level Theory", *Handbook of Theories of Social Psychology* 1, 118~134 (2012).
6. J.E. Eidemiller, "The Role of Self Control in Confronting One's Own Sexist Beliefs", (PhD dissertation, Ohio State University, 2017).
7. N. Liberman, Y. Trope, C. Wakslak, "Construal Level Theory and Consumer Behavior", *Journal of Consumer Psychology* 17, no. 2, 113~117 (2007).
8. C. D'Amore, S.L. Martin, K. Wood et al., "Themes of Healing and Posttraumatic Growth in Women Survivors' Narratives of Intimate Partner Violence", *Journal of Interpersonal Violence* 36, nos. 5~6, NP2697~26724 (2021); P. Flasch, C.E. Murray, A. Crowe, "Overcoming Abuse: A Phenomenological Investigation of the Journey to Recovery from Past Intimate Partner Violence", *Journal of Interpersonal Violence* 32, 3373~3401 (2017).
9. 지난 수십 년 동안 밝혀진 사실에 따르면, 여성은 폭력 범죄 피해자가 될 가능성이 남성보다 낮다(여성을 무력하고 남성의 보호가 필요한 존재로 묘사하는 문화적 서사에도 불구하고 말이다). 하지만 피해를 입을 경우 사회적으로 여성의 '보호자'라 여겨지는 남성들, 즉 애인이나 아버지, 교회 지도자, 상사, 친구가 가해자일 확률이 높다. 법무부 통계국에서 선정한 연구 결과를 참조할 것. (June 15, 2023). https://bjs.ojp.gov/content/pub/pdf/fvv.pdf; Global Study on Homicide 2018—United Nations Office on Drugs and Crime, Accessed June 15, 2023. https://www.unodc.org/documents/data-and-analysis/GSH2018/GSH18_Gender-related_killing_of_women_and_girls.pdf.
10. C.L. Martin, D.N. Ruble, "Patterns of Gender Development", *Annual*

Review of Psychology 61, 353~381 (2010); https://doi.org/10.1146/annurev.psych.093008.100511.

11. L.A. Hirschfeld, "Children's Developing Conceptions of Race", *Handbook of Race, Racism, and the Developing Child*, ed. S.M. Quintana, C. McKown, 37~54 (Hoboken, NJ: John Wiley and Sons, 2008).
12. Peter N. Stearns, "Exploring Shame: The Interdisciplinary Context", *Shame: A Brief History*, 1~9 (Champaign: University of Illinois Press, 2017); https://doi.org/10.5406/j.ctt1vjqrq8.6.
13. N. Ambady, M. Shih, A. Kim, T.L. Pittinsky, "Stereotype Susceptibility in Children: Effects of Identity Activation on Quantitative Performance", *Psychological Science* 12, no. 5, 385~390 (2001).
14. 다음 글은 이 현상을 다룬 논문의 탁월한 분석이다. A.L. Whaley, "Advances in Stereotype Threat Research on African Americans: Continuing Challenges to the Validity of Its Role in the Achievement Gap", *Social Psychology of Education* 21, no. 1, 111~137 (2018).
15. 성취 의존 동기 부여가 어떻게 고정관념 위협 효과를 매개하는지, 이로 인해 동기 부여 수준이 장기적으로 어떻게 변할 수 있는지는 다음 논문에서 자세히 다루었다. D.B. Thoman, J.L. Smith, E.R. Brown, J. Chase, J.Y.K. Lee, "Beyond Performance: A Motivational Experiences Model of Stereotype Threat", *Educational Psychology Review* 25, no. 2, 211~243 (2013).
16. C. Tomasetto, F.R. Alparone, M. Cadinu, "Girls' Math Performance Under Stereotype Threat: The Moderating Roel of Mothers' Gender Stereotypes", *Developmental Psychology* 47, no. 4, 943 (2011); S. Galdi, M. Cadinu, C. Tomasetto, "The Roots of Stereotype Threat: When

Automatic Associations Disrupt Girls' Math Performance", *Child Development* 85, no. 1, 250~263 (2014); E. Seo, Y.K. Lee, "Stereotype Threat in High School Classrooms: How It Links to Teacher Mindset Climate, Mathematics Anxiety, and Achievement", *Journal of Youth and Adolescence* 50, no. 7, 1410~1423 (2021); S. Bedyńska, I. Krejtz, G. Sedek, "Chronic Stereotype Threat and Mathematical Achievement in Age Cohorts of Secondary School Girls: Mediational Role of Working Memory and Intellectual Helplessness", *Social Psychology of Education* 22, 321~335 (2019).

17. M.J. Fischer, "A Longitudinal Examination of the Role of Stereotype Threat and Racial Climate on College Outcomes for Minorities at Elite Institutions", *Social Psychology of Education* 13, 19~40 (2010); https://doi.org/10.1007/s11218-009-9105-3.
18. C. Sonnak, T. Towell, "The Imposter Phenomenon in British University Students: Relationships Between Self-Esteem, Mental Health, Parental Rearing Style, and Socioeconomic Status", *Personality and Individual Differences* 31, no. 6, 863~874 (2001); 고정관념 위협 효과를 뒷받침하는 심리적 작용의 연구로는 다음 논문을 참조할 것. S. Wang, D. Yang, "The Effects of Poverty Stereotype Threat on Inhibition Ability in Individuals from Different Income-Level Families", *Brain and Behavior* 10, no. 12, e01770 (2020).
19. B.N. Anderson, J.A. Martin, "What K-12 Teachers Need to Know About Teaching Gifted Black Girls Battling Perfectionism and Stereotype Threat", *Gifted Child Today*, no. 41, 117~124 (2018).
20. A. Parker. "Black Women Are Now the Most Educated Group

in the United States", Salon, June 6, 2016. https://www.salon.com/2016/06/02/black_women_are_now_the_most_educated_group_in_the_united_states/.

21. "흑인 여성이 승리할 때 모든 인간이 승리한다." inc.com, June 15, 2023. https://www.inc.com/sonia-thompson/black-women-equal-pay-equity-how-to-make-progress.html.

22. S. Clement, O. Schauman, T. Graham, et al., "What Is the Impact of Mental Health–Related Stigma on Help-Seeking? A Systematic Review of Quantitative and Qualitative Studies", *Psychological Medicine* 45, no. 1, 11~27 (2015).

23. M.B. Benz, K.B. Cabrera, N. Kline, et al., "Fear of Stigma Mediates the Relationship Between Internalized Stigma and Treatment-Seeking Among Individuals with Substance Use Problems", *Substance Use and Misuse* 56, no. 6, 808~818 (2021).

24. N.M. Overstreet, D.M. Quinn, "The Intimate Partner Violence Stigmatization Model and Barriers to Help Seeking", *Basic and Applied Social Psychology* 35, no. 1, 109~122 (2013).

25. A. Heard, "Opinion | Amber Heard: I Spoke up against Sexual Violence—and Faced Our Culture's Wrath. That Has to Change", The Washington Post, June 2, 2022. https://www.washingtonpost.com/opinions/ive-seen-how-institutions-protect-men-accused-of-abuse-heres-what-we-can-do/2018/12/18/71fd876a-02ed-11e9-b5df-5d3874f1ac36_story.html.

26. N. Bedera, "Why Are so Many Survivors Supporting Johnny Depp?", *Harper's BAZAAR*, May 26, 2022. https://www.harpersbazaar.com/culture/politics/a40116993/why-are-so-many-survivors-supporting-

johnny-depp.

27. M. Van der Bruggen, A. Grubb, "A Review of the Literature Relating to Rape Victim Blaming: An Analysis of the Impact of Observer and Victim Characteristics on Attribution of Blame in Rape Cases", *Aggression and Violent Behavior* 19, no. 5, 523~531 (2014).
28. N. Bedera, K. Nordmeyer, "'Never Go Out Alone': An Analysis of College Rape Prevention Tips", *Sexuality and Culture* 19, no. 3, 533~542 (2015).
29. 조직 내에서 권력을 지닌 여성이라면 더욱 그렇다. 다음 논문들을 참조할 것. Jacqueline Cruz, "Gender Inequality in Higher Education: University Title IX Administrators' Responses to Sexual Violence." PhD diss. (New York University, 2020); C.M. Pinciotti, H.K. Orcutt, "It Won't Happen to Me: An Examination of the Effectiveness of Defensive Attribution in Rape Victim Blaming", *Violence Against Women* 26, no. 10, 1059~1079 (2020).
30. S. Lorman, "Confessions of a Former Pandemic Shamer", Confessions of a Former Pandemic Shamer, December 18, 2021. https://awardsforgoodboys.substack.com/p/confessions-of-a-former-pandemic?s=r.
31. D. Newton, "The Dark Side of Environmentalism: Ecofascism and Covid-19", Office of Sustainability—Student Blog, April 15, 2020. https://usfblogs.usfca.edu/sustainability/2020/04/15/the-dark-side-of-environmentalism-ecofascism-and-covid-19.
32. A.R. Ross, E. Bevensee, "Confronting the Rise of Eco-fascism Means Grappling with Complex Systems", *CARR Research Insight* 3, 3~31 (2020).

33. M. Allison, "'So Long, and Thanks for All the Fish!': Urban Dolphins as Ecofascist Fake News During COVID-19", *Journal of Environmental Media* 1, no. 1, 4~10 (2020).

2장

1. "U.S. Highway Deaths Decline 2.9%, Falling for Fifth Year", *Bloomberg*, Dec. 8, 2011. (archived from the original Sept. 18, 2016; retrieved Mar. 8, 2017).
2. J. Stromberg. History of How Automakers Invented the Crime of "jaywalking", Vox, January 15, 2015. https://www.vox.com/2015/1/15/7551873/jaywalking-history.
3. Donald McKee, "The Growing Menace", American magazine cartoon (late 1920s). From "Automobile Cartoon, 1920s. 'the Growing Menace.' American Magazine Cartoon by Donald McKee, Late 1920s Stock Photo", Alamy, Accessed June 15, 2023. https://www.alamy.com/stock-photo-automobile-cartoon-1920s-nthe-growing-menace-american-magazine-cartoon-95516792.html.
4. "Nation Roused against Motor Killings; Secretary Hoover's Conference Will Suggest Many Ways to Check the Alarming Increase of Automobile Fatalities.—Studying Huge Problem", *The New York Times*, November 23, 1924. https://www.nytimes.com/1924/11/23/archives/nation-roused-against -motor-killings-secretary-hoovers-conference.html.
5. 미국 대부분의 주에서는 1935년 이후에야 운전면허 제도가 생겼다. National Museum of American History, April 15, 2019. https://americanhistory.si.edu/america-on-the-move/licensing-cars-drivers.

6. 이 용어는 '시골뜨기bumpkin'나 '촌놈hillbilly'과 비슷한 의미의 속어 '얼간이jay'에서 유래했다. 다음 기사를 참조할 것. Hugh Irish, "Smiting the Hand that Feeds, Part II—Why There Is an Away-from-the-Farm Movement", *Colliers* 50, no. 18, 26 (1913).
7. A. Lewis, "Jaywalking: How the Car Industry Outlawed Crossing the Road", BBC News, February 12, 2014. https://www.bbc.com/news/magazine-26073797.
8. J. Stromberg, "The Forgotten History of How Automakers Invented the Crime of "jaywalking", Vox, January 15, 2015. https://www.vox.com/2015/1/15/7551873/jaywalking-history.
9. P.D. Norton, "Street Rivals: Jaywalking and the Invention of the Motor Age Street", *Technology and Culture* 48, no. 2, 331~359 (2007), doi: 10.1353/tech.2007 .0085
10. "Shame(n.)", Etymology, Accessed June 15, 2023. https://www.etymonline.com /word/shame.
11. 수치심과 연관되는 자세와 몸짓은 적어도 어느 정도는 본능적인 것으로 보인다. 다음 논문을 참조할 것. J.L. Tracy, D. Matsumoto, "The Spontaneous Expression of Pride and Shame: Evidence for Biologically Innate Nonverbal Displays", *Proceedings of the National Academy of Sciences* 105, no. 33 11655~11660, (2008); 다음도 참조할 것. Peter N. Stearns, "Shame and Shaming in Premodern Societies", *Shame: A Brief History*, 10~48 (Champaign: University of Illinois Press, 2017). https://doi.org/10.5406/j.ctt1vjqrq8.7.
12. J.P. Martens, J.L. Tracy, A.F. Shariff, "Status Signals: Adaptive Benefits of Displaying and Observing the Nonverbal Expressions of Pride and

Shame", *Cognition and Emotion* 26, no. 3, 390~406 (2012).

13. Jane Geaney, "Guarding Moral Boundaries: Shame in Early Confucianism", *Philosophy East and West* 54, no. 2, 113~142 (April 2004).
14. David Graeber, *Debt: The First 5000 Years*, 318, 334, 407, (London: Penguin UK, 2012). (데이비드 그레이버, 《부채, 첫 5000년의 역사》, 정명진 옮김, 부글북스, 2021).
15. "Stigma", Oxford Reference, Accessed June 15, 2023. https://www.oxfordreference.com/display/10.1093/oi/authority.20111007171501221.
16. Robert Chambers, *Domestic Annals of Scotland*, 90 (Edinburgh: W & R Chambers, 1859~1861).
17. David Ho, Wai Fu, S. Ng, "Guilt, Shame and Embarrassment: Revelations of Self and Face", *Culture and Psychology* 10, no. 1, 64~84, esp. 66~67, March 2004; Stephanie Trigg, *Shame and Honor: A Vulgar History of the Order of the Garter*, Philadelphia: University of Pennsylvania Press (2012).
18. H. Zhao, "'Holy Shame Shall Warm My Heart': Shame and Protestant Emotions in Early Modern Britain", *Cultural and Social History* 18, no. 1, 1~21 (2021).
19. Peter N. Stearns, "The Impact of Modernity: Some Possibilities", *Shame: A Brief History*, 49~56. https://doi.org/10.5406/j.ctt1vjqrq8.8.
20. Peter N. Stearns, "Shame and Shaming in Premodern Societies", *Shame: A Brief History*, 10~48. https://doi.org/10.5406/j.ctt1vjqrq8.7.
21. 원주민은 또한 백인처럼 눈에 띄게 얼굴이 상기되지 않는다는 이유로 수치심을 모른다고 여겨졌으며, 이는 세련미와 도덕성이 부족하다

는 의미로 받아들여지기도 했다. Brian Cummings, "Animal Passions and Human Sciences: Shame, Blushing and Nakedness in Early Modern Europe and the New World", At the Borders of the Human: Beasts, Bodies and Natural Philosophy in the Early Modern Period, 26~50 (1999); E. Fudge, Ruth Gilbert, Susan Wiseman, *At the borders of the human*, (Palgrave Macmillan UK, 1999).

22. David Graeber, David Wengrow, "Wicked Liberty, the Indigenous Critique and the Myth of Progress", chapter 2 of *The Dawn of Everything: A New History of Humanity* (London: Penguin UK, 2021).
23. Stearns, "Shame and Shaming in Premodern Societies."
24. 그레이버와 데이비드 윈그로David Wengrow가 《모든 것의 새벽The Dawn of Everything》에서 지적했듯이, 사유 재산과 불평등이 존재하지 않는 농경 사회도 있다.
25. S.A. West, A.S. Griffin, A. Gardner, "Evolutionary Explanations for Cooperation", *Current Biology* 17, 661~172 (2007); H.M. Lewis, L. Vinicius, J. Strods et al., "High Mobility Explains Demand Sharing and Enforced Cooperation in Egalitarian Hunter-Gatherers", *Nature Communications* 5, no. 5789 (2014); Chaudhary, Nikhil, Gul Deniz Salali, James Thompson, Mark Dyble, Abigail Page, Daniel Smith, Ruth Mace, Andrea Bamberg Migliano, "Polygyny without wealth: popularity in gift games predicts polygyny in BaYaka Pygmies", Royal Society Open Science 2, no. 5, 150054 (2015); P. Wiessner, "Norm Enforcement Among the Ju/'hoansi Bushmen", *Human Nature* 16, 115~145 (2005).
26. M. Dyble, J. Thorley, A.E. Page, et al., "Engagement in Agricultural Work Is Associated with Reduced Leisure Time Among Agta Hunter-

Gatherers", *Nature Human Behaviour* 3, 792~796 (2019). doi: 10.1038/s41562-019-0614-6.

27. J.C. Berbesque, F.W. Marlowe, P. Shaw et al., "Hunter-Gatherers Have Less Famine Than Agriculturalists", *Biology Letters* 10, no. 1 (2014), https://doi.org/10.1098/rsbl.2013.0853.
28. A.E. Page, S. Viguier, M. Dyble et al., "Reproductive Trade-offs in Extant Hunter-Gatherers Suggest Adaptive Mechanism for the Neolithic Expansion", *Proceedings of the National Academy of Sciences* 113, no. 17, 4694~4699 (2016).
29. D. Smith, P. Schlaepfer, K. Major et al., "Cooperation and the Evolution of Hunter-Gatherer Storytelling", *Nature Communications* 8, no. 1, 1~9 (2017).
30. 하지만 비농경 사회는 예나 지금이나 놀라울 정도로 다양하다. 많은 농경 사회가 그랬듯 사람들을 납치해 노예로 삼고, 전쟁을 벌이고, 다른 문화권을 습격하고, 계급을 구분하고, 자원을 매점하고, 고문과 학대 행위를 저지르는 수렵 채집 사회도 존재했다. 하지만 수렵 채집 사회에서는 대체로 불평등이 만연하지 않았고, 같은 공동체 구성원을 의심하거나 사람들의 개인적 습관을 감시할 이유도 드물었음을 발견할 수 있다. 그레이버와 윈그로의 《모든 것의 새벽》은 비농경 사회에서 이루어지는 다양한 자체 조직의 놀랍도록 철저한 탐구를 보여준다.
31. 이에 관한 좋은 리뷰는 다음을 참조할 것. Roy Richard Grinker, *Nobody's Normal: How Culture Created the Stigma of Mental Illness*, chapter 2 (New York: W. W. Norton and Co., 2021). (로이 리처드 그린커, 《정상은 없다》, 정해영 옮김, 메멘토, 2022).
32. Andrew Scull, *Social Order/Mental Disorder: Anglo-American Psychiatry*

in *Historical Perspective*, 124 (London: Routledge, 2018).

33. 본래 초기 기독교는 사회적 위계와 망신 주기를 철저히 배격했다. 다음 논문들을 참조할 것. Drake S. Levasheff, "Jesus of Nazareth, Paul of Tarsus, and the Early Christian Challenge to Traditional Honor and Shame Values" (Phd dissertation, UCLA, 2013); Ellen Wehner Eaton, "Shame culture or guilt culture, the evidence of the medieval French fabliaux" (PhD diss., 2000); D. Boquet, Piroska Nagy, *Medieval sensibilities: A history of emotions in the Middle Ages* (John Wiley & Sons, 2018).
34. Stearns, "Shame and Shaming in Premodern Societies."
35. Bénédicte Sère, Jörg Wettlaufer, eds., *Shame Between Punishment and Penance: The Social Usages of Shame in the Middle Ages and Early Modern Times* (Florence: Micrologus Library, 2013). 스턴스는 그래프를 통해 **수치심**이라는 단어의 사용이 급격히 증가했음을 보여준다. "Shame and Shaming in Premodern Societies", 41.
36. J. Salisbury, "Sex in the Middle Ages: A Book of Essays(Garland Reference Library of the Humanities, 1360; Garland Medieval Casebooks, 3.)" (New York and London: Garland, 1991).
37. G.F. Moran, M.A. Vinovskis, *The Great Care of Godly Parents: Early Childhood in Puritan New England* (1985), *Monographs of the Society for Research in Child Development* 50, nos. 4~5, p. 24~37.
38. R.H. Tawney, Adam B. Seligman, *Religion and the rise of capitalism* (London: Routledge, 2017).
39. D.E. Stannard, "Death and the Puritan Child", *Death in America*, 9~29 (Philadelphia: University of Pennsylvania Press, 2017).

40. W.P. Quigley, "Work or Starve: Regulation of the Poor in Colonial America", *University of San Francisco Law Review* 31, 35 (1996).
41. G.F. Moran, M.A. Vinovskis, *The Great Care of Godly Parents*, 24~37.
42. Devon Price, "On the Insidious 'Laziness Lie' at the Heart of the American Myth", Literary Hub, January 6, 2021. https://lithub.com/on-the-insidious-laziness-lie-at-the-heart-of-the-american-myth.
43. E.L. Uhlmann, T.A. Poehlman, D. Tannenbaum et al., "Implicit Puritanism in American Moral Cognition", *Journal of Experimental Social Psychology* 47, no. 2, 312~320 (2011).
44. E.L. Uhlmann, T. Andrew Poehlman, John A. Bargh, "American Moral Exceptionalism", chapter 2 of *Social and Psychological Bases of Ideology and System Justification*, ed. John T. Jost, Aaron C. Kay, Hulda Thorisdottir, 27~52 (Oxford, UK: Oxford University Press, 2009); Jeffrey Sanchez-Burks, "Protestant Relational Ideology and (In)Attention to Relational Cues in Work Settings", *Journal of Personality and Social Psychology* 83, 919~929 (2002).
45. E.L. Uhlmann, T. Andrew Poehlman, David Tannenbaum, John A. Bargh, "Implicit Puritanism in American moral cognition", Journal of Experimental Social Psychology 47, no. 2, 312~320 (2011); T.A. Poehlman, E.L. Uhlmann, J.A. Bargh, "Inherited ideology: An implicit link between work and sex morality in American cognition", Unpublished manuscript (2010).
46. K.J. Russell, C.J. Hand, "Rape Myth Acceptance, Victim Blame Attribution and Just World Beliefs: A Rapid Evidence Assessment", *Aggression and Violent Behavior* 37, 153~160 (2017); Emma C.

Deihl, "The Blame Game: Assessing Blame Placed on Gender Diverse Victims of HIV and the Impact of Perspective Taking" (master's thesis, University of Minnesota, 2020); M.M. Turner, S.P. Funge, W.J. Gabbard, "Victimization of the Homeless: Public Perceptions, Public Policies, and Implications for Social Work Practice", *Journal of Social Work in the Global Community* 3, no. 1, 1 (2018).

47. M.M. Turner, S.P. Funge, Gabbard, "Victimization of the Homeless", 1.
48. P.K. Enns, Y. Yi, M. Comfort et al., "What Percentage of Americans Have Ever Had a Family Member Incarcerated?: Evidence from the Family History of Incarceration Survey (FamHIS)", *Socius* 5, 1~45 (2019).
49. Brendan L. Smith, "The Case against Spanking", Monitor on Psychology, April 2012. https://www.apa.org/monitor/2012/04/spanking#:~:text=Many%20studies%20have%20shown%20that,mental%20health%20problems%20for%20children; Stemen, *The Prison Paradox: More Incarceration Will Not Make Us Safer* (New York: Vera Institute of Justice, 2017).
50. E.O. Paolucci, C. Violato, "A Meta-Analysis of the Published Research on the Affective, Cognitive, and Behavioral Effects of Corporal Punishment", *Journal of Psychology* 138, no. 3, 197~222 (2004); R.R. Austin, "The Shame of It All: Stigma and the Political Disenfranchisement of Formerly Convicted and Incarcerated Persons", *Columbia Human Rights Law Review* 36, 173 (2004).
51. H.L. Mirels, J.B. Garrett, "The Protestant Ethic as a Personality Variable", *Journal of Consulting and Clinical Psychology* 36, no. 1, 40~44 (1971).

52. A. Christopher, B. Schlenker, "The Protestant Work Ethic and Attributions of Responsibility: Applications of the Triangle Model", *Journal of Applied Social Psychology* 35, no. 7, 1502~1515 (2006); J.L. Brown-Iannuzzi, E. Cooley, C.K. Marshburn et al., "Investigating the Interplay Between Race, Work Ethic Stereotypes, and Attitudes Toward Welfare Recipients and Policies", *Social Psychological and Personality Science* 12, no. 7, 1155~1164 (2021).

53. R. Rusu, "The Protestant Work Ethic and Attitudes Toward Work", *Scientific Bulletin-Nicolae Balcescu Land Forces Academy* 23, no. 2, 112~117 (2018).

54. A.N. Christopher, P. Marek, J.C. May, "The Protestant Work Ethic, Expectancy Violations, and Criminal Sentencing 1", *Journal of Applied Social Psychology* 33, no. 3, 522~535 (2003).

55. L. Rosenthal, S.R. Levy, A. Moyer, "Protestant Work Ethic's Relation to Intergroup and Policy Attitudes: A Meta-Analytic Review", *European Journal of Social Psychology* 41, no. 7, 874~885 (2011).

56. J.W. McHoskey, "Factor Structure of the Protestant Work Ethic Scale", *Personality and Individual Differences* 17, no. 1, 49~52 (1994).

57. 식민지 시대 미국에서 의학도는 보통 느슨한 도제 수업을 받으며 서적과 구전을 통한 독학을 병행했다. T. McCulla, "Medicine in Colonial North America", Worlds of Change: Colonial North America at Harvard Library, November 19, 2016. https://colonialnorthamerica.library.harvard.edu/spotlight/cna/feature/medicine-in-colonial-north-america.

58. National Library of Medicine—National Institutes of Health (Accessed

June 15, 2023). https://www.nlm.nih.gov/hmd/pdf/200years.pdf.

59. D.E. Beauchamp, "Public Health as Social Justice", *Inquiry* 13, no. 1, 3~14 (1976).

60. 미군은 1970년대에 군인에 대한 담배 배급을 중단했지만, 이후로도 걸프전쟁이 끝날 1990년대까지 담배 업계가 군인들에게 직접 담배를 제공하도록 허용했다. E.A. Smith, R.E. Malone, "'Everywhere the Soldier Will Be': Wartime Tobacco Promotion in the US Military", *American Journal of Public Health* 99, no. 9, 1595~1602 (2009), https://doi.org/10.2105/AJPH.2008.152983.

61. D.E. Beauchamp, "Public Health as Social Justice", 5.

62. R.N. Proctor, "The History of the Discovery of the Cigarette–Lung Cancer Link: Evidentiary Traditions, Corporate Denial, Global Toll", *Tobacco Control* 21, 87~91 (2012).

63. P. Mejia, L. Dorfman, A. Cheyne et al., "The Origins of Personal Responsibility Rhetoric in News Coverage of the Tobacco Industry", *American Journal of Public Health* 106, no. 6, 1048~1051 (2014).

64. 시펄로니 사건에서 변호인은 시펄로니가 시판 담배의 위험성을 알고 있었을 뿐 아니라 금연 프로그램을 이용할 수도 있었다고 주장했다. 담배 업계의 보조금을 받는 금연 프로그램은 당연히 그 영향력에서 자유로울 수 없다. P.A. McDaniel, E.A. Lown, R.E. Malone, "'It Doesn't Seem to Make Sense for a Company That Sells Cigarettes to Help Smokers Stop Using Them': A Case Study of Philip Morris's Involvement in Smoking Cessation", *PLOS One* 12, no. 8 (2017): e0183961, https://doi.org/10.1371/journal.pone.0183961; L. Bac, "Big Surprise: Tobacco Company Prevention Campaigns Don't Work; Maybe It…", Tobacco

Free Kids, July 19, 2022. https://www.tobaccofreekids.org/assets/factsheets/0302.pdf.

65. C. White, J.L. Oliffe, J.L. Bottorff, "From the Physician to the Marlboro Man: Masculinity, Health, and Cigarette Advertising in America, 1946~1964", *Men and Masculinities* 15, no. 5, 526~547 (2012).

66. 다음 글에 따르면 이런 주장이 본격적으로 제기된 것은 1977년부터였다. Meijia et al., "The Origins of Personal Responsibility Rhetoric."

67. D. Janson. "Tobacco Lawyers Say Smoker Was Not Misled", *The New York Times*, June 3, 1988. https://www.nytimes.com/1988/06/03/nyregion/tobacco-lawyers-say-smoker-was-not-misled.html.

68. "RJR Chairman Gives Flip Answer", Spokesman.com, July 16, 2011. https://www.spokesman.com/stories/1996/apr/18/rjr-chairman-gives-flip-answer/.

69. 흡연자를 줄이려고 고안된 사회적 통제 전략은 금연에 필요한 지원을 받기 어려운 '잔존 흡연자'를 더욱 소외시키는 역효과를 낼 수 있다. 다음 논문을 참조할 것. D.M. Burnsk, K.E. Warner, "Smokers Who Have Not Quit: Is Cessation More Difficult and Should We Change Our Strategies?", *Those Who Continue to Smoke*, Smoking and Tobacco Control Monograph No. 15, Bethesda, Md.: US Department of Health and Human Services (2003). 많은 연구에 따르면 흡연을 규제할수록 흡연자에 대한 대중의 낙인이 강화된다고 한다. 하지만 이런 연구 대부분은 법안 통과에 따른 '자연스러운 실험'하에서 이루어졌기에 이와 동시에 일어난 대중의 담배에 관한 인식 변화는 고려되지 않았다. 이에 관한 검토로는 다음 자료들을 참조할 것. R.J. Evans-Polce, J.M. Castaldelli-Maia, G. Schomerus et al., "The Downside of

Tobacco Control? Smoking and Self-Stigma: A Systematic Review", *Social Science and Medicine* 145, 26~34 (2015); K. Bell, A. Salmon, M. Bowers, et al., "Smoking, Stigma and Tobacco 'Denormalization': Further Reflections on the Use of Stigma as a Public Health Tool", A Commentary on Social Science and Medicine's Stigma, Prejudice, Discrimination and Health Special Issue 67, no. 3, *Social Science and Medicine* 70, no. 6, 795~799 (2010); J. Pacheco, "Attitudinal Policy Feedback and Public Opinion: The Impact of Smoking Bans on Attitudes Towards Smokers, Secondhand Smoke, and Antismoking Policies", *Public Opinion Quarterly* 77, no. 3, 714~734 (2013).

70. J. Stuber, S. Galea, "Who Conceals Their Smoking Status from Their Health Care Provider?", *Nicotine and Tobacco Research* 11, no. 3, 303~307 (2009).
71. A.E. Karpyn, D. Riser, T. Tracy, et al., "The Changing Landscape of Food Deserts", *UNSCN Nutrition* 44, 46~53 (2019).
72. K.D. Brownell, R. Kersh, D.S. Ludwig et al. "Personal Responsibility and Obesity: A Constructive Approach to a Controversial Issue", *Health Affairs* (Millwood) 29, no. 3, 379~387 (2010).
73. Marion Nestle, "Food Lobbies, the Food Pyramid, and U.S. Nutrition Policy", *International Journal of Social Determinates of Health and Health Services* 23, no. 3, 483~496 (1993), doi: 10.2190/32F2-2PFB-MEG7-8HPU.
74. J. Calderone, "Here's What the Term 'complete Breakfast' Actually Means", Business Insider, Accessed June 15, 2023. https://www.businessinsider.com/what-does-the-term-complete-breakfast-

actually-mean-2015-8.

75. "Overweight Babies: 20 Years Later | Maury's Viral Vault | the Maury Show", YouTube, October 24, 2020. https://www.youtube.com/watch?v=vRkhkzlMyZI.

76. J.A. Sabin, M. Marini, B.A. Nosek, "Implicit and Explicit Anti-Fat Bias Among a Large Sample of Medical Doctors by BMI, Race/Ethnicity and Gender", *PLOS One* 7, no. 11, e48448 (2012).

77. A. Ravary, M.W. Baldwin, J.A. Bartz, "Shaping the Body Politic: Mass Media Fat-Shaming Affects Implicit Anti-Fat Attitudes", *Personality and Social Psychology Bulletin* 45, no. 11, 1580~1589 (2019); B.J. Lawrence, D. Kerr, C.M. Pollard et al., "Weight Bias Among Health Care Professionals: A Systematic Review and Meta-Analysis", *Obesity* 29, no. 11, 1802~1812 (2021).

78. R.L. Pearl, R.M. Puhl, J.F. Dovidio, "Differential Effects of Weight Bias Experiences and Internalization on Exercise Among Women with Overweight and Obesity", *Journal of Health Psychology*, 20, no. 12, 1626~1632 (2105); S.R. McDonough., "Weight stigma and motivation to exercise: exploring associations and constructs from the basic needs theory", (2018). *Electronic Theses and Dissertations*, Paper 3038. https://doi.org/10.18297/etd/3038.

79. Union of Concerned Scientists, *Smoke, Mirrors, and Hot Air: How ExxonMobil Uses Big Tobacco's Tactics to Manufacture Uncertainty on Climate Science* (Cambridge, MA: Union of Concerned Scientists, 2007).

80. G. Supran, N. Oreskes, "Rhetoric and Frame Analysis of ExxonMobil's Climate Change Communications", *One Earth* 4, no. 5, 696~719 (2021).

81. 다음을 참조할 것. K. Gorissen, B. Weijters, "The Negative Footprint Illusion: Perceptual Bias in Sustainable Food Consumption", *Journal of Environmental Psychology* 45, 50~65 (2016).

82. L. Esposito, L.L. Finley, "Beyond Gun Control: Examining Neoliberalism, Pro-Gun Politics and Gun Violence in the United States", *Theory in Action* 7, no. 2 (2014).

83. S. Kliff, "The NRA Wants an 'Active' Mental Illness Database. Thirty-Eight States Have That Now", *Washington Post*, Dec. 21, 2012.

84. "Mental Health and the Aurora Shooting: The Brian Lehrer Show", WNYC, Accessed June 15, 2023. http://www.wnyc.org/story/226661-mental-health-and-aurora-colorado-shooting/?utm_source=sharedUrl&utm_media=metatag&utm_campaign=sharedUrl.

85. K. Pickert, J. Cloud, "If You Think Someone Is Mentally Ill: Loughner's Six Warning Signs", *Time* (Jan. 11, 2011).

86. C. Exoo, C.F. Exoo, "Elliot Rodger and the NRA Myth: How the Gun Lobby Scapegoats Mental Illness", Salon, May 28, 2014. https://www.salon.com/2014/05/28/elliot_rodger_and_the_nra_myth_how_the_gun_lobby_scapegoats_mental_illness/.

87. 예를 들어 《데일리메일Daily Mail》은 한 기사에서 총기 난사범을 '만화적' 세계관을 지닌 '고기능' 자폐인으로 묘사했으며 성별도 잘못 표기했다. dailymail.com, Aneeta Bhole For. "Trans Nashville School Shooter Appears in Eerie College Graduation Video Smiling", Daily Mail Online, March 29, 2023. https://www.dailymail.co.uk/news/article-11911373/Trans-Nashville-school-shooter-appears-eerie-college-graduation-video-smiling.html.

88. G. Thrush, "At N.R.A. Convention, the Blame Is on 'evil', Not Guns", *The New York Times*, May 28, 2022. https://www.nytimes.com/2022/05/28/us/politics/nra-convention-guns.html.

89. G. Thornicroft, "Danger or Disinformation: The Facts About Violence and Mental Illness", *Shunned: Discrimination Against People with Mental Illness*, 125~149 (Oxford, UK: Oxford University Press, 2006).

90. V. Rossa-Roccor, P. Schmid, T. Steinert, "Victimization of People with Severe Mental Illness Outside and Within the Mental Health Care System: Results on Prevalence and Risk Factors from a Multicenter Study", *Frontiers in Psychiatry* 11, 932 (2020).

91. H. Stuart, "Violence and Mental Illness: An Overview", *World Psychiatry: Official Journal of the World Psychiatric Association (WPA)* 2, no. 2, 121~124 (2003); G. Thornicroft, "People with Severe Mental Illness as the Perpetrators and Victims of Violence: Time for a New Public Health Approach", *Lancet Public Health* 5, no. 2, e72~e73 (2020).

92. S. Griffiths, C. Allison, R. Kenny et al., "The Vulnerability Experiences Quotient (VEQ): A Study of Vulnerability, Mental Health and Life Satisfaction in Autistic Adults", *Autism Research* 12, no. 10, 1516~1528 (2019).

93. L. Rabinovich, "A Pipeline of Unscrupulous Practices: Qualitative Study of Attitudes Toward the Social Security Disability Program", *Journal of Disability Policy Studies* 31, no. 3, 173~180 (2020).

94. N.J. Sasson, D.J. Faso, J. Nugent et al., "Neurotypical Peers Are Less Willing to Interact with Those with Autism Based on Thin Slice Judgments", *Scientific Reports* 7, 40700 (2017). https://doi.org/10.1038/

srep40700.

95. "On the inside: Reply All", Gimlet, Accessed June 15, 2023. https://gimletmedia.com/shows/reply-all/posts/on-the-inside.

3장

1. Bianca Betancourt, "Lizzo Doesn't Care What You Think about Her Smoothie Cleanse", *Harper's BAZAAR*, November 2, 2021. https://www.harpersbazaar.com/celebrity/latest/a34974814/lizzo-shuts-down-diet-critics-on-instagram.
2. Twitter, Accessed June 15, 2023. https://twitter.com/HutchLeah.
3. Bianca Betancourt, "Lizzo Doesn't Care What You Think about Her Smoothie Cleanse", Harper's BAZAAR, November 2, 2021. https://www.harpersbazaar.com/celebrity/latest/a34974814/lizzo-shuts-down-diet-critics-on-instagram.
4. Laquesha Bailey, "Does Lizzo Promote Obesity, or Do We Just Hate Fat Bodies?", Medium, September 1, 2021. https://aninjusticemag.com/does-lizzo-promote-obesity-or-do-we-just-hate-fat-bodies-cf1018297dd9?gi=dd0af8105c40.
5. Katelyn Esmonde, "What Celeb Trainer Jillian Michaels Got Wrong about Lizzo and Body Positivity", Vox, January 15, 2020. https://www.vox.com/culture/2020/1/15/21060692/lizzo-jillian-michaels-body-positivity-backlash.
6. Rachel Hosie, "A Plus-Sized Woman Criticized Slimmer Influencers for 'taking up Too Much Space' in the Body Positivity Sphere, and It Sparked a Huge Debate", Insider, May 28, 2020. https://www.insider.

com/plus-size-woman-criticizes-slim-influencers-too-much-space-body-positivity-2020-5.

7. Ana Valens, "On Leaving Twitter", On Leaving Twitter—by Ana Valens, February 20, 2021. https://nsfw.substack.com/p/on-leaving-twitter?s=r.
8. A.N. Cooke, A.G. Halberstadt, "Adultification, Anger Bias, and Adults' Different Perceptions of Black and White Children", *Cognition and Emotion* 35, no. 7, 1416~1422 (2021).
9. Rebecca Epstein, Jamilia J. Blake, Thalia González, "Girlhood Interrupted: The Erasure of Black Girls' Childhood" (Washington, DC: Center of Poverty and Inequality, Georgetown Law, 2017).
10. S.C. Wymer, C.M. Corbin, A.P. Williford, "The Relation Between Teacher and Child Race, Teacher Perceptions of Disruptive Behavior, and Exclusionary Discipline in Preschool", *Journal of School Psychology* 90, 33~42 (2022).
11. A.K. Nuru, C.E. Arendt, "Not So Safe a Space: Women Activists of Color's Responses to Racial Microaggressions by White Women Allies", *Southern Communication Journal* 84, no. 2, 85~98 (2019).
12. Amy Cuddy, "Your Body Language May Shape Who You Are", Amy Cuddy: Your body language may shape who you are | TED Talk, Accessed June 15, 2023. https://www.ted.com/talks/amy_cuddy_your_body_language_may_shape_who_you_are/transcript?language=en.
13. Joe Simmons, Uri Simonsohn, "Power Posing: Reassessing the Evidence behind the Most Popular TED Talk", Data Colada, February 12, 2020. http://datacolada.org/37.

14. Tom Loncar, "A Decade of Power Posing: Where Do We Stand?" BPS, June 8, 2021. https://thepsychologist.bps.org.uk/volume-34/june-2021/decade-power-posing-where-do-we-stand#:~:text=Despite%20this%20widening%20embrace%2C%20deeper,posing%20would%20not%20go%20away.
15. Jesse Singal, "How Should We Talk about Amy Cuddy, Death Threats, and the Replication Crisis?", The Cut, April 25, 2017. https://www.thecut.com/2017/04/amy-cuddy-death-threats.html.
16. Susan Dominus, "When the Revolution Came for Amy Cuddy", *The New York Times*, (October 18, 2017). https://www.nytimes.com/2017/10/18/magazine/when-the-revolution-came-for-amy-cuddy.html.
17. 2017년 미국 중서부 심리학협회 연례회의에서 커디가 발언한 내용을 같은 해 4월 20일 X에서 인용했다. https://twitter.com/katiecorker/status/855155054713688064?ref_src=twsrc%5Etfw%7Ctwcamp%5Etweetembed%7Ctwterm%5E855155054713688064%7Ctwgr%5E%7Ctwcon%5Es1_c10&ref_url=https%3A%2F%2Fwww.thecut.com%2F2017%2F04%2Famy-cuddy-death-threats.html.
18. L.K. John, G. Loewenstein, D. Prelec, "Measuring the Prevalence of Questionable Research Practices with Incentives for Truth Telling", *Psychological Science* 23, no. 5, 524~532 (2012).
19. Susan Dominus, "When the Revolution Came for Amy Cuddy", *The New York Times*, October 18, 2017. https://www.nytimes.com/2017/10/18/magazine/when-the-revolution-came-for-amy-cuddy.html.

20. 나는 재현 위기를 다룬 제시 신걸Jesse Singal의 저서를 읽고 이 문제에 관해 쓴 적이 있다. 다음 스레드 타래를 참조할 것. Devon Price, Thread by @drdevonprice on Thread Reader App—Thread Reader App, Accessed June 15, 2023. https://threadreaderapp.com/thread/1383475714494636035.html.
21. https://www.vox.com/culture/2016/11/17/13636156/safety-pins-backlash-trump-brexit.
22. E. Mullen, B. Monin, "Consistency Versus Licensing Effects of Past Moral Behavior", *Annual Review of Psychology* 67, no. 1, 363~385 (2016).
23. I. Blanken, N. Van De Ven, M. Zeelenberg, "A Meta-Analytic Review of Moral Licensing", *Personality and Social Psychology Bulletin* 41, no. 4, 540~558 (2015).
24. A.M. Burger, J. Schuler, E. Eberling, "Guilty Pleasures: Moral Licensing in Climate-Related Behavior", *Global Environmental Change* 72, 102415 (2022).
25. B. Monin, D.T. Miller, "Moral Credentials and the Expression of Prejudice", *Journal of Personality and Social Psychology* 81, 33~43 (2001), doi: 10.1037//0022 3514.81.1.33.
26. Grace Cook, "The Cotton Tote Crisis", *The New York Times*, August 24, 2021. https://www.nytimes.com/2021/08/24/style/cotton-totes-climate-crisis.html.
27. Jen Carlson, "The 'I'm Not a Plastic Bag' Craze Hits New York", Gothamist, Accessed June 15, 2023. https://gothamist.com/arts-entertainment/the-im-not-a-plastic-bag-craze-hits-new-york.
28. Seyward Darby, "The Problem with White Feminism", Electric

Literature, January 20, 2021. https://electricliterature.com/koa-beck-white-feminism-book.

29. Lori D. Ginzberg, "For Stanton, All Women Were Not Created Equal", NPR, July 13, 2011. https://www.npr.org/2011/07/13/137681070/for-stanton-all-women-were-not-created-equal; Monee. Fields-White, "The Root: How Racism Tainted Women's Suffrage", NPR (March 25, 2011). https://www.npr.org/2011/03/25/134849480/the-root-how-racism-tainted-womens-suffrage.
30. Combahee River Collective, "A Black Feminist Statement", 210~218.
31. Michele Wallace, "A Black Feminist's Search for Sisterhood", *Village Voice*, 6~7, July 28, 1975.
32. T. Shefer, S.R. Munt, "A Feminist Politics of Shame: Shame and Its Contested Possibilities", *Feminism and Psychology*, ⟨I think this is the correct journal?⟩ 20, no. 2 (2019).
33. B. Benoit, L. Goldberg, M. Campbell-Yeo, "Infant Feeding and Maternal Guilt: The Application of a Feminist Phenomenological Framework to Guide Clinician Practices in Breast Feeding Promotion", *Midwifery* 34, 58~65 (2016).
34. Á. Jóhannsdóttir, "Body Hair and Its Entanglement: Shame, Choice and Resistance in Body Hair Practices Among Young Icelandic People", *Feminism and Psychology* 29, no. 2, 195~213 (2019).
35. Jaclyn Griffith, "From Dreamers to Dangerous Women: A Shift from Abstinence and Hypersexuality to Sexuality with Shame in Pop Music Listened to by Tween Girls in 2006 and 2016" (Honors College thesis, Pace University, 2017).

36. Z. Feng, K. Savani, "Covid-19 Created a Gender Gap in Perceived Work Productivity and Job Satisfaction: Implications for Dual-Career Parents Working from Home", *Gender in Management: An International Journal* (2020).
37. L.A. Whiley, H. Sayer, M. Juanchich, "Motherhood and Guilt in a Pandemic: Negotiating the 'New' Normal with a Feminist Identity", *Gender, Work and Organization* (2021).
38. 다음 블로그 글들을 참조할 것. May 8, 2017. https://drdemonprince.tumblr.com/post/160431413844/bopcities-halfbrainedaltgirl7; Accessed June 15, 2023. https://allmymetaphors.tumblr.com/post/138555896479/my-whole-problem-with-the-i-do-makeup-for-me-im.; Accessed July 23, 2017. https://justsomeantifas.tumblr.com/post/163306370029.
39. Jessica Defino, "Is This the End of the Manicure?", *The New York Times*, November 5, 2020. https://www.nytimes.com/2020/11/05/style/self-care-is-this-the-end-of-the-manicure.html.
40. "At Least 7 Arrested at Protest near Loyola University", NBC Chicago, August 29, 2020. https://www.nbcchicago.com/news/local/at-least-7-arrested-at-protest-near-loyola-university/2331084.
41. "Loyola Students Walk out of Classes over Basketball Incident", RogersEdge Reporter, March 15, 2018. https://rogersedgereporter.com/2018/03/15/loyolas-black-cultural-center-stages-walk-out.
42. "Citing a 'toxic Atmosphere', a Black Admissions Employee Resigns from Loyola University, Prompting a Discrimination Probe and Calls for Racial Justice on Campus", *Chicago Tribune*, Accessed June 15,

2023. https://www.chicagotribune.com/news/ct-loyola-university-chicago-racism-complaint-20201015-v4jnl55c5bgbjp2faokehw5itq-story.html.

43. Sheryl Nance-Nash, "How Corporate Diversity Initiatives Trap Workers of Colour", BBC Worklife, February 25, 2022. https://www.bbc.com/worklife/article/20200826-how-corporate-diversity-initiatives-trap-workers-of-colour.

44. Nicole M. Humphrey, "Racialized emotional labor: An unseen burden in the public sector", Administration & Society 54, no. 4, 741~758 (2022).

45. C. Linder, S.J. Quaye, A.C. Lange et al., "'A Student Should Have the Privilege of Just Being a Student': Student Activism as Labor", *Review of Higher Education* 42, no. 5, 37~62 (2019).

46. Jennifer Miller, "Their Bosses Asked Them to Lead Diversity Reviews. Guess Why", *The New York Times*, October 12, 2020. https://www.nytimes.com/2020/10/12/business/corporate-diversity-black-employees.html.

47. Ember Smith, V. Reeves Richard, "SAT Math Scores Mirror and Maintain Racial Inequity", Brookings, March 9, 2022. https://www.brookings.edu/blog/up-front/2020/12/01/sat-math-scores-mirror-and-maintain-racial-inequity.

48. Paul Solotaroff, "The Untouchables: An Investigation into the Violence of the Chicago Police", *Rolling Stone*, August 20, 2021. https://www.rollingstone.com/culture/culture-features/chicago-police-racism-violence-history-1088559; Paige Fry, "Report: Race-based disparities

found in Chicago Police Force stops", use of force, Accessed June 15, 2023. https://www.chicagotribune.com/news/breaking/ct-oig-report-race-disparity-use-of-force-chicago-police-20220301-16sqedbwvbhkfccic2r5qzzjby-story.html.

49. "Why Diversity Programs Fail", Harvard Business Review, June 12, 2023. https://hbr.org/2016/07/why-diversity-programs-fail.

50. 대체로 장기적·추상적 목표보다는 구체적·단기적 목표의 동기 부여 효과가 높다. S.G. Wallace, J. Etkin, "How Goal Specificity Shapes Motivation: A Reference Points Perspective", *Journal of Consumer Research* 44, no. 5, 1033~1051 (2018).

51. Savannah Behrmann, "House Committee Approves Bill to Study Slavery Reparations for First Time", *USA Today*, April 15, 2021. https://www.usatoday.com/story/news/politics/2021/04/14/house-committee-hold-historic-vote-study-slave-reparations/7210967002/.

52. 더 길고 자세한 잠재적 가치 목록으로는 수용 전념 치료 전문가 러스 해리스Russ Harris가 작성한 다음 목록을 참조할 것. Russ Harris, "A quick look at your values", Accessed June 16, 2023. https://ag.purdue.edu/department/arge/_docs/covid-docs/values_checklist_-_russ_harris_a.pdf.

4장

1. D.A.R.E. 프로그램이 효과가 없는 이유는 다음 글에서 간략하게 설명하고 있다. Matt Berry, "Does the New DARE Program Work?", American Addiction Centers, November 10, 2022. https://americanaddictioncenters.org/blog/new-dare-program-work.

2. 《미국의학협회Journal of the American Medical Association》에 실린 명쾌한 제목의 다음 글도 참조할 것. B. Vastag, "GAO: DARE Does Not Work", *JAMA* 289, no. 5, 539 (2003).
3. S. Birkeland, E. Murphy-Graham, C. Weiss, "Good Reasons for Ignoring Good Evaluation: The Case of the Drug Abuse Resistance Education (DARE) Program", *Evaluation and Program Planning*, 28, no. 3, 247~256.
4. Tom McKay, "The 5 Big Lies That D.A.R.E. Told You about Drugs", Mic, July 3, 2014. https://www.mic.com/articles/92675/the-5-big-lies-that-d-a-r-e-told-you-about-drugs.
5. Scott O. Lilienfeld, "Why 'Just Say No' Doesn't Work", *Scientific American*, January 1, 2014. https://www.scientificamerican.com/article/why-just-say-no-doesnt-work/.
6. N.L. Henderson, W.W. Dressler, "Medical Disease or Moral Defect? Stigma Attribution and Cultural Models of Addiction Causality in a University Population", *Culture, Medicine, and Psychiatry* 41, no. 4, 480~498 (2017).
7. W. Pan, H. Bai, "A Multivariate Approach to a Meta-Analytic Review of the Effectiveness of the DARE Program", *International Journal of Environmental Research and Public Health* 6, no. 1, 267~277 (2009).
8. Megan Walter, "Inherent Racism of the D.A.R.E. Program" (Coastal Carolina University, Undergraduate Research Competition, 2021), 4. https://digitalcommons.coastal.edu/ugrc/2021/fullconference/4.
9. K.L. Ferguson, "The Crack Baby: Children Fight the War on Drugs", *Eighties People* (New York: Palgrave Macmillan 37~56).

10. D.P. Rosenbaum, "Just Say No to DARE", *Criminology and Public Policy* 6, 815 (2007).
11. "D.A.R.E. America Regions", D.A.R.E. America, Accessed June 15, 2023. https://dare.org/where-is-d-a-r-e/.
12. A. Petrosino, C. Turpin-Petrosino, J. Buehler, "'Scared Straight' and Other Juvenile Awareness Programs for Preventing Juvenile Delinquency", *Cochrane Database System Review* issue 2, CD002796 (2002).
13. "Programs like D.A.R.E. And Scared Straight Don't Work. Why Do States Keep Funding Them?" (2018). Governing, May 21, 2018. https://www.governing.com/archive/gov-dare-drug-programs.html.
14. Derek Gilna, "Scared Straight" Programs are Counterproductive | Prison Legal News, Accessed June 16, 2023. https://www.prisonlegalnews.org/news/2016/jun/3/scared-straight-programs-are-counterproductive/.
15. 물론 개인적으로 섭식장애를 겪을 수는 있지만, 생화학적 의미에서 '음식 중독'이나 '설탕 중독' 같은 것은 없다. 이는 마치 숨을 헐떡이는 사람에게 '산소 중독'이라고 비난하는 것이나 마찬가지다.
16. Michelle Allison, "Food Addiction, Natural Rewards, and Self-Fulfilling Prophecies", October 31, 2012. https://www.fatnutritionist.com/index.php/food-addiction-natural-rewards-and-self-fulfilling-prophecies.
17. Rebecca Scritchfield, "Why Fear of 'Sugar Addiction' May Be More Toxic than Sugar Is", *SELF*, May 3, 2018. https://www.self.com/story/why-fear-of-sugar-addiction-may-be-more-toxic-than-sugar-is.
18. T.A. Khan, J.L. Sievenpiper, "Controversies About Sugars: Results from Systematic Reviews and Meta-Analyses on Obesity, Cardiometabolic

Disease and Diabetes", *European Journal of Nutrition* 55, 25~43 (2016). doi: 10.1007/s00394-016-1345-3.

19. M.L. Westwater, P.C. Fletcher, H. Ziauddeen, "Sugar Addiction: the State of the Science, *European Journal of Nutrition* 55, 55~69, (2016). doi: 10.1007/s00394-016-1229-6.
20. C. Zunker, C.B. Peterson, R.D. Crosby et al.,, "Ecological Momentary Assessment of Bulimia Nervosa: Does Dietary Restriction Predict Binge Eating?", *Behaviour Research and Therapy* 49, no. 10, 714~717 (2011); E. Stice, K. Davis, N.P. Miller et al., "Fasting Increases Risk for Onset of Binge Eating and Bulimic Pathology: A 5-Year Prospective Study", *Journal of Abnormal Psychology* 117, no. 4, 941~946 (2008). https://doi.org/10.1037/a0013644.
21. Michelle Allison, "Food Addiction, Natural Rewards, and Self-Fulfilling Prophecies", October 31, 2012. https://www.fatnutritionist.com/index.php/food-addiction-natural-rewards-and-self-fulfilling-prophecies.
22. A.J. Hill, "Does Dieting Make You Fat?", *British Journal of Nutrition* 92, no. S1, S15~18 (2004).
23. T.L. Guertin, A.J. Conger, "Mood and Forbidden Foods' Influence on Perceptions of Binge Eating", *Addictive Behavior* 24, no. 2, 175~193 (1999), doi: 10.1016/s0306-4603(98)00049-5.
24. G.M. Camilleri, C. Méjean, F. Bellisle et al., "Intuitive Eating Is Inversely Associated with Body Weight Status in the General Population-Based Nutrinet-Santé Study", *Obesity* 24, no. 5, 1154~1161 (2016).
25. A.J. Crum, W.R. Corbin, K.D. Brownell et al., Mind Over Milkshakes: Mindsets, Not Just Nutrients, Determine Ghrelin Response", *Health*

Psychology 30, no. 4, 424~431 (2011), doi: 10.1037/a0023467.

26. K.M. Baldwin, J.R. Baldwin, T. Ewald, "The Relationship Among Shame, Guilt, and Self-Efficacy", *American Journal of Psychotherapy* 60, no. 1, 1~21 (2006).
27. A. Archer, "Shame and Diabetes Self-Management", *Practical Diabetes* 31, no. 3, 102~106 (2014).
28. K. Winkley, C. Evwierhoma, S.A. Amiel et al., "Patient Explanations for Non-attendance at Structured Diabetes Education Sessions for Newly Diagnosed Type 2 Diabetes: A Qualitative Study", *Diabetic Medicine* 32, no. 1, 120~128 (2015). 당뇨병에 대한 수치심과 낙인은 환자가 타인과 건강하고 지지적인 관계를 맺지 못하게 하여 병세를 악화시킬 수 있다. L.M. Jaacks, W. Liu, L. Ji et al., "Type 1 Diabetes Stigma in China: A Call to End the Devaluation of Individuals Living with a Manageable Chronic Disease", *Diabetes Research and Clinical Practice* 107, no. 2, 306~307 (2015).
29. J.M. Bowles, L.R. Smith, M.L. Mittal et al., "'I Wanted to Close the Chapter Completely (…) and I Feel Like That (Carrying Naloxone) Would Keep It Open a Little Bit': Refusal to Carry Naloxone Among Newly-Abstinent Opioid Users and 12-Step Identity", *International Journal of Drug Policy* 94, 103200 (2021).
30. T. Kageyama, "Views on Suicide Among Middle-Aged and Elderly Populations in Japan: Their Association with Demographic Variables and Feeling Shame in Seeking Help", *Psychiatry and Clinical Neurosciences* 66, no. 2, 105~112 (2012).
31. Debra Hauser, "Teens Deserve More than Abstinence-Only Education",

AMA Journal of Ethics 7, 710~715 (2019). https://doi.org/10.1001/virtualmentor.2005.7.10.oped2-0510.

32. J. Radcliffe, N. Doty, L.A. Hawkins et al., "Stigma and Sexual Health Risk in HIV-Positive African American Young Men Who Have Sex with Men", *AIDS Patient Care and STDs* 24, no. 8, 493~499 (2010).

33. D. Grace, J. Jollimore, P. MacPherson et al., "The Pre-Exposure Prophylaxis-Stigma Paradox: Learning from Canada's First Wave of PrEP Users", *AIDS Patient Care and STDs* 32, no. 1, 24~30 (2018).

34. T. Kirkland, W.A. Cunningham, "Neural Basis of Affect and Emotion", *Wiley Interdisciplinary Reviews: Cognitive Science* 2, no. 6, 656~665 (2011).

35. Shuxia Yao, Weihua Zhao, Yayuan Geng et al., "Oxytocin Facilitates Approach Behavior to Positive Social Stimuli via Decreasing Anterior Insula Activity", *International Journal of Neuropsychopharmacology* 21, no. 10, 918~925 (2018). https://doi.org/10.1093/ijnp/pyy068; Geng, Yayuan, Weihua Zhao, Feng Zhou, Xiaole Ma, Shuxia Yao, Rene Hurlemann, Benjamin Becker, Keith M. Kendrick, "Oxytocin Enhancement of Emotional Empathy: Generalization across Cultures and Effects on Amygdala Activity", Frontiers, July 9, 2018. https://www.frontiersin.org/articles/10.3389/fnins.2018.00512/full.

36. S. Marshall-Pescini, F.S. Schaebs, A. Gaugg et al., "The Role of Oxytocin in the Dog-Owner Relationship", *Animals* 9, no. 10, 792 (2019); J. Bick, M. Dozier, K. Bernard et al., "Foster Mother-Infant Bonding: Associations Between Foster Mothers' Oxytocin Production, Electrophysiological Brain Activity, Feelings of Commitment, and

Caregiving Quality", *Child Development* 84, no. 3, 826~840 (2013).

37. C.K. De Dreu, L.L. Greer, G.A. Van Kleef et al., "Oxytocin Promotes Human Ethnocentrism", *Proceedings of the National Academy of Sciences* 108, no. 4, 1262~1266 (2011); F. Sheng, Y. Liu, B. Zhou et al., "Oxytocin Modulates the Racial In-Group Bias in Neural Responses to Others' Suffering", *Biological Psychology* 92, 380~386 (2013); S. Luo, B. Li, Y. Maet al., "Oxytocin Receptor Gene and Racial Ingroup Bias in Empathy-Related Brain Activity", *NeuroImage*, 110, 22~31 (2015).
38. A.J. Elliot, "The Hierarchical Model of Approach-Avoidance Motivation", *Motivation and Emotion* 30, no. 2, 111~116 (2006).
39. O. Harari-Dahan, A. Bernstein, "A General Approach-Avoidance Hypothesis of Oxytocin: Accounting for Social and Non-Social Effects of Oxytocin", *Neuroscience and Biobehavioral Reviews* 47, 506~519 (2014); A.H. Kemp, A.J. Guastella, "The Role of Oxytocin in Humans Affect a Novel Hypothesis", *Current Directions in Psychological Science* 20, no. 4, 222~231 (2011).
40. P. Gilbert, S. Allan, "The Role of Defeat and Entrapment (Arrested Flight) in Depression: An Exploration of an Evolutionary View", *Psychological Medicine* 28, no. 3, 585~598 (1998).
41. 회피 기반 감정은 사회적 지위가 낮은 사람이 자신을 지키는 데 유용한 방어적이고 회유하는 행동을 이끌어내기도 한다. P. Gilbert, "The Relationship of Shame, Social Anxiety and Depression: The Role of the Evaluation of Social Rank", Clinical Psychology and Psychotherapy: An International Journal of Theory & Practice 7, no. 3, 174~189 (2000). '스틸 페이스' 실험의 결말에 관해서는 국제 유아 연구 콘퍼런스에서 발

표된 다음 논문을 참조할 것. E.Z. Tronick, M.K. Weinberg, K.L. Olson, "Stability of Infant Coping with the Still-Face", paper presented at the International Conference on Infant Studies (Toronto, Ontario, Canada, 2002).

42. 본문에 나열된 몇 가지 동기와 행동 사례는 다음 논문을 각색한 것이다. Peter Kindness, Judith Masthoff, Chris Mellish, "Designing Emotional Support Messages Tailored to Stressors", *International Journal of Human-Computer Studies* 97, 1~22 (2016). 10.1016/j.ijhcs.2016.07.010.

43. 다음 유튜브 영상에서 '스틸 페이스' 실험 대상이 된 유아의 모습을 볼 수 있다. UMass Boston (2010). "Developmental Sciences at UMass Boston", YouTube. https://www.youtube.com/watch?v=vmE3NfB_HhE.

44. G. Kaufman, *The Psychology of Shame* (New York: Springer, 1989).

45. M.E. Kemeny, T.L. Gruenewald, S.S. Dickerson, "Shame as the Emotional Response to Threat to the Social Self: Implications for Behavior, Physiology, and Health", *Psychological Inquiry* 15, 2, 153~160 (2004).

46. N. Derakshan, M.W. Eysenck, L.B. Myers, "Emotional Information Processing in Repressors: The Vigilance–Avoidance Theory", *Cognition and Emotion*, 21, no. 8, 1585~1614 (2007).

47. J.P. Tangney, D. Mashek, J. Stuewig, "Shame, Guilt, and Embarrassment: Will the Real Emotion Please Stand Up?", *Psychological Inquiry* 16, no. 1, 44~48 (2005).

48. Adrienne Rich, "Compulsory Heterosexuality and Lesbian Existence", *Signs: Journal of Women in Culture and Society* 5, no. 4, 631~660

Summer 1980. doi: 10.1086/493756. 컴펫에 관한 비교적 최근의 기초적 텍스트로는 온라인에서 익명으로 공동 작성된 다음 문서가 있다. "Am I a Lesbian?", Am I a Lesbian Masterdoc, Accessed June 16, 2023. https://docs.google.com/document/d/e/2PACX-1vT3f5IIzt5PG-M7G9_Z-gjY4gZaiUneTdMlYrFAcdBGcJo0-N-RDQcj2JfxOaBTxKa6J_DiDQNgqVpg/pub.

49. Lois Shearling, "A Guide to Compulsory Heterosexuality" (2021). *Cosmopolitan*, (July 22, 2021). https://www.cosmopolitan.com/uk/love-sex/relationships/a37099748/compulsory-heterosexuality.

50. TV tropes 웹사이트의 '사이코 레즈비언' 클리셰 페이지는 온갖 유형의 매체에서 수집된 사례로 가득하다. https://tvtropes.org/pmwiki/pmwiki.php/Main/PsychoLesbian.

51. A. Martos, S. Nezhad, I.H. Meyer, "Variations in Sexual Identity Milestones Among Lesbians, Gay Men, and Bisexuals", *Sexuality Research and Social Policy: Journal of the National Sexual Research Center* 12, no. 1, 24~33 (2015). https://doi.org/10.1007/s13178-014-0167-4.

52. 여성에게 매력을 느끼는 트랜스 여성은 오랫동안 대중 매체에서 변태이자 악당으로 묘사되어왔다. 〈양들의 침묵〉의 연쇄살인범 버펄로 빌이나 J.K. 롤링의 《트러블 블러드Troubled Blood》에 등장하는 '여장' 살인범을 생각해보라. Suyin Haynes, "Transgender Controversy over Rowling's 'Troubled Blood' Book", *Time*, September 15, 2020. https://time.com/5888999/jk-rowling-troubled-blood-transphobia-authors/.

53. Natalie Wynn, "Transcripts", ContraPoints, May 28, 2022. https://www.contrapoints.com/transcripts/shame.

54. "My Auntie Buffalo Bill: The Unavoidable transmisogyny of Silence

of the Lambs", Feministing, March 10, 2016. http://feministing.com/2016/03/10/my-auntie-buffalo-bill-the-unavoidable-transmisogyny-of-silence-of-the-lambs.

55. "Unsettling Gender Reveal", n.d. TV tropes. https://tvtropes.org/pmwiki/pmwiki.php/Main/UnsettlingGenderReveal.

56. M.E. Newcomb, R. Hill, K. Buehler et al., "High Burden of Mental Health Problems, Substance Use, Violence, and Related Psychosocial Factors in Transgender, Non-Binary, and Gender Diverse Youth and Young Adults", *Archives of Sexual Behavior* 49, no. 2, 645~659 (2020); A. Reis, S. Sperandei, P.G.C. de Carvalho et al., "A Cross-Sectional Study of Mental Health and Suicidality Among Trans Women in São Paulo, Brazil", *BMC Psychiatry* 21, no. 1, 1~13 (2021); R.D.M.R. Rafael, E.M. Jalil, P.M. Luz et al., "Prevalence and Factors Associated with Suicidal Behavior Among Trans Women in Rio de Janeiro, Brazil", *PLOS One* 16, no. 10, e0259074 (2021); S.L. Budge, J.L. Thai, E.A. Tebbe et al., "The Intersection of Race, Sexual Orientation, Socioeconomic Status, Trans Identity, and Mental Health Outcomes", *Counseling Psychologist* 44, no. 7, 1025~1049 (2016).

57. 키위팜스에 나를 겨냥한 스레드는 없었지만, 윈과 내가 아는 여러 트랜스젠더를 공격하는 스레드가 있었다. 내 삶과 정체성을 언급하며 온갖 추측과 모욕을 쏟아내는 스레드도 있긴 했다. 하지만 내가 아는 많은 사람들이 그보다 훨씬 심한 상황을 견뎌야 했다.

58. Jennifer Jacquet, *Is Shame Necessary? New Uses for an Old Tool*, 4~5 (New York: Vintage, 2016). (제니퍼 자케, 《수치심의 힘》, 박아람 옮김, 책읽는수요일, 2017).

59. Rene Ebersole, "How 'Dolphin Safe' Is Canned Tuna, Really?", Animals, March 10, 2021. https://www.nationalgeographic.com/animals/article/how-dolphin-safe-is-canned-tuna.

60. Pamela Gutierrez, "Greenwashing—as Recycling", n.d. Recycling.as.ucsb.edu., Accessed June 16, 2023. https://recycling.as.ucsb.edu/2021/02/23/greenwashing.

61. "Recycling Was a Lie—a Big Lie—to Sell More Plastic, Industry Experts Say | CBC Documentaries", CBCnews, October 8, 2020. https://www.cbc.ca/documentaries/the-passionate-eye/recycling-was-a-lie-a-big-lie-to-sell-more-plastic-industry-experts-say-1.5735618#:~:text=Recycling%20logo%20was%20used%20as%20a%20green%20marketing%20tool%2C%20says%20industry%20expert&text=Most%20consumers%20might%20have%20assumed,ended%20up%20in%20a%20landfill.

62. N. Landry, R. Gifford, T.L. Milfont et al., "Learned Helplessness Moderates the Relationship Between Environmental Concern and Behavior", *Journal of Environmental Psychology* 55, 18~22 (2018).

63. 이는 사회심리학자들이 말하는 '도덕적으로 파괴적인 수치심'을 유발한다. E. Aaltola, "Defensive over Climate Change? Climate Shame as a Method of Moral Cultivation", *Journal of Agricultural and Environmental Ethics* 34, no. 1, 1~23 (2021).

64. Rebecca Solnit, "Big Oil Coined 'Carbon Footprints' to Blame Us for Their Greed. Keep Them on the Hook | Rebecca Solnit", *The Guardian*, August 23, 2021. https://www.theguardian.com/commentisfree/2021/aug/23/big-oil-coined-carbon-footprints-to-blame-us-for-their-

greed-keep-them-on-the-hook.

65. Kate Yoder, "Why Do Oil Companies Care so Much about Your Carbon Footprint?", Grist, August 26, 2020. https://grist.org/energy/footprint-fantasy.

66. White, Katherine, David Hardisty, Rishad Habib, "The Elusive Green Consumer", *Harvard Business Review*, July 2019. https://hbr.org/2019/07/the-elusive-green-consumer.

67. R.K. Mallett, "Eco-Guilt Motivates Eco-Friendly Behavior", *Ecopsychology* 4, no. 3, 223~231 (2012).

68. T.H. Baek, S. Yoon, "Guilt and Shame: Environmental Message Framing Effects", *Journal of Advertising* 46, no. 3, 440~453 (2017); C.T. Chang, "Are Guilt Appeals a Panacea in Green Advertising? The Right Formula of Issue Proximity and Environmental Consciousness", *International Journal of Advertising* 31, no. 4, 741~771 (2012); S. Ha, S. Kwon, "Spillover from Past Recycling to Green Apparel Shopping Behavior: The Role of Environmental Concern and Anticipated Guilt", *Fashion and Textiles* 3, no. 1, 16 (2016); R.K. Mallett, "Eco-Guilt Motivates Eco-Friendly Behavior", *Ecopsychology* 4, no. 3, 223~231 (2012).

69. 실제로는 상쇄 효과가 전혀 없는 경우도 있다. 예를 들어 사람들은 햄버거와 유기농 사과를 함께 먹는 것이 햄버거만 먹는 것보다 환경에 유익하다고 착각한다. K. Gorissen, B. Weijters, "The Negative Footprint Illusion: Perceptual Bias in Sustainable Food Consumption", *Journal of Environmental Psychoogy* 45, 50~65 (2016). doi: 10.1016/j.jenvp.2015.11.009; 더 심도 있는 논의로는 다음 논문을 참조할 것. P. Sörqvist, L. Langeborg, "Why People Harm the Environment Although

They Try to Treat It Well: An Evolutionary-Cognitive Perspective on Climate Compensation", *Frontiers in Psychology* 10, 348 (2019).

70. S.E. Fredericks, "Online Confessions of Eco-Guilt", *Journal for the Study of Religion, Nature and Culture* 8, no. 1 (2014).
71. Emily Chan, "Don't Let 'Eco-Guilt' Stop You from Taking Action", n.d. *British Vogue*, https://www.vogue.co.uk/arts-and-lifestyle/article/eco-guilt.
72. Rebecca Solnit, "Big Oil Coined 'Carbon Footprints' to Blame Us for Their Greed. Keep Them on the Hook | Rebecca Solnit", The Guardian, August 23, 2021. https://www.theguardian.com/commentisfree/2021/aug/23/big-oil-coined-carbon-footprints-to-blame-us-for-their-greed-keep-them-on-the-hook.
73. Christina Sewell, "Removing the Meat Subsidy: Our Cognitive Dissonance around Animal Agriculture", JIA SIPA, February 11, 2020. https://jia.sipa.columbia.edu/removing-meat-subsidy-our-cognitive-dissonance-around-animal-agriculture.
74. Accessed June 16, 2023. https://www.ceres.org/resources/reports/food-emissions-50-company-benchmark.
75. Louise Guillot, "How Recycling Is Killing the Planet", POLITICO, September 16, 2020. https://www.politico.eu/article/recycling-killing-the-planet.
76. Dino Grandoni, Scott Clement, "Americans like Green New Deal's Goals, but They Reject Paying Trillions to Reach Them", *The Washington Post* (December 4, 2019). https://www.washingtonpost.com/climate-environment/2019/11/27/americans-like-green-new-deals-

goals-they-reject-paying-trillions-reach-them.

77. Mark Fisher, *Capitalist Realism: Is There No Alternative?* (Winchester, UK: Zero Books, 2010).

5장

1. J.E. Petrovic, K. Rolstad, "Educating for Autonomy: Reading Rousseau and Freire Toward a Philosophy of Unschooling", *Policy Futures in Education* 15, 7~8, 817~833 (2017).
2. Jess O'Thomson, "The Problem of Visibility", *Trans Safety Network*, March 31, 2022. https://transsafety.network/posts/the-problem-of-visibility.
3. McLaren, Jackson Taylor, Susan Bryant, Brian Brown, "'See me! Recognize me!' An analysis of transgender media representation", *Communication* quarterly 69, no. 2, 172~191 (2021).
4. E. Lenning, S. Brightman, C.L. Buist, "The Trifecta of Violence: A Socio-Historical Comparison of Lynching and Violence Against Transgender Women", Crit Crim 29, 151~172 (2021). https://doi.org/10.1007/s10612-020-09539-9; Wood, Frank, April Carrillo, Elizabeth Monk-Turner, "Visibly unknown: Media depiction of murdered transgender women of color", *Race and Justice* 12, no. 2, 368~386 (2022); Erique Zhang, "She is as feminine as my mother, as my sister, as my biologically female friends: On the promise and limits of transgender visibility in fashion media", *Communication, Culture and Critique*, Volume 16, Issue 1, 25~32, March 2023. https://doi.org/10.1093/ccc/tcac043.

5. Arthur Aron, Gary W. Lewandowski, Debra Mashek et al., "The Self-Expansion Model of Motivation and Cognition in Close Relationships", *Oxford Handbooks Online* (2013). doi: 10.1093/oxfordhb/9780195398694.013.0005.
6. R.J. Lifton, E. Olson, "Symbolic Immortality", *Death, Mourning, and Burial: A Cross-Cultural Reader*, 32~39 (2004).
7. Jane Howard, "Doom and Glory of Knowing Who You Are", *Life*, May 24, 1963.
8. O.O. Táíwò, *Elite Capture: How The Powerful Took Over Identity Politics (and Everything Else)*, 120~122 (Chicago: Haymarket Books, 2022).
9. Stef Sanjati, "I'm Transgender", n.d. www.youtube.com, Accessed June 16, 2023. https://www.youtube.com/watch?v=1Ynvhmk_zgA.
10. Stef Sanjati, "Goodbyes and New Beginnings | Stef Sanjati", n.d. www.youtube.com, Accessed June 16, 2023. https://www.youtube.com/watch?v=7uH1Wd-CZdY&.
11. Adapted from "DBT: Radical Acceptance—Skills, Worksheets, Videos, & Activities", DBT, August 22, 2020. https://dialecticalbehaviortherapy.com/distress-tolerance/radical-acceptance.
12. J. Wang, F. Mann, B. Lloyd-Evans et al., "Associations Between Loneliness and Perceived Social Support and Outcomes of Mental Health Problems: A Systematic Review", *BMC Psychiatry* 18, no. 1, 1~16 (2018).
13. A. Henry, A. Tourbah, G. Camus et al., "Anxiety and Depression in Patients with Multiple Sclerosis: The Mediating Effects of Perceived Social Support", *Multiple Sclerosis and Related Disorders* 27, 46~51

(2019).

14. B.N. Uchino, "Understanding the Links Between Social Support and Physical Health: A Life-Span Perspective with Emphasis on the Separability of Perceived and Received Support", *Perspectives on Psychological Science* 4, no. 3, 236~255 (2009).

15. T. Petitte, J. Mallow, E. Barnes et al., "A Systematic Review of Loneliness and Common Chronic Physical Conditions in Adults", *Open Psychology Journal* 8, suppl. 2, 113~132 (2015).

16. J. Holt-Lunstad, T.B. Smith, M. Baker et al., "Loneliness and Social Isolation as Risk Factors for Mortality: A Meta-Analytic Review", *Perspectives on Psychological Science* 10, no. 2, 227~237 (2015).

17. I. Grey, T. Arora, J. Thomas et al., "The Role of Perceived Social Support on Depression and Sleep During the COVID-19 Pandemic", *Psychiatry Research* 293, 113452 (2020).

18. 특히 가족 및 연인의 지지가 있을 경우 봉쇄 규범 준수율이 높아질 것으로 예측되었다. T. Paykani, G.D. Zimet, R. Esmaeili et al., "Perceived Social Support and Compliance with Stay-at-Home Orders During the COVID-19 Outbreak: Evidence from Iran", *BMC Public Health* 20, no. 1, 1~9 (2020).

19. A. Bugajski, S.K. Frazier, D.K. Moser et al., "Psychometric Testing of the Multidimensional Scale of Perceived Social Support in Patients with Comorbid COPD and Heart Failure", *Heart and Lung* 48, no. 3, 193~197 (2019).

20. J.R. Powers, B. Goodger, J.E. Byles, "Assessment of the Abbreviated Duke Social Support Index in a Cohort of Older Australian Women",

Australasian Journal on Ageing 23, no. 2, 71~76 (2004).

21. H.G. Koenig, R.E. Westlund, L.K. George et al., "Abbreviating the Duke Social Support Index for Use in Chronically Ill Elderly Individuals", *Psychosomatics* 34, no. 1, 61~69 (1993).
22. Megan Messerly, "Abortion Laws by State: Where Abortions Are Illegal after Roe v. Wade Overturned", *POLITICO*, June 24, 2022. https://www.politico.com/news/2022/06/24/abortion-laws-by-state-roe-v-wade-00037695.
23. Dahlia Lithwick, "The Horrifying Implications of Alito's Most Alarming Footnote", *Slate Magazine*, May 10, 2022. https://slate.com/news-and-politics/2022/05/the-alarming-implications-of-alitos-domestic-supply-of-infants-footnote.html.

6장

1. J.K. Maner, C.L. Luce, S.L. Neuberg et al., "The Effects of Perspective Taking on Motivations for Helping: Still No Evidence for Altruism", *Personality and Social Psychology Bulletin* 28, no. 1, 1601~1610 (2002).
2. M.J. Zylstra, A.T. Knight, K.J. Esler et al., "Connectedness as a Core Conservation Concern: An Interdisciplinary Review of Theory and a Call for Practice", *Springer Science Reviews* 2, no. 1, 119~143 (2014).
3. S. Maiya, G. Carlo, Z. Gülseven et al., "Direct and Indirect Effects of Parental Involvement, Deviant Peer Affiliation, and School Connectedness on Prosocial Behaviors in US Latino/a Youth", *Journal of Social and Personal Relationships* 37, nos. 10~11, 2898~2917 (2020).
4. R.E. Hoot, H. Friedman, "Connectedness and Environmental Behavior:

Sense of Interconnectedness and Pro-environmental Behavior", *Transpersonal Studies* 30, nos. 1~2, 89~100 (2010).

5. Martha C. Nussbaum, "Inscribing the Face: Shame and Stigma", *Hiding from Humanity: Disgust, Shame, and the Law*, 172~221 (Princeton: Princeton University Press, 2004). http://www.jstor.org/stable/j.ctt7sf7k.8, accessed August 18, 2021. (마사 C. 누스바움, 《혐오와 수치심》, 조계원 옮김, 민음사, 2015).
6. Elizabeth Greiwe, "How an 'Ugly Law' Stayed on Chicago's Books for Ninety-Three Years", *Chicago Tribune*, June 23, 2016. https://www.chicagotribune.com/opinion/commentary/ct-ugly-laws-disabilities-chicago-history-flashback-perspec-0626-md-20160622-story.html.
7. David Zahniser, Benjamin Oreskes, "L.A.'s new homeless encampment law: A humane approach or cruel to unhoused people?", August 2, 2021. https://www.latimes.com/california/story/2021-08-02/los-angeles-new-homeless-anti-camping-law-humane-cruel#:~:text=The%20ordinance%20prohibits%20sitting%2C%20sleeping,to%20give%20the%20go%2Dahead.
8. Alexandra Meeks, Madeline Holcombe, "All Homeless People on Los Angeles' Skid Row Must Be Offered Housing by the Fall, Judge Orders", CNN, April 21, 2021. https://www.cnn.com/2021/04/21/us/los-angeles-skid-row-housing-order/index.html#:~:text=While%20funding%20has%20increased%20to.
9. "Reclaim UGLY & Choose Self-Love", n.d. Reclaim Ugly, Accessed June 16, 2023. http://reclaimugly.org.
10. "Vanessa Rochelle Lewis—the Root 100-2021", n.d. The Root, Acce-

ssed June 16, 2023. https://www.theroot.com/list/the-root-100-2021/vanessa-rochelle-lewis-96.

11. S.L. Koole, A. van Knippenberg, "Controlling Your Mind Without Ironic Consequences: Self-Affirmation Eliminates Rebound Effects After Thought Suppression", *Journal of Experimental Social Psychology* 43, no. 4, 671~677 (2007).
12. Rebecca Brill, "Making an Appearance at a Conference for Ugly People", Vice, April 17, 2019. https://www.vice.com/en/article/8xza9k/the-ugly-conference-oakland-california-beauty-standards-2019.
13. K. Gueta, S. Eytan, P. Yakimov, "Between Healing and Revictimization: The Experience of Public Self-Disclosure of Sexual Assault and Its Perceived Effect on Recovery", *Psychology of Violence* 10, no. 6, 626 (2020).
14. T.R. McKay, R.J. Watson, "Gender Expansive Youth Disclosure and Mental Health: Clinical Implications of Gender Identity Disclosure", *Psychology of Sexual Orientation and Gender Diversity* 7, no. 1 (2020).
15. K. Gabbidon, T. Chenneville, T. Peless et al., "Self-Disclosure of HIV Status Among Youth Living with HIV: A Global Systematic Review", *AIDS and Behavior* 24, no. 1, 114~141 (2020).
16. M.Ü. Necef, "Research Note: Former Extremist Interviews Current Extremist: Self-Disclosure and Emotional Engagement in Terrorism Studies", *Studies in Conflict and Terrorism* 44, no. 1, 74~92 (2020).
17. H. Pang, "Microblogging, Friendship Maintenance, and Life Satisfaction Among University Students: The Mediatory Role of Online Self-Disclosure", *Telematics and Informatics* 35, no. 8, 2232~2241 (2018).

18. D.B. Wexler, "Approaching the Unapproachable: Therapist Self-Disclosure to De-Shame Clients", *Breaking Barriers in Counseling Men*, 50~60 (London: Routledge, 2013),

19. 일반적으로 외롭고 불만 많은 사람일수록 온라인에서 익명으로 자신을 드러내려 한다. B. Miller, "Investigating Reddit Self-Disclosure and Confessions in Relation to Connectedness, Social Support, and Life Satisfaction", *Journal of Social Media in Society* 9, no. 1, 39~62 (2020).

20. T. Burke, B. Brown, eds., *You Are Your Best Thing: Vulnerability, Shame Resilience, and the Black Experience* (New York: Random House, 2021).

21. B. Brown, "Shame Resilience Theory: A Grounded Theory Study on Women and Shame", *Families in Society* 87, no. 1, 43~52 (2006).

22. M. Miceli, C. Castelfranchi, "Meta-Emotions and the Complexity of Human Emotional Experience", *New Ideas in Psychology* 55, 42~49 (2019).

23. 여기서는 바이든 대통령의 말을 인용했지만, 주 정부 및 지방 정부 공무원들도 종종 똑같은 수사를 사용했다. Devon Price, "Death on Your Conscience: How Systemic Shame Poisoned the Public Discourse on COVID-19", Medium, February 2, 2023. https://devonprice.medium.com/death-on-your-conscience-how-systemic-shame-poisoned-the-public-discourse-on-covid-19-b2f351a065c2.

24. J. Yue, "Speaking Shame and Laughing It Off: Using Humorous Narrative to Conquer the Shame of Anorectal Illness", *Qualitative Health Research* 31, no. 5, 847~858 (2021).

25. V.R. Hernandez, C.T. Mendoza, "Shame Resilience: A Strategy for Empowering Women in Treatment for Substance Abuse", *Journal of*

Social Work Practice in the Addictions 11, no. 4, 375~393 (2011).

26. D.V. Alvarez, "Using Shame Resilience to Decrease Depressive Symptoms in an Adult Intensive Outpatient Population", *Perspectives in Psychiatric Care* 56, no. 2, 363~370 (2020).
27. W.E. Bynum IV, A.V. Adams, C.E. Edelman et al., "Addressing the Elephant in the Room: A Shame Resilience Seminar for Medical Students", *Academic Medicine* 94, no. 8, 1132~1136 (2019).
28. 예를 들어 성 소수자 개인이 지원 모임에서 정체성을 드러내면 폭음 습관을 고치는 데 도움이 된다는 연구 결과가 있다. R. Baiocco, M. D'Alessio, F. Laghi, "Binge Drinking Among Gay and Lesbian Youths: The Role of Internalized Sexual Stigma, Self-Disclosure, and Individuals' Sense of Connectedness to the Gay Community", *Addictive Behaviors* 35, no. 10, 896~899 (2010). 집단 치료에 단 한 번만 참여하더라도 다양한 정체성에 따르는 낙인이 확실히 약화될 수 있다. N.G. Wade, B.C. Post, M.A. Cornish et al., "Predictors of the Change in Self-Stigma Following a Single Session of Group Counseling", *Journal of Counseling Psychology* 58, no. 2, 170 (2011).
29. Maureen Dowd, "Opinion | This Is Why Uma Thurman Is Angry", *The New York Times*, sec. Opinion, February 3, 2018. https://www.nytimes.com/2018/02/03/opinion/sunday/this-is-why-uma-thurman-is-angry.html.
30. Aubrey Gordon, "The Conflicted Life of a True Crime Fan", Human Parts, August 14, 2018. https://humanparts.medium.com/the-conflicted-life-of-a-true-crime-fan-e488c8e51b6.
31. Lea, "Popular Podcasters Make Millions off of Murder. Here's Why You

Should Care", Medium, April 9, 2022. https://aninjusticemag.com/popular-podcasters-make-millions-off-of-murder-heres-why-you-should-care-3aaa6a58aa6d.

32. Sarah McGrath, "McGrath'24: True Crime Media Distorts Our Understanding of Crime and the Criminal Justice System", *The Brown Daily Herald*, November 14, 2021. https://www.browndailyherald.com/article/2021/11/mcgrath-24-true-crime-media-distorts-our-understanding-of-crime-and-the-criminal-justice-system.
33. Devon Price, "Isolation & Fear Will Not Keep You Safe", Medium, April 19, 2021. https://aninjusticemag.com/isolation-fear-will-not-keep-you-safe-297bf6c05f85.
34. M. Boorsma, "The Whole Truth: The Implications of America's True Crime Obsession", *Elon Law Review* 9, 209 (2017).
35. S. Eschholz, T. Chiricos, M. Gertz, "Television and Fear of Crime: Program Types, Audience Traits, and the Mediating Effect of Perceived Neighborhood Racial Composition", *Social Problems* 50, no. 3, 395~415 (2003); A. Recobo Barraza, *Consumption of true crime narratives and its effects on public perception of crime* (Unpublished thesis), (Texas State University, San Marcos, Texas).
36. 이런 상황은 실제 범죄 기사를 다루는 팬 사이트나 온라인으로 지역 사회를 둘러볼 수 있는 넥스트도어Nextdoor와 같은 애플리케이션을 통해 더욱 증폭된다. R. Prieto Curiel, S. Cresci, C.I. Muntean, et al., "Crime and Its Fear in Social Media", *Palgrave Communications* 6, no. 1, 1~12 (2020).
37. K.D. Neff, P. McGehee, "Self-Compassion and Psychological Resilience

Among Adolescents and Young Adults", *Self and Identity* 9, no. 3, 225~240 (2010).

38. E.A. Johnson, K.A. O'Brien, "Self-Compassion Soothes the Savage Ego-Threat System: Effects on Negative Affect, Shame, Rumination, and Depressive Symptoms", *Journal of Social and Clinical Psychology* 32, no. 9, 939~963 (2013).
39. P. Gilbert, C. Irons, "Shame, Self-Criticism, and Self-Compassion in Adolescence", *Adolescent Emotional Development and the Emergence of Depressive Disorders* 1, 195~214 (2009).
40. K.A. Horan, M.B. Taylor, "Mindfulness and Self-Compassion as Tools in Health Behavior Change: An Evaluation of a Workplace Intervention Pilot Study", *Journal of Contextual Behavioral Science* 8, 8~16 (2018).
41. K.D. Neff, "Development and Validation of a Scale to Measure Self-Compassion", *Self and Identity* 2, 223~250 (2003); K.D. Neff, I. Tóth-Király, L. Yarnell et al., "Examining the Factor Structure of the Self-Compassion Scale Using Exploratory SEM Bifactor Analysis in Twenty Diverse Samples: Support for Use of a Total Score and Six Subscale Scores", *Psychological Assessment* 31, no. 1, 27~45 (2019).
42. M. Ferrari, C. Hunt, A. Harrysunker et al, "Self-Compassion Interventions and Psychosocial Outcomes: A Meta-Analysis of RCTs", *Mindfulness* 10, no. 8, 1455~1473 (2019).
43. Freddie deBoer, "I Would like Closure, but I'll Take Honesty", Freddie deBoer, November 18, 2021. https://freddiedeboer.substack.com/p/i-would-like-closure-but-ill-take.
44. 드보어의 《스마트 컬트The Cult of Smart》에도 이 두 가지 정책 관련 사례가

제시되어 있다.

45. https://www.thedailybeast.com/jordan-neelys-life-could-have-been-saved-by-involuntary-treatment.

46. Freddie deBoer, "My Response to Daniel Bergner's New York Times Magazine Piece on Psychotic Disorders", Freddie deBoer, May 17, 2022. https://freddiedeboer.substack.com/p/my-response-to-daniel-bergners-new.

47. Amee Severson, "Why I'm Trading Body Positivity for Fat Acceptance", Healthline. Healthline Media, June 6, 2019. https://www.healthline.com/health/fat-acceptance-vs-body-positivity.

48. "Tell Me I'm Fat", *This American Life*, June 17, 2016. https://www.thisamericanlife.org/589/tell-me-im-fat.

49. Aubrey Gordon, "The Problem with Body Positivity: As Long as Doctors Judge Your Looks, Nothing Will Change", n.d. Health.com. https://www.health.com/mind-body/when-it-comes-to-health-who-does-body-positivity-help.

50. Kelly Buchanan, "How Big Is Too Big for New Zealand? | in Custodia Legis", The Library of Congress, July 31, 2013. https://blogs.loc.gov/law/2013/07/how-big-is-too-big-for-new-zealand.

51. M. Huse, A. Grethe Solberg, "Gender-Related Boardroom Dynamics: How Scandinavian Women Make and Can Make Contributions on Corporate Boards", *Women in Management Review* 21, no. 2, 113~130 (2006).

52. 이런 현상을 '유리 절벽'이라고 한다. M.K. Ryan, S.A. Haslam, T. Morgenroth et al., "Getting on Top of the Glass Cliff: Reviewing a

Decade of Evidence, Explanations, and Impact", *Leadership Quarterly* 27, no. 3, 446~455 (2016).

53. M.D.C. Triana, "A Woman's Place and a Man's Duty: How Gender Role Incongruence in One's Family Life Can Result in Home-Related Spillover Discrimination at Work", *Journal of Business and Psychology* 26, 71~86 (2011).

54. Adapted from "Reality Acceptance Worksheet", n.d. DBT SKILLS APPLICATION (PEERS HELPING PEERS) SELF-HELP, Accessed June 16, 2023. https://dbtselfhelp.weebly.com/reality-acceptance-worksheet.html.

55. 감정적으로 미성숙한 부모를 둔 성인 자녀의 어려움에 주목한 깁슨과 그의 책에 깊은 감사를 표한다.

56. S. Van Dijk, *The Dialectical Behavior Therapy Skills Workbook for Bipolar Disorder: Using DBT to Regain Control of Your Emotions and Your Life* (CITY: New Harbinger Publications, 2009).

57. M.A. Cohn, B.L. Fredrickson, "Positive Emotions", *Oxford Handbook of Positive Psychology*, 2, 13~24 (2009); R.A. Emmons, "Joy: An Introduction to this Special Issue", *Journal of Positive Psychology* 15, no. 1, 1~4 (2020).

58. M.D. Ulian, L. Aburad, M.S. da Silva Oliveira et al., "Effects of Health at Every Size® Interventions on Health-Related Outcomes of People with Overweight and Obesity: A Systematic Review", *Obesity Reviews* 19, no. 12, 1659~1666 (2018).

59. Maxine Myre, Nicole M. Glenn, R. Tanya, "Exploring the impact of physical activity-related weight stigma among women with self-

identified obesity", Qualitative Research in Sport, Exercise and Health 13, no. 4, 586~603 (2021).

60. C. Carlucci, J. Kardachi, S.M. Bradley et al., "Evaluation of a Community-Based Program That Integrates Joyful Movement into Fall Prevention for Older Adults", *Gerontology and Geriatric Medicine* 4, 2333721418776789, 1~8 (2018).

61. Lisa M. Brownstone, Devin A. Kelly, Shao-Jung Ko, Margaret L. Jasper, Lanie J. Sumlin, Jessica Hall, Emily Tiede, Jamie Dinneen, Erin Anderson, Alicia R. Goffredi, "Dismantling weight stigma: A group intervention in a partial hospitalization and intensive outpatient eating disorder treatment program", Psychotherapy 58, no. 2, 282 (2021).

62. P. Thille, M. Friedman, J. Setchell, "Weight-Related Stigma and Health Policy", *Canadian Medical Association Journal* 189, no. 6, E223~224 (2017).

63. M.P. Craven, E.M. Fekete, "Weight-Related Shame and Guilt, Intuitive Eating, and Binge Eating in Female College Students", *Eating Behaviors* 33, 44~48 (2019).

64. Devon Price, "Irreversible Healing: What Testosterone Has Done for Me", Medium, December 9, 2021. https://devonprice.medium.com/irreversible-healing-what-testosterone-has-done-for-me-6e4b2f086823.

65. A. Altay, H. Mercier, "Framing Messages for Vaccination Supporters", *Journal of Experimental Psychology: Applied* 26, no. 4, 567 (2020).

66. J.D. Gilchrist, C.M. Sabiston, "Intentions Mediate the Association Between Anticipated Pride and Physical Activity in Young Adults",

Sport, Exercise, and Performance Psychology 7, no. 3, 308 (2018).

67. Anna Betts, Greg Jaffe, Rachel Lerman, "Meet Chris Smalls, the Man Who Organized Amazon Workers in New York", Washington Post, *The Washington Post*, April 2022. https://www.washingtonpost.com/technology/2022/04/01/chris-smalls-amazon-union.
68. "Americans with Criminal Records Poverty and Opportunity Profile", n.d. https://www.sentencingproject.org/wp-content/uploads/2015/11/Americans-with-Criminal-Records-Poverty-and-Opportunity-Profile.pdf.

7장

1. K.N. Levy, W.D. Ellison, L.N. Scott et al., "Attachment Style", *Journal of Clinical Psychology* 67, no. 2, 193~203 (2011).
2. 애착 유형과 중첩 애착 유형이라는 현대적 개념의 뛰어난 개설서로는 다음 책을 참조할 것. Jessica Fern, *Polysecure: Attachment, Trauma, and Nonconsensual Monogamy* (Portland, OR: Thorntree Press, 2020).
3. A. Passanisi, A.M. Gervasi, C. Madonia et al., "Attachment, Self-Esteem and Shame in Emerging Adulthood, *Procedia-Social and Behavioral Sciences* 191, 342~346 (2015).
4. C. Doyle, D. Cicchetti, "From the Cradle to the Grave: The Effect of Adverse Caregiving Environments on Attachment and Relationships Throughout the Lifespan, *Clinical Psychology: Science and Practice* 24, no. 2, 203 (2017).
5. L. Keating, R.T. Muller, "LGBTQ+ Based Discrimination is Associated with PTSD Symptoms, Dissociation, Emotion Dysregulation,

and Attachment Insecurity Among LGBTQ+ Adults Who Have Experienced Trauma", *Journal of Trauma and Dissociation* 21, no. 1, 124~141 (2020).

6. L. Hamadi, H.K. Fletcher, "Are People with an Intellectual Disability at Increased Risk of Attachment Difficulties? A Critical Review", *Journal of Intellectual Disabilities* 25, no. 1, 114~130 (2021).
7. R. McKenzie, R. Dallos, "Autism and Attachment Difficulties: Overlap of Symptoms, Implications and Innovative Solutions", *Clinical Child Psychology and Psychiatry* 22, no. 4, 632~648 (2017).
8. E.L. Cooley, A.L. Garcia, "Attachment Style Differences and Depression in African American and European American College Women: Normative Adaptations?", *Journal of Multicultural Counseling and Development* 40, no. 4, 216~226 (2012).
9. P.R. Pietromonaco, L.A. Beck, "Adult Attachment and Physical Health", *Current Opinion in Psychology* 25, 115~120 (2019).
10. M. Wei, D.W. Russell, B. Mallinckrodt et al., "The Experiences in Close Relationship Scale (ECR)-Short Form: Reliability, Validity, and Factor Structure", *Journal of Personality Assessment* 88, 187~204 (2007). http://wei.public.iastate.edu; N.L. Collins, S.J. Read, "Adult Attachment, Working Models, and Relationship Quality in Dating Couples", *Journal of Personality and Social Psychology* 58, no. 4, 644~663 (1990).
11. D. Wedekind, B. Bandelow, S. Heitmann et al., "Attachment Style, Anxiety Coping, and Personality-Styles in Withdrawn Alcohol Addicted Inpatients", *Substance Abuse Treatment, Prevention, and Policy* 8, no. 1 (2013), doi: 10.1186/1747-597X-8-1. PMID: 23302491;

PMCID: PMC3621601.

12. F. Zhang, G. Labouvie-Vief, "Stability and Fluctuation in Adult Attachment Style over a Six-Year Period", *Attachment and Human Development* 6, no. 4, 419~437 (2004).

13. G. Bosmans, M.J. Bakermans-Kranenburg, B. Vervliet et al., "A Learning Theory of Attachment: Unraveling the Black Box of Attachment Development", *Neuroscience and Biobehavioral Reviews* 113, 287~298 (2020).

14. P.J. Flores, "Attachment Theory and Group Psychotherapy", *International Journal of Group Psychotherapy* 67, suppl. 1, S50~S59 (2017). doi: https://doi.org/10.1080/00207284.2016.1218766.

15. P.J. Flores, S.W. Porges, "Group Psychotherapy as a Neural Exercise: Bridging Polyvagal Theory and Attachment Theory", *International Journal of Group Psychotherapy* 67, no. 2, 202~222 (2017). doi: https://doi.org/10.1080/00207284.2016.1263544.

16. A.E. Black, "Treating Insecure Attachment in Group Therapy: Attachment Theory Meets Modern Psychoanalytic Technique", *International Journal of Group Psychotherapy* 69, no. 3, 259~286 (2019).

17. S. Sanscartier, G. MacDonald, "Healing Through Community Connection? Modeling Links Between Attachment Avoidance, Connectedness to the LGBTQ+ Community, and Internalized Heterosexism", *Journal of Counseling Psychology* 66, no. 5, 564 (2019).

18. M. Mikulincer, P.R. Shaver, "Enhancing the 'Broaden-and-Build' Cycle of Attachment Security as a Means of Overcoming Prejudice, Discrimination, and Racism", *Attachment and Human Development*

24, no. 3, 260~273 (2022); J. Castellanos, "Wholistic Wellbeing and Healing of Indigenous People and People of Color Through Social Connectedness: A Review of the Literature" (doctoral dissertation, California State University, Northridge, 2021).

19. "Https://Twitter.com/Rootsworks/Status/870782744262959104", n.d. Twitter (Accessed October 16, 2022). https://twitter.com/rootsworks/status/870782744262959104.
20. Adriana M. Parker, "Fast Tailed Girls: An Inquiry into Black Girlhood, Black Womanhood, and the Politics of Sexuality" (undergraduate paper, Duke University, 2018).
21. K. Haga, "Principle Three: Attack Forces of Evil, Not People Doing Evil, chapter 11, *Healing Resistance: A Radically Different Response to Harm* (Berkeley, CA: Parallax Press, 2020).
22. Maya Angelou, *I Know Why the Caged Bird Sings* (New York: Bantam, 1997). (마야 앤절로, 《새장에 갇힌 새가 왜 노래하는지 나는 아네》, 김욱동 옮김, 문예출판사, 2024).
23. J.P. Tangney, D. Mashek, J. Stuewig, "Shame, Guilt, and Embarrassment: Will the Real Emotion Please Stand Up?", *Psychological Inquiry* 16, no. 1, 44~48 (2005).
24. P. Moore, *Beyond Shame: Reclaiming the Abandoned History of Radical Gay Sexuality* (Boston: Beacon Press, 2004); W.J. Mann, *Behind the Screen: How Gays and Lesbians Shaped Hollywood, 1910~1969* (New York: Viking, 2001); W.J. Mann, *Wisecracker: The Life and Times of William Haines, Hollywood's First Openly Gay Star* (New York: Viking, 1998).
25. T. Fitzgerald, L. Marquez, *Legendary Children: The First Decade of*

RuPaul's Drag Race and the Last Century of Queer Life (New York: Penguin, 2020).

26. https://philadelphiaencyclopedia.org/essays/reminder-days/.
27. P. Moore, *Beyond Shame: Reclaiming the Abandoned History of Radical Gay Sexuality*, 128 (Boston: Beacon Press, 2004).
28. David France, "How ACT up Remade Political Organizing in America", *The New York Times*, sec. T Magazine, April 13, 2020. https://www.nytimes.com/interactive/2020/04/13/t-magazine/act-up-aids.html.
29. David Koon, "The Woman Who Cared for Hundreds of Abandoned Gay Men Dying of AIDS", Out.com, December 2016. https://www.out.com/ positive-voices/2016/12/01/woman-who-cared-hundreds-abandoned-gay-men-dying-aids.
30. Michael Specter, "How ACT up Changed America", *The New Yorker*, June 4, 2021. https://www.newyorker.com/magazine/2021/06/14/how-act-up-changed-america.
31. Editors, History.com. n.d. "AIDS Activists Unfurl a Giant Condom over Senator Jesse Helms' Home", HISTORY. https://www.history.com/this-day-in-history/aids-activists-unfurl-giant-condom-senator-jesse-helms-home-act-up.
32. Jeffry J. Iovannone, "Peter Staley: Treatment Activist—Queer History for the People", Medium. Queer History For the People, June 20, 2018. https://medium.com/queer-history-for-the-people/peter-staley-treatment-activist-6fcc9719cb42.
33. David France, "How ACT up Remade Political Organizing in America", *The New York Times*, sec. T Magazine, April 13, 2020. https://www.

nytimes.com/interactive/2020/04/13/t-magazine/act-up-aids.html.

34. 흑표당의 의료 및 연합 구축 활동에 관해 자세히 알고 싶다면 다음 책을 참조할 것. Alondra Nelson, *Body and Soul: The Black Panther Party and the Fight against Medical Discrimination* (Minneapolis, Minnesota: University Of Minnesota Press, 2013).
35. 우리는 사랑, 성욕, 성 정체성과 상관없이 커뮤니티를 이룰 수 있다!

8장

1. Wynne Nelson, "Florida Passes a Controversial Schools Bill Labeled 'Don't Say Gay' by Critics", *NPR*, March 8, 2022, https://www.npr.org/2022/03/08/1085190476/florida-senate-passes-a-controversial-schools-bill-labeled-dont-say-gay-by-criti.
2. 자세한 정보를 확인하고 치네이션스 청소년위원회에 기부하려면 다음 웹사이트를 참조할 것. https://chinations.org/first-nations-garden.
3. https://www.storiedgrounds.com.
4. 미국 작가 브라이언 포스터Brian Foster의 트윗을 참조할 것. "왜 모두들 사회 정의 전사가 되려고 하는가? 왜 아무도 사회 정의 마법사나 사회 정의 도둑 같은 다른 클래스를 선택하지 않는가?", March 9, 2017. https://twitter.com/RexTestarossa/status/840000475764264960.
5. Ulysse Carrier, "Pitchfork Theory", n.d. Cryptpad.fr., Accessed June 16, 2023. https://cryptpad.fr/pad/#/2/pad/view/f5tNQhGclSAh+z2pbIryafDp+vQeqbe8ojc-WeHZeMk.
6. Casey Parks, "He Came out as Trans. Then Texas Had Him Investigate Parents of Trans Kids", *The Washington Post*, September 26, 2022. https://www.washingtonpost.com/dc-md-va/2022/09/23/texas-

transgender-child-abuse-investigations/?utm_campaign=wp_main&utm_medium=social&utm_source=twitter.

7. Aaron Gregg, Christopher Rowland, "Walgreens Won't Sell Abortion Pills in Some States Where They're Legal", *The Washington Post*, March 3, 2023. https://www.washingtonpost.com/business/2023/03/03/abortion-pills-walgreens. 일부 가족계획연맹 클리닉은 그곳에 법적 관할권이 없는 다른 주 정부의 규정을 사전 준수하기로 결정했다. 예를 들어 몬태나주 클리닉은 다른 주의 법률을 집행할 의무가 없음에도 임신중지를 금지한 주에서 온 여성에 대한 시술을 거부하기로 했다. Katheryn Houghton, Arielle Zionts, "Montana Clinics Preemptively Restrict Out-of-State Patients' Access to Abortion Pills", NPR, July 7, 2022. https://www.npr.org/sections/health-shots/2022/07/07/1110078914/montana-abortion-pills.
8. L. Poorter, D. Craven, C.C. Jakovac et al., "Multidimensional Tropical Forest Recovery", *Science* 374, no. 6573, 1370~1376 (2021).
9. Emma Newburger, "The COP26 Conference Set a Record for CO2 Emissions, with Air Travel the Main Culprit", CNBC, November 12, 2021. https://www.cnbc.com/2021/11/12/cop26-climate-summit-record-co2-emissions-air-travel-main-culprit.html.
10. Tema Okun, Kenneth Jones, "Dismantling Racism: A Workbook for Social Change Groups" (Durham, NC: Change Work, 2000).
11. "White Supremacy Culture in Organizations", Centre for Community Organizations, Nov. 5, 2019, accessed from https://coco-net.org/white-supremacy-culture-in-organizations, PDF currently https://coco-net.org/wp-content/uploads/2019/11/Coco-WhiteSupCulture-

ENG4.pdf.

12. 커뮤니티 조직 센터Centre for Community Organization의 〈조직 내의 백인 중심적 문화〉를 각색했다.
13. Devon Price, "Comment Culture Must Be Stopped", The Startup, September 16, 2020. https://medium.com/swlh/comment-culture-must-be-stopped-6355d894b0a6.
14. Koa Beck, *White Feminism* (New York: Simon and Schuster, 2022).
15. *Refinery 29*, "The Complex Reasons Why More Black Women Are Relaxing Their Hair Again", November 22, 2022. https://www.refinery29.com/en-gb/relaxer-natural-hair.
16. Christopher Mele, "Army Lifts Ban on Dreadlocks, and Black Servicewomen Rejoice", *The New York Times*, February 10, 2017. https://www.nytimes.com/2017/02/10/us/army-ban-on-dreadlocks-black-servicewomen.html; Leah Asmelash (2020). "Black Students Say They Are Being Penalized for Their Hair, and Experts Say Every Student Is Worse off because of It", CNN, March 8, 2020. https://www.cnn.com/2020/03/08/us/black-hair-discrimination-schools-trnd/index.html.
17. Julee Wilson, "Haters Attack Gabby Douglas' Hair Again and Twitter Promptly Claps Back", *Essence*, October 27, 2020. https://www.essence.com/news/gabby-douglas-hair-haters-twitter-claps-back; Danielle Grey, "Simone Biles Has the Best Response to Internet Trolls Criticizing Her Hair", *Allure*, December 13, 2017. https://www.allure.com/story/simone-biles-hair-criticism-clapback.
18. L.H. Da'Shaun, *Belly of the Beast: The Politics of Anti-Fatness as Anti-*

Blackness, 14 (Berkeley, CA: North Atlantic Books, 2021).

19. 익명성을 위해 가명을 사용했다.
20. 이 아이디에어 대해 더 자세히 알아보려면 다음을 살펴볼 것. John Holloway, *Stop Making Capitalism*, 173~180 (Oxfordshire, UK: Routledge, 2017).
21. "The Freedmen's Bureau! An Agency to Keep the Negro in Idleness at the Expense of the White Man", n.d. Encyclopedia Virginia, Accessed June 16, 2023. https://encyclopediavirginia.org/10582hpr-ee5c82942d7a1ba.
22. 그럼에도 이들은 거의 항상 흑인으로 상정된다. Arthur Delaney, Ariel Edwards-Levy, "Americans Are Mistaken About Who Gets Welfare", *Center for Law and Social Policy, Delaney*, Arthur, Ariel Edwards-Levy. "Americans Are Mistaken about Who Gets Welfare", CLASP, April 1, 2022. https://www.clasp.org/press-room/news-clips/americans-are-mistaken-about-who-gets-welfare.
23. 미국 정부가 20세기 내내 주택 및 교육 보조금이라는 경제적 수단으로 인종차별을 강화한 것도 이런 사례에 해당한다. Terry Gross, "A 'Forgotten History' of How the U.S. Government Segregated America", NPR, May 3, 2017. https://www.npr.org/2017/05/03/526655831/a-forgotten-history-of-how-the-u-s-government-segregated-america.
24. National Research Council (US) Committee on Population; Moffitt RA, editor. Welfare, The Family, And Reproductive Behavior: Research Perspectives. Washington (DC), National Academies Press (US), 1998. 3, Trends in the Welfare System. Available from: https://www.ncbi.nlm.

nih.gov/books/NBK230339/.

25. The Editorial Board, "Opinion | California Deposes Its 'Welfare Queen'", *The New York Times*, sec. Opinion, July 23, 2016. https://www.nytimes.com/2016/07/24/opinion/sunday/california-deposes-its-welfare-queen.html; David Graeber, *The Utopia of Rules: On Technology, Stupidity, and the Secret Joys of Bureaucracy* (New York: Melville House, 2015). (데이비드 그레이버, 《관료제 유토피아》, 김영배 옮김, 메디치미디어, 2016).
26. Social Security Administration Fiscal Year 2018 Bipartisan Budget Act of 2015 Section 845(a) Report Fouksman, Elizaveta, and The Conversation. n.d. "Why Universal Basic Income Costs Far Less than You Think", Phys.org., Accessed June 16, 2023. https://phys.org/news/2018-08-universal-basic-income.html. 이 책의 마지막 장도 참조할 것. David Graeber, *Bullshit Jobs* (New York: Simon and Schuster, 2018). (데이비드 그레이버, 《불쉿 잡》, 김병화 옮김, 민음사, 2021).
27. Eric Blanc, *Red State Revolt: The Teachers' Strike Wave and Working-Class Politics*, 73~75 (New York: Verso, 2019).
28. "8 Can't Wait", n.d. 8 Can't Wait. https://8cantwait.org.
29. Olivia Murray, "Why 8 Won't Work: The Failings of the 8 Can't Wait Campaign and the Obstacle Police Reform Efforts Pose to Police Abolition", *Harvard Civil Rights—Civil Liberties Law Review*, June 17, 2020, https://harvardcrcl.org/why-8-wont-work.
30. "Assembly Passes Eric Garner Anti-Chokehold Act", n.d. Nyassembly.gov. https://nyassembly.gov/Press/files/20200608a.php.
31. Jamiles Lartey, Simone Weichselbaum, "Before George Floyd's Death,

Minneapolis Police Failed to Adopt Reforms, Remove Bad Officers", The Marshall Project, May 29, 2020. https://www.themarshallproject.org/2020/05/28/before-george-floyd-s-death-minneapolis-police-failed-to-adopt-reforms-remove-bad-officers.

32. Paul Vercammen, Steve Almasy, "Derek Chauvin Sentenced to 21 Years in Federal Prison for Depriving George Floyd of His Civil Rights", CNN, July 7, 2022. https://www.cnn.com/2022/07/07/us/derek-chauvin-federal-sentencing/index.html.

33. Officer A. Cab, "Confessions of a Former Bastard Cop", Medium, June 11, 2020. https://medium.com/@OfcrACab/confessions-of-a-former-bastard-cop-bb14d17bc759.

34. Connie Hassett-Walker, "How You Start Is How You Finish? The Slave Patrol and Jim Crow Origins of Policing", American Bar Association, Accessed June 16, 2023. https://www.americanbar.org/groups/crsj/publications/human_rights_magazine_home/civil-rights-reimagining-policing/how-you-start-is-how-you-finish/.

35. Ryan McMaken, "Police Have No Duty to Protect You, Federal Court Affirms yet Again | Ryan McMaken", Mises Institute, December 20, 2018. https://mises.org/power-market/police-have-no-duty-protect-you-federal-court-affirms-yet-again.

36. Bill Sorem, "White Privilege: The Justice System Isn't Broken, It Was Designed to Work This Way", The Uptake, December 16, 2014. http://theuptake.org/2014/12/16/white-privilege-the-justice-system-isnt-broken-it-was-built-to-work-this-way/.

37. 이 운동에 관해 전혀 모른다면 《뉴욕타임스》에 실린 미리엄 카바Miriam

Kaba의 훌륭한 글을 참조할 것. "Yes, We Literally Mean Abolish the Police", June 12, 2020. https://www.nytimes.com/2020/06/12/opinion/sunday/floyd-abolish-defund-police.html.

38. Sam Levin, "These US Cities Defunded Police: 'We're Transferring Money to the Community'", *The Guardian*, sec. Global development, March 7, 2021. https://www.theguardian.com/us-news/2021/mar/07/us-cities-defund-police-transferring-money-community.
39. Dean Spade, "Mainstreaming of Trans Politics and Mainstreaming of Criminal Punishment System Reform", *Evergreen State College Productions*, May 4, 2016.
40. 운동 조직의 체제적 수치심에 관해 자세히 알아보려면 다음 책을 적극 추천한다. *The Revolution Will Not Be Funded: Beyond the Non-Profit Industrial Complex*, edited by Incite! (Durham, NC: Duke University Press, 2017).
41. Martin Adams, *A Concise Introduction to Existential Counselling* (London: SAGE, 2013).
42. Susan Iacovou, Karen Weixel-Dixon, *Existential Therapy: 100 Key Points and Techniques* (London: Routledge, 2015).

나가며

1. 물론 테스토스테론을 복용하는 모든 트랜스젠더가 이런 효과를 보는 것은 아니지만, 이 효과에는 과학적 근거가 있다. Sara Shapouran, Soheila Nourabadi, Luis Chaves et al., "Resolution of Seasonal Allergies by Testosterone Replacement Therapy in a Hypogonadal Male Patient: A Case Report", *AACE Clinical Case Reports* 3, no. 3,

e239~241 (2017). https://www.sciencedirect.com/science/article/pii/S2376060520301863.

2. 이에 관해 자세히 알아보려면 내가 쓴 다음 책을 살펴볼 것. *Laziness Does Not Exist* (New York: Atria Books, 2021). (데번 프라이스, 《게으르다는 착각》, 이현 옮김, 웨일북, 2022).
3. Sarah Jaquette Ray n.d., "Climate Anxiety Is an Overwhelmingly White Phenomenon", Scientific American, Accessed June 16, 2023. https://www.scientificamerican.com/article/the-unbearable-whiteness-of-climate-anxiety.
4. Hayden C. Dawes, "Radical Permission" (Accessed June 16, 2023). https://www.hcdawes.com/radicalpermission.
5. 이 허가서는 다음 웹사이트에서 무료로 다운로드할 수 있다. https://drive.google.com/file/d/1MbDjDwzPW2ldy6X3Gv6U99W1gm_at7dx/view.
6. Hayden C. Dawes, https://www.instagram.com/p/Cfq1XOpg60P.
7. Hayden C. Dawes, https://www.instagram.com/p/CFSJoNvHfEs.

찾아보기

옮긴이 신소희

서울대학교 국어국문과를 졸업하고 출판사 편집자를 거쳐 다양한 분야의 책을 번역하고 있다. 옮긴 책으로는 《모두가 가면을 벗는다면》《야생의 식탁》《몸이 아프다고 생각했습니다》《낙인이라는 광기》《우리가 선택한 가족》《야생의 위로》《내가 왜 계속 살아야 합니까》 등이 있다.

수치심 버리기 연습

1판 1쇄 찍음 2024년 11월 15일
1판 1쇄 펴냄 2024년 11월 22일

지은이 데번 프라이스
옮긴이 신소희
펴낸이 김정호

주간 김진형
책임편집 이지은
디자인 디스커버

펴낸곳 디플롯
출판등록 2021년 2월 19일(제2021-000020호)
주소 10881 경기도 파주시 회동길 445-3 2층
전화 031-955-9512(편집) · 031-955-9514(주문)
팩스 031-955-9519
이메일 dplot@acanet.co.kr
페이스북 facebook.com/dplotpress
인스타그램 instagram.com/dplotpress

ISBN 979-11-93591-24-6 03180

디플롯은 아카넷의 교양·에세이 브랜드입니다.